国家社科基金一般项目"华夏文明传播的观念基础、理论体系与当代实践研究"（19BXW056）阶段性成果；

福建省专业学位研究生导师团队"华夏文明传播研究团队"建设成果；

福建省首届网络教学名师培育计划建设成果；

福建省高校人文社科研究基地·中华文化传播研究中心建设成果；

福建省课程思政"华夏传播概论"建设成果；

厦门大学传播研究所建设成果；

厦门大学一流本科课程"华夏传播概论"建设成果；

厦门大学研究生课程"中国传播理论研究"课程思政建设成果；

美育与通识教育一流课程"华夏文明传播"建设成果；

研究生教育精品课程"史论精解·传播（华夏传播史论）"建设成果；

习近平新时代中国特色社会主义思想融入"华夏传播概论"课程教学的实践方法研究的阶段性成果。

Study on
Chinese Culture and
Communication

第十四辑

中华文化与传播研究

谢清果 钟海连 主编

九州出版社 JIUZHOUPRESS | 全国百佳图书出版单位

图书在版编目（CIP）数据

中华文化与传播研究. 第十四辑 / 谢清果，钟海连
主编. -- 北京 : 九州出版社，2024. 5. -- ISBN 978-7-
5225-2997-4

Ⅰ. G125

中国国家版本馆CIP数据核字第2024X018A2号

中华文化与传播研究·第十四辑

作　　者	谢清果　钟海连　主编	
责任编辑	郝军启	
出版发行	九州出版社	
地　　址	北京市西城区阜外大街甲 35 号（100037）	
发行电话	(010)68992190/3/5/6	
网　　址	www.jiuzhoupress.com	
印　　刷	北京九州迅驰传媒文化有限公司	
开　　本	720 毫米×1020 毫米　16 开	
印　　张	18.75	
字　　数	420 千字	
版　　次	2024 年 6 月第 1 版	
印　　次	2024 年 6 月第 1 次印刷	
书　　号	ISBN 978-7-5225-2997-4	
定　　价	68.00 元	

中华文化与传播研究

主办单位：

厦门大学传播研究所

中盐金坛盐化有限责任公司

福建省高校人文社会科学研究基地·中华文化传播研究中心

协办单位：

华夏传播研究会

华夏文化促进会

国际中华传播学会（美国）

中国传媒大学媒体创意研究中心

福建省传播学会

厦门大学国学研究院

四川大学老子研究院

厦门大学道学与传统文化研究中心

厦门筼筜书院

大连外国语大学中华文化海外传播研究中心

中国新闻史学会新闻传播思想史专业委员会

中国新闻史学会台湾与东南亚华文新闻传播史研究委员会

中国传媒大学健康中国与中医药传播研究中心

张　昆（华中科技大学新闻与信息传播学院）

邵培仁（浙江大学传播研究所）

林升栋（中国人民大学新闻学院）

罗　萍（厦门大学新闻传播学院）

岳　淼（厦门大学新闻传播学院）

居延安（美国康涅狄格州州立大学传播学系）

单　波（武汉大学新闻与传播学院）

［新加坡］卓南生（北京大学新闻学研究会）

宫承波（中国传媒大学电视与新闻学院）

赵月枝（加拿大西门菲莎大学传播学院）

赵振祥（厦门理工学院）

赵晶晶（浙江大学传媒与国际文化学院）

胡翼青（南京大学传播学院）

郝　雨（上海大学影视学院）

贾文山（中国人民大学新闻学院、查普曼大学）

郭肖华（厦门理工学院数字创意学院）

阎立峰（厦门大学新闻传播学院）

黄　旦（复旦大学新闻学院）

黄合水（厦门大学新闻传播学院）

黄鸣奋（厦门大学电影学院）

黄星民（厦门大学新闻传播学院）

曾　峰（华侨大学新闻传播学院）

程曼丽（北京大学新闻与传播学院）

董天策（重庆大学新闻学院）

谢宗贵（福建师范大学传播学院）

戴元光（上海政法学院文学院）

编辑委员会

卷首语

用传播学的榔头试着敲一敲"钉子"

今天,华夏传播学研究的必要性已无可置疑了,而传播学提供的观察分析世界的角度与框架似乎也将我们的研究引向越来越宽阔的学海。

一是"跳出传播看传播"。当我们将"传播"的字眼放置于二十四史中检索时恐怕会因寥寥无几而大失所望,这当然不是说古人没有传播活动,相反,古人是有丰富的传播智慧的,只不过这种智慧常被"传""宣""布""流"等代之而隐匿于浩如烟海的文献之中。传播的问题其实也早已见于诸多学科对语言文字、金石刻契、修辞论辩、结社会盟、交通邮驿、仪式表演等专题的研讨之中,只是在传播学这门学问诞生之前,传播与社会的问题没有被提到文明运转的轴心位置来看待,而今天的传播学就亟须开展吴予敏教授所谓的"广场作业"。二是,用传播学的榔头敲一敲人文社会科学中的"钉子"就显得很有必要,更重要的是经此一敲,中国人交往世界中被遮蔽的"传播"特质就会显现出来,中国式关系编织与运作的重要枢机就将因传播的介入而解构出新的行动逻辑。

古典文学作品中就展现出中国人丰富的世俗交往实践,日常生活中随处可见的器物都可能成为传统社会语境中寓意丰富的传播媒介。我们以生活中随处可见的"杯子"为例。《水浒传》第二十二回中,潘金莲在借杯子传情,试探武松时言道:"你若有心,吃我这半盏儿残酒。"这是一句敏感且信息量丰富的话语,信息解码的关键,在于作为一种亲近身体且带有某种私密性的器物——杯子,必然会让叔嫂间的"敬酒"变得两难起来,因为吃与不吃都已经脱离了"敬"与"尊"的本意,而是回应一种隐藏在吃酒之下试探性的传情活动。《红楼梦》中也有杯子传情的交往细节。第四十一回中,一向自诩为世俗之外的"槛外人"的妙玉,在栊翠庵中接待宝玉、宝钗等一行人来访,沏茶与宝玉时,傲娇地说道"独你来了,我是不给你吃得",然而现实中却将私用的杯子赠予宝玉。对于有重度洁癖的妙玉而言,宝玉的待遇是不合情理的,如果对比前文刘姥姥于栊翠庵里喝茶时的待遇(妙玉嫌杯子脏要扔了,并要小厮抬水出来洗地),这种不合理性就更加明显了。然而,恰恰就是这种"不合情理"可能正是曹雪芹意在表达的,因为这里的"杯子"是一种当事人不经意间展露出的含蓄却寓意丰富的传情媒介。经此一描,妙玉判词中"欲洁何曾洁,云空未必空"的多情女儿心形象便跃然纸上。"世事洞明皆学问,人情练达即文章"，中国人交往活动中的"藏"与"隐"很好地展现出来，有些情感虽然刻意隐藏，但有时候却也是藏不住的，一个小小的杯子就出卖了一切，读懂中国人交往世界是需要有传播学的想象力的。

"传播是信息的传递、意义的分享、关系的建构"（黄旦），这一关于"传播"的经典阐释是从三个维度层层外扩而展开，第一层是基础的单向信息传输，第二层是基于信息传递形成的意义分享与双向关系组建，第三层是基于前两者而建构的交叉性互惠社会关系网络。不过，这种逻辑将传播引向了一种体外化的社会实践的同时，似乎也忽略了传播之于人，尤其是主体寓于内的精神追求与自我实现，忽视了传播作为内向的生命进阶与修养中重要的一环，而这其中是有广阔的探索空间的。更重要的是，个体自我传播的实现路径也必然因不同文明的差异而有悬殊，中国人精神世界的自我对话，是有超越米德"主我""客我"、布鲁默"自我互动"理论，以及弗洛伊德"本我""自我""超我"等理论之外的，且更符合中国人实际状态的内向传播模式，这可能也是华夏传播学中最独具魅力的一部分。

以儒、释、道文化为基脉皴染而成的华夏文明在交融中滋养、涵化了中国人的品格，儒家以礼乐模式而传播"仁"，道家坐忘心斋而执于"无"，佛家禅定而追求"空"，却也在各自精神求索中已形成了独特的内向传播模式、传播媒介。比如，中国佛教的代表性宗派禅宗，主张"传佛心印"，般若智慧的传达靠的不是文字，而是心灵相通的"心传"，即"不立文字，教外别传，直指人心，见性成佛"。这当然不是说禅宗就完全摒弃文字了，否则也不能留下《六祖坛经》《禅宗六代祖师传灯法本》等经典，只不过是"文字""语言"在修行（内向传播）中发挥了某种独特的媒介作用。比如，禅宗和尚用来启发问题的现成语句——"话头"，就是一种特殊的传播媒介。《五灯会元》中有一个有趣的话头公案，老和尚抛出一句"话头"供小和尚参偈，即："平生学解，记忆多闻即不问，你父母未生已前，道将一句来。"[①] 小和尚便睡觉的时候"参话头"，吃饭的时候在"参话头"，可能如厕的时候也在"参话头"，不过当小和尚每给出一个答案时，老和尚便会用戒尺敲打他一下。这是为何呢？因为话头本身就没有答案，执求于答案，心中就有个牵挂，也就难以放下。老和尚以"参话头"的方式让小和尚洞悉佛理，而这何尝不是另一种独特的借由语言的"心传"？

除此之外，五千年来璀璨的历史提供了极为多样与丰富的政治传播实践与研究智慧。比如孔飞力（Philip Alden Kuhn）的《叫魂：1768 年的中国妖术大恐慌》就是一部充满传播学意味的经典历史研究。1768 年正值康乾盛世，但一场关于"叫魂"的妖术谣言却被广泛传播，盛世之下的谣言为何会肆虐传播？对叫魂犯的清剿缘何成为一场闹剧？而透过妖术谣言是可以看到富庶之地民众的恐慌是谣言产生的隐蔽逻辑，信任缺失的地方官

---

① 普济：《五灯会元》（卷 17），北京：中华书局，1984 年，1140 页。

员只能亦步亦趋地应对谣言，极度猜疑的统治者将谣言解读为政治阴谋，一场信任危机促使一种潜在威胁的妖术恐惧演化为一种实在的生存斗争。基于此，我们可能也还会有很多政治传播的启发，比如明朝三大组织——锦衣卫、东厂、西厂各司其职，却又编织一套极为严密的信息监控体系，明朝社会政治结构与传播结构存在着怎样的共协关系？这些似乎都值得我们关注。

当然，今天的华夏传播学以及媒介学研究不是老调重弹或"旧瓶装新酒"，也不是用西方理论生硬地切割古代中国实际，我们甚至大可不必追问或者证明什么是媒介、什么不是媒介，因为所谓的"万物皆为媒"必然是有特定的时空、情境的限定而成立，才能让原本日用而不知的事物或现象升格为交往关系与社会关系连接的动力。只不过，传播学/媒介学视角的展开可以重新揭开中国人精神世界与生活世界中被遮蔽的面向，以及更好地审视人、物与自然之间的因传播而包裹、安顿的和谐关系。若从学术交流角度讲，传播学/媒介学自然也就有了黄旦教授所谓与其他学科"贸易往来""以物换物"的资本。

沧海遗珠，不拾蒙尘。早在 20 世纪 50 年代"传播学"还没有建立之时，杨联陞先生就有一篇题为《中国文化之媒介人物》的演讲，其中杨先生特别指出研究中国文化是不能忽略这些媒介人物的，包括经济上的媒介人物，商人、企业家、掮客、纤手、买办；社会方面的媒介人物，有合二姓之好的媒人、听差的门房；法律方面的媒介人物有律师；外交方面有各种使节；宗教方面的媒介如传教士、牧师、祭司、巫师；以及文化方面的媒介人物如教师、翻译之类。为何要去关注这些媒介人物呢？因为这些人不但都起媒介作用，且多数以媒介为职业，或在人与人之间、人与神之间，抑或人与物之间充当媒介，以这些媒介人物为研究对象，三种向度是恰恰可以捕捉中国人编织复杂社会关系网络的动态，从而也可更好地理解中国文化的独特性。

如今，华夏传播研究已越发彰显出愈发蓬勃之势了，而厦门大学传播研究所借众人之势搭建的《中华文化与传播研究》平台，恰恰又提供了一个以传播学为视角汇聚各学科切磋交流的研究广场，得以让传播学的榔头可以更好地在人文社科的学海以及广阔的古代中国社会敲打出新的火花，实为时代之幸！

张丹　安徽大学新闻传播学院

2024 年 2 月

目　录

文明互鉴与中华文化传播

文明互鉴：中华文化走向世界的生动实践

文明互鉴，作为一种文明交流的新理念和新实践，为中华文明走出去提供了新的视角和路径。中华文明具有悠久的历史和灿烂的文化遗产，在世界文明之林中占有重要地位。如何更好地向世界展示中华文明的独特魅力，使其融入世界文明的大家庭，实现文明交流互鉴，是我们这一代人需要深入思考的问题。

回溯人类历史，文明的交流和碰撞往往伴随着冲突与接纳。中华文明在其漫长发展过程中，既影响着周边国家和地区，也不断吸收外来文化的精华。改革开放以来，中华文化不断对外传播，但与其他文明的交流互鉴仍面临一些困难与障碍。因此，如何在交流中达到真正的互鉴，使中华文明既展现开放包容的胸怀，又充分彰显自身的特色，需要我们持续思考。

习近平总书记提出"文明交流互鉴"的理念，为中华文化的对外传播指明了方向。文明交流互鉴，核心在"交"和"鉴"——既要加强文明交流，又要从其他文明中汲取营养。这就需要我们立足本土，放眼全球，以开放、平等、宽容的心态，真诚地借鉴人类文明的共同成果。

本专栏有四篇文章，可以看作中华文明与世界文明交流互鉴的生动实践。第一篇探讨了林语堂在媒介批评实践中体现的中西文化互鉴特点，分析了其试图实现中西文化"和弦"的努力；第二篇从跨文化传播的视角，分析了北美汉学家西利尔·白之在推动中国戏曲文化传播方面的贡献，以及他通过对中国戏曲的研究和翻译实现了中西方文化对话的案例，对于理解跨文化传播具有重要启发作用；第三篇从时间偏向的角度，分析了中国古代牌坊作为一种特殊的媒介形式，在传播儒家文化、规训人民行为等方面的作用，并与英尼斯的媒介偏向论进行了对话，拓展了对牌坊这个独特媒介的认识；第四篇从丝绸之路的视角，考察了中华文化对外传播与域外文化的互鉴，揭示了中华文化的开放包容精神。

（盐城师范学院文学院讲师 张宏锋）

"西洋"与"本土"的和弦

——林语堂媒介批评实践与特征论略

石文强　胡正强 *

（南京师范大学新闻与传播学院，江苏南京，210024）

摘　要："两脚踏东西文化，一心评宇宙文章。"林语堂是一位具有较强媒介意识的文人学者，他的媒介批评实践充分体现了"西洋"与"本土"冲突和交融的形态特征，达成一种"和弦"的效果。林语堂学贯中西的知识结构和与之相随的生活体验，使其在媒介批评实践中，常常将中西方媒介做比较；由此，他从微观上对媒介作品与媒介工作者，中观上对媒介本身，宏观上对媒介观念以及新闻舆论等方面，都进行过相应媒介批评。从媒介批评史的研究范畴来看，林语堂身上所体现的这种中西媒介文化二元对立的视角，折射出了中国现代媒介批评发展期的显著特征之一；也是 20 世纪 30 年代中国思想文化界对于"本位文化"与"全盘西化"论战在媒介文化领域的展现。

关键词：林语堂；媒介批评；中西媒介文化；冲突交融

基金项目：本文系 2023 年江苏省研究生科研与实践创新计划项目研究成果，项目名称："清末中等社会对报刊新闻性的认知及其演变"（项目编号：KYCX23_1627）。

一、引言

林语堂（1895—1976），出生于福建省龙溪县坂仔村的一个基督教家庭。在作为牧师的父亲影响下，自小学到中学再到大学都就读于教会办的学校。1916 年，从上海圣约翰大学毕业，获文学学士学位，入清华大学担任英文教员，同时花费大量时间精力补充学习国学知识。自 1917 年开始，受胡适和陈独秀的影响，开始在报刊上发表文章以支持文学革命。1919 年至 1923 年赴美国、欧洲留学，获得哈佛大学硕士学位、德国莱比锡大学

---

* 作者简介：石文强，安徽宿松人，南京师范大学新闻与传播学院硕士研究生，研究方向：新闻史论、媒介批评。胡正强，江苏睢宁人，南京师范大学新闻与传播学院教授，博士生导师，博士，研究方向：新闻史论、媒介批评。

音韵学博士学位。后回国担任北京大学英文系教授，同时兼任北京女子师范大学英文学科主任、教务长。1924 年《语丝》周刊创刊，林语堂是主要撰稿人之一。1932 年至 1935 年，他先后创办并主编《论语》《人间世》《宇宙风》等三份刊物，并发表多篇媒介批评文章。1936 年举家赴美国，其用英文写成的《中国新闻舆论史》(*A History of the Press and Public Opinion in China*) 出版。1976 年逝世于香港，后安葬于台湾。①

除了广为人知的文学家、语言学家、翻译家、"幽默大师"等头衔外，林语堂也是活跃于民国时期新闻界的著名报人，而且还是一位有着丰富媒介批评实践经历的报人。林语堂是民国时期文人中少有的具有鲜明媒介批评意识和相关实践的报人代表。他曾说："现代的文化，就是批评的文化，与古代信仰思想界权威的文化有别。这个批评的文化是现代各国所共有的。"② 林语堂的报刊实践活动通常被划分为"语丝"时期（1924—1932 年）、"论语"时期（1932—1936 年）、抗战时期和"无所不谈"时期等四个阶段。③ 考究其各个时期的多篇论述文章和著作，议论新闻时事，反讽现实，点评报刊，反思媒介活动以及批评新闻检查制度等，都在一定程度上具有媒介批评性质，即："根据一定社会阶层或阶级的利益和理想，并按照一定的标准，对大众传播媒介及其活动所作的价值判断和理论鉴别。"④ 纵观林语堂的媒介批评实践，显然兼具国际视野和国学韵味，他常常将中西方媒介文化进行对比论证。本文从媒介批评研究视角出发，遵循一定的时间和内容逻辑，搜集分析林语堂曾发表的相关文章著作等史料文本，大致时间主要集中于 20 世纪 30 年代中国现代媒介批评发展期（1927—1936 年），⑤ 对林语堂在微观层面就媒介作品和媒介工作者，在中观层面就媒介本身和在宏观层面就媒介观念以及新闻舆论等方面的媒介批评史进行研究。以此为例，探究中国现代媒介批评发展期所呈现出来的"西洋"与"本土"冲突和交融的形态特征。并关联折射 20 世纪 30 年代中国思想文化界对于"本位文化"与"全盘西化"论战在媒介文化领域的表现情况。⑥

二、对媒介作品和媒介工作者的批评

作为"文人而报人"的代表，林语堂的媒介批评实践，与其报刊活动密切相关，无论是普通文人读者的视角，还是媒介工作参与者的视角，在"西洋"与"本土"的媒介文化冲突和交融中，他从微观层面，对媒介作品和与这些作品产出紧密相关的媒介工作

① 林语堂：《中国新闻舆论史》，王海、何洪亮译，北京：中国人民大学出版社，2008 年，附录。钱珺：《幽默与抗争：新闻人林语堂研究》，南京：南京师范大学出版社，2018 年，附录。

② 林语堂：《大荒集》，上海：生活书店，1934 年，第 5 页。

③ 钱珺：《幽默与抗争：新闻人林语堂研究》，南京：南京师范大学出版社，2018 年，第 39—40 页。

④ 胡正强：《媒介批评学》，广州：世界图书出版公司，2016 年，第 7—8 页。

⑤ 胡正强：《中国现代媒介批评研究》，北京：中国传媒大学出版社，2010 年，第 33 页。

⑥ 郑大华：《30 年代的"本位文化"与"全盘西化"的论战》，《湖南师范大学社会科学学报》2004 年第 3 期。

者的批评，都是较为直接且显而易见的。

（一）对媒介作品的批评

媒介作品，亦称媒介产品，是媒介落实身份树立形象的根本物质载体，[①]其最具代表性的是新闻和评论两大类别，以媒介作品作为批评客体构成了媒介批评的主体部分。[②]从作为"语丝社"的主要撰稿人之一开始，林语堂的新闻报刊活动开始逐渐具有贴近媒介批评性质的特点。林语堂称自己曾先后被"前清故旧大臣及遗老"和"出洋留学的大学教授们"视为"乱党"和"洪水猛兽"。[③]在"论语"时期，林语堂结合其创刊经历和此前对西洋报刊的观察，发表过许多针对媒介作品的批评文章。林语堂将报刊作品比喻成"蔷薇"，指出："在一人作品，如鲁迅先生讽刺的好的文章，虽然'无花'也很可看。但办什志不同。杂志，也可有花，也可有刺，但单叫人看刺是不行的……到底世上看花人多，看刺人少，所以有刺无花之刊物终必灭亡。我这样讲，虽然我不是赞成有花无刺之蔷薇。"[④]此处的"有花"，其实就是林语堂所提倡的向西洋报纸杂志借鉴的"幽默"文字作品；而"有刺"，则反映了以鲁迅为代表的现实批评类媒介作品的本土特色；赞成"有花有刺"的媒介作品，则体现了林语堂将西洋与本土媒介作品风格对比碰撞进而融合的媒介批评思路。

结合其文学知识学历背景，林语堂对媒介作品文体方面多有批评实践。比如对"小品文"的谈论。林语堂以西洋报刊为例提及，"若美国 Time 周刊，以小品笔调记时事，亲切而有意味，博得社会欢迎"；又以白话刊物《现代评论》与《语丝》文体之别举例说，"虽然现代派看来比语丝派多正人君子，关心世道，而语丝派多说苍蝇，然能'不说别人的话'已经难得，而其陶炼性情处反深，两派文不同……语丝之文，人多以小品文称之，实系现代小品文，与古人小摆设式之茶经酒谱之所谓'小品'，自复不同"。[⑤]这里林语堂通过对西洋报刊"小品"文风的肯定，以及对不同媒介刊物文体的比较，指出何为其所认同的"小品文"作品。林语堂自知"小品"一词的引介在中国本土的意涵和西洋报刊小品有所冲突，故而以"现代小品文"指代《语丝》文体。

林语堂曾说："《新民从报》出，文体一变。《新青年》出，文体又一变。左派'语体欧化'的口号出，文体又一变。他她它叫到头痛，的底地滴得搂鼻涕。今日文体还在变，将来还要变。为什么呢？因为时代使然。我们明白这时代的转变，就知道将来的文字非更加普遍化不可。"[⑥]结合时代背景，不难发现，此处他对媒介文体的批评，无论是发自本

---

① 李岩：《媒介批评：立场、范畴、命题、方式》，杭州：浙江大学出版社，2005 年，第 173 页。

② 胡正强：《媒介批评学》，广州：世界图书出版公司，2016 年，第 17 页。

③ 林语堂：《翦拂集》，北京：人民文学出版社，2000 年，第 68 页。

④ 林语堂：《无花蔷薇》，《宇宙风》1935 年第 1 期。

⑤ 林语堂：《论小品文笔调》，《人间世》1934 年第 6 期。

⑥ 林语堂：《无所不谈》，海口：海南出版社，1993 年，第 148 页。

土的梁启超的"时务文体"和《新青年》的"白话文体"，还是源于西洋国际的"语体欧化"和"小品文"，都彰显了这种二元冲突与交融的媒介批评特色，说明他的媒介批评是紧跟其时代发展的。林语堂还指出"中国文字成为一种阶级的专利"，是"是读书人互相慰藉无聊的消遣品而已"；[①]而西洋杂志"并不把文字看成宝贝，就是用笔说话而已，而且因为西洋杂志是要给家家户户妇人小子看的，他们已经演成极通俗的杂志文体，叫人人看得下去"[②]。此处的对比批评，揭示了一个当时中国与西方显著差异的深层社会文化背景问题，即由于 20 世纪 30 年代中国整体的识字率和教育普及度没有西方高，读书看报在中国本土依然是一件较为奢侈的事情，因而这种"读书人阶级专利"的媒介文字作品无法像西方那样"飞入寻常百姓家"；也反映出林语堂希望通过媒介文字通俗普遍化以有利于国民性改造的媒介观念。

（二）对媒介工作者的批评

生产报纸杂志媒介作品的主体是包括记者、编辑、文人等群体在内的媒介工作者，媒介作品质量的好坏与他们有着最直接的关联，媒介工作者作为媒介生产传播各环节的重要因素之一，也是媒介批评的主要对象之一。基于其本身的报刊活动观察，在中西方对比的视野下，对于媒介工作者的情况，林语堂也做出过一些价值判断和相应批评。在《人间世》开设的系列栏目中，"特写"一直是林语堂非常看重的；他希望"特写"来稿作者"受过记者之训练，善于访求材料"。[③]他说："西洋记者都受过这种训练，要攒入社会中去访问材料，不容你随便拿起笔来，抄抄书乱放屁。"[④]林语堂批评当时报纸杂志文作者时指出："今日杂志文一大毛病就是：文人笔力太好而脚腿太坏。"[⑤]他说："吾国文人与书本太接近，与人生太疏远，几乎书本之外，不知有所谓学问。敷陈事理多，而观察现实少，发挥空谈多，而叙述经验少。"[⑥]此外他还举出一位西洋记者美国人艾格尼丝·史沫特例子，他说："那位美国姑娘才厉害哩！她不会说中国话，但是不到几个月，已写成上海工厂生活之大文，有许多我们文人都不知道的事实。她就是跑，她不轻视外勤工作。所以她的材料是活的。"[⑦]林语堂将西洋记者与中国媒介工作者进行对比，以凸显当时中国记者涉入实地采访功底不足的缺点，并称赞了美国记者的"外勤工作"，属于对媒介工作者的一种专业性批评。

对于记者要深入现场调查采访报道的观点，林语堂还为刊载在《人间世》上署名"阿

---

① 林语堂：《关于本刊》，《人间世》1934 年第 14 期。
② 林语堂：《关于本刊》，《人间世》1934 年第 14 期。
③ 林语堂：《我们的希望》，《人间世》1935 年第 22 期。
④ 林语堂：《关于本刊》，《人间世》1934 年第 14 期。
⑤ 林语堂：《关于本刊》，《人间世》1934 年第 14 期。
⑥ 林语堂：《中国杂志的缺点——〈西风〉发刊词》，《宇宙风》1936 年第 24 期。
⑦ 林语堂：《关于本刊》，《人间世》1934 年第 14 期。

苏"的"特写"《记者生涯》一文发表过一段"感言",里面详尽谈道:

> 阿苏君所叙记者生活,颇与国外日报记者相仿佛。然在繁盛的社会,记者事业却居极重要地位,该职业之学问,道德,身分,自亦随之提高。中国在什志上撰文之人,类多书蠹,除了钻纸堆抄书籍发空论以外,未能对社会各方面求活材料,加以有系统的研究与叙述,而下笔行文,又不能贴近人生,引人入胜。西洋大报,因资本充足,每派通信员 (Correspondents) 常川居外国,报告其政治经济之变迁,一旦事发……且必亲临其地,详细勘察……如吾曾见到一位美国记者,因欲撰《汇丰银行》一文,特地由平来沪,调查事实……戈公振驻俄多年,未见有同类文章发登报纸,吾不能不怪戈公矣……文人脚腿太坏,信矣哉! 但退思一步,亦是物质环境所限制。中国报馆何时可每月二百元聘请记者专作此类文章,自然有大学毕业生舍拉黄包车而就之。①

林语堂此番表述,首先肯定了记者这一职业在社会发展中的重要作用,随后对比认为中国记者"文人脚腿太坏",不及西洋记者。一方面对前辈戈公振没能发回驻俄记者现场调查报道感到遗憾;另一方面揭露出当时国内还不具备与西方国家一样肯花一定报酬来招聘专栏调查记者的物质条件。其实,林语堂此处所揭示的问题,也与中国传统文化中的"文以载道""重理论轻实践"的思想观念有关,这些观念长期浸润着中国文人,一定程度上导致其擅于写文章发空论而忽视实践调查;这与重视"实证主义""经验主义"的西洋美国有着极大的观念冲突;所以也就有了以林语堂为代表的学贯中西且对中西媒介都有所体察的报人,通过媒介批评,以期望实现中西媒介文化的交融发展。从新闻媒介事业发展角度来看,林语堂对媒介工作者提出的这些批评,与民国早年间著名记者黄远生所提倡的记者"四能"——"脑筋能想;腿脚能奔走;耳能听;手能写"②以及和当下所提倡的新闻宣传工作者的"四力"——脚力、眼力、脑力、笔力,③都有着异曲同工之妙。

三、对媒介及媒介观念的批评

随着自身办刊经历和对新闻报刊事业体察的愈加丰富,林语堂也从中观层面对当时的媒介本身以及宏观层面的媒介观念做出过一些批评性分析。回顾林语堂所处的媒介时代,他在中观层面对媒介的批评主要集中于杂志、报纸,结合其自身的办刊经历,体察比较中国本土媒介和西方媒介的异同,以形成自己对某一媒介本身的认知。当然,对媒介本身的批评亦是其媒介观念批评实践的体现,故而此处将二者融合在一起进行论述。

---

① 林语堂:《〈记者生涯〉感言》,《人间世》1935 年第 28 期。
② 方汉奇主编:《中国新闻事业通史(第一卷)》,北京:中国人民大学出版社,1992 年,第 1096 页。
③ 中国记协网:《什么是"四力",新闻工作者如何增强"四力"?》,2020 年 4 月 8 日,http://www.zgjx.cn/202_04/08/c_138957106.htm,2023 年 10 月 17 日。

在其擅长的杂志领域，1932 年 9 月 16 日，林语堂正式创办发行《论语》半月刊，作为主要编辑以及撰稿人之一，他对助推该刊的发展功不可没。在经营策略上，林语堂把《论语》定位为一份幽默刊物，内容上"以提倡幽默文字为主要目标"。① 而"幽默"一词，最早也是林语堂 1924 年在《晨报副镌》上发文，以英文单词"Humour"译音的方式引介到中国本土而来的。② 他对"幽默"的理解是："Humour 实多只是指一种作者或作品的风格……凡善于幽默的人，其谐趣必愈幽隐，而善于鉴赏幽默的人，其欣赏尤在于内心静默的理会，大有不可与外人道之滋味，与粗鄙显露的笑话不同。幽默愈幽愈默而愈妙。故译为幽默。"③ 从首次引介"幽默"到《论语》"幽默"刊物创办，林语堂的"幽默媒介观"历经了八年的淬炼，已相对成熟。在《论语》创刊一周年之际，鲁迅曾应林语堂之邀，写了篇《论语一年》的评述文章，其中明确表达了他对林语堂倡导《论语》"幽默"刊物定位的不满。鲁迅说："他所提倡的东西，我是常常反对的……我不爱'幽默'，并且以为这是只有爱开圆桌会议的国民才闹得出来的玩意儿，在中国，却连意译也办不到……是将屠户的凶残，使大家化为一笑，收场大吉。我们只有这样的东西，和'幽默'是并无什么瓜葛的"，并明确表示自己"不大热心于《论语》"。④ 以鲁迅为代表的现实批判类文人，基于对中国近代以来社会的形态和性质的认识，⑤ 对林语堂所办的"幽默"刊物始终是不予苟同的，这反映了来自中国本土的媒介文化冲击。尽管招致鲁迅等人的批评，但林语堂对幽默刊物媒介的推崇还是很坚定的。随后发表在《论语》第 28 期的《我的话》一文中，林语堂再次强调："《论语》提倡幽默，幽默亦非一朝一夕可致……故提倡幽默，必先提倡解脱性灵，盖欲由性灵之解脱，由道理之参透，而求得幽默也。"⑥ 这种源自西洋的"幽默"报刊风格，在与中国传统保守的文化理念相碰撞的过程中，林语堂通过自己的努力让"幽默媒介观"对当时的媒介文化产生了较大影响。

林语堂认为，西洋杂志"意见比中国自由""文字比中国通俗""作者比中国普遍"。⑦ 在具体分析当时中国杂志的缺点时，林语堂曾批评中国杂志"取材之单调，文体之刻板，及范围之拘束"；而与之相对的，他对于西洋杂志的感受则是"其取材之丰富，文体之活泼，与范围之广大，皆足为吾国杂志模范"。⑧ 因此，他大力推行"小品文"，亦即"西洋杂志文"，以谋求中国杂志媒介的发展。《人间世》的"以自我为中心，以闲适为格调"的"专为登载小品文而设"的办刊主张，⑨ 虽然遭到以鲁迅、茅盾等为代表的左翼作家的

　① 林语堂：《我们的态度》，《论语》1932 年第 3 期。

　② 林语堂：《征译散文并提倡"幽默"》，《晨报副镌》1924 年第 3 版。

　③ 林语堂：《幽默杂话》，《晨报副镌》1924 年第 1 版。

　④ 鲁迅：《论语一年——借此又谈萧伯纳》，《论语》1933 年第 25 期。

　⑤ 丁金诺、赵沛林：《从鲁迅与林语堂的幽默之争说开去》，《文艺争鸣》2018 年第 10 期。

　⑥ 林语堂：《我的话》，《论语》1933 年第 28 期。

　⑦ 林语堂：《关于本刊》，《人间世》1934 年第 14 期。

　⑧ 林语堂：《中国杂志的缺点——〈西风〉发刊词》，《宇宙风》1936 年第 24 期。

　⑨ 《发刊〈人间世〉意见书》，《论语》1934 年第 38 期。

反对,然而林语堂并不为所动,且积极发文为自己据理力争。茅盾(笔名"维敬")曾专门发表过批评小品文笔调的《不关宇宙或苍蝇》一文,他指出:"自从《人间世》的发刊词上有'宇宙之大,苍蝇之微,皆可取材'那样的话,遂惹起了一番论争……我觉得小品文应该让它自由发展,让它依着环境的需要而演变为各种格调,不该先给它'排八字,算五星'。"①对此,林语堂随后在《人间世》第 14 期通过《关于本刊》一文予以回应,重申了该刊"提倡小品文笔调"的宗旨,强调办刊的态度目标仍然是使人"开卷有益,掩卷有味"八个大字,为实现此目标"非走上西洋杂志之路不可",并提出要通过提倡"特写"和开辟"西洋杂志文"专栏这两样做法,以打开一条为中国杂志谋发展的出路。②

除杂志外,对于报纸的批评,林语堂也多有涉及。针对当时社会上资格最老、实力最雄厚的《申报》,林语堂发表的《所望于〈申报〉》可以称得上是其经典的媒介批评作品,也是展现当时中西媒介文化差异的典型文本材料。在这篇文章中,林语堂毫不客气地直指对《申报》的"失望"和"督责",他以美国报界和一般社会之光荣的"纽约泰晤士报"等对比,对《申报》将"新闻"版面让之于"广告本位"的做法,小品副刊"自相重复","自由谈"版面不定、不为读者着想,不注意"特约通信",对国外大报皆有的"书评"付之阙如,对"读者论坛"的开设情况等六大方面,从专业视角提出媒介批评,处处都切中肯綮。③例如在对《申报》提出的关于大报开设"读者论坛"的具体意见中,林语堂说道,这"在国外或本国洋文报上,占极重要地位",其"范围多注重本市市政之改良,或临时发生问题,以供大家公开讨论……这一栏是一概文明社会文明国民应有的'言路',在此栏中也可看出一般市民的智识程度"④。通过对比"洋文报",评判《申报》的"读者论坛"栏目设置问题,林语堂认为所谓"大报"就应该肩负社会责任,反映民意舆论,为国民发声提供媒介平台。此外,在林语堂参与编辑的 *T'IEN HSIA MONTHLY*(《天下月刊》)中,其曾经发表过一篇名为 *CONTEMPORARY CHINESE PERIODICAL LITERATURE*(《中国当代期刊文学》)的英文文章,其中谈到中西方报刊事业差异时,他指出中国记者的写作风格还没有适应大众需求、中国新闻道德低、中国的特殊环境缺乏媒介言论自由等方面问题。⑤这些是林语堂观察中西媒介观念冲突之下,对西洋和本土报纸杂志内容不同呈现结果的分析评价结论。

四、对新闻舆论的批评

无论什么年代,社会舆论总是与媒介活动密切关联。林语堂于 1936 年出版的《中国

---

① 维敬:《不关宇宙或苍蝇》,《申报》1934 年 10 月 17 日,第 14 版。
② 林语堂:《关于本刊》,《人间世》1934 年第 14 期。
③ 林语堂:《所望于〈申报〉》,《宇宙风》1935 年第 3 期。
④ 林语堂:《所望于〈申报〉》,《宇宙风》1935 年第 3 期。
⑤ Lin Yutang, "Contemporary Chinese Periodical Literature," *T'ien Hsia Monthly*, vol.2, no.3(March 1936),pp.225-244.

新闻舆论史》一书，是能直接反映林语堂参与并一定程度上引领民国时期中国新闻舆论事业媒介批评实践的充分例证。这既是林语堂从学者视角以学术研究著作为媒介批评载体和文体的媒介批评实践证明，还展现了他以媒介现象和媒介制度为媒介批评客体的批评方向。同时也是我国20世纪20年代至40年代媒介批评实践初步呈现的"职业性"批评与"学术性"批评发展概貌的突出体现。① 该著作以英文撰写且在美国出版，也反映出林语堂为中西媒介思想交流做出的一定贡献。学者余英时提到这部著作"在50年代前后还是美国大学中关于中国近代史的指定参考书之一。今天不少人谈中国的'公共空间'问题，此书仍有可以借鉴之处"。② 而这部林语堂写于1935年，反映他从宏观上对新闻舆论方面进行媒介批评的著作，也是20世纪30年代中国本土与西洋媒介文化冲突和交融大背景下的产物。

林语堂提出"中国新闻史就是民间舆论和中国当权者之间的斗争史"③。他把无畏攻击朝廷或皇室成员的中国古代学士理解为西方社会所倡导的"第四等级"，认为"文化阶层推动着一股源源不断的公众批评的浪潮"④。这里的"第四等级"与西方社会对新闻记者的身份阶层认定有着一定的关联。林语堂认为"新闻界不可能比学者们更能够表达人民的心声，除非有些编辑选择被杀死或者被囚禁。"⑤ 这既是林语堂对之前经历的大革命黑暗时期著名报人邵飘萍、林白水相继被军阀残害致死的一种反讽，也是林语堂对自己退守文人学者战线的一种委婉表达。对于中国报业和舆情史研究的意义，林语堂认为如果提供了合适的社会和政治环境，"古代中国的政治批判精神"将会复兴成为"现代新闻业的民主力量"。⑥ 如此论述，也是林语堂通过这本专著进行媒介批评实践缘起之一，因为他可以通过研究古代文化阶层的舆论和媒介活动对社会的影响，投射到其所处的民国时代，从而将这种"批判精神"贯穿始终。

林语堂在该书中认为，1895年中日甲午战争至1911年辛亥革命是"中国新闻史上的黄金时期"；因为此阶段大多报刊都不顾盈利，直面政府的管制和迫害，爱国的崇高理想激励着新闻界，掀起了当时新闻事业的高潮，且成为"最终推翻清政权的国家政治改革运动的鼓动者"⑦。以此对比，在国民党独裁统治下的20世纪30年代，林语堂认为："作为人民的耳目喉舌，中国今天的新闻事业甚至不能与公元前2世纪的政治评论相比"⑧，这是他看到民国时期虽然传媒物质技术有所进步，但新闻媒介言论自由环境却不尽如人意

---

① 胡丹、戴丽：《中国现代媒介批评的"学理性"探究》，《中华文化与传播研究》2021年第2期。
② 余英时：《中国知识分子论》，郑州：河南人民出版社，1997年，第210页。
③ 林语堂：《中国新闻舆论史》，王海、何洪亮译，北京：中国人民大学出版社，2008年，第2页。
④ 林语堂：《中国新闻舆论史》，王海、何洪亮译，北京：中国人民大学出版社，2008年，第7页。
⑤ 林语堂：《中国新闻舆论史》，王海、何洪亮译，北京：中国人民大学出版社，2008年，第35页。
⑥ 林语堂：《中国新闻舆论史》，王海、何洪亮译，北京：中国人民大学出版社，2008年，第67页。
⑦ 林语堂：《中国新闻舆论史》，王海、何洪亮译，北京：中国人民大学出版社，2008年，第83页。
⑧ 林语堂：《中国新闻舆论史》，王海、何洪亮译，北京：中国人民大学出版社，2008年，第70页。

的深刻批评。将晚清政府的摇摇欲坠与后来民国政府所谓"民主共和"却逐渐武断的统治相比,林语堂得出一个新闻事业发展的"悖论":"即越是'强大'的政府,其新闻事业越弱小,反之亦然。"①这样一个"悖论"的得出,林语堂是在借此反讽晚清之后北洋军阀和后来民国政府高压的新闻审查制度导致新闻事业的正常发展遭到摧残。而这句话的意涵也与美国前总统托马斯·杰斐逊(Thomas Jefferson)著名的"无政府的报纸"②之说恰好吻合。在中西方媒介文化的对比视野中,林语堂深刻指出,"中国新闻与西方新闻的不同还在于新闻道德方面",他认为"中国的新闻道德水平非常低。编辑有自己的难处。'面子'因素在中国的各行各业都十分重要,新闻界也不例外。中国各类作者对待编辑的改稿或拒稿不如美国作者那样宽容"。其认为这种中国古语中所说的"文人相轻"和缺乏"公平竞争"意识导致杂志界诋毁敌视现象的发生。③可以说,林语堂所批评的这种"新闻道德",此前的确是中西媒介文化冲突中较为激烈的部分。

作为林语堂《中国新闻舆论史》这部著作中最为直接凸显媒介批评性质的章节,该书的最后一章"新闻审查制度",林语堂纵贯古今对各种"新闻审查"事件进行了评判。不过,对于"新闻审查"这项制度存在的合理性本身,林语堂并不反对;他所批评的是其不科学、不合理、不正义之处,并提出自己的一些建议。林语堂指出:"对于现存新闻审查环境的呼吁,并非说我们需要更完整的新闻审查监管规则,当务之急是需要更加明智的新闻审查官",他提出要培养专业人员,使他们了解新闻机构的运作情况。④此处,林语堂对"新闻审查官"的格外强调,与马克思的经典之作《评普鲁士最近的书报检查令》⑤有着相同的媒介批评对象。马克思在此文中谈道:"书报检察官究竟能不能具有对各种各样学术才能作出判断的学术才能,检查令对这一点没有提出丝毫怀疑……把学术才能同地位扯在一起,这又是多么虚伪的自由主义啊。"⑥二者对担任报刊新闻业审查职能的官员品质都进行了批评,其媒介批评目的基本一致,都是以此为营造更好的媒介舆论环境而发声。这样不谋而合的媒介批评认知,无不展现出林语堂在国际视野下中西媒介文化思想交融中先进的媒介意识。

此外,对于当时日本人在华北新闻审查中的控制影响,林语堂强调"没有任何民族是可以征服的,除非它的新闻舆论首先被封锁和压制"。⑦这表明林语堂已经将对新闻审

---

① 林语堂:《中国新闻舆论史》,王海、何洪亮译,北京:中国人民大学出版社,2008年,第97页。
② 刘祚昌:《杰斐逊全传(下)》,济南:齐鲁书社,2005年,第1648页。
③ 林语堂:《中国新闻舆论史》,王海、何洪亮译,北京:中国人民大学出版社,2008年,第134页。
④ 林语堂:《中国新闻舆论史》,王海、何洪亮译,北京:中国人民大学出版社,2008年,第144页。
⑤ 中共中央马克思恩格斯列宁斯大林著作编译局编译:《马克思恩格斯全集(第一卷)》,北京:人民出版社,1995年,第107页。
⑥ 中共中央马克思恩格斯列宁斯大林著作编译局编译:《马克思恩格斯全集(第一卷)》,北京:人民出版社,1995年,第128—129页。
⑦ 林语堂:《中国新闻舆论史》,王海、何洪亮译,北京:中国人民大学出版社,2008年,第145—146页。

查和新闻舆论重要性的认识，上升到了关乎民族国家生死存亡的高度，足见其批评的深刻性。在该书最后，林语堂借着对民国政府蒋介石集团"空话连篇"的新闻审查制度的批驳及其恶劣影响的陈列，总结了他撰写《中国新闻舆论史》的原因和目的——他希望通过对"英雄式的气节"和"卑鄙的背叛"的中国过往舆论史的观察，以此"促使读者以历史主义的观点来认识现在新闻审查的形势并理解其合理或荒谬的条款"。[①] 对林语堂在新闻舆论方面的媒介批评探究，通过其《中国新闻舆论史》这部著作，无论是对中国古代舆论媒介事件的梳理，还是对中国近现代新闻舆论事业的批判，都彰显了中国现代媒介批评发展期，林语堂在中西媒介文化冲突与交融的大背景下，其通过媒介批评实践为中国现代新闻媒介事业发展所做出的努力。

五、"中西合璧"的批评特征

以上，通过研究林语堂对微观层面的媒介作品和媒介工作者、中观层面的媒介本身和宏观层面的媒介观念以及新闻舆论等方面的媒介批评实践，我们发现林语堂的媒介批评明显呈现"西洋"与"本土"的冲突和交融的形态；本文研究结论认为这种"中西合璧"的媒介批评，既是中国现代媒介批评发展期的显著特征，也是 20 世纪 30 年代中国思想文化界对于"本位文化"与"全盘西化"论战的一个缩影。以林语堂为代表的民国时代的"文人而报人"，他们的报刊实践和媒介批评实践，是这种中西思想问题论争在媒介文化领域的体现，其特征具体表现可概括为以下三点：

一是"文人而报人"中西结合的教育经历、知识结构影响其媒介批评观。文人学者始终是中国近现代媒介批评史上不可或缺且极为重要的一部分群体，林语堂是"文人而报人"的典型代表之一。他中西结合的媒介批评特色，与其自身的成长环境、求学经历和所参与的社会活动都有着密切的关联。自幼接受西式文化教育与生活经历，让林语堂深为西方报刊中的自由文风所触动，所以他才会批评国内报刊文章的沉闷和文体的呆板。诚然，林语堂是一位受到西方文化强烈熏陶的文人学者，但身为中国人，他文化上的根还是绵延数千年博大精深的中华传统文化。虽然具有国际视野，但林语堂的国学韵味依然不失，他可谓真正的"学贯中西"之人。在他的媒介批评实践中，常常将中西方媒介做比较，站在中西方的国际视野上，"中国""西洋"等对比词汇多见诸其媒介批评文章之中；他也会引用古代典例到今日的新闻事业中作隐喻，借古讽今。以林语堂为代表的兼具中西文化教育知识背景的文人，他们对媒介的看法自然而然有着"西洋"的烙印，甚至是与中国"本土"相冲突，不过他们大多是致力于将二者求同存异相融合发展的。这一显著的媒介批评特征，也恰好体现了"和"这一中国文化精神的结晶，即就融合中西媒介文化而言，其"在生成与形态上呈现和而不同的特点"，没有用一成不变的标准去

---

① 林语堂：《中国新闻舆论史》，王海、何洪亮译，北京：中国人民大学出版社，2008 年，第 147 页。

衡量,展现出允许不同形态的文化存在与发展的智慧。①

二是个人品性追求的不同影响其媒介批评观。"两脚踏东西文化,一心评宇宙文章",林语堂在自传中曾说,有人评价他"最大长处是对外国人讲中国文化,而对中国人讲外国文化",他认为那评语是真的,并表示自己"最喜欢在思想界的大陆上驰骋奔驱……这样发掘一中一西之原始的思想而做根本上的比较,其兴味之浓不亚于方城之戏,各欲猜度他人手上有什么牌"。②林语堂进行媒介批评实践,既借鉴吸收了西方先进的新闻报刊理念,又结合自身撰稿编辑创办刊物的经验,形成独具其特色的媒介批评和媒介思想。林语堂说自己只是"一团矛盾"而已,自称为"现实理想主义家",是"热心人冷眼看人生"的哲学家,他喜爱妙思古怪的作家,也喜爱平实贴切的理解。③从林语堂自身的媒介活动来看,知识分子的"文人论政"言论救国,为读者大众服务办刊,对当局新闻检查制度的批评等等,这些他都经历过,随着时代和自我认知的变化,他"努力在儒家的'入世'与道家的'出世'之间找到一种平衡"。④林语堂在体察媒介的时候,是把媒介当成一种文化的要素或者文化的工具而存在的,这与当时那些把媒介作为政治工具而存在的人不一样。尽管旧中国在 20 世纪 30 年代前后依然是半殖民地半封建社会性质,其时代的脉搏最主要的是民族与国家的解放;不过林氏的媒介观更注重通过媒介进行"国民性"改造,以提高人们的精神文化修养。他这方面的努力在当时那种多元的文化和媒介环境之下,虽不一定是主流,却有其一定的合理性,甚至在今天看来,这是具有一定的超前性和深刻性的媒介思想。相比鲁迅等左翼文人更具现实性,林语堂则更具理想性,这是他们之间的思想分野。今天我们回望林语堂的媒介思想,是可以看出他高明的,甚至是预见性的一面的。

三是时代大背景影响其媒介批评观。媒介作为串联社会各要素的载体之一,人们对媒介的观念认知与政治、经济、文化等时代特征是紧密相关的。"任何的媒介批评作品都产生于独特的文化背景和文化传统之中,不可能是隔断历史纽带和文化联系的孤立文本。"⑤从思想文化领域来看,本文主要探讨的动荡的 20 世纪 30 年代,正处于"本位文化"与"全盘西化"论战的时期,林语堂等文人经历过上一个思想大论战的五四新文化运动时期,对于西方文化的引入与中国本土文化的发展已有较为深入的认知。以林语堂为代表的"文人而报人",期望在中西文化的碰撞与交融中获得媒介事业的发展。所以他们在批评中国本土媒介文化时,大量对比西洋报纸杂志,尽管面临一些文化观念冲突,但多有主张取长补短、借鉴学习的意旨。从中国现代媒介批评史的视角来看,此时正处于中

① 袁济喜:《"和"与中国文化传播》,《中华文化与传播研究》2019 年第 2 期。
② 林语堂:《林语堂自传》,北京:中国华侨出版社,1994 年,第 34—35 页。
③ 林语堂:《林语堂自传》,北京:中国华侨出版社,1994 年,第 43 页。
④ 钱珺:《幽默与抗争:新闻人林语堂研究》,南京:南京师范大学出版社,2018 年,第 177 页。
⑤ 胡正强、张郑武文:《论中国近现代媒介批评的意识成长与演进特点》,《中华文化与传播研究》2021 年第 2 期。

国现代媒介批评的发展期，经过前期的孕育形成，中国的媒介批评者已经可以结合本土媒介发展情况，进行自主的媒介批评实践。而这一时期的媒介批评，大多呈现对标西方媒介观念思想和媒介实践发展情况的特征，这也在一定程度上受影响于这群有着中西知识文化结构和明显现代媒介批评意识的报人学人。

当然，囿于林语堂的政治主张、党派阶级立场和资产阶级自由主义、个人主义等观念的影响，他的媒介批评言说也具有一定的局限性。这些局限性与当时的时代背景，与林语堂本人的成长生活环境是密不可分的。总体而言，虽然身份经历复杂，人物形象也充满矛盾争议，但林语堂的媒介批评实践无论是对新文化运动、改造国民性、民主事业进步以及促进中国现代新闻报刊事业发展都曾起到一定的推动作用。林语堂特有的"幽默"文风和国际视野也在中国新闻史、媒介批评史上留下了独属于他的篇章。而以林语堂为代表的民国时期的"国学大师""文人而报人"，也是中西方媒介文化交流史上的一个缩影。他在中国现代媒介批评发展期所呈现出来的"西洋"与"本土"冲突和交融的特征，这种"和弦"之妙是中国现代媒介批评的一个显著特色，也为"本位文化"与"全盘西化"论战添加了媒介文化领域的时代注脚。以"文人而报人"林语堂为代表的"中西合璧"媒介批评方面群像的具体研究，值得后续更加深入全面开展，其时代意义价值仍可延伸到当下的新闻媒介事业发展中去。

跨文化传播视域下北美汉学家与中国文化对话焦点刍议

——以西利尔·白之的中国戏曲思想为对象

汪一兰 *

（北京外国语大学国际新闻与传播学院，北京，100081）

摘　要："思想与文化理解"一直以来都是中国传统戏曲跨文化传播的重点与难点。汉学家继传教士之后作为中国文化在海外传播的重要载体，向域外受众翻译、推介中国文化在海外得以传播的基本资料和成果，提供了研究中国文化的双向视角，是中国文化在全球化语境下海外传播影响与再传播的重要考察对象。西利尔·白之作为当代著名汉学家，基于对中国戏曲理论、思想、文化的深刻剖析与理解，推动了中国戏曲在英美文化体系内"案头"与"场上"的双重传播，真正实现了东西方文化对话。新世纪以来，《牡丹亭》被一步步建构成为跨文化传播实践中的对话焦点，为英语世界深入了解中国社会文化打开了契机，同时探寻当代中国传统戏曲跨文化传播理论与文化边界的契合。

关键词：跨文化传播；汉学；西利尔·白之；戏曲；传奇

一、引言

戏曲的跨文化传播，并不是一个新鲜的话题。从传播史和接受史的角度观照，戏曲传播始终关注着文本与舞台的两翼齐驱。伴随大航海时代欧洲人对东方的发现与探索，初入中国的传教士成为第一批认识并关注中国戏曲的西方人士。作为活跃在中国社会最古老的戏曲之一，昆曲作为中国戏曲的代表自然进入这些异域人士的视野。《汉宫秋》《玉娇梨》《牡丹亭》《西厢记》《琵琶记》《长生殿》《桃花扇》等诸多中国古典戏曲名著全本或章节被翻译传播于法文、英文、西文、德文、日文、拉丁文地区。这些早期的戏曲文本译介，在某种程度上可视为西方"权力阶层"与"知识阶层"以自身文明为最高标尺了解、衡量中国的一种手段，却未见形成戏剧艺术领域内多维度大范围的中西对话与传播。

---

　　*　作者简介：汪一兰，北京外国语大学国际新闻与传播学院博士研究生，研究方向：中外戏剧跨文化传播比较研究。

至 19 世纪道、咸以降，特别是到 20 世纪，技术革命与战争导致全球国家实力的极端消长，中华大地世局见乱，加之西方文化的冲击，中国观众渐而失去欣赏传统昆曲的耐心与环境，昆曲濒临消亡，更妄谈传播。20 世纪的一百年，于昆曲而言，是一个深刻思辨、谋求生存，捕捉时机、以待复苏的漫长、艰难的一百年。幸而海内外还有一些迷恋昆曲的有识之士，以不同的方式在不同的场合传播昆曲，延续昆曲的生命。至 21 世纪，伴随全球经济文化复苏，人类开始关注"非物质文化遗产"保护，像昆曲这样拥有深厚底蕴的文化遗产首先受到国际社会的青睐，这是人类的一种自然的文化传承。在众多维持昆曲生命的有识之士中，海外汉学家可谓一股重要力量。本文将聚焦北美汉学家西利尔·白之（Cyril Birch），他对中国戏曲的持续研究与成果始有奠基之功，终促成《牡丹亭》成为新时期中美戏曲对话中的话语焦点。

"跨文化"这一概念可以追溯至帝国侵占和殖民主义时期 (Colonialism) 权力意识形态运作过程中产生的文化杂糅。如前所述，昆曲的兴衰与 19 世纪以后的"帝国侵占"与"后殖民主义"不无关联。前有 19 世纪太平天国起义，其镇压几乎摧毁了江南，可想而知这场反封建反帝国主义侵略的农民战争对江南戏曲文化的打击；后有 20 世纪西学东渐影响下的"五四新文化运动"，梨园"旧剧"无可避免地被卷入这场尖锐的世界主义思潮，作为历史上雄踞戏曲舞台的"旧剧典型"，昆曲在"花雅之争"后又一次被知识界的文化风潮极大地打击削弱。整个 20 世纪政治、战争、文化风向导致昆曲式微的艰难处境并非本文讨论的范围，笔者将目光投向域外汉学家在这一时期通过自身对世界范围内优秀戏剧艺术审美的不懈追求，将目光落于中国昆曲，通过译介、研究、对话实际上作为保存者和跨文化传播的重要载体，为 21 世纪昆曲在世界范围内的复苏奠定基础。

二、西利尔·白之的中国戏曲思想与文化意趣

（一）西利尔·白之的学脉梳理

西利尔·白之 (1925—2018) 出身英国汉学界历史最悠久权威的剑桥学脉，师承英国伟大的汉学宗师翟理思 (Giles Herbert Allen,1845—1935)、阿瑟·韦利 (Arthur David Waley，1889—1966)，整个教育阶段接受典型的英式严苛学术训练，造诣颇深、成就斐然，后成为享誉海内外专攻中国古典小说和戏曲的知名汉学家。二战后，伴随世界经济文化重心的转移，亦因学术旨趣所向，白之于 20 世纪 60 年代移居美国，任教于加利福尼亚大学伯克利分校（University of California, Berkeley），自此长期活跃于北美汉学界，尤其致力于中国古典戏曲的翻译及思想文化研究。长期以来，大陆（内地）学界对白之的研究视角主要集中于比较文学与翻译学，戏曲界尚未充分关注到白之诸多作品中对中国戏曲理论以及思想文化的理解与学理性阐释。在港台学者中，有活跃于北美地区的华裔学者，亦有白之亲传弟子，他们中的许多人都曾为当代昆曲的跨文化传播做出了巨大

贡献，但鲜有学者以戏剧为视角对白之的学术成果进行系统研究，或仍然使用汉学概念框架切入且未成体系。因此，本文将在跨文化传播视域下从戏曲本体出发进行研究，呈现白之的学术成果对于中国戏曲在域外传播的价值，以期对今后中国戏曲进行跨文化传播实践有所启示。

拥有如此欧美双重文化背景的汉学家，可以想见其学术经历必然塑造出鲜明的学术特质，白之个人的研究方法与成果可以说影响着北美汉学界的发展，就戏曲跨文化研究领域个案而言，白之的学术成果对当代昆曲的跨文化传播起到了扎实的奠基作用，他最大的学术成绩被普遍认为是完成于 1976 年、1980 年和 2007 年刊行的《桃花扇》《牡丹亭》和《娇红记》全本译介工作。他是首位将《牡丹亭》55 折进行全文译介的汉学家，通行于欧美高校作为中国文学研究的研读教材，做到了可读性与普适性的完美结合，学界称其为"20 世纪伟大的文化盛事"之一，对中国戏曲文学的跨文化传播发挥着示范性作用。

（二）西利尔·白之的中国戏曲思想

实际上，更多的发表成果表明白之作为戏曲研究的"文化他者"，对中国戏曲思想与文化具有自己深刻而独到的见解。

1. "他者"审美——"悲剧"的标准

白之在进行戏曲文本评述时，总是首先观察其是否可以无限接近"悲剧模式"(the tragic mode)，他在《白之比较文学论文集》中谨慎地提出了一个简明的观点："从关汉卿的《窦娥冤》到《红楼梦》这一长串中国作品名单中，还可以加入《琵琶记》，这些作品所表现的冲突，以及他们提及的冲突解决方式，都倾向于悲剧性。"[①] 他认为《琵琶记》里没有一个主要人物是坏人、小人（petty villains），主人公的两难之境并不来自外界的原因，而是由于他自己的'悲剧性格分裂'（tragic dividedness[②]）"[③]；"有两个原因使《荆钗记》无法接近悲剧模式，它的彻底传统的道德观，它的几个主人公不是纯善就是纯恶"[④]。他谈到《青衫记》则说："白居易的两首出名的伤感诗为一系列剧本提供了素材。《长恨歌》所唱的杨贵妃的悲剧命运，出现于白仁甫的元杂剧《梧桐雨》，屠隆（1957 年进士）

---

① 白之:《早期传奇中的悲剧和情节剧:〈琵琶记〉与〈荆钗记〉》，载微周译:《白之比较文学论文集》，长沙: 湖南文艺出版社，1987 年，第 1 页。

② 有关这个术语，参见 Robert Bechtold Heilman, *Tragedy and Melodrama*, University of Washington Press, Seattle, 1968.

③ 白之:《早期传奇中的悲剧和情节剧:〈琵琶记〉与〈荆钗记〉》，载微周译:《白之比较文学论文集》，长沙: 湖南文艺出版社，1987 年，第 26 页。

④ 白之:《早期传奇中的悲剧和情节剧:〈琵琶记〉与〈荆钗记〉》，载微周译:《白之比较文学论文集》，长沙: 湖南文艺出版社，1987 年，第 25 页。

的《彩毫记》，洪昇（1645—1704）的《长生殿》之中……"[①] 应当注意到他谨慎的表述方式——"倾向于悲剧性""无限接近悲剧模式""伤感诗"，白之在研究范围内似乎从未严格确认过任何一部中国戏曲在学术视角下可被定义为"真正的悲剧"。

悲剧历来是西方传统美学中的重要范畴，即便汉学学养深厚，白之亦无法摆脱这样一个框架——以亚里士多德《诗学》之后的西方悲剧理论判断中国戏曲的悲剧属性。"悲剧"一词在辛亥革命后才被引入中国，经典的西方悲剧如《王子复仇录》《黑奴吁天录》等相继被译介至中国，甚至用杂糅了中国戏曲的形式创作上演了一些作品之后，"中国传统戏曲到底有没有悲剧"的争论被中西学者持续讨论。不同的考察者对于相同的考察对象往往会得出不同结论源于东西方戏剧理论自身的差异，在众多西方戏剧研究者对中国传统戏曲是否存在悲剧的争鸣中，他们都运用了西方戏剧界奉为圭臬的理论衡量标尺和辨析准则——即亚里士多德定义的悲剧[②]；即便是中国学者，也会不自觉地囿于传统西方悲剧理论来考察中国戏曲。白之重视戏剧的悲剧属性，也重视东方戏剧理论家的学术成果（多次引用青木正儿、梁辰鱼的戏剧理论），但笔者以为西方殖民主义话语渗透早已在一般学术实践中产生了一种隐形的控制体系，尽管白之对于这种理论霸权始终存在警惕与颠覆，但在不均衡的全球格局与价值次序下，亦无法摆脱强大的理论语境根源，这固然是戏曲跨文化传播中后殖民主义的影响显现。

另外由于明清传奇的结局通常被处理为具有民族色彩的"团圆之趣"，白之常因此无法认可其悲剧属性。中国古代文人学士不善于理论界定的归纳，因此戏剧理论带有较多的经验性色彩，对戏剧实践的依附性较强。[③] 但古代戏剧家对这种流于俗套的"团圆之趣"也并非没有异议，明末清初卓人月就曾论证"天下欢之日短而悲之日长，生之日短而死之日长，此定局下；且也欢必居悲前，死必在生后。今演剧者，必始于穷愁泣别，而终于团圞宴笑。似乎悲极得欢，而欢后更无悲也；死中得生，而生后更无死也。岂不大谬耶！"[④] 近现代中国学者中早有对于西方戏剧理论"入侵"中国的不满，因此，当学术"他者"谨慎定义中国戏曲是否存在悲剧，只是在定义其是否符合西方戏剧理论体系定义下的悲剧，廓清其内涵与外延便可知，在戏曲跨文化传播研究过程中既需要警惕西方美学理论的冲击和宰制，更需要建立真正意义的东方戏剧美学理论体系。

2. "他者"评鉴——结构的要素

白之认为好的戏剧需要具备六个要素——音乐性、抒情性、传奇性、模仿性、戏剧性和观赏性。他参考了"亚里士多德的《诗学》，认为悲剧的六个组成部分为：情节、角

---

① 白之：《明传奇的几个课题和几个方法》，载微周译：《白之比较文学论文集》，长沙：湖南文艺出版社，1987年，第44页。

② 蓝凡：《中西戏剧比较论》，上海：学林出版社，2008年，第476页。

③ 孟昭毅：《东方戏剧美学》，北京：经济日报出版社，1997年，第287页。

④ 蔡钟翔：《中国古典剧论概要》，北京：中国人民大学出版社，1988年，第124页。

色、语汇、思想、场面、歌曲；同时李渔将她的戏剧学著作分为六章：结构、词采、音律、宾白、科诨、格局"①。此外，曾永义的戏剧理论也对白之的戏剧评鉴产生了一定影响："他在《评骘中国古典戏剧的态度和方法》②——以本事动人、主题严肃、结构谨严、曲文高妙、音律谐美、宾白醒豁、人物鲜明、科诨自然"八端作为评论中国古典戏剧成功的条件，颇为完备。"六个要素"是白之综合中外戏剧理论家评鉴戏剧优劣的角度之后提炼出的对中国传奇作品的品评方法，他认为这"六个要素"是传奇戏曲最具价值的核心基础。

表 1. 中西戏剧家戏剧评鉴要素对比

白之	亚里士多德	李渔	曾永义
音乐性	歌曲	音律	音律
戏剧性	情节	结构	结构
观赏性	场面	—	—
—	思想	格局	主体
—	角色	—	人物
—	语汇	词采	曲文
抒情性	—	—	—
传奇性	—	—	—
模仿性	—	—	—
—	—	宾白	宾白
—	—	科诨	科诨
—	—		本事

上表1可以清晰看出四位中西戏剧理论家评鉴剧本的角度异同，本文仅就白之的"六个要素"进行分析。在传统的西方诗学（poetics）中，文学被分成三个部分：戏剧（drama）、史诗（epic）、抒情诗（lyric）。白之在观察昆曲剧本时认为音乐价值 (musical value) 与诗的价值 (lyrical value) 不可分，甚至可以说诗的价值决定音乐的价值。由于缺乏音响资料，他只能够通过批评家的评论来衡量音乐价值。而诗的意向通常是与西方戏剧进行平行比较得出结论；传奇价值（mythic value）和模仿价值（mimetic value）都属于情节部分，如果一部戏想要成功，"其主题是否令观众感到熟悉？在舞台上演出的故事是否精彩？"③是最重要的部分。关于"模仿价值"则需要关注戏曲与舞台之外的社会现

---

① 白之：《西施的戏剧潜力：〈浣纱记〉和〈蕉帕记〉》，载微周译：《白之比较文学论文集》，长沙：湖南文艺出版社，1987年，第31页。
② 曾永义：《说戏曲》，台北：联经出版公司，1976年，第1—22页。
③ 白之：《西施的戏剧潜力：〈浣纱记〉和〈蕉帕记〉》，载微周译：《白之比较文学论文集》，长沙：湖南文艺出版社，1987年，第37页。

实关系如何，而非谈及其对社会的讽刺或是"哲学价值"；喜剧价值（comic value）和观赏价值（spectacular value）被白之认为是戏曲作品的大众性体现，他还借用梁辰鱼的美学原则，认为部分作者的"舞台指示"很像"哈姆雷特对演员的忠告"——"歌有歌体，舞有舞态。需要态度悠闲，步行袅娜，方能动人"①。此外，白之亦重视"传奇观众之复杂"（受众关注），最重要的是他认为"传奇本身还是一种高雅歌剧形式，每部剧的命运取决于其音乐和诗歌价值，而不是满足下层群众粗俗兴趣的程度"。②因此我们可以理解为什么两位中国戏剧理论家重视的"宾白"和"科诨"要素不在其研究中国戏曲的品评关键之中，他始终认为"插科打诨"只是演出中歌舞的部分或其他娱乐形式，是"为了满足下层群众的"，但是否能够长期存在于舞台，仍旧取决于西方诗学的要素。对于"宾白"的轻视亦是西方戏剧理论家难以跨越的文化鸿沟，李渔将"曲"与"白"的关系视为"经、文之于传、注""梁之于榱、桷""肢、体之于血、脉"的关系③，也充分揭示了宾白之"宾"的深刻含义，"曲"与"白"均是戏曲中不可缺少的重要组成部分，二者不可偏废其一，又构成中国戏曲特有的"唱念做打"舞台文化景观。而"科诨"全称"插科打诨，指的是戏曲里各种使观众发笑的穿插，其中科指的是动作，诨指的是语言"④，如同西方之亨利·柏格森（Henri Bergson）的滑稽理论，笔者以为在这个要素上中西方戏剧界是可以相互影响的，白之对其的轻视可能是因为明清传奇舞台形式主要由文人士大夫掌控，普通百姓没有过多的选择权，昆曲以"雅"著称，而"科诨"低俗，故而不注。最后，白之总结了"传奇形式对中国戏剧至少有三个新贡献：自然主义式的细节（naturalistic detail）；人物的相互关系，更复杂的结构意识；所有这三点都显示了戏剧与长篇小说共存的特点"⑤。

3."他者"意趣——文化的理解

在《白之比较文学论文集》以及其他散见的相关文献中反复强调了三个关键词——母题、主题、意向，可以看出白之在进行中国戏曲研究过程中深入中国文化的部分。作为"文化他者"的汉学家对于中国文化的理解程度直接影响学术成果，白之在文化上的敏锐意趣也许取决于他多元的学术背景，美西海岸的生活可能接触到更多的亚裔人士，触发了他对中国文化更多的深刻关切。

---

① 白之：《西施的戏剧潜力：〈浣纱记〉和〈蕉帕记〉》，载微周译：《白之比较文学论文集》，长沙：湖南文艺出版社，1987年，第41页。

② 白之：《西施的戏剧潜力：〈浣纱记〉和〈蕉帕记〉》，载微周译：《白之比较文学论文集》，长沙：湖南文艺出版社，1987年，第43页。

③ 李渔：《闲情偶寄》，北京：中国戏剧出版社，1980年，第51—52页。

④ 王骥德：《曲律注释》，陈多、叶长海注释，上海：上海古籍出版社，2012年，第222—223页。

⑤ 白之：《明传奇的几个课题和几种方法》，载微周译：《白之比较文学论文集》，长沙：湖南文艺出版社，1987年，第54页。

（1）母题——食物

笔者注意到白之对戏剧中"食物母题"主导性的（dominant）讨论：如"《琵琶记》第九出并非此剧高潮之一，但是五娘的困境使我们感动，因为我们不只是把她看作一个弃妇，而是一直注意到她处于丈夫不在而陷入饥饿的特殊状况下，此处两次提到食物这个母题"；孝道戏中谈论"怎离却双亲膝下，且尽心甘旨""怎离白发之双亲，倒不如尽菽水之欢，甘齑盐之分"；介绍五娘的贤惠则用"尽可寄苹蘩之托"。①他提出《琵琶记》用典不多，但有不少是谈食物的，甚至伯喈在拒婚之时的理由仍旧是"糟糠之妻不下堂"（此处引用了翟理思的经典翻译——"The partner of my porridge days shall never go down from my hall"）；在全剧最动人的"五娘对糠说话"之后他开始讨论"粮食是悲伤的来源"，这证明"在中国古代食物对于小人物来说是非常重要的"。笔者认为西方少有学者能够通过戏剧关注到中国的食物问题，认识到作为农耕文化孕育出的封建社会，农耕者的文化基因天然对食物和土壤的深厚情感，而中国戏曲的剧本内容、表演方式、演出程式甚至是演出者本人也大多与本地的农耕文化有或多或少的联系，只有深刻理解了中国农民与食物和土地的关系，才可能真正理解中国社会。白之在几乎所有文章中对于食物母题的关注，显示出作为"文化他者"敏锐的观察视角并试图进入中国文化内部系统，这也对《牡丹亭》的翻译与研究建构了深厚的基础。此外，他还关注到食物与中国封建社会阶级的关联性，在谈到五娘与父母忍饥挨饿之时对比牛小姐在安逸奢华之中款待伯喈，而牛小姐与五娘的对比中显然五娘的词曲多为食物而忧，牛小姐则"少有食物意向，音乐意向甚多"，可见食物满足的巨大差异是封建社会区分贵族与平民的重要标志，显示了社会的极端不公平，作为老百姓为糠而忧和贵族阶级笙歌奢华的精神享受亦是白之向英语世界社会传达出的文化感知。

（2）主题——孝道

在分析悲剧性的《琵琶记》中，白之十分关注其中体现的"孝道"主题，"伯喈是个孝子，他一上场我们就明白这一点，但是"名缰利锁"使他的动机复杂化。他尽孝的主要对象，即是他的父亲，在第四出一场重要的争辩中看问题的角度预兆了日后他的两难之境。争论的中心问题是儿子是否离别父母去京赴考，不管他自己多么不情愿，而这问题又被看成如何处理"大义与小节"的问题；蔡母天真地把"孝"的意义缩小为"披麻戴孝"，父母贫苦与儿子名利之间的对比和冲突已经显现。作者观察到中国封建社会家庭中儿子"取功名"与"孝道"的伦理问题，"夫孝始于事亲，中于事君，终于立身。立身行道，扬名后世，以显父母，孝之中也。是以家贫亲老，不为禄仕，所以为不孝"②。白之

---

① 白之：《早期传奇中的悲剧和情节剧：〈琵琶记〉与〈荆钗记〉》，载微周译：《白之比较文学论文集》，长沙：湖南文艺出版社，1987年，第15页。

② 白之：《早期传奇中的悲剧和情节剧：〈琵琶记〉与〈荆钗记〉》，载微周译：《白之比较文学论文集》，长沙：湖南文艺出版社，1987年，第27页。

提出这样的疑问，中国的孝道即为"披麻戴孝"？男子更重要的是有一个远大的前程"扬名后世以显父母"？在传奇剧本的思想中"显父母"优先于"亲父母"是否普遍存在于中国文化？显然"孝道"这个主题作为礼乐文化的重要内容大量存在于传奇剧本中，立体性的规范、鞭笞着民众的行为，而这种封建主义的父权制产物白之却无法用西方社会伦理文化进行终极关怀，甚至显现出难以消化一些"儒家教条"的倾向，最终只能将这个主题置于增加戏剧冲突效果的议题下讨论分析。

（3）意向——女性意识

女性意向是中外昆曲研究者们关注的焦点之一，白之并不例外。除了文本本身，他还关注亚洲批评家们对这个意向的点评。当批评者们讨论《琵琶记》中五娘作为一个孝妇，她是否应该用那么多性孤寂象征？是否应该如此地想念丈夫？甚至猜测她的唱词中"长安红杏深，家山白云隐"是在引用晚唐诗人李洞的艳情诗"两脸酒醺红杏妒，半胸酥嫩白云饶"。白之的看法是"作者是在二者之间犹豫不定的，一方面词和曲中的弃妇主题所必须有的一些传统意向与把五娘写成极端孝顺的媳妇的愿望，这种冲突产生了张力，而张力使五娘活起来。如果没有瘦颊冷香，五娘就会变得太古板、不真实"；而在对于《浣纱记》的点评中，将吴王和西施与莎士比亚的《安东尼与克利奥帕特拉》作为比较，同样的妖艳殊色，同样对女性的迷恋，他们的王国同样地陷入万劫不复，但与莎士比亚不同的是，《浣纱记》"作者全剧运用了英雄主义准则的观点来写。西施作为一个女人，是个魅人者，她的诱惑力，必须十分小心，必须对她所代表的危险性非常理解才行"。但是剧作家对她"有一种浪漫主义的同情，加上传奇这种体裁要求的浪漫主义喜剧性，把这个妖妇式的人物变成一个牺牲的羔羊，她服从主角及其主人越王的政治需要，这样就把她自己从万恶之源的地位中赎救出来"[①]。我们可以非常清晰地感受到他的态度，一个祸国妖妇因为对男主爱情而牺牲的写作方法并不为白之认同，与莎翁笔下的埃及女王形象相比高下立判。作为比对，白之赞扬《蕉帕记》中的西施，认为："她的形象之中旧时男性沙文主义怀疑少得多。作者把她表现为一个非常现代式的思想开放的人物——诚然，带着一点窃窃的暗笑——其性感十分坦露，而且有她自己的目的，完全不是迎合她周围男人的需要。"[②]白之还提醒到《蕉帕记》的年代背景比梁辰鱼晚了整整一代："他让这个爱情女神拥有满足自己肉体需要的权力，这是欣赏《西厢记》，产生《牡丹亭》的时代。"[③]作者显然在通过以上对比挖掘中国社会文化中的女性意识——鼓励昆曲作品应该倡导女性追求自由爱情和情色满足的正当性，宣扬女性的才智以及对权力的影响能力不让与男

---

① 白之：《西施的戏剧潜力：〈浣纱记〉和〈蕉帕记〉》，载微周译：《白之比较文学论文集》，长沙：湖南文艺出版社，1987年，第38—39页。

② 白之：《西施的戏剧潜力：〈浣纱记〉和〈蕉帕记〉》，载微周译：《白之比较文学论文集》，长沙：湖南文艺出版社，1987年，第39页。

③ 白之：《西施的戏剧潜力：〈浣纱记〉和〈蕉帕记〉》，载微周译：《白之比较文学论文集》，长沙：湖南文艺出版社，1987年，第39页。

性，又从时代背景方面强调了官方的礼教意识形态。作者强调的"女性意识"，并非女性专有，而是希望并认同传奇作品中作为男性的书写者同样重视女性在父权社会下的集体存在与权利意识，关怀女性作为"自我"的权力，认同女性在政治权力中与男性同等的价值。

三、西利尔·白之与《牡丹亭》：当代昆曲跨文化对话中的话语焦点

（一）跨文化传播基础：《牡丹亭》译介

专业的翻译问题并不在本文的研究范围内，本文仅触及白之的译介思想做常规性讨论。1980 年，在美国安德鲁·梅隆基金会（Andrew W. Mellon Foundation）赞助下，白之《牡丹亭》全译本由印第安纳大学出版社（Indiana University Press）刊行，该译本是西方世界中首部《牡丹亭》英文全译本。22 年后，白之在原译本基础上再次进行精心打磨修订，2002 年仍旧由印第安纳大学出版社再版，新版《牡丹亭》译本是首部最翔实、最系统的英文全译本，在该版序言中，白之撰文补充介绍了汤显祖生平、《牡丹亭》成书历程，该书的历史地位、人物形象和后世影响，最重要的是介绍了该剧舞台表演情况，可以说为《牡丹亭》在西方世界的传播起到了非常重大的奠基作用[①]。

作为一名文化他者，白之对中国语言、文学、文化深沉的热爱与理解，对《牡丹亭》偏爱尤甚，正是这种强烈热爱的文化心态影响甚至决定了白之在译介《牡丹亭》时采取的文化翻译策略，尽可能地保留汤氏著作中原汁原味的文化面貌。关于翻译原则，他曾专门撰文说"对于翻译，我最不愿意做的事就是定下几条规划，我属于从心所欲（itch and twitch）译派"[②]，当然这种感受肯定隐含着某种理论，在实践中包含一系列独立的情况，这一切都得益于他深厚的学养和"从心所欲"的经验以及从这些经验中提炼的理论。"文化表演"是表演理论中反复出现的关键词。[③] 在翻译中国古典戏剧时他时刻强调要"帮助中国戏剧以英译文演出的问题"，并请昆曲名家张充和共商细节；还要"真实地再现中国语言文化从表层结构、思维习惯到文化心理等诸多特质，让西方读者感受到不同于本土价值观的异域特色与他者特征"[④]，充分表现出译者对于原著、舞台以及中国文化的尊重态度。

就翻译本身而言，美国著名汉学家宣立敦（Richard Strassberg）盛誉《牡丹亭》译本

---

① 余晴：《跨文化交流语境中的汉学家西利尔·白之研究》，博士学位论文，福建师范大学，2021 年。

② 白之：《元明戏剧的翻译与移植：困难与可能性》，载微周译：《白之比较文学论文集》，长沙：湖南文艺出版社，1987 年，第 72 页。

③ 阮馨仪：《表演的"文化场"建构——表演理论视域下作为交流实践的台湾歌仔戏》，《中华文化与传播研究》2022 年第 2 期。

④ 白之：《元明戏剧的翻译与移植：困难与可能性》，载微周译：《白之比较文学论文集》，长沙：湖南文艺出版社，1987 年，第 72 页。

是"中国古典文学研究的盛世"①,白之对中国文化的理解和体会将译介研究推向了一个几乎无法超越的高点。更重要的是,白之版《牡丹亭》因为译者始终"关注舞台演出"的特点,推进了西方舞台上"牡丹亭"现实维度的传播,使《牡丹亭》之于西方不再定位于"遥远"的"东方传统",《牡丹亭》不再如博物馆中的古董名物一般作为承载着"历史悠久、文明深厚"的中国文化特质载体。白之版《牡丹亭》掀起了西方舞台上的"牡丹热",《牡丹亭》于舞台上形成了真正的东西方文化对话,随着21世纪初多个版本的上演,看昆曲成为美西地区人们一种时尚的、日常的生活方式,中国戏曲因子经过几百年之后实际进入美国多元音乐文化戏剧构成之中,像一个遥远的梦真切地来到现实中。

表 2. 西方舞台上演《牡丹亭》版本比较

导演	主创	特点	演出国家
彼得·谢勒（1998）	华文漪、黄鹰	以"白译"为基础,"情色"	维也纳、巴黎、罗马、伦敦、旧金山
陈士争（1999）	钱熠、温宇航	民俗/全本演出	美国林肯中心
Stephen·Kaplin(2000)		真人和玩偶交错表演	美国纽约
白先勇 (2006)	沈丰英、余久琳	青春版	美国、欧洲

（二）跨文化传播障碍：陌生与多维度传统

历史的《牡丹亭》和《牡丹亭》的历史是一副绵长的斑驳陆离的图景。在众说纷纭中我们看到了他说不尽的意向。作为代表东方想象的"传统文化"早前并非没有进行过多维度的跨文化传播实践,20 世纪二三十年代,梅兰芳就曾在日本、美国、苏联分别上演过《春香闹学》等折子戏;80 年代,张继青又于欧洲、日本演出《游园》《惊梦》,都获得了极高的赞誉。翻译方面也早在 1931 年就刊行过徐道临先生的德文摘译版,北京大学洪涛生教授 1937 年完成《牡丹亭》德文全译本,英国汉学家哈罗德·阿克顿（H. Acton）于 1939 年完成了最早的英译本《牡丹亭·春香闹学》②,但这些历史个案都未能将昆曲置于中西戏曲对话的传播场域中,更像是打开一扇扇凝视中国的窗户,捕捉古老中国的智慧与故事。更危险的是,如果一直停留于这个陌生的"东方想象",甚至会阻碍西方社会突破"物件"表层的惊叹,深入戏曲审美与文化理解的层面、真正认知"中国传统戏曲"。由于历史文化、社会习俗、意识形态的差异,海外受众在接受来自中国的传播信息时不可避免地遭遇"解读壁垒"和"文化冲击"③,西方社会的后殖民主义与"文化

① Richard Strassberg: "Review of The Peony Pavillion by Tang Xianzu, translated by Crril Birch", In The Romance of the Jade Bracelet and Other Chinese Operas by Lisa Lu, Chinese Literature: Essays, Articles, Reviews, Vol.4, No.2, 1982, pp.276-279.

② 阿克顿: "Chun Hsiang Nao Hsueh",《天下月刊》(T'ien Hsia Monthly),1939 年第 8 卷 4 月号。

③ 徐明华、李孟秋:《中国现代性与情感传播：国际话语的锚点与转向》,《中华文化与传播研究》2022 年第 1 期。

俯视"思路大行其道，当单纯的兴趣转化为对中国社会永远停滞于东方"神话"的企望，并不断强调这些所谓后发达地区的民族"固有文化"与"现代"的对立和隔绝之时①，传播在深层意义上实际停滞了，笔者更倾向于将其定义为"展示"或"推介"。当白之版的全本《牡丹亭》出版后，借助彼时中美关系快速复苏的大背景，这样一本着力理解中国文化的《牡丹亭》与当时美国主流意识形态迅速契合，从一定程度上引发了美国汉学家的戏剧翻译热以及企图通过戏剧深入了解中国社会文化的契机，成了专业学者和大众读者的首选版本。迄今为止，白之译本《牡丹亭》都是英语世界中国戏曲译本的通用教材。而白之译作"为舞台上演"而设的同时也刺激了 21 世纪以来上文所述的各个版本的西方导演、华裔导演舞台版实践的汇总，实际上帮助培养英语世界的昆曲学者、受众、导演、演员多维度传播奠定了良好基础。

（三）跨文化传播焦点：复兴与再造——青春版《牡丹亭》

当 20 世纪初英语世界的多个版本《牡丹亭》密集上演之时，引发最大轰动的当属白先勇先生领衔，海内外学者、艺术家、社会人士共同参与制作的青春版《牡丹亭》。艺术在某方面是超越国界、超越种族、超越文化的，但另一方面的确有民族文化情绪在里面，一批学贯中西的海内外知识分子和艺术家们带着对民族深沉的爱，精心制作的青春版《牡丹亭》陆续在欧洲、美国上演，在政府和民间的共同努力下，自 2006 年巡演收获巨大好评后，加州若干著名学府第一次开设"文本分析"或者"昆曲导论"作为东方学系"通识教育"课程，在舞台、高校、社会、媒介多层面掀起中美戏曲对话的焦点话题。在这一版两岸暨香港共同合作的经典作品中，我们依然看到青春版编剧中重要的核心人物如香港中文大学华玮教授即是白之的高徒之一，编译李林德也是学养深厚的华裔专家，为青春版做台本翻译同时也为美国大学生亲授昆曲导论课程，据李林德自述教材亦是白之译版《牡丹亭》，利于结合中国文化、价值观、思想论多方面授课。

纵观白之的学术生涯和学术成果，不难发现他对昆曲的痴迷，结合多年对中国文化的深刻理解之基础，他最辉煌的成果英译版《牡丹亭》在英语世界产生了巨大影响，成为当代欧美世界中国文化系统的基础和象征。他的译作和学生也极大推动了《牡丹亭》在英美文化体系内的跨文化传播，甚至改变了美国教育体系中的"非西洋文学导论课"（Introduction to Non-Western Literatures）的教材导向，最终促成青春版《牡丹亭》成为中西戏曲跨文化传播中的对话焦点。更值得一提的是，当青春版《牡丹亭》在海外受到热捧之后，反向传播回中国，在国内的青年群体中又一度造成昆曲复兴的"盛世"。

四、结语

作为欧美英文系中杰出的汉学家，白之在其整个学术生涯里对中国戏剧的偏爱有

---

① 江棘:《1919—1937:海外推介与中外对话中的戏曲艺术》,博士学位论文,中国艺术研究院,2012 年。

目共睹。作为文化他者，他是最早将明传奇划分出"精英戏剧"一类的汉学家，他坚持将中国戏剧"文化性""舞台性"的翻译，在此基础上做学理性阐释，他深入中国传统戏曲研究的路线中加入了西方学者研究戏剧的视角，从而提出了许多独特的学术观点。当然，白之的研究不是完美的，作为文化他者也确有一些观念与戏曲的发源地中国戏剧理论有所不同，他无法完全跳脱出西方视角。但不可否认，在"文化他者"中，白之是一个极力重新建构中国戏剧研究方法和知识体系的重要人物。基于对"文化他者"的了解与尊重，他最大限度地将昆曲的英文剧本呈现在英美受众面前，帮助读者理解中国社会的文化心理、伦理道德、历史语境。作为文化的摆渡人，引领众多西方钟情于中国文化的人走进中国戏曲的世界。伴随着 21 世纪初昆曲复兴的热潮，一批当代知识分子深刻介入剧坛，在民族文化复兴的大时代话语逻辑背景下，共同将《牡丹亭》这一遥远、神秘甚至是凝视、静止的"传统"建构成了中西戏剧对话中的焦点。

当然，白之作为典型的西方学者，即便对中国文化怀有深厚感情，他的工作仍然是受到其国家意识形态影响，为自身文化需求服务的。但作为首位将《牡丹亭》55 折全译的域外学者，他所表现出的戏曲思想和文化精神，为中国戏曲在海外的跨文化传播发挥着示范作用。

中国戏剧跨文化传播的大幕已经拉开近 300 年，中西双方相互的想象与认知无休无止，而这种想象、认知、对话、交流的动力源于对方戏剧文化的差异性，在某种事实基础上，双方都需要借助对方来完成自我的更新与超越。在这个基础上，没有一种文化是铁板一块不可交流的，当中西戏剧交汇之后，文化和理论上的相互触及与跨越亦不会因为固有认知或刻意贬低而影响其进程，反之，正是某种文化心态上的偏狭。因此，当中国戏曲"旅行至西方"或是西方戏剧理论"旅行至东方"，理应更多地关注和学习白之积极吸纳的文化包容，将其放置在全球化时代的命题下来讨论。异质文化中不同的戏剧形式进行跨文化传播实践，必然会衍生出新的问题和新的语境，同时，这也给戏剧研究者带来参与创新讨论的契机和挑战。

中国古代牌坊的时间偏向

——兼与英尼斯的媒介偏向论隔空对话

张　莉*

(兰州大学新闻与传播学院，兰州，730000)

摘　要： 中国古代牌坊作为中华民族特有的建筑形式之一，以其经久不衰的材质将中华民族传统文化、民族道德和时代精神予以传承。牌坊在其发展历程中，借助旌表褒奖和道德教化演变为一种控制模式，始终与权力和控制这两大主题紧密相连，其实质是作为信息传播者的封建王朝维护社会秩序的统治工具；作为受众的平民百姓追求立牌坊从而实现自身的阶级跨越。因此，作为时间偏向型的牌坊媒介，不仅传播着儒家文化的核心内容，而且在外在行为上规训着中国人，在千年牌坊发展史中，牌坊已经内化成一种道德约束，至今仍然影响着中国人民的价值观。

关键词： 英尼斯；时间偏向型媒介；古代牌坊；权力建构；文化传承

基金项目： 本文系国家社会科学基金项目"华夏器物文明的媒介考古学研究"（项目编号：20AXW007）的阶段性研究成果。

　　牌坊作为中华文化特有的象征性标识，被视作权力的代言与再现，在古代中国传播治国理念和儒家文化中充当着十分重要的角色。从最早的"衡门之下，可以栖迟"，到现今的"道口牌坊吸眼眸，精雕细琢石材优"，两千多年的历史长河中，古代权力机构借助牌坊以一种自上而下的方式稳定社会秩序以维护封建统治，使得牌坊承载了旌表褒奖、道德教化、情感承载和文化整合等神圣使命。立牌坊成为个人一生乃至其宗族的最高荣誉，正所谓"生不能封万户侯，但愿死得一旌表"，由此可见观念之根深蒂固。时至今日，人们也因牌坊崇阁巍峨、琼楼玉宇的造型、结构意义而时有建造，并赋予其标识引导、装饰美化和风俗展示等功能。目前学术界对于此方面的研究不胜枚举，但多以具体牌坊为例进行说明，缺乏传播学视角论述牌坊及其媒介功能的内容。哈罗德·英尼斯（Harold

---

* 作者简介：张莉，湖北恩施人，兰州大学新闻与传播学院，硕士研究生，研究方向：媒介技术哲学。

Adams Innis）提出任何传播媒介都具有时间偏向或空间偏向的媒介属性，具体在《帝国与传播》中有所论述：倚重时间的媒介，性质耐久，质地较重，如羊皮纸、黏土和石头，这些笨重的材料适合建筑和雕塑。倚重空间的媒介，性质耐久却逊色，质地较轻，如莎草纸和纸，这些适合广袤地区的治理和贸易。[①]

值得一提的是，英尼斯在此书中记录了对媒介时间偏向的考察，通过阅读发现，英尼斯忽略了对华夏文明的考察。据考证，支撑华夏文明最早的文字记载出现在大概一万年到五千年之间的弅兹朝，足以说明华夏文明悠久的历史。在这悠久的历史长河中，华夏文明善用易于长时间保存的媒介，比如石头等材质制作的牌坊媒介。英尼斯未曾来过中国，其参考资料多来自英国考古学相关的文献资料，所提出的观点基于当时为数不多的亚洲史料记载，因此英尼斯对华夏文明的了解并不是很深入。倘若将牌坊视作媒介，其是否具有时间偏向属性？如果有，其传播的背后具有何种媒介功能？基于此问题，本文试图以历经几千年的牌坊来完善英尼斯对华夏文明叙述的忽略。

一、无声牌坊：跨越千年的时间媒介形态

"传播"一词由外来语"communication"翻译而来。外来语"communication"跟古代汉语一样，其含义在不断发展演进，17 世纪时，"communication"才引申为"传播媒介，通信工具"。在"道路、运河、铁路普遍发展时期"，"communication"作为一个抽象名词，普遍指代这些设施。[②]进入 20 世纪，随着其他传递讯息与维系社会联系的工具不断发展，"communication"也可用来指涉这些媒介。[③]英尼斯的理论传入国内引起了众多学者对于华夏文明传播偏向的思考。学者黄星民从"communication"与"传"的词义进行深入比较来论述中西方传播观念的异同：中国传统农业社会产生了"时间倾向"的传播观；西方现代工业社会产生了"空间倾向"的传播观。他认为，"传"多表示"纵向传播"，即信息在时间中的传递与延续，以此来论述华夏文明传播观的时间偏向。[④]学者谢清果、王婕从宗教角度出发，最后总结出儒家偏重社会时间，道家偏重生命时间，佛家偏重境界时间，三者共同呈现出华夏文明传播的时间偏向特质。[⑤]学者黄露从具体的粤剧传播媒介出发，论述了粤剧在新加坡的传播受到了具有"空间偏向"的西方现代工业文明和具有"时间偏向"的华夏传统文明的共同影响，粤剧作为华夏文明的组成部分，具

① 哈罗德·伊尼斯：《帝国与传播》，何道宽译，北京：中国传媒大学出版社，2013 年，第 38 页。

② 胡易容：《"传播"术语与学科的"符号"维度——约翰·费斯克"传播符号学派"主张的一种延展》，《新闻界》2023 年第 2 期。

③ 雷蒙·威廉斯：《关键词：文化与社会的词汇》，刘建基译，北京：生活·读书·新知三联书店，2005 年，第 73 页。

④ 黄星民：《略论中西方传播观念的异同从"communication"与"传"词义比较》，《厦门大学学报（哲学社会科学版）》2000 年第 3 期。

⑤ 谢清果、王婕：《与时偕行：华夏文明传播的时间偏向》，《现代传播》2021 年第 3 期。

有华夏传统文明传播时间偏向特质，表现为对神缘和地缘关系的倚重。[①] 对于具体媒介的传播偏向属性，英尼斯根据使用的角度对其进行了详细的区分，学者何道宽将此总结为下表：[②]

表 1　媒介的传播偏向属性分类表

倚重时间的媒介	倚重空间的媒介
笨重	轻便
耐久	难以保存
非集中化	集中化
有利于宗教的传承	有利于帝国的扩张
倚重视觉	倚重听觉
倚重口头传统	倚重书面传统
石刻象形文字	原始拼音文字
泥版楔形文字	原始拼音文字
汉字	机器印刷的拼音文字
羊皮纸	莎草纸
书籍	电报、广播

　　依据上述英尼斯对媒介偏向属性的论述，对牌坊历史进行溯源，并从时空角度论述其属性，即可对上文所提出的牌坊媒介是否具有时间偏向性的问题予以解答。

（一）追本溯源：渊源至春秋中期

　　关于牌坊起源，我国学术界一般认为"牌坊起于宋而盛于清"。[③] 但学者茭其帧认为牌坊绝不是"起于宋"而只是正式成型于宋。牌坊的起源则要远远早于宋代，其渊源最早可以追溯至春秋中期。[④] 此观点是茭其帧根据牌坊的基本构成要素——柱子和横梁确定的。最早期由两根柱子上架一根横梁构成的最简单最原始的门名为"衡门"。[⑤] 关于"衡门"二字的记载最早出现在《诗经》中，《诗·陈风·衡门》云："衡门之下，可以栖迟。"《诗经》编成于春秋时代，由此推断出，"衡门"——牌坊的原始雏形——至迟在春秋中期出现。但此时，牌坊只是供人小憩，还不具备传播信息的功能。

　　从原始雏形——"衡门"的出现至今，牌坊已有两千余年的历史，其造型从单一到多样，形制从简单到复杂，间数从单间到多间。学者将其归纳为以下几个阶段："坊"和

---

　　① 黄露：《"异乡"与"故乡"：粤剧在新加坡的传播偏向研究（1842—1912）》，《广西社会科学》2022年第1期。

　　② 哈罗德·伊尼斯：《帝国与传播》，何道宽译，北京：中国传媒大学出版社，2013年，第14页。

　　③ 茭其帧：《牌坊文化探略》，《东南文化》1999年第3期。

　　④ 茭其帧：《牌坊文化探略》，《东南文化》1999年第3期。

　　⑤ 茭其帧：《牌坊文化探略》，《东南文化》1999年第3期。

"坊门"、乌头门（棂星门）及冲天牌坊、屋宇式牌楼以及冲天式牌楼。① 在清朝时期，牌坊的发展到了鼎盛阶段，这并不仅是因为外观，更多是牌坊具备了旌表的功能，其使用有了更加严格的等级限制。在《古今图书集成·考工典》中有明确记载："洪武二十一年(1388)，廷试进士赐任亨泰等及第出身，有差上命，有司建状元坊以旌之。圣旨建坊自此始。"② 赐予牌坊即荣誉加身，从此牌坊成为最高权力机构强有力的统治工具，"立牌坊"也成为封建统治者的统治方式之一。

（二）不便运输：局限于纵向传播

学者赵媛等研究发现，截止到 2013 年底，现存老牌坊共 1045 座。③ 庞大的数字足以说明，不少学者研究牌坊，其政治传播作用更是被历代封建统治者充分利用。英尼斯从传播角度出发认为："根据传播媒介的特征，某种媒介可能更加适合知识在时间上的纵向传播，而不适合知识在空间中的横向传播，尤其是该媒介笨重而耐久，不适合运输的时候。"④ 牌坊这种笨重而耐久的媒介并不适合运输，在最大程度上将官方信息传递至各行政单位，直至当地各个角落，形成层层缩小的信息传播链，建构了中央朝廷和地方府衙、地方府衙和普通民众之间的信息渠道，较好地起到了上传下达的作用。由于不易运输的特征，其只能用于上对下、点对点的对接，以及地方内部的小范围传播，而无法实现大规模的空间传播，因此其传播效果有很大的局限性。

（三）笨重耐久：时间偏向型媒介

在媒介技术不太发达的中国古代，不少媒介笨重耐久，比如牌坊、青铜器和雕塑等。就牌坊而言，"立牌坊"的过程反映了权力的至高无上。一个家族有势力，就能够获得来自皇恩的眷顾。⑤ 此时，牌坊成为权力表征合法化的媒介，题刻则成为宣传武器。牌坊最上方是放大很多倍的"御制""恩荣""圣旨""赠赐"等字样，似"见圣旨如见天子"，用以彰显天子的神圣权威。牌坊的题、注和联则是标榜社会道德主体，使其成为教化民众的形象工具。具有旌表色彩的题刻，是对当时主流道德理念臻于极致之人的认可和夸赞。自牌坊具备旌表功能之后，这类笨重耐久媒介便被历代帝王重用，使其成为塑造权力的工具。随着封建王朝的发展，牌坊的旌表作用也被天子越加注重。天子皆深知，将"信息"刻在"永久"材料上能够"凝固"时间，达到"永恒"的目标。⑥ 采取最古老的

---

① 金其桢：《论牌坊的源流及社会功能》，《中华文化论坛》2003 年第 1 期。
② 陈梦雷、蒋廷锡：《钦定古今图书集成经济汇编考工典》第 10 册，武汉：华中科技大学出版社，2008 年，第 60 页。
③ 赵媛、麻勤、郝丽莎：《中国现存牌坊文化遗迹的地域分异及成因》，《地理研究》2016 年第 10 期。
④ 哈罗德·伊尼斯：《帝国与传播》，何道宽译，北京：中国传媒大学出版社，2013 年，第 15 页。
⑤ 叶青：《从叙事特征看民间牌坊的功能指向——以江西奉新县"济美牌坊"为例》，《江西社会科学》2008 年第 12 期。
⑥ 杨保军：《坚定"偏向"中的观察与洞见——读伊尼斯〈传播的偏向〉眉批录》，《新闻记者》2017 年第 11 期。

记录方式，将石头笨重耐久的自然性质变成历史的自然永恒。这种历经千年的永恒才最管用，也是真正的永恒。而这其中还有神话皇权的作用。因此，牌坊媒介具有时间偏向性。

综上所述，从英尼斯的理论出发进行考察，可以发现中国不仅具有时间偏向型媒介，而且牌坊即为典型代表之一。那么，作为时间偏向的媒介——牌坊，在漫长的人类发展史中，彰显着何种功能？

二、牌坊媒介：塑造社会意识形态的精神控制机制

中国古代帝王之所以为当时严格遵守主流意识形态的臣民竖立牌坊，与治理国家和管控社会有着直接联系。要理解古代帝王为何将牌坊作为权力实践媒介，就必须深入政治层面，尤其是中国古代权力的塑造过程。美国著名社会学家迈克尔·曼将权力归纳为：意识形态权力、军事权力、经济权力和政治权力。尽管各权力之间有所区别，但几乎每一种都贯穿着意识形态权力。中国古代也是由这四种权力关系组成的权力社会网络，并且对治理国家起到了重要的支撑作用，其中的意识形态权力更是起到了关键性的整合作用。

意识形态权力的表达方式包括宗教、伦理、社会规范、社会生活方式，甚至艺术创造、建筑风格等。[①] 由此可见，古代中国创造了伦理、社会规范和建筑等符号，包括当时人们生活的方式、状态和追求等，对于推动帝国确立统一的精神文化和社会文化有着重要作用。这一切，是在历朝历代不断继承和发展的基础上确定的，尤其对牌坊的控制和利用是古代中国构建意识形态权力的重要途径，其在社会发展中的作用展现得淋漓尽致。古代百姓对于牌坊有一种特殊的执念，对于坊主要是"顶礼膜拜"。牌坊作为身份的象征，也是权力的体现。古代帝王设立牌坊的标准只是一种表象，其深层意义在于通过牌坊来塑造社会的意识形态权力。古代帝王对于牌坊的控制，实际体现的是一种社会力量，具体表现在从精神控制达到现实控制的社会目的。

（一）牌坊媒介：控制社会的宣传工具

马克思·韦伯认为："权力意味着在一种社会关系里，自己的意志即使遭到反对也能贯彻的任何机会，而不管这些机会建立在什么基础之上。"[②] 在韦伯所说的社会关系中，有一种关系是"命令—服从"，韦伯称之为"统治"。在古代中国，这条政治核心统治链表现为"天—天子—中央官员—地方官员—普通百姓"，表现为自上而下所拥有的权力逐渐减弱。天，是至高无上被神话的神权，在世俗人间，天子，即为天的儿子。古代帝王往往标榜自己为天的儿子，是天经地义的统治者。接着是从中央到地方的政府官员，再到

---

① 郑晓云：《权力、认同与国家治理：水在罗马帝国兴盛中的角色》，《社会科学战线》2019 年第 7 期。

② 马克斯·韦伯：《社会学的基本概念》，上海：上海人民出版社，2000 年，第 85 页。

普通百姓权力从高到低的连续排列，寥寥几字，但确是无边的等级制度。权力机构往往有多种途径推动民众认可其权力。实践证明，行之有效的就两种途径，要么通过武力手段，要么通过支配意识形态的方式。前者速度虽快但过于强制，针对的往往是少数极端；后者采取比较温和的方式循序渐进潜移默化，故成为王朝建立之后，权力机构所采用较多的一种方式。

权力机构往往推行历代王朝经久不衰的道德伦理作为自己的主流文化，以此来规范社会。牌坊就是权力机构控制社会的主要宣传工具之一，对符合统治阶层所倡导的主流文化之人竖立牌坊旌表褒奖，使民众在潜移默化中接受，而最好的受教就是将自己打造成主流文化典范。由此可以看出，在政治社会生活中对社会主义核心价值观的认真践行，能够为其传播创造良好的环境，[1] 权力机构运用牌坊媒介对于维护国家长治久安、完善社会治理起着举足轻重的作用。古代社会，有"国权不下县，县下惟宗族，宗族皆自治，自治考伦理"[2] 的现象，因此，皇帝的意志难以直接深入底层，于是，统治者便利用牌坊媒介进行控制，以达到控制社会、治理国家的目的。

古代中国，地大物博，各民族间文化差异大，自秦始皇扫灭六国，推行"书同文、车同轨、量同衡、行同伦"始，开启了中国统一多民族的发展历程，形成"五方之民"共天下的交融格局。但随着王朝更迭，江山易主，帝王认识到仅有军队是很难让国家保持长治久安的，文化整合日益凸显其重要性。而牌坊，则是实现文化整合的重要途径。以社会传统主流价值观为基础，包括仁义礼智信、温良恭俭让和忠孝廉耻勇等，是古代社会乃至当今仍在推崇的道德准则，也是竖立牌坊的重要标准。权力机构竖立牌坊的重要目的，在于彰显和推广此道德标准，有了权力机构的认可和褒奖，越来越多的人崇尚并发展此道德标准，进而更好地融入社会，成为"人上人"。到了明清时期，对牌坊的追求达到顶峰。因此，这种以道德标准作为基础的"立牌坊"，成为古代中国标志性的社会教化途径。

（二）牌坊媒介：深入人心的现实权力

在传统的中国社会，一直存在着"两种秩序和力量：一种是'官治'秩序或国家力量；另一种是乡土秩序或民间力量"[3]。在这两种力量中，前者以皇权为中心，后者主要是以家族为中心。在民间，尤其是在大家族中，个人和家族之间的关系往往相互依存互为表里，竖立牌坊也不仅仅是为了个人的名声，代表的更多是整个家族的荣誉。被立牌坊之后，该家族就有了区隔别族的资本，无形中巩固了家族的地位，牌坊也进一步成为划分社会等级的工具。被官方认可之后，家族更是可以流芳百世，成为后世族人炫耀的固

① 白文刚：《简论中国古代核心价值观传播的经验启示》，《中华文化与传播研究》2017 年第 2 期。
② 秦晖：《传统十论：本土社会的制度文化及其变革》，上海：复旦大学出版社，2003 年，第 3 页。
③ Vivienne Shue：*Sketches of the Chinese Body Politic*，Standford University Press，1998，p.178.

定象征资本，而这往往可以转化为现实权力。

中国社会，是面子社会，"广受重视的声誉，这是在人生历程中步步高升，借由成功和夸耀而获得的名声，也是借着个人努力或可以经营而积累起来的声誉。要获得这种肯定，不论任何时候自我都必须仰赖外在环境"①。在古代权力机构倡导的主流文化环境中，人们也受其影响，为了获得认可、树立典范，大众需要仰赖并倡导主流文化，不可逾矩。在追求牌坊的过程中，也是在寻求自我认同。

三、传播媒介：文化的传承之道

媒介偏向影响文明的发展。英尼斯认为在文明发展过程中，媒介不是倚重于空间和政治组织，就是倚重于时间和宗教组织。②牌坊是中华民族特有的建筑，也是华夏文明的重要传播媒介，是基于中华民族共同体意识的理念，其传播倚重于时间，主要表现为对文化的倚重，如孝行、功名等传统文化的传承和发扬。

（一）牌坊：记录孝文化的载体

孝文化在我国出现很早，集中表现在以血缘关系为纽带的宗族组织。早在西周时期，《尚书·康诰》便有记载："元恶大憝，矧惟不孝不友。"③由此可见，周公认为不孝不友之人为人所憎恶，且将此视作元凶魁首。西汉时期，武帝刘彻采用董仲舒的建议"罢黜百家，独尊儒术"，儒家思想逐渐发展为治国理政的主导思想。将周公视为圣人的孔子，自将其思想发扬光大，广为流传。在家庭伦理分支上，儒家以孝悌作为核心思想，《论语·学而》中就有明确孝悌为治理天下的关键："其为人也孝悌，而好犯上者，鲜矣。不好犯上，而好作乱者，未之有也。君子务本，本立而道生。孝弟也者，其为仁之本与！"④由此可见，儒家将"孝为仁本""仁者爱人"作为基本思想，其中，"孝"的重要性不言而喻。西汉以降，历代封建王朝便将"以孝治天下"作为中国帝制社会的治国纲领。对于"孝"治，先秦时期横空出世的《孝经》对其有更加透彻的理解。

首先，《孝经》认为可以通过"爱"实现"孝"治天下。"昔者明王之以孝治天下也，不敢遗小国之臣，而况于公、侯、伯、子、男乎？故得万国之欢心，以事其先王。治国者，不敢侮于鳏寡，而况于士民乎？故得百姓之欢心，以事其先君。治家者，不敢失于臣妾，而况于妻子乎？故得人之欢心，以事其亲。"⑤其意昔日明君通晓孝治天下，即便是小国臣子、鳏寡、士民等都不敢懈怠，更何况他人，故赢得百姓心，使其助诸侯祭祀祖先。其次，《孝经》认为可以通过"移孝于忠"实现"孝"治天下。"君子之事亲孝，故

① 黄光国、胡先缙：《人情与面子：中国人的权力游戏》，北京：中国人民大学出版社，2004年，第40页。
② 哈罗德·伊尼斯：《帝国与传播》，何道宽译，北京：中国传媒大学出版社，2013年，第38页。
③ 孔安国：《尚书正义》，上海：上海古籍出版社，2007年，第204—205页。
④ 杨伯峻：《论语译注》，北京：中华书局，2016年，第2页。
⑤ 李隆基注、邢昺疏：《孝经》，金良年校点，上海：上海古籍出版社，2014年，第35—40页。

忠可移于君;事兄悌,故顺可移于长;居家理,故治可移于官。"①其大意是君子侍奉双亲、兄长以及处理家事等可移用至尽忠及处理政务。学者李丰春也认为,旌表孝行是最低的成本,把"孝子贤孙"名号赐给典范,就能在社会上引起"羊群效应",引导"群羊"共同朝着"移孝于忠"的目标聚集。②

在孝行方面的旌表对象主要有四类:孝子、孝女、孝妇、顺孙。其精神上的褒奖方式主要是赐牌坊、赏匾额等。

孝子是指孝顺父母的男性。《歙县志》记载:"鲍灿读书通达,不求仕进。其母两脚病疽,延医多年无效。鲍灿事母,持续吮吸老母双脚血脓,终至痊愈。"③乾隆皇帝认为,"自古求忠臣必于孝子之门,未有不能尽孝而能尽忠者"④,将家族中的孝顺父母与忠心君主相结合,移孝为忠,故同时主张"兴起教化,鼓舞品行,必以孝道为先,节妇应加旌表,孝子尤宜褒奖"⑤。在统治者看来,孝行是所有道德标准中最重要的,也是最被看重的,故对其旌表程度也是最高的。孝女一般是指"以父母未有子侄,终身奉亲不嫁"的女子。⑥如济南市槐荫区的五里牌坊,据《济南府志》《续修历城县志》记载:"清嘉庆年间,有姓陈的姊妹二人,矢志不嫁,以养父母,在双亲相继病逝后,双双缢死于其母棺侧。官府感其节孝,在此立坊。"⑦孝妇一般是指孝事公婆,品行可嘉的已婚女性。顺孙是指笃孝事祖,使祖辈颐养天年之人。⑧如顺孙邱遵圣当其祖父患疽疮时,"奉侍不解衣带,频以口吮其毒。祖卒,号恸,行立坐卧忽忽,呼:'吾祖安在?'终其生如一日"。因其对祖父至孝,最终被授予朝廷旌表。⑨

历代统治者通过竖立牌坊旌表孝行的方式来保持权力运行,本质而言,仍然是中央权力在地方的实践,将主流文化渗透到底层。由此可见,通过立牌坊旌表孝行,使传统儒家的"孝道"思想深入平常人家,绵延后世。牌坊作为时间偏向型媒介,对世世代代相传的家庭教育观影响巨大,正如杨保军所说:"媒介形态的转换,对负载其上的符号(信息)影响力、作用方式,都是会产生影响的。同样的文字,写在纸上和刻在石碑上是

————————

① 李隆基注、邢昺疏:《孝经》,金良年校点,上海:上海古籍出版社,2014年,第72页。

② 李丰春:《中国古代旌表研究》,昆明:云南大学出版社,2011年,第134页。

③ 鲍树民、鲍雷:《坊林集》,合肥:安徽文艺出版社,1993年,第17页。

④ 中国第一历史档案馆:《乾隆朝上谕档》第1册,北京:档案出版社,1991年,第118页。

⑤ 《清圣祖实录》第五册,北京:中华书局,1985年,第1028页。

⑥ 允裪:《清会典》,沈云龙主编:《近代中国史料丛刊三编》第77辑,台北:文海出版社,1994年,第4267页。

⑦ 济南市槐荫区区志编纂委员会:《槐荫区志》,济南:济南出版社,1994年,第454页。

⑧ 方玉权、赵令志:《清代朝廷孝行旌表探析——以直省民人为中心》,《烟台大学学报(哲学社会科学)》2020年第4期。

⑨ 吴坤修、何绍基、杨沂孙:《重修安徽通志》,中国科学院图书馆整理:《续修四库全书》第654册,济南:齐鲁社,1996年,第201页。

不一样的。"①牌坊这种不朽的媒介,将传统家书家训中的家庭伦理道德以不朽的方式传播中国文化的精髓。

(二)牌坊:实现跨越阶级的途径

自古以来,人们对于教育的重视程度一直都是重中之重。尤其自隋唐科举考试诞生之后,为了跨越等级立于士大夫之列,不少学子寒窗苦读,赴京赶考以博得功名。科举制度从隋唐持续到了清末一共延续了1300多年,其公平公正、统一考试、教考分离、以考促学、分级考试和分科考试②等传统考试文化在历史的发展长河中继承发展,科举考试也证明了"书中自有黄金屋"。在古代中国,建牌立坊是取得科第功名的最高褒奖方式。据史料记载,安徽徽州牌坊上千座,"高爵甲科居大半"。也就是说科第功名坊占一半,可见当时世人对于科第功名的追求程度。

牌坊具有纪念性功能,这一座座来之不易的牌坊,象征着在官本位的传统社会中读书入仕的崇高地位和科举成功为家族带来的无上荣誉。③牌坊上面,都石刻着坊主的高光时刻,比如江西临川的重光牌坊,题字匾正中间刻"重光"两个大字,两侧各嵌一块字板,左右两侧字板内容为饶氏家族族人中举信息。牌坊作为媒介展现了坊主文化的显赫,可以永垂不朽。正如著名诗人臧克家在《有的人》中写道:"有的人,把名字刻入石头,想'不朽'。"④

在中华民族的历史上,牌坊让不少人永垂不朽,曲阜孔林牌坊,寓意孔子思想犹如林内松柏,万代长春;被誉为"东方凯旋门"的安徽歙县许国石坊,更是全方位诠释了中国古代历史文化。当然,我国古代牌坊数不胜数,需要重视保护,慢慢考察其传承的中华优秀传统文化。

四、牌坊媒介:构建人的行为规范

纵观人类文明发展史可以发现,不同国家因政治、经济和文化等背景的不同,导致倚重的媒介有所不同。就我国而言,英尼斯笔下对华夏文明的考察多从空间偏向型媒介考察,忽略了对时间偏向型媒介的考察。但通过对牌坊的考察可以了解到,华夏文明是具有典型的时间偏向特征的文明。在华夏文明传播中,牌坊有其独一无二的特征,更有着丰富的文化内涵,而不仅仅是一座石头,它是和人、时空融为一体的媒介。古代统治者擅长使用柔性的传播手段,将现实条件转化为精神需求,在自上而下控制牌坊的同时锁定民心。而普通百姓在个人、家族及其后代能否名垂于青史的压力下,不断追求以

---

① 杨保军:《坚定"偏向"中的观察与洞见——读伊尼斯,〈传播的偏向〉眉批录》,《新闻记者》2017年第11期。

② 蔡先金、王玲:《论科举文化与现代高教自学考试》,《黑龙江高教研究》2010年第8期。

③ 高寿仙:《徽州文化》,沈阳:教育出版社,1993年,第151页。

④ 臧克家:《与史同在:当代中国新诗选(上卷)》,北京:作家出版社,2005年,第76页。

"立"牌坊努力成为表彰对象为毕生所求。在自上而下的权力行使过程中，吸引了不少"围观群众"，在表彰对象这一典范人物和牌坊媒介所带来的社会权力的双重作用下，"立"牌坊成为生活实践的目标，正如学者吕森所强调的："历史意识是将时间经验通过回忆转化为生活实践导向的精神活动的总和。"[①]

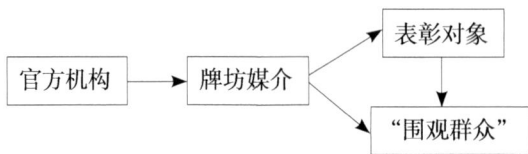

图1　古代牌坊媒介自上而下的表彰机制

要增强中华文化的传播力和影响力，就要形成能够高度凝练中华文化的精神内核、展现中国文化气质的中华文明标识体系。[②] 以牌坊为代表的时间媒介，不仅构成了中华传统文化的核心内容，更是在与人相处过程中内化为实践标准，构建了为人处事态度上外向的行为规范，提升了整体国民素质。牌坊媒介对后世造成的影响不仅包括中华文明在时间上的传承和发扬，更包含对现世的时空平衡。

---

① 约恩·吕森:《历史思考的新途径》，綦甲福、来炯译，上海：上海人民出版社，2005年，第63页。
② 张艳云:《返本开新：构建中华文明标识和中国式传播体系》，《中华文化与传播研究》2022年第2期。

文化互鉴的见证：丝路语境下的中华文化影响

王倩倩*

（中央民族大学中国少数民族语言文学学院，北京，100081）

摘　要： 丝绸之路作为古代贸易和文化交流网络，连接了东方与西方，促进了不同国家、地区和民族之间的交流与合作。丝路沿线的域外国家在接受中华文化影响的同时，也对中华文化产生了重大影响，推动了中华文化的繁荣发展。通过考察丝绸之路的历史背景、中外文化交流互鉴实例，以及现代"一带一路"建设背景下的中华文化自信，揭示丝路语境下中华文化的影响力以及与其他文化的交流互鉴。

关键词： 一带一路；中华文化传播；文明传播；文明交流互鉴

基金项目： 本文为中央民族大学研究生科研实践项目"中华民族共同体视域下的多民族丝路文学研究"（项目编号：BZKY2023050）的阶段性成果。

丝绸之路作为古代东西方文化交流的重要通道，扮演了连接不同地域、民族和文化的桥梁角色，为世界文明的交流与融合做出了突出的贡献。这条贸易路线不仅仅是商品交换的渠道，更是文化、知识和思想的传播媒介。千百年来，丝绸之路因其独特的地理位置、悠久的历史文化渊源及文化宝库般的价值受到中外学者的重视，使丝绸之路文化在域外文明下得到了本土化发展。丝绸之路在促进中外文明交流、推动人类文明的现代化发展方面发挥了不可替代的作用。中华文化在丝绸之路沿线的交流中作用巨大，中华文化的强大吸引力，源于其深厚的历史底蕴和独特的文化特色。中华文化源远流长，在漫长的历史进程中形成了悠久的文化传统和精神内涵，生成多元的文化形态和独特的文化符号。中华文化具有创造性、开放性和丰富性，具有丰厚的历史文化积淀和丰富的文化内涵。丝绸之路为中华文化注入了多元元素，促进了文化的融合与发展。这些交流和融合在一定程度上形成了中国文化的多样性和丰富性。丝绸之路的历史遗产也成为中外文化交流的重要桥梁，对于推动当代中国与其他国家的文化交流与合作仍具有重要意义。

---

　　* 作者简介：王倩倩，河北邯郸人，中央民族大学中国少数民族语言文学学院博士研究生，研究方向：民族文学与文化、比较文学研究。

在丝路语境下，中外文化进行了多方面的交流。中华文化在广泛持久的世界文化交流中不断丰富和发展，并自觉融入世界文化发展的大格局，推动着世界文化的发展。本文旨在深入研究丝绸之路这一古代贸易和文化交流的网络，着重探讨中华文化在丝路语境下的影响力以及其在中外文化互鉴中的角色。通过分析研究，深入挖掘中华文化在丝绸之路的跨文化传播中表现出显著的影响力，以及其在丰富各国文化、促进当代"一带一路"多元文化融合中的作用。

一、丝绸之路背景下的文化交流与互鉴

(一) 丝绸之路的历史语境及内涵

中国和西方世界之间有着悠久的交流史，丝绸之路作为中西交往的路线很早就已存在，伴随东西方各国各民族两千余年。德国地理学家冯·李希霍芬 1877 年在其多卷本历史地理学著作《中国——亲身旅行和研究成果》中，就首次提出"丝绸之路"这一概念，并将其指代中国古都长安（今西安）与中亚之间的多条交通线，这一名称的确立之后得到东西方诸多学者的认同。而后不断有学者对丝绸之路的含义进行解释，丰富和完善了丝绸之路的概念。一般来说，丝绸之路是自古以来以东亚为起点，经中亚、西亚连接欧洲、北非的东西交通路线的总称。丝绸之路在世界历史上具有重要意义。它是欧亚大陆的主要交通干线，也是连接中国、印度和希腊文化的纽带。在我国境内，陆上丝绸之路、海上丝绸之路、草原丝绸之路、南方丝绸之路等都在民族文化交往交流交融中发挥了重要作用。丝绸之路孕育了多元文明，推动了中华文化向域外国家的传播，显示了中华文化的开放性。"丝绸之路不仅仅是物质传播之路，更是人类的一个文化舞台与文明平台，在此场域中，人类文明空间与时间相互融通、物质与精神齐头并进、人种民族相互融合、宗教与世俗相互适应、文化与艺术相互补充、经济与政治良性互动、战争与和平相互交替，真正具象地释示了'人类命运共同体'这一宏大命题下'人类文明共同体'的细微肌理，因之也具有了不同寻常的文化意蕴。"[①]通过丝绸之路的文化交流，中华文化也广泛地传播到了海外，改变了世界文明的进程。中华文化蕴含着不同民族之间交流和互动的深厚历史内涵，兼收并蓄又包容多元，构筑了中华民族共同体，展示了中华民族形象，使丝绸之路成为各族人民共享的中华文化符号。丝绸之路从古至今伴随着经贸往来以及国家的政治文化战略，成为融历史、文化、宗教等多元文化多向交叉融合的场域，汇聚了不同历史、文化背景的多民族文化传统，与中华文化共生共荣。丝绸之路生动展现了"你中有我，我中有你"的中华文化多元一体格局，成为沟通世界文化交流的强大动力。

从历史上看，丝绸之路一直是中国和欧亚大陆之间重要的交通线，具有经贸合作和文化交流的双重作用，其创造和保留下来的丝绸之路精神具有重大的历史意义和重要的

---

① 林少雄：《丝绸之路的文化意蕴》，《兰州大学学报（社会科学版）》2018 年第 2 期。

当代价值。丝绸之路文化遗产具有开放、包容、共享、共赢的文化价值观，吸引着周边国家通过经贸、文化交流进行对话、交流与合作，增进人们对地域文化的认同感。丝绸之路不仅沟通了不同国家、不同民族之间的交往，而且随着时代的变迁发生着变化，丰富着世界文明的内容。"在漫长的人类历史长河中，各个国家或地区的物质生产或精神文化，总是通过相互间不同形式的交流，彼此影响、互相促进而发展的。这种交流愈是广泛，人们就愈能利用已有的成果。"① 丝绸之路推动了中华文化向西传播的广度和深度，促成文明交往与多元文化和谐共存。在丝绸之路上，文明的交往与传播是双向的，丝绸之路以一种开放性的眼光和视野推动中华文化走向世界，博望世界。围绕丝绸之路的地理发现，中国突破了地理限制，建立了对其他文明的认识，最终形成了更广阔的世界观和相对平等的交流方式，促进了中国与世界文明的密切互动。丝绸之路是连接不同文明的重要纽带，在这条历史悠久的贸易之路上，中国与各国文化交流互鉴的历史源远流长，推动了文明的西传与东渐。首先，丝绸之路沿线的贸易活动为中外文化交流奠定了基础。例如丝绸、茶、陶瓷等中国特有的物品沿着丝绸之路广泛传播，不仅满足了外国人对中国商品的需求，还促进了不同文化间的交流。其次，丝绸之路的城市和国家是多种文化交汇的场所，文化交流和融合不可避免。在中亚和欧亚，佛教、伊斯兰教等不同宗教的传播和交流，促进了文化交流和互鉴。此外，丝绸之路的文化交流和互鉴也反映在文学、语言、艺术等领域，为增进中外文化的了解提供了基础。"只有深入研究古代丝绸之路文明互鉴的历史内涵和深刻意义，进一步加强中国中外关系研究，才能为中国历史学的学科体系、学术体系和话语体系构建做出积极贡献。"② 丝绸之路为中国与其他国家的文化交流和相互学习提供了广阔的舞台。中国与丝路沿线国家之间的文化交流和相互学习，促进了文化的发展和繁荣，也为当今中国与沿线国家之间的文化交流合作、中国学术话语体系的构建提供了宝贵的历史经验。

学术界有很多关于"丝路语境"的论述和研究。这些研究涵盖各个领域，包括历史、文化、文学、考古学、艺术史、宗教研究等。在文学研究方面，石一宁在《丝路语境中的少数民族文学》一文中指出："'一带一路'倡议的提出，给中国当下的文学乃至文化发展，提供了一个新的社会背景，营造了一种新的时代语境。而少数民族文学，尤其得风气之先。因为丝路地域多为多民族聚居地，当下许多少数民族作家，或者身在丝路，或者来自丝路。"③ 结合"一带一路"倡议，从当下的丝路语境来探讨丝绸之路对各个少数民族文学发展的影响，包括文学主题、风格和表达方式的变化。在文化交流与融合方面，一些学者研究丝绸之路上不同文化之间的交流，包括语言、宗教、艺术、哲学等方面的

---

① 武伯纶:《传播友谊的丝绸之路》，西安：陕西人民出版社，1983 年，第 1 页。

② 马玉凤:《丝绸之路与文明互鉴国际论坛暨中国中外关系史学会 2022 年年会概述》，《中国史研究动态》2022 年第 6 期。

③ 石一宁:《丝路语境中的少数民族文学》，《广西师范学院学报（哲学社会科学版）》2017 年第 4 期。

互动和融合。如夏鼐、夏正楷编著的《丝绸之路考古学研究》，通过考古发掘、文物鉴定、遗址分析以及古代文献等多种方法，考古学家试图还原丝绸之路上的历史情景，了解各种民族、文化和商品在这条交流通道上的相互影响和交往。[①] 肖怀德《从古丝绸之路到新丝绸之路———一种跨文化研究视角》试图通过跨文化视角，结合自身体验来阐述古新丝绸之路的源起、内涵与异同、当代意义等。[②] 这些研究都立足于丝路语境，有助于还原丝绸之路的历史图景，也能提供更全面地了解古代人类社会在这一重要历史背景下的生活方式、思想和文化。丝绸之路连接了多个文化和民族，促进了各种文化之间的交流和融合。研究丝路语境可以帮助我们更好地理解文化多样性如何形成，以及不同文化如何相互影响和共存。丝绸之路上的文化交流可以为现代社会中的跨文化交往提供有益的启示。通过与丝路时代的历史比较，我们可以反思现代社会的发展和变化。这有助于我们从历史的角度审视现代世界，发现历史对现实的影响和启示。综上所述，丝路语境研究不仅在学术领域具有重要意义，也能为我们更好地理解古代和现代社会的联系、差异和共通之处提供有益的视角。

本文所提及的"丝路语境"，即"丝绸之路文化语境"之简称，是指与丝绸之路及其历史文化背景相关的环境、条件和文化脉络。这个概念强调了丝绸之路所创造的特殊背景，涵盖了历史、文化、经济、社会等多个方面的要素。丝绸之路作为一个重要的贸易和文化交流网络，影响了连接沿线地区的人们的生活方式、价值观、艺术和创新。丝绸之路作为古代贸易和文化交流的重要通道，影响了沿线各地区的发展和演变，同时也塑造了各种文化交融、合作与竞争的情景。在丝路语境下，不同地区的人们通过贸易、技术交流、文化传播等方式相互联系，形成了一个复杂的多元文化网络。"丝路语境"代表了一个充满活力和变化的历史背景。丝绸之路作为古代贸易和文化交流的重要通道，见证了各种文明、民族和国家之间的互动和交流。在这个背景下，不同地区和民族之间的联系和影响呈现多样性和丰富性，给予了这一时期的历史和文化以独特的色彩。"丝路语境"不仅是一个历史时期的概念，也是一个充满活力和变化的文化现象。它凸显了跨文化交流、多元性和创新的特点，为研究历史、文化和文学提供了丰富的视角和素材。

（二）丝绸之路与中外文化的交流互鉴

丝绸之路沟通中外文明，推动了不同国家、地区和民族文化的发展繁荣，深刻影响了中外文学的交往与交流，形成了丝路文明多元互动的基本格局。丝绸之路作为古老的贸易路线，联结了中国和域外国家的交往，其沿线的城市和国家成为多元文化的汇合点，也促使丝路文学中包含了丰富多彩的文学作品和文学传统。在文学的发展上，"从《穆天子传》《山海经》中对异域的神话想象，到汉唐边塞诗创造了中国诗歌艺术的辉煌，从明

---

① 夏鼐、夏正楷：《丝绸之路考古学研究》，杭州：浙江大学出版社，2019 年。

② 肖怀德：《从古丝绸之路到新丝绸之路——— 一种跨文化研究视角》，《西部文艺研究》2023 年第 3 期。

清域外小说的兴盛到近现代留学作家群的'西学东渐记'，从现代文人抗战时期的丝路行记到当代文人的丝路叙事，无不表征着'感时思报国，拔剑起蒿莱'的家国情怀，诞生于丝绸之路上的文学构成了中国文学的精神高地"①。丝绸之路是一个古老的贸易和文化交流网络，连接了东方和西方，促进了不同国家、地区和民族之间的交流与合作。这条古代的陆上和海上交通线路不仅仅是物质贸易的通道，还成为文明之间的桥梁，对中外文明的交流和交往产生了深远影响。丝绸之路的交往影响了文学的交流与交融。各国的文学作品通过这条通道传播，不同文化之间的故事、传说、诗歌和戏剧得以交汇。这种交流不仅丰富了各个文学传统，还促进了跨文化的创新和文学风格的交融。丝绸之路也帮助文学作品在不同地区传播，推动了文学的国际化发展。

　　丝绸之路同时还推动了世界文学的交流与互动。唐代刘恂所撰的地理杂记《岭表录异》中记述了岭南地区商人与海鳅的航海故事，与此相似的故事情节还见诸其他域外文献，在亚欧大陆广泛传播，如在古罗马史籍、古印度佛本生故事、阿拉伯游记《中国印度见闻录》中都有类似情节记载。18 世纪中叶到 19 世纪初，德国重要的诗人、作家歌德对于东方文化有着浓厚的兴趣，不仅欣赏阿拉伯、印度和波斯的诗歌，也对中国的哲学有深刻研究，尤其推崇中国的戏剧《赵氏孤儿》创作。元代李志常的《长春真人西游记》、唐代玄奘的《大唐西域记》、日本作家真人元开的《唐大和上东征传》等均描写了丝绸之路的景象，生动描绘了世界丝路文明交融的场景。这些文化现象与丝绸之路多元文明相互作用关系密切。同时我们也应该看到："对于丝绸之路上文化与文学的交流，不能只看到中华文化影响着中亚、西亚的文化，还要看到，中亚、西亚的文化也影响着中华文化，这条路上的文化交流不是单向的，而是双向互动的。"②丝绸之路沿线各地区、各民族创造了巨大的文化财富。丝绸之路文学是一种丰富多彩的文化遗产，涵盖了许多不同的国家和文化。丝路文学作品不仅反映了当时的历史和文化，而且对现今的文学和文化产生了深远的影响。丝路沿线的城市是各种文化融合的产物，融历史与现代、物质与精神于一体。文化的传播与融合是复杂的历程，是各种文明之间相互渗透、相互影响的结果，中国的佛教、伊斯兰教、石窟艺术、敦煌遗书等都是中外文化传播与融合的产物。其中，"佛教中国化是中国本土文化第一次成功地以和平、平等、开放、包容的姿态，吸纳、融汇了一种通过丝绸之路传播而来的外来文化，并使本土文化在内容、形态上更加丰富多元，在精神品格和人文气质上得到发展和提升，从而使中华文化更加具有了开放包容、海纳百川和内涵丰富、博大精深的气度和特质"③。丝绸之路的发展推动了中外文化交流，促进了"儒学文化圈"的形成，维系了中国与世界各国的联系，各民族长期广泛而深入的交往，为构建中华民族共同体奠定了坚实基础。

---

①　李继凯:《丝路学建构与丝路文学研究》,《大西北文学与文化》2020 年第 1 期。

②　张丽:《丝路文学研究的"守正"与"创新"》,《人民政协报》2015 年 7 月 20 日, 第 009 版。

③　鲍志成:《古代丝绸之路的历史作用概论》,《文化艺术研究》2015 年第 3 期。

二、"一带一路"建设中的中华文化力量

(一) 中华文化在"一带一路"倡议中的影响和价值

在历史的发展进程中，中华文化一直生生不息，表现出强大的生命力，具有强大的精神力量和内在逻辑。文化的发展与民族的兴衰密切相关，中华文化的力量深深根植于几千年来中华民族的文化实践，体现着中华民族的生命力、创造力和凝聚力，是激励中华民族团结奋斗、共创美好家园的力量之源。中华文化绵延不绝，蕴含着人类文明的精神活力，展现了中华民族的集体精神气质，塑造了中华民族的整体精神面貌。近代以来，中华文化传统在历史的演进中受到了西方工业文明的层层挑战，然而在这种境况下，中华文化以其自身强大的生命力量，不仅适应了时代发展的新趋势，还实现了中华文化向现代化的转换，成为现代化中华文化的有机组成部分，在新的历史发展阶段得到了复兴和发展。同时，中国在迈向现代化历史的征程中，从中国本身悠久的文化传统中汲取能量，探索丰富的文化资源，使中华文化获得了新的价值意义，使文化生命得以延续。中华文化的现代化经验展示了中华文化开放包容的特征，交流互鉴是文化发展创新的强大动力。中华文化以其开放博大的胸怀包容了世界不同文明，与世界各国和各民族进行了广泛而深入的文化交流，在文化的开放交流过程中，伴随着世界各民族文化的不断输入、吸纳和融合，使中华文化保持活力，为中华文化的发展提供了源泉和动力。

其实，早在隋唐时期，加强对外交往、维护丝绸之路畅通已成为集体共识，并有进一步的制度保障，通过丝绸之路使中原与西域的联系更加密切。新时代以来，中国政府非常重视丝绸之路的发展，习近平总书记于 2013 年提出的"一带一路"倡议向世界宣示了中国愿同世界各国携手共建"一带一路"的合作理念，得到国际社会的广泛支持，为共建新时代丝绸之路打开了新的思维方式。"一带一路"倡议将为各国人民带来更多发展机遇，弥补现有全球治理体系的不足，将世界带入一个新的发展架构，解决多元化与共同发展的基本问题。"一带一路"倡议是中国在弘扬古代丝绸之路文化遗产和精神的基础上提出的合作倡议，旨在加强与丝路沿线国家的互动和交流，共建区域合作共同体。这一倡议对人类命运共同体的构建具有重大意义。"实施'一带一路'倡议，让文化先行，进一步深化与沿线各国的文化交流合作。无论是古代陆上丝绸之路，还是古代海上丝绸之路的形成，都源自不同民族的人们对文化交流交融的向往与参与，文化交流与合作有助于促进不同文明的共同发展,商贸活动也需要依托于文化艺术交流才能长久发展。"[①] 中国积极参与国际体系进程，为中华文化发展提供重要的实践平台。文化作为软实力，已逐渐成为国家核心竞争力的重要方面和综合国力的标志。党的十八大将文化战略上升为国家战略，着力实施"文化强国"建设。自"一带一路"倡议提出以来，国家出台了一

① 徐照林、朴钟恩、王竞楠:《"一带一路"建设与全球贸易及文化交流》，南京：东南大学出版社，2016 年，第 90 页。

系列政策，不断加强与沿线国家的文化交流，实现合作共赢的外交政策，打造新时代"一带一路"利益共同体。

中华文化具有很强的包容性，5000年的中华文明史和传统文化，使中国成为世界文明和文化的圣地。弘扬中华文化传统，把握其强大的吸引力和感召力，深切感悟中华文化在"一带一路"建设中的力量。"一带一路"是文化发展之路，具有坚实的社会基础与民意基础，这一文化战略是建立在世界多元文明的立场上，以世界文化的交流交融为经济发展提供价值引领和文化支撑。加强中华优秀传统文化和社会主义先进文化的教育和传播，需要遵循文化建设规律，讲好中国故事，不断提升中华文化的国际影响力。"一带一路"是我们弘扬中华文化、实现中华文化共享的重要方针政策，也是推动中华文化基因扩散的重要举措。综观中华文明的历史，中华民族在丝绸之路上吸收了优秀的外来文化，丰富和滋养了本土文化，使中华文明绵延至今。"一带一路"倡议是建立在人类友好合作的桥梁之上，吸收来自各国各民族的文明成果，对世界不同文明做出积极响应，彰显出深厚的中华文化底蕴。"一带一路"秉承了开放意识、融通意识和对话意识，改变了文化传播的单向模式，实现了世界不同文化的"互联互通"，构建中华文化对外传播的路径。"一带一路"是顺应历史规律和历史演进的必然，"一带一路"的推进需要丝路沿线各国共同参与，对人类文明积极探索，使丝路各国共同受益。在中华文化的深刻影响下，丝路沿线的其他国家积极进行中国丝路题材的文化书写，出现了一系列以中国为背景的国外文学作品，通过讲述丝路故事，呈现丝路景观，展示丝路"各美其美，美美与共"的璀璨文学风景。创造中国式文艺新局面，为把握新时代文化建设指明了方向。从博大精深的中华文化中凝聚磅礴的文化力量，为实现中华民族伟大复兴提供不竭的力量之源，更好地推动文化的繁荣发展，在"一带一路"建设中凸显中华文化的磅礴力量。

（二）丝绸之路的跨文化传播彰显中华文化自信

文化传播的形式众多，无论是从何种传播形式来看，丝绸之路都可以被视为文化交流与融合的一个典范。在人类文明发展史上，丝绸之路中华文明向域外传播，促进了不同文化和民族的共同繁荣与发展。从文化传播的维模原理角度来看，当外国文化有利于本土文化的发展时，它更容易被接受并融入本土文化有机体。丝绸之路沿线跨文化传播的特征，体现了中华文化兼收并蓄的文化自信。

丝路文化精神是中华文化自信的重要组成部分，也是"一带一路"倡议中的文化精神的重要体现。在新的历史阶段，我们都是文化自信的实践者和参与者，深化与丝路沿线国家的文化交往，融汇中外不同文明，可以促进世界文化的发展繁荣。自古以来，丝绸之路上涌现了许多优秀的文化作品和优秀的人物。丝绸之路汇集了两千多年来不同种族、不同文化背景的国家交往史，书写了世界文化交往交融的历史，推动文化包容互鉴、和平共享、共同发展，成为"一带一路"建设的文化共识，为人类留下了宝贵的文化经验和思想启迪。"文化交流是推动人类发展、实现文明繁荣的源泉和助力。推动'文化共同体'发展作为'一带一路'建设的重要目标，为中国文化走向世界指明了方向，为中国坚定文化自信提供了基础。"① 丝绸之路承载了国家和民族记忆，丰富了中华文化的内容。从文化创新和传播的角度出发实现丝绸之路文化的创新，以寻求更大的研究突破。新时代丝路文学致力于推动丝路文学的国际传播协同机制，实现中华优秀传统文化的世界共享。同时，中国本土的丝路文学作品不断对外译出，中外出版社通力合作，借助新媒体平台把中华文化带到世界。丝绸之路是一种特殊的文化形式，其形成的"丝绸之路"文化资源是一种不同国家、民族、地域文化交叉融合的新文化，兼具了人民性、民族性和世界性。丝绸之路跨越千年，是连接世界上各民族文化的纽带，其发展关乎政治、经济、文化、历史、外交等众多层面。丝路文化精神诠释了中华民族文化的精神品格，推动中华文化的融会与传播。丝绸之路上积淀出世界文化交流共赢的价值标准，创造了灿烂辉煌的中华文化。迄今为止，通过丝绸之路传播到中国和海外的物质和精神文化文明仍持续存在，并惠及后代。了解丝绸之路的跨越性，从跨文化传播的维度坚定中华文化自信，充分发挥中华文化的国际影响力。中华文化以其强大的吸引力和感召力吸纳了不同的文化，推动了中外文化的交流与传播。丝绸之路是各民族的独特创造，丝路文化推动着文明的发展与时代的进步。

民族文化自信来源于对本民族文化的深刻认识和了解，明确中华文化的世界价值，把中华文化提升到世界的高度，在世界文化中彰显其文化价值，提高中华文化在世界的影响力，推进中华文化向域外的传播。文化自信是民族精神之源，坚定文化自信是对中华民族理想的传承，内蕴着深厚的历史文化传统。丝绸之路见证了不同阶段人类文明的交流，通过跨文化传播给予文明互鉴以深刻启示，引领着中华文化自信的回归。中华民族具有独特的精神禀赋及显著的特点，中华文化以德服人、以文化人，其形成的交融互鉴、多元平等、相互尊重、相互包容的文化观念正是对古丝绸之路文化精神的弘扬。丝路文化视域下，积极挖掘丝路文化精神的深刻内涵，在理解丝路文化内涵的基础上考察不同民族的文化传统，重建丝路文明，彰显中华民族文化自信。跨文化的交流是丝绸之路最显著的文化特征，丝绸之路的文化遗迹和各类文物反映着丝绸之路上的文化交流，是中国与世界接触、碰撞与交流的证明，彰显了中华文化在不同时期善于博采众长、融合创新的优良传统。在中华民族精神的不断浸润下，各民族文化长期碰撞、融合形成了各种伟大的艺术精品。中华文化在交流中发展，深化中华文化对世界文化的贡献认识，推进人类文明的交流与互鉴。

跨文化交流在当前全球经济一体化和社会信息化的背景下成为一种普遍的社会现象。在丝路语境下，各国间的文化交流已成为各民族文化交流、融合、发展的必然要求。"中

---

① 孙宜学：《"一带一路"与文化国际传播经典案例》，上海：同济大学出版社，2019 年，第 3 页。

国文化走出去、向世人传播中国核心价值和整体的文化形象等是新时期国家文化战略的重要环节。"①新时代背景下，需要重建开放合作的经济合作新秩序，其中增进以跨文化为代表的文化信息传播已成为经济合作的基础和共识。中华文化伴随着时代的进步与时俱进不断发展，在与域外文化的交流与融合中衍生出许多新的文化内涵，呈现出新的发展趋势。网络和新媒体技术的发展扩大了中华文化对外传播的途径，除了以官方为主导的传播外，还引导着越来越多的普通民众参与进来，面向大众文化，借助多元化的互联网渠道扩大了中华文化向域外传播的方式。"新时代以来，我国大力推动国际传播守正创新，初步构建起多主体、立体式的对外宣传格局，国际话语权和影响力不断提升。"②中华文化向域外的传播与交流不仅需要兼顾中国文化传统，同时还需要兼顾不同时期、不同阶层的文化，从中华文化中发掘新的内容，向世界讲好中国故事。值得注意的是，在丝路语境下，网络作品、影视产品成了中华文化向域外传播的新优势，讲述丰富多彩的丝路故事，成为传承丝路精神、弘扬丝路文化的生动载体。如中国教育电视台举办的大型电视文艺节目《丝路艺起来》以丝路沿线国家的高校师生为表演主体，联结中外青年学子的深厚友谊，不仅展示了最具代表性的丝绸之路文化艺术，还展现了当代中国与世界和平发展、合作共赢的时代主题，节目同时在 8 个海外主流电视平台播出，以其鲜明的国际性视角和生动的教育意义为中华丝路文化的国际传播探索出新的发展路径。丝绸之路承载了源远流长的中华文化基因，是人类文明交流互鉴的重要载体。弘扬中华文化自信，实现"文化惠民"，讲好中国故事，更好地向世界展现文明、多彩、团结、进步的中国形象。

面对不同的人类文明，我们不仅要欣赏其创造的物质财富，还需要把握其蕴含的深厚人文精神。事实上，丝绸之路的历史遗存不仅作为一种文化符号，也通过材料的传播，成为中华文化向域外的传播交流和跨文化关系的重要反映。尽管世界的历史格局发生了翻天覆地的变化，但丝路文化仍存在于人们的生活之中，丝绸之路留存下来的历史遗迹、民族情感、文学创作、艺术作品、民间艺术等蕴含着不同民族文化的因素，中外文化互融互通的印记，显示出文化的力量。丝绸之路文化源远流长，积淀了中华文化与世界文明交流共赢的价值准则，成为不同文明对话的典范和民族精神交融的范例。丝绸之路跨越两千多年历史，从文化和历史的角度来看，它是联结中国与世界各国人民的重要的纽带。这种跨越数千年的历史和文化的国际交往之路，涉及政治、经济、文化、外交等多个层面，必然需要研究其在跨语言和跨文化交流方面的历史价值和现代意义。从这个意义上说，"丝绸之路"可以被视为跨文化融合和传播的典范。丝绸之路的文化精神也是对中华民族文化精神的集中展示。

① 陈少峰：《国际化时代的中国文化表达》，《人民论坛》2008 年第 5 期。
② 王佳雯：《厚植文化底蕴，建设文化强国》，《团结报》2023 年 3 月 18 日，第 004 版。

三、结语

综上所述，丝绸之路促进了人类文化的交流与共通，为中华文化向域外的传播与交流提供了切入点。丝绸之路的存在与发展，有利于中华文化向外传播与交流，推动世界文明交流互鉴。文化是国家之本，是民族认同的象征，关系到一个国家的前途和命运。丝路语境下，推动中华文化向域外传播，需要在尊重差异中扩大共识，在文化多样性中增进认同。坚持用科学的态度对待中华民族传统和外来文化，在承继和发扬民族优秀文化传统的同时充分展现时代精神，始终坚持党对中华文化建设的领导，牢牢把握中华文化的发展方向，讲好中国故事，加强中华优秀传统文化的传播和教育，推动社会主义文化大发展大繁荣。"海纳百川，有容乃大"，中华文化具有深厚的历史底蕴，丝路文化资源丰富，丝绸之路融汇了世界不同的文化与文明。在新的历史条件下，中国的发展为世界各国提供了宝贵的经验，"一带一路"推进世界各国和平合作，增进各国人民之间的交流和了解，推动中华文化的传播，探求有民族特色的丝路文化现代化进程，让中华文化的优秀成果惠及世界。

华夏传播理论新对话

主持人语

从经验出发　跟理论对话

"从经验出发，跟理论对话"，起初来自黄宗智[①]先生和黄旦[②]教授，在后来的教学和研究实践中，逐渐内化为我的写作准则和学术信念。学生时代，当我看到傅伟勋先生论及哲学方法论时，并不理解他的如下论断：将一般方法论转化为特殊方法论不仅不合适，甚至有害，而将特殊方法论转化为一般方法论，则意义巨大[③]。后来看到李金铨教授论及在地经验与全球视野的关系时，援引19世纪德国史学泰斗兰克类似的论断

---

① 黄宗智先生在回顾五十年的研究生涯时说："学术研究需要从经验证据出发，与现有理论对话，从而形成更符合中国实际的新概念……要从中国的悖论实际出发，形成符合中国实际的理论概念，再返回到中国的实际/实践中去检验，由此来创建新的分析/理论概念。"参见黄宗智：《问题意识与学术研究：五十年的回顾》，《开放时代》2015第6期。

② 黄旦教授认为："对话不是一种非此即彼的选择，不是经验对理论的验证，也不是理论对经验的解释或者多大程度上能够解释，而是从经验出发，对采用某个理论的恰切性质问。"参见黄旦：《问题的"中国"与中国的"问题"——对于中国大陆传播研究"本土化"讨论的思考》，载黄旦、沈国麟（编），《理论与经验——中国传播研究的问题及路径》，上海：复旦大学出版社，2013年，第54页。

③ 傅伟勋说："转化一般方法论为特殊方法论，对于哲学思想的创造不太适当，反有弊害。理由很简单，在西方哲学史上第一流的哲学家在创造自己的思想的同时，亦在建构自己的一套特殊方法论。不去建构自己独特的方法论，只想转变一般方法论为自己的特殊方法论，无形中对于自己的思想独创性打了折扣，也限制了自己的独特思路。至于提升特殊方法论之为一般方法论，不但无损于包含特殊方法论在内的原有哲学思想体系，反能彰显原有的特定哲学思想在方法论的价值与贡献，意义甚巨。"参见傅伟勋：《从创造的诠释学到大乘佛学——（哲学与宗教）四集》，1990年，台北：东大图书股份有限公司，第7—8页。

（特殊性可以上升为普遍性，但普遍性回不到特殊性）①，又让我想起了曾经的困惑。我的学术之路是从研究传播思想起步的，但心理学者沈模卫教授告诉我，那些最顶尖的心理学家一开始都是做实验的，后来才"玩思想"②。如果说沈老师的话让我心中不免有些忐忑，那么接下来两位先生的话就让我深感忧虑了。一位是林毓生先生：

重大与原创的思想是来自重大与原创问题的提出。重大与原创的问题必须是具体的、特殊的；如果我们只能提出一个形式的或概括的问题，重大与原创的思想便无从产生，所得的答案，如果不是错误的或与文化和思想之进展不相干的，便也只能是泛泛的而已③。

另一位是严耕望先生：

哲学理论对于史学研究诚然有时有提高境界的作用，不过从哲学入手来讲史学，多半以主观的意念为出发点，很少能努力详征史料，实事求证，只抓住概念推衍发挥，很少能脚踏实地地做工作。这样工作，所写的论文可能很动听，有吸引力，但总不免有浮而不实的毛病，不堪踏实的史学工作者的一击④。

最近几年，我开始阅读阎云翔的著作，由此进入了人类学的田野故事世界，也越来越能对其旨趣感同身受——研究是体验自我生命与理解

① 兰克（Leopold von Rank）说："从特殊性入手，可以上升到普遍性；但从普遍性，就无法回去直观理解特殊性了。"转引自李金铨：《在地经验，全球视野：国际传播研究的文化性》，《开放时代》2014年第2期。
② 沈模卫教授当时担任中国心理学会会长、浙大心理学系主任，做了几十年的实验心理学研究，长期在美国一流的心理学期刊上发表论文，他的"心理统计与实验设计"课，我旁听了一年。沈老师跟我说，他德国的导师告诉他，每一个时代最顶尖的心理学家，都是玩思想的；心理学最顶尖的学术期刊，也是玩思想的。但是，这些人不是一开始就玩思想的，而是做实验的，在经历了大量实验研究后才到达这个阶段。因此，真正的大师是"顶天立地"的。如果只玩思想，可以顶天，但无法落地；如果只玩实验，不谈人文思想，不谈哲学，永远做不到顶。
③ 林毓生：《中国传统的创造性转化》，北京：生活·读书·新知三联书店，2011年，第48页。
④ 严耕望：《治史三书》，沈阳：辽宁教育出版社，1998年，第145页。

他人生命的过程①。这让我再次回想起学生时代，历史学者陈新教授曾说，他的史学理论已经做到头了，所以开始探索公众史学，我当时也不解。现在总算能有些自己的感悟了：不是说理论已经做完，而是再做下去能获得的新知已经相当有限，不得不另辟蹊径。反观阎云翔，尽管一直聚焦东北的一个小村庄（下岬村），却似乎总有写不完的话题，从《礼物的流动》到《私人生活的变革》再到《中国社会的个体化》②，原因或许在这里。尽管只是一个村，却是大时代变迁的缩影，新的问题总是不断涌现出来，超越了任何理论预设。彼得斯曾言："理论通常处在追赶现实的位置上。"③我终于明白，为什么徐岱教授总是强调曹雪芹那句"世事洞明皆学问，人情练达即文章"④，用格尔茨的话说就是"社会，如同生活，包含了其自身的解释"⑤。黑格尔"密涅瓦的猫头鹰""对灰色绘成灰色"则值得细细品味：

无论如何哲学总是来得太迟。

哲学作为有关世界的思想，要直到现实结束其形成过程并完成其自身之后，才会出现。概念所教导的也必然就是历史所呈示的。

这就是说，直到现实成熟了，理想的东西才会对实在的东西显现出来，并在把握了这同一个实在世界的实体之后，才把它建成为一个理智王国的形态。

① 在阎云翔看来，实地调查不仅仅是一种收集资料的方法，"而是人类学家理解他人和体验自我生命的过程，也是人类学这门学科得以安身立命的根本"。所以他反对那种"手持录音机和笔记本四处访谈的调查方式"，因为这样收集来的资料"零碎""抽离于生活之流"，不是"对于生活过程的观察与体验"。对人类学者来说，由于他们长期甚至终生在一两个社区内研究，甚至跟自己的研究对象结成了"毕生挚友"，因而"对自己的研究对象怀有深切的同情和强烈的道义责任"。这样的境界，是那种打一枪换一个地方的调查无法达到的。参见阎云翔：《礼物的流动：一个中国村庄中的互惠原则与社会网络》，李放春、刘瑜译，上海：上海人民出版社，2017年，中文版自序第2页。
② 阎云翔《礼物的流动》中译本初版在2000年，《私人生活的变革》中译本初版在2006年。后者的新版参见：阎云翔：《私人生活的变革：一个中国村庄里的爱情、家庭与亲密关系（1949—1999）》，龚小夏译，上海：上海人民出版社，2017年。另一部著作参见阎云翔：《中国社会的个体化》，陆洋等译，上海：上海译文出版社，2012年。
③ 常江、何仁亿：《约翰·杜伦·彼得斯：传播研究应当超越经验——传播学的技术史视角与人文思想传统》，《新闻界》2018年第6期。
④ 我是在旁听徐岱老师的课时听到他强调"世事洞明皆学问，人情练达即文章"这句话，震撼不小，后来在他的书中再次看到引用此言。这是《红楼梦》第五回提到的一副对联，参见曹雪芹：《红楼梦（脂汇本）》，长沙：岳麓书社，2011年，第58页。至于如何解读，仁者见仁、智者见智：如果请黄光国解读，或许就将人情看作交换的资源，发挥到极致便是"做人情，拉关系"；如果请金耀基解读，或许将其看作自家人之间必须履行的那份义务，恰如中国民间谚语说的"亲戚朋友拉一把，酒换酒来茶换茶"；如果请阎云翔来解读，或许将其看作兼有自然情感与道德情感的"人之常情"，也不乏理性计算的成分，就像刘姥姥与王熙凤之间的复杂关系。无论如何，这句话将知识牢固地建立在日常生活的深切体验中。
⑤ ［美］克利福德·格尔茨：《文化的解释》，韩莉译，南京：译林出版社，1999年，第534页。

当哲学把它的灰色绘成灰色的时候，这一生活形态就变老了。

把灰色绘成灰色，不能使生活形态变得年轻，而只能作为认识的对象。

密纳发的猫头鹰要等到黄昏到来，才会起飞①。

最终，研究旨趣与思维的变化需要落实在具体的写作中。李金铨教授曾建议：先写中间，后写两头②。我虽知道这个建议，却仍习惯于从头写起，后来在时间成本上付出巨大代价，不得不叹服李老师的明智，也成为自己"从经验出发"的机缘③。

本专栏三篇论文的作者分别处于本、硕、博阶段，研究各有所长也不免瑕疵，但都遵循"从经验出发、跟理论对话"的总体原则，从现实的文化土壤中提取经验个案，与"空中理论"对话。分别是：第一，用潮汕侨批对话凯瑞传播的传递观和仪式观（姚炜楠）；第二，从习武群体的功夫身体到背后更大的武学共同体出发，考察竞技武术传承的范式与体系，以德布雷的媒介学和库恩的范式为对话资源（金瑜、杨紫薇）；第三，从电影《花木兰》真人版与动画版评价悬殊的文化经验出发，探究背后的媒介与符号动因（刘慧钰）。通过这样的方式，试图把他人的视角变成自己的视角，把别人的故事变成自己的故事，成为融入自身血脉的真正知识。

（暨南大学新闻与传播学院副教授　姚锦云）

---

① 笔者重新加以分段。参见〔德〕黑格尔：《法哲学原理》，北京：商务印书馆，1997年，第13—14页。

② 李金铨老师这样分享自己的写作经验："你们写论文，最好拦腰一截，从中间写起，因为那些是最具体的材料，平铺直叙，好写。等写完中间部分，再写结论，最后回去写第一章，这时要你交代全篇的旨趣和问题，自然驾轻就熟。要是硬从第一章写起，思路没有理清，还要绞尽脑汁想挤出一些'语不惊人死不休'的话，保证你想整晚也写不出一段言之有物的东西；何况写到后面几章，观点和分析必然和当初预想的不同，那就势必动摇第一章的基础了。请你们记住：文章不是'写'出来的，是'改'出来的。"参见李金铨：《传播纵横：学术生涯五十年》，《新闻记者》2018年第7期。

③ 我的体验是，主体部分必须由扎实的经验材料支撑，如果先写开头（包括文献综述），万一中间获得的经验材料与最初的理论预设有差距，就不得不重新寻找文献而浪费时间。

《花木兰》动画改编真人：中国观众为何不叫好？

——对电影媒介与视觉符号适配问题的思考

刘慧钰*

（暨南大学新闻与传播学院，广东广州，510630）

摘　要： 2020 年迪士尼真人版电影《花木兰》与 1998 年动画版相比口碑悬殊，豆瓣中真人版评分仅为 5.0，而动画版评分为 7.9。本文运用文本分析法，对迪士尼动画和真人电影《花木兰》进行比较分析。研究发现，真人版《花木兰》的视觉符号与其媒介之间并未能产生良好的共生、适配关系，这是导致其失败的重要原因。动画与真人电影媒介分别具有不同的符号系统和感官偏向，动画媒介提供"假定性""绘画性"的风格限定，拥有像似程度较低的视觉符号系统，观众在感知层面上遵循"陌生化"的审美期待；而真人电影媒介所限定的则是"真实"的风格，其符号系统具有高度真实性的特点，观众的感知则本能地追求真实，期待在拟真中投入自我，如临其境。即使在真人电影中使用 CG 技术塑造虚构的视觉元素，但也需要遵循真人电影媒介"拟真"的视觉符号风格。

关键词：《花木兰》；动画版；真人版；电影媒介；视觉符号；观众感知

一、问题的提出

2020 年，中国女演员刘亦菲出演的迪士尼真人版《花木兰》在国内公映，但并没有如预期的那样收获令人艳羡的口碑，在豆瓣上的评分只有 5.0 分。但是，迪士尼动画版《花木兰》的评分却高达 7.9 分，甚至还有观众在对真人版《花木兰》评价时，直接对二者进行对比，例如豆瓣短评中的一条评价"给 1 星我都嫌多，这么好的题材拍成这个样子，没有浮夸的动画一半好看呢"。无论是 2020 年真人版《花木兰》还是 1998 年动画版《花木兰》，都是迪士尼西式思维下对中国传统故事内核的跨文化改编，而对于同样的故事，为何中国观众对动画版《花木兰》的评价远远高于真人版电影《花木兰》？

自中国传统故事"花木兰"影视化以来，学者们对其进行了多重角度的探讨，既有

---

　　* 作者简介：刘慧钰，江苏丹阳人，暨南大学新闻与传播学院博士生，研究方向：传播社会学，视听传播。

对"花木兰"在不同戏剧或影视中的形象和故事变迁进行梳理①，也有从女性主义的视角对"花木兰"形象进行分析②，但更多的研究从跨文化传播的角度出发，探讨迪士尼在改编中国故事"花木兰"过程中的文化因素③。迪士尼真人版电影《花木兰》上映后，将动画与真人电影《花木兰》结合起来进行分析也成为一种研究路径，例如：陈一雷运用"互文性"理论分析两部电影之间的同质性与异质性，认为尽管两者之间选材一致，高度"互文"，但是风格不同④。尽管以上研究对故事的多维度分析较为详尽，但集中于对故事的分析不免忽视电影的媒介问题——动画媒介与真人媒介。此外，当前涉及真人版《花木兰》的研究大多也忽视了一个事实——与迪士尼动画版《花木兰》比较来看，中国观众并不认可真人版。

在中国故事"木兰"同时被迪士尼"西化"讲述的情况下，为何动画版和真人版《花木兰》口碑悬殊，是真人版《花木兰》在电影视觉符号编码中出现了问题，导致故事讲述的失败吗？在动画与真人电影的论域内，电影媒介与视觉符号之间存在怎样的适配关系？

本文以动画版与真人版电影《花木兰》的比较为研究对象，运用文本分析法，对以上研究问题进行回答，并以此为个案，试图从"媒介"的角度对动画与真人电影进行更深的认识。

二、动画版与真人版《花木兰》的视觉符号比较分析

从观众感知来看，在动画改编真人的过程中，视觉符号方面的问题是引起不满的主要原因。以下将从文化意象的视觉表征、演员身体的情感传播以及真人电影中 CG 技术的角色塑造三个维度入手，结合"媒介"的特性，对两部电影的视觉符号特征进行分析与比较，探究真人版《花木兰》失败的原因。

（一）"中国"元素的表征：不同的文化意象

从观众评论来看，真人电影中的图像问题是一吐槽点，观众们给出这样评价："福建客家土楼等场景与花花绿绿的美术设定，纷杂混乱""郑佩佩的妆，李连杰的服装和通篇使用的红色，都有种刻意和违和感"。批评大多集中于三个方面：首先是电影开场的一个中国元素"土楼"——木兰自小长大的居所；其次，观众认为真人电影中配色太过鲜艳；

① 吴保和:《花木兰，一个中国文化符号的演进与传播——从木兰戏剧到木兰电影》,《上海大学学报（社会科学版）》2011 年第 18 期。

② Yu, H.M. "From Kundun to Mulan: A Political Economic Case Study of Disney and China", *ASIA Network Exchange*, 2014, 22(1): 13-22.

③ Tang, T. "A Cross-cultural Perspective on Production and Reception of Disney's Mulan through its Chinese subtitles", *European Journal of English Studies*, 2008, 12(2): 149-162.

④ 陈一雷:《视觉狂欢与景观叙事——迪士尼公司两部〈花木兰〉电影的互文性研究》,《电影新作》2020 年第 6 期。

再次，真人版《花木兰》中人物的妆容，乃至整部电影的服化道都无法令人满意。

动画版《花木兰》中开场的"长城"元素和真人版中的"土楼"，都是美国迪士尼公司在对木兰故事改编中所采用的象征中国的"意象"。但是对于中国观众而言，"长城"的表征效果却远远超过"土楼"。

在中国古代文论中，对于"意象"的论述较有影响力的是《周易》中"立象以尽意"的命题及庄子的"言不尽意"之说。有学者从"言不尽意"出发，认为"象"是缓和这种矛盾的关键，"'象'一旦被置于特定的意义系统中，成为携'意'之符，就变成了意象"①，并且"意象"可以分原型意象、概念意象和符码意象，"原型意象"根植于普遍认同的文化经验，"经过文化沉淀而稳定下来的视觉形式上升为一种原型意象"②。"长城"是表征"中国"的一种"原型意象"，自秦开始具有"国家"的象征意味，当代"长城"也常常作为一个视觉符号出现在各种影视作品之中，作为国家、和平、团结的象征。而"土楼"与历史上几次迁徙有关，同时伴随着客家及其所包含的华侨群体的形成，当下也成为福建及客家的文化符号。在影视作品中，土楼有时仅作为故事背景存在，有时作为"家"的意象出现，有时作为客家的象征，在同为动画作品的《大鱼海棠》中，"土楼"也没有太多文化意义。因此，"土楼"并不是一种"原型意象"，而只能被看作"在不同的语用情境中可以生成不同的意象"③的"符码意象"。有一位观众在评论中指出"福建土楼是近代东南华人带给西方的对东方的想象"，可见，西方人眼中的"土楼"是能够表征中国的一种文化符号，但是对于中国观众而言，土楼最多只是客家的象征，并不能起到表征国家的作用，加之观众对真人电影表征"真实"有着较高的要求，因此在面对文化误读时容易转而追求真实性问题，纠结于土楼和木兰故事在历史时间上的矛盾，对此进行"考古"，强调没有尊重中国历史；而动画电影《花木兰》中，观众对于"虚构"的容忍度较高，同时也认可"长城"这一视觉符号对"中国"的文化表征，因此他们并不在意木兰从军是否与"长城"有关，很自然地接受了"长城"这个文化元素。

真人电影的色彩和服化道方面，也在一定程度上存在对中国文化的误读，例如电影中无处不在的"红色"，最为典型的就是花木兰的衣服，与此形成映衬的则是真人电影中中国古代服饰的西式"还原"——颜色鲜艳。但是正如陈怡娇在对动画和实拍电影视觉语言所进行的论述，"动画中更加突出强调了设计者对色彩的主观掌控能力，它不受客观条件和环境限制，全凭创作者自身的想象力和对色彩审美的把握"④，相反，真人实拍电影在色彩的艺术表现方面受制于"真实"。即使色彩鲜艳的服饰妆容是迪士尼眼中的"中国

① 刘涛：《意象论：意中之象与视觉修辞分析》，《新闻大学》2008 年第 4 期。
② 刘涛：《意象论：意中之象与视觉修辞分析》，《新闻大学》2008 年第 4 期。
③ 刘涛：《意象论：意中之象与视觉修辞分析》，《新闻大学》2008 年第 4 期。
④ 陈怡娇：《独具特色的动画视觉语言——动画电影与实拍电影的视觉语言比较分析》，《艺术与设计（理论）》2010 年第 2 期。

文化",他们忽略了只有动画才允许色彩鲜艳,动画才具有绘画性质,真人电影强调"真实性",色彩过于鲜艳而同时与真实相违背,则会让观众感觉违和。

动画版《花木兰》中的"水墨""绘画"视觉元素曾被观众称赞,这很好地印证了动画电影"绘画性"的特征,传统的动画电影是在绘画的基础上制作而成,绘画是其底本,因此观众对动画电影更多是本着观看"绘画"的态度进行欣赏,认为高度"抽象"是动画的属性之一,"水墨""绘画"元素虽然不能更直接地表意,但是从审美的角度来讲达到了观众对动画这种体裁的期待,同时对于中国观众而言,美国人制作的动画能够运用"水墨""中国画",也是对中国文化的尊重。

综上所述,从视觉表达上看,动画版《花木兰》很好地发挥了"动画"所具有的"绘画""表意"性质,而真人版《花木兰》由于对中国文化符号和相关视觉符号的选择失误,没能很好地让视觉符号匹配观众真人电影对于"真实""实拍"的诉求,同时也伴随着对中国文化的误读。

(二)情感的视觉传达:演员"身体"在场与否

在影像符号方面,动画与真人电影存在着"人物"塑造方式的不同——动画中的人物,可以被看作"角色 + 形象",而真人电影的人物则应被看作"角色 + 演员"。从动画的制作过程来看,传统的动画电影是动画摄影师对绘画的形象进行逐格拍摄制作而成,即使在计算机成像的动画制作时代,"形象"的塑造工作也完全掌控在动画设计者手中;但在真人出演的电影中,人物是通过演员表演的过程而建构的,与动画电影相比,最大的不同之处在于真人电影中存在演员"身体"的在场。

学者赵建国认为人的身体是交往性的身体,"身体是最古老、最基本的认知工具、传播媒介、文化载体",在身体传播中,"身体"都可以被看作一种最综合而高级的媒介载体。"身体在场"对于"传播"而言意义重大,"身体"在场与否,能够使得相似的信息产生完全不同的传播效果[①]。随着影像媒介的发展,"身体在场"的意义逐渐延伸,从影像技术出现以前的"亲身"在场、面对面传播,转向"虚拟"在场,学者郑大群认为影像时代"身体使媒介传播像亲身传播那样如临其境,虚拟的'在场'使人们能够近距离地触摸身体,解读身体的每一个叙事情境,与身体一道狂欢"[②]。

在真人电影当中,演员"身体"的"虚拟在场"对于影片意义及情感的传达起到相当重要的作用,相比于动画电影,真人电影在拍摄中会使用更多的"特写"镜头对演员的脸部表情、肢体动作进行呈现,细腻的情感正是通过演员身体的微妙变化传达给观众。演员的"身体"参与到"编码"过程中,意义被期待呈现得更为细腻而丰富,与观众的"解码"形成对话,同时观众也期待演员的目光、表情能够进行有效而细微的情感传达。

---

① 赵建国:《传播学视野下的人的身体》,《现代传播》2013 年第 12 期。
② 郑大群:《论传播形态中的身体叙事》,《学术界》2005 年第 5 期。

　　然而，在动画电影中，由于角色形象是直接被绘制者制造出来的，其图像符号来自绘画，相对抽象和写意，没有演员"身体"的参与，观众不会对"绘画"出来的影片人物的目光和脸部表情在情感传达方面怀有"细腻"的要求与期待，相反，会把相对抽象和写意的人物形象符号看作一种艺术进行审美。这种审美经验正是俄国形式主义者什克洛夫斯基所提出的"陌生化"效果，"延长其关注的时间和感受的难度，增加审美快感，并最终使主体在观察世界的原初感受之中化习见为新知，化腐朽为神奇"①。动画通过图绘的"模拟"而非摄像的"逼真"拉大观众认知与审美关照对象之间的距离，使得观众在解码"动画"的过程中产生独特而不同于观看真人电影的审美经验。

　　在真人版电影《花木兰》中，主演刘亦菲被观众批评表情不够丰富。动画版的电影《花木兰》用高度抽象的绘画符号表现出来的人物形象，是一种高度抽象和"陌生化"的表达状态，图绘动画人物的脸部细节表现远不如真人电影中刘亦菲表演得逼真而细腻，但是观众不会批评这种抽象的动画符号"呆滞""没表情"，观众愿意通过其他方式或者调动更强的主观能动性来对相对抽象的动画符号进行"解码"，享受"陌生化"的审美过程，但希望真人出演的电影中真人演员能够通过"身体"的表演，尤其是脸部和目光的细微变化，将情感传达给自己。

　　动画改编真人的电影《花木兰》中，演员刘亦菲的出演，原本给中国观众带来了较高的期待，正如保罗·麦克唐纳所提出的"明星具有一定的票房号召力"，大牌的明星能够对票房起到一定的保护作用②。在动画改编真人的电影类型中，大牌明星的出演也成为"真人"电影的一大亮点。但是，一旦演员"身体在场"，观众就会改变原先观看动画电影时的审美习惯，要求真人电影中的演员能够将微妙的情感通过肢体的细节表现出来，如果演员的表演达不到观众的要求，电影的口碑就会受到些许程度的影响。而动画电影，人为绘制的人物形象，则完全没有这一方面的担忧，只要形象呈现大体上合乎情理，在情感传播方面可能就需要借助其他方式以及观众的解读来得以完成，正如动画版《花木兰》中，木兰相亲失败后失落情绪的传播，完全没有依靠动画人物脸部表情，而是通过插曲 Reflection 中木兰的独白式演唱来得以完成，一方面将情感转换为语言符号、音乐符号进行外显的表露；另一方面观众则需要改变观影时的"解码"方式。

　　由此可见，在影片人物细微的情感传播方面，观看动画的观众能够接受动画符号这一高度抽象和概括的表意形式，运用较为灵活的"解码"方式进行意义的接收，调动想象力对人物情感在视觉表现方面的缺憾进行填补，在内在的自我传播中完成情感的建构；但是在真人电影中，观众则要求真人演员运用自己的"身体"将意义更清晰、细腻、丰富地表达出来，如果演员的"身体"，尤其是脸部的表情、目光未能进行情感的有效传播，

---

①　杨向荣：《陌生化》，《外国文学》2005 年第 1 期。
②　[美] 保罗·麦克唐纳：《好莱坞明星制》，王平译，北京：世界图书出版公司，2015 年，第 235 页。

观众则会较为苛责。

(三) CG 的视觉效果：在"风格"的限定中超越

动画版和真人版电影《花木兰》的叙事情节中，都存在对传统中国文学典型"木兰"故事的改编，其中在人物角色方面，都加入了虚构的人物形象。无论是在动画版还是真人版中，虚构的人物形象都是观众评论的一大聚焦点。根据俄罗斯著名民间文艺学家普罗普的"叙事功能说"①，在两部电影中，相对于主人公"花木兰"，虚构角色"木须龙"和"凤凰"在各自的影片中都分别扮演"帮助者"（helper）的角色功能，因此动画版《花木兰》中的"木须龙"和真人版《花木兰》中的"凤凰"可以作为一对具有可比性的分析对象。

两者同为中国传统的文化符号，但是动画版中"木须龙"是观众极度怀念的角色形象，而真人电影中使用 CG 技术（又称"特效"）制作出来的虚拟角色形象——"凤凰"却饱受观众批评。比如有观众对真人版电影《花木兰》的评价为"廉价的 CG""也不知道该说点啥，脑子里一直闪现的是'凤凰传奇'四个大字""毫无章法逻辑混乱，又完全没在文化细节上下功夫，中国人看错上加错，其间一万次吐槽你都有人变鸟和活凤凰了，还差那个木须龙吗？做了还能稍微讨点喜，现在这样何必呢""把木须龙换成凤凰，全是昏招""凤凰的必要是提示这是一部童话电影吗"。

从叙事情节的角度来讲，"木须龙"从动画开篇就被嵌入故事的发展过程当中，作为"帮助者"的"木须龙"与主人公"花木兰"存在多次的对话，推动情节发展。但是在真人版电影《花木兰》中，"凤凰"与主人公"花木兰"不存在情节上的"对话"，仅仅在花木兰"颓败""失落"的时候出现个别镜头，一方面其存在的意义是对主人公的鼓励，另一方面也是同时象征女性力量和中国文化的视觉符码。

真人电影中的虚构角色"凤凰"在故事建构方面没很好地嵌入叙事情节当中，而在视觉表征方面的失败就更进一步导致了观众的反感，观众认为"凤凰"角色形象的视觉呈现是"廉价的 CG"。采用数字化手段进行视觉生产的 CG 技术，在真人电影中被用来建构演员表演无法呈现的角色形象，从而突破传统真人电影中演员身体的限制，呈现演员表演无法讲述的故事情节。在分析 CG 技术渗入性更强的电影"真狮版"《狮子王》时，王岩松认为，"将真人实拍与动画两种技术手段相融合的目的和本质在于对实拍电影叙事维度的扩展"②。也就是说，在以"真实"为主导风格的电影中，虽然 CG 技术呈现的角色是虚拟的，但其最终目的是为观众的观看效果建构"真实感"，让观众身临其境，产生"拟真"的观影体验。而真人版《花木兰》中，利用 CG 技术呈现的虚构角色"凤凰"让观众直接的视觉感知是"廉价"，是不真实的，是"出戏"的。利用 CG 技术建构这个

---

① 申丹、王丽亚:《西方叙事学：经典与后经典》，北京：北京大学出版社，2010 年，第 44 页。
② 赵毅衡:《符号学：原理与推演》，南京：南京大学出版社，2011 年，第 77 页。

"凤凰"这一角色形象时，并没有能够"以假乱真"，让观众相信"凤凰"是故事中的一员，"凤凰"的存在也没有能够有效地服务真人演员表演和真实场景的呈现。

三、动画与真人电影："媒介"与"视觉符号"的适配

（一）像似程度：重新界定动画与真人电影的视觉符号风格

通过对动画版和真人版电影《花木兰》影像视觉符号的比较分析，我们可以发现，在文化意象的符号表征方面，相较于动画电影，观众会对真人电影的文化意象是否符合真实较为敏感；在情感的视觉化传达上，真人电影中演员"身体在场"，观众会对演员身体的细微表现，尤其是脸部表情在特写镜头下的视觉呈现，持有较高的期待，而观看动画电影时，观众则会通过灵活的"解码"方式完成意义接收，对图绘符号在情感传播及细节呈现能力较弱的缺憾进行自觉填补；并且，我们通过 CG 特效在真人电影中应用的分析，发现动画与真人电影分别为各自的视觉符码提供了风格层面的限定，真人电影追求观众观影体验的"真实感"或者"拟真感"，是一种"写实"的风格向度，而动画则致力于提供具有"假定性""绘画性"的风格限定，为观众建构"陌生感"的审美向度，动画与真人电影在视觉符号选择方面的区别性特征并没有因为 CG 技术的兴起而消失，相反从整体性的风格层面给视觉符号的采用提供了限定。

从符号学的角度来分析动画与真人的电影符号，可以采用"像似程度"的概念。中国符号学学者赵毅衡在归纳皮尔斯"像似符"时，也解释了"像似程度"——"像似符号与对象之间分享某些性质"，描述符号与对象之间分享像似性多少的问题，如果是分享全部性质，则为"全像似"，可以被看作"重复"。真人电影的拍摄对象主要是真人与实景，反映在电影影像文本上的视觉符号几乎是"全像似"的"复刻"与"再现"，提供像似程度较高、几乎全像似的视觉符号系统，在风格上要求"写实"，即使使用 CG 特效，其塑造的视觉符号也必须服务"写实"的风格向度；而动画拍摄的对象是"绘画"文本，是具有高度假定性、绘画性的视觉符号系统，设计者根据对现实概念的印象，加以主观投射，创作出与现实具有一定表真距离、"像似程度"较低的动画形象。

随着新兴技术在电影领域的应用，虚拟元素越来越多地出现在真人实拍电影中，类似《哈利·波特》（系列）这类数字技术深度运用的真人电影也越来越受到欢迎，但真人电影为其视觉符号的采用建构了风格层面的限定——"拟真"与"写实"，真人电影中这类技术的使用致力于模拟真实，创造真实世界中没有的"拟真"，让观众在虚构的"拟真"中如临其境。即使采用 CG 技术塑造虚拟的角色形象或故事场景元素，其用意也是为了延展演员身体饰演所不能及的形象范围，建构的叙事也是在"真实"的维度之内，在大多数情况下，如果违背这一原则，CG 技术的使用就是花拳绣腿。

(二)"媒介"环境中的电影视觉符号

动画与真人电影的区别从根本上而言,是"媒介"的区别,而媒介之间既是物质层面的区别,也是其承载的内容的区别。媒介环境学将"媒介"看作一种环境①,也有学者将"媒介环境学"的"环境"解释为"文本"所存在的"语境"②。从媒介环境学的角度来考察电影媒介,关注的不仅仅是动画媒介与真人媒介在物质或技术构成上有何区别,技术手段会随着时代的变迁而变迁,但是特定媒介作为"环境"的性质是不变的。对于特定媒介而言,尽管技术手段发生改变,但是"媒介"依然是"作为符号环境的媒介"。在传统的动画制作工艺中,"逐格拍摄"与"视觉残留"是主要技术原理,而在计算机时代,动画制作可以采用计算机三维软件中的内置摄影机进行"连续拍摄",动画制作技术发生变迁,不变的是动画媒介承载的"符号"——"绘画"出来的形象;同样,真人媒介的电影,无论运用多么炫目的 CG 技术或数字技术,其"符号"也是不变的——再现真实。

"媒介"与"符号""感知"之间适配关系问题也一直是媒介环境学派的一大论题,关注媒介技术、文化与人类传播之间的共生互动关系,引导人们从技术的角度关注文化。马歇尔·麦克卢汉在提出"媒介即人的延伸"时,也提出"每一种延伸即是一次'自发截肢'"的观点,认为"人们习惯于技术对我们的感觉所产生的偏向与倾斜,逐渐在潜意识中接受了它,并倾向于在日常生活中予以忽视"③。麦克卢汉认为特定的媒介会调动特定的感官,人们在接收媒介信息时,并非都是以同一套感官平衡进行感知。同为媒介环境学派学者的尼尔·波兹曼在重新审视马歇尔·麦克卢汉时,用"媒介意识形态"的观点来描述媒介所具有的偏向性,在《娱乐至死》中提出"媒介即隐喻""媒介即认识论"的观点,认为"媒介的形式偏好某些特殊的内容,从而能够控制文化"④。在尼尔·波兹曼的论述当中,"媒介""内容""认识"三者之间的关系已经被隐约表达出来,媒介的特性会影响"内容"的表述方式,影响接受者的"认识"方式。媒介环境学派第三代学者林文刚在其主编的《媒介环境学:思想沿革与多维视野》绪论中,将媒介环境学派上述的观点概括为"作为感知环境的媒介"和"作为符号环境的媒介",媒介是一种环境,既是符号环境,又是感知环境,媒介的物质结构暗示了特定符号系统的选择,也暗示了接收者的感知方式,接收者会调动不同的感官对不同媒介的符号进行感知⑤。

在电影当中,动画与真人媒介也给各自的视觉符号系统和观众感知方式提供了一套

---

① Casey M.K.L. "Introduction: The intellectual roots of media ecology", *The New Jersey Journal of Communication*, 2000, 8(1): 1-7.

② Gianpiero G. "Media ecology, Neil Postman's legacy, Church", *Communication and Culture*, 2019, 4(2): 238-244.

③ [美]马歇尔·麦克卢汉:《理解媒介》,何道宽译,北京:商务印书馆,2020 年,第 220 页。

④ [美]尼尔·波兹曼:《娱乐至死》,章艳、吴艳莛译,桂林:广西师范大学出版社,2009 年,第 10 页。

⑤ [美]林文刚:《媒介环境学:思想沿革与多维视野》,何道宽译,北京:北京大学出版社,2007 年,第 27—28 页。

独有的体系。在动画媒介提供的环境中，动画电影拥有假定性高而像似程度低的符号系统，其表意过程与真实保持一定距离，给观众留下充足想象空间，观众在观看动画电影的过程中，享受自我对于抽象动画符号的解码过程受"陌生化"的审美体验。而在真人电影这一媒介环境中，所限定的则是"真实"的风格，符号系统具有高度真实性和像似程度，几近"全像似"，观众观看真人电影时追求真实，能够在拟真、仿真中投入自我，如临其境，享受沉浸在真实感之中的审美过程。

反观迪士尼 2020 年真人版《花木兰》的符号文本，在视觉元素方面，无论是对中国文化表征符号的选用，还是对配色、服化道的"编码"，都不符合真人实拍电影媒介对于符号"拟真"的要求，引起观众对西方误读中国文化的愤怒；在演员的表演方面，演员身体的在场，本应使得情绪的表达更为细腻而丰富，符号的表意与真实更为接近，而演员刘亦菲表演的失误，让观众的观感大打折扣，没有达到他们心目中真人电影该有的样子；而真人电影《花木兰》中 CG 元素的使用，本应拓展真人电影的叙事局限，拓展演员身体无法完成的角色饰演，然而，不合格的 CG 制作让"凤凰"这一视觉符号无法达到"拟真"的效果，让观众感觉"出戏"。作为真人实拍电影的迪士尼 2020 年版《花木兰》，由于其所选择的电影视觉语言符号系统与其媒介的物质形态未能形成良好的适配关系，导致观众对"真人"电影的预期与其实际视觉效果产生了较大的差距。

四、结语

本文以迪士尼动画版与真人版电影《花木兰》进行比较分析，可以发现，两部电影的口碑悬殊、真人版《花木兰》在豆瓣 APP 只获得 5.0 分的一大原因，在于真人版《花木兰》的符号编码与媒介之间并未能够产生良好的共生关系，真人电影的媒介本体属性会引发观众对于"真实"或"拟真"的期待，但是其符号编码违背了观众的期待，使得观众的感知与期待产生偏差。

从该个案比较分析出发，我们也能够进行适当地走出该个案，对动画与真人电影进行"媒介"视角的认知，作为媒介的动画所限定的是具有高度"假定性""绘画性"的风格，拥有一套低像似程度的符号系统，观众在感知层面上遵循"陌生化"的审美期待；而作为媒介的真人电影所限定的则是"真实"的风格，其符号系统具有高度真实性和像似程度，观众的感知则本能地追求真实，期待在拟真中投入自我，如临其境。即使在真人电影运用 CG 技术，这些 CG 技术塑造的虚构视觉元素也必须遵循真人媒介所具有的符号系统，以"真实"为风格向度。

作为媒介的功夫身体：竞技武术传承的范式与体系初探

金　瑜　杨紫薇*

（暨南大学新闻与传播学院，广东广州，510630）

摘　要： 习武群体是一个体现中国人精气神的群体。只要习武，就"自动"进入了传统文化体系，很少遇到传承危机，因为习武是最实用的，身体精气神的变化就是最好的证明。对此，我们大大忽视了武术传承中的文化"奇迹"：那些抽象的基本功动作标准，几乎能在代际被原原本本地维系和"复制"，其背后是一个武学共同体、一套制度和一种文化体系。不仅如此，武术传承还有一个重要特征：所有的功夫都需要身体的常年练习，其传承都依靠一代代人的身体传承下去。我们将以习武群体为个案，以德布雷的媒介学和库恩的范式概念作为对话资源，初步考察竞技武术传承的范式与体系。

关键词： 竞技武术；功夫身体；文化传承；媒介；范式

一、媒介学与武术传承：动作何以被原原本本地复制而代代相传？

关于传承问题，德布雷将其通俗地表述为：指那些在运输传递过程中的东西会变成什么样，如何变化，通过哪儿变化，有什么改变[1]。当然，传承不是复制，而是需要改变或转化[2]。非物质文化遗产传承已成为当下的热门问题，越来越多的学者开始研究武术这一非物质文化遗产的传承和发展形式。多数研究聚焦民间武术个案，试图揭示社会变迁下武术文化的传承现状、困境与出路。具体包括青城派武术[3]、金斗洋畲族武术[4]、四川峨

---

* 作者简介：金瑜，广东广州人，暨南大学新闻与传播学院硕士生，国家一级运动员（武术套路），研究方向：武术与非物质文化遗产传承；杨紫薇，广东广州人，暨南大学新闻与传播学院硕士研究生。研究方向：德布雷媒介学、传承人类学。

① 雷吉斯·德布雷：《媒介学引论》，北京：中国传媒大学出版社，2014年，第32页。
② 雷吉斯·德布雷：《媒介学引论》，北京：中国传媒大学出版社，2014年，第13页。
③ 龚茂富：《青城派武术生存现状及传播方式研究》，博士学位论文，北京体育大学，2011年，第7—8页。
④ 郭学松，杨海晨，陈萍：《民间武术传承人村落治理中的礼治与法治研究》，《武汉体育学院学报》2019年第5期。

眉武术①、洋排苗寨武术②、黔东苗族传统武术③、雷家村梅花拳④等。部分研究开始关注新媒体时代的武术发展困境⑤，包括地域武术文化（例如江西⑥、山西⑦以及习武之风最盛的沧州⑧等）和少数民族传统武术⑨。此外，还有研究者关注武术中的文化资源资本化转换⑩，以及传统武术发展的污名化等问题⑪。总体而言，相关研究集中在探究武术文化传承的现状、困境与出路等问题，但很少关注传承链条中极为重要的条件——习武者身体。具体而言，武术直接以身体充当媒介进行代与代的传承⑫，所有的武术动作都需要身体的常年练习，所有的传承都依靠一代代人的身体进行。

德布雷的媒介学强调中介、中介行为和中间人的作用，认为没有任何东西可以自我传承，总是要通过中介才可以实现⑬。对武术传承来说，代与代的稳定传承，离不开作为传承主体的人，更复杂的是离不开习武者的身体这一最"直接"的媒介。换言之，若没有动作日复一日的操练、组合，就缺乏生机，没办法跨越时间而保留至今。而通过习武者身体这一活的媒介（一是教练的言传身教，二是习武者的身体力行），是更复杂的中介和中介行为。不仅如此，传承的背后是一个共同体、一套制度和一种文化体系⑭。我们会惊讶地发现，只要一个人认真习武，就"自动"进入了传统文化体系，因为与习武者的身体关联的，是一个相当完整的传承体系——器械与场馆、训练与比赛、招式与拳谱以

---

① 耿苏闽：《四川省峨眉武术文化的传承路径研究》，硕士学位论文，成都体育学院，2014年，第6页。

② 张忠杰：《行动者网络视角下苗族武术传承机制研究》，博士学位论文，上海体育学院，2023年，第10页。

③ 冯霞：《城镇化背景下黔东苗族传统武术文化变迁与发展研究》，硕士学位论文，广州体育学院，2019年，第8页。

④ 宋领兵：《武术传承人现实困境的"三重视域"解读》，硕士学位论文，南京师范大学，2018年，第12页。

⑤ 孔祥男，关博：《媒介环境与武术文化传播流变研究》，《武术研究》，2023年第6期。

⑥ 陈珊：《文化认同视域下江西省武术价值转变与传承研究》，硕士学位论文，华东交通大学，2022年，第2—3页。

⑦ 王杰：《山西武术非物质文化遗产数字化保护研究》，南京体育学院，2022年，第8页。

⑧ 郭琳婕：《冲突与认同：沧州武术文化的代际传播研究》，硕士学位论文，兰州大学，2019年，第2页。

⑨ 吴永存，张振东：《全球化场域下我国少数民族传统武术文化的传承与发展》，《北京体育大学学报》，2016年第1期。

⑩ 李义杰：《媒介与文化资本》，博士学位论文，浙江大学，2012年，第53页。

⑪ 杜俊儒，王明建：《"污名化"与"去污名化"：传统武术发展的困境及应对》，《北京体育大学学报》，2021年第7期。

⑫ 德布雷认为，如果说传播是即时的，那么传承就是历时的，研究代与代之间的相互作用。一方面，传承将这里和那里连接起来，形成网络（即社会）；另一方面，传承将以前的和现在的连接起来，形成文化的延续性。参见雷吉斯·德布雷：《媒介学引论》，北京：中国传媒大学出版社，2014年，第5页。

⑬ 德布雷认为，中介作用不仅仅处于中间位置，它对通过中间项的两者起作用。换言之，中间环节不仅仅起到连接的作用，而且对连接的物体两方都发生作用。参见雷吉斯·德布雷：《媒介学引论》，北京：中国传媒大学出版社，2014年，第125页。

⑭ 德布雷认为，传承就是组织，而组织就是划分等级。参见雷吉斯·德布雷：《媒介学引论》，北京：中国传媒大学出版社，2014年，第12页。

及组织机构等①。从宏观层面说，武术传承包括一套成熟稳固的体系（竞赛评奖、运动员评级、学生升学与就业等）作为保障②；从微观层面说，武术传承离不开以教练为核心的师徒间技术传授、师兄弟间的技术交流等环节。正是两者的相互配合，使得武术传承能顺应时代发展而不断完善——武术套路动作几乎可以被原原本本地复制、传承下来，这与其他群体有很大不同。可以说，习武群体是一个体现中国人精气神的群体，较之其他的非物质文化遗产传承，很少会发生传承危机。因此，我们大大忽视了武术传承中的"奇迹"。

我们将聚焦现代武术中的竞技武术（套路），考察其传承的形式与体系。一般认为，现代武术是传统武术继承和发展的产物，而传统武术是武术的原生态基因③。竞技武术属于现代武术，从传统武术分化而来，并传承发展至今④。本研究聚焦竞技武术习练群体⑤，围绕教练、专业运动员、特长生、兴趣爱好者等个案，提出以下问题：从经验层面看，武术动作为何能被原原本本地复制？从理论层面看，其代代相传的媒介学条件有哪些？遵循怎样的传承范式？本研究选用深度访谈法，共对25人进行深度访谈，其中3名为武术教练，5名为专业运动员，15名为特长生，2名为兴趣爱好者，其信息如下。需要指出的是，笔者之一便是自幼习武者⑥，对竞技武术具有切身体验。

---

① 练武必须要有场所，而相较传统武术，竞技武术的场所不仅限于武馆，水平较高的习武者如专业运动员一般配有设施齐全的武馆用以日常习练，甚至配备专属健身房、水疗等区域。但较为业余的习武者如特长生群体等，大多仅在学校的体育馆内划定一定区域用作训练，甚至在田径场、草地等进行短期训练，而非专门的武馆。因此，本文暂不探讨武馆在竞技武术传承过程中的作用，而是关注与之相关的习武团体以及竞赛体系等。

② 在武术团体中，除了教练跟运动员的人员组成，内部划分若按照竞技属性可分为专业运动员跟业余运动员，业余运动员包括特长生和兴趣爱好者。若按照全国明确的运动员等级划分，由低到高可分为国家二级运动员、国家一级运动员、国家级健将以及国际级健将，这些等级划分取决于各大级别赛事所得名次。

③ 曾于久、肖红征认为，武术的内容除了武术运动外，还存在一些影响和价值功能并不亚于武术运动本身的武术现象。此种观点将武术分为以下三类：传统武术、现代武术、虚拟武术。参见曾于久，肖红征：《对武术概念及层次分类的研究》，《体育科学》2008年第10期。

④ 武术界常将武术概括为传统武术和竞技武术，但因缺乏科学依据而无法界定。定性来看，现今武术的主体性质是体育，但历史上的武术长期以来却作为一种技击术发展。杨建营提出按价值功能的主导因素可分为攻防技击武术、艺术展现武术、健身养生武术3大类。参见杨建营：《从20世纪武术的演进历程探讨其发展趋向》，《体育科学》2005年第7期。其中竞技武术属于艺术展现武术这一类，是新中国成立后由传统武术发展而来，以套路、搏斗为两大独立活动形式，以教练员为指导，运动员为活动主体，以争取比赛优胜为最高目标，其主要功能不是技击，主要围绕难美性艺术表现效果进行编排，参见赵国庆：《传统武术真意的思考与寻绎——兼论武术的新分类》，《体育文化导刊》2003年第9期。

⑤ 竞技武术适应社会需求而不断发展，更为大众化、体制化，既能满足运动员追求表现极限的需要，又能满足观赏者高层次的审美需要，已成为武术发展的一大方向，这一类习武群体日益成为现今武术传承的主要力量。

⑥ 作者金瑜目前是国家一级运动员（武术套路），8岁习武至今已有16年，专项是竞技武术套路的长拳，2018年广东省第十五届运动会学校体育组武术比赛获两银一铜，两个第五名；2019年广东省第十届大学生运动会武术套路比赛获一金一银，2022年广东省第十一届大学生运动会武术套路比赛获一金两银。

表 1　受访者信息

受访者	性别	年龄（岁）	身份
A1	女	41	武术教练（曾是特长生）
A2	男	26	武术教练（曾是专业运动员）
A3	男	33	武术教练（曾是专业运动员）
B1	女	18	专业运动员
B2	女	19	专业运动员
B3	男	19	专业运动员
B4	男	28	专业运动员
B5	男	32	专业运动员
C1	男	19	特长生
C2	男	19	特长生
C3	男	20	特长生
C4	男	20	特长生
C5	男	20	特长生
C6	女	21	特长生
C7	女	21	特长生
C8	女	22	特长生
C9	男	23	特长生
C10	男	23	特长生
C11	男	23	特长生
C12	女	23	特长生
C13	男	24	特长生
C14	女	25	特长生
C15	女	25	特长生
D1	女	23	兴趣爱好者
D2	男	23	兴趣爱好者

二、竞技武术共同体的传承范式：从基本功标准的维系到身体训练实践

如上所述，武术传承可以转换为如下问题：为什么习武群体间代代相传近乎一样的动作标准？这听起来不可思议，因为动作标准是抽象的，由竞赛规则的文本限制，却能通过教练和运动员的身体实践共同维系这个标准，这是怎么做到的？ ①

---

① "抽象的动作标准如何被成功复制"具体可以细化为如下问题：武术基本功的标准是如何确定的？文字与动作如何配合？整个武共同体对这个标准的认同是如何实现和维系的？教练与运动员各种各样，为何最终会形成整个群体／共同体对基本功标准的广泛认同？或者说会形成对标准的统一认识？大家是如何平衡标准动作与标准之外的变化？等等。

武术的动作标准如何在代际被成功复制的问题，也可以借助库恩的"范式"概念来理解。按照库恩的界定之一，范式是一个成熟的科学共同体在某段时间内所认可的研究方法、问题领域和解题标准的源头活水①，是一种在新的或更严格条件下有待澄清和明确的对象②。武术的标准具有库恩意义上的范式特征。就微观来说，竞技武术由一连串不同类别的动作组成，系列动作的展示离不开运动员身体各个部分的配合。套路的最小组成单位就是一个个基础动作，而基础动作正是要通过基本功日复一日的训练巩固达到标准。就宏观而言，武术基本功动作标准的确定，离不开竞赛规则的制定，因为竞技武术是由运动员、教练以及一连贯赛事组成的体系，背后是一套稳固公认且不断更新发展的竞赛规则在支撑③。

更具体地说，竞技武术不是娱乐活动或对某一技能的学习，而是一种身心修炼的综合体验。竞技武术分长拳、太极拳、南拳三大类，各有特色。入门竞技武术，无论哪一类套路，都得从基本功学起。基本功大体可分为腿法、步法、手型、身型等，相当于竞技武术共同体的范式，是习武的基本与关键所在。进一步说，武术的基本功标准实际来源于武术的十二型，即动、静、起、落、立、站、转、折、轻、重、缓、快十二种态势④。优秀的身体素质能更好表达武术技法的形态，能将柔韧、力量、速度、耐力等基础体能更好转换为武术的专项素质，其中基本功的训练是必不可少的关键一环。只有打下扎实的基本功基础，才能进一步精进技术。尽管是习练多年的运动员，基本功若没练好仍需"回炉重造"，慢速、分解动作步骤，进行退阶练习找回标准。

竞技武术的评分标准⑤一般分为四项：动作质量、难度、编排以及演练水平⑥。值得留意的是，竞赛规则通过将每个类别动作的错误内容指出，反向规范了运动员动作的正确性，教练和运动员得以在练习过程中明确动作规范，从而实现得分。除了外在的竞技打分规则，对武术技法的基本认知让教练与运动员整个群体形成对标准的统一认识，也是实现武术基本功标准长期稳定传承的根本条件。规则在技术发展之后制定，规则制定之前的技法认知大多来自拳谱或教练的口口相传。而整个武术共同体对这个标准的认同

---

① [美]托马斯·库恩：《科学革命的结构（第四版）》，北京：北京大学出版社，2012年，第88页。
② [美]托马斯·库恩：《科学革命的结构（第四版）》，北京：北京大学出版社，2012年，第19页。
③ 尽管国际武术套路竞赛规则规定统一评分标准，明确动作规范。竞赛规则对练习者平时的训练具有极大导向性，规则就是标准，要想得分必须按标准去练。对运动员正确理解动作起到很大帮助，不过理解和能完成是两码事，必须依赖教学，不是光对着规则就能练出水平。
④ 观点来自广东队在役资深运动员李剑鸣。
⑤ 最新武术套路竞赛规则与裁判法由国际武术联合会2019年审定（下简称为"竞赛规则"），其中对竞赛流程、评分方法与标准、武术自选套路内容、竞赛的器械服装音乐场地、竞赛礼仪、裁判员职责等均做出清晰规定。
⑥ 动作质量也称为动作规格，指动作的标准程度；难度分为动作难度、连接难度以及创新难度，完成动作要求则可得分；编排主要指实际展示套路的难度动作要跟上报顺序一致，不一致则扣分；演练水平按劲力、协调、节奏、编排、风格、配乐的评分标准分为3档9级。参见国际武术联合会：《武术套路竞赛规则与裁判法（节选）2019》，2019年3月22日，www.iwuf.org，2023年10月20日。

仍是依靠共同的规则来实现和维系的。练好竞技武术离不开扎实的基本功，而基本功离不开身体的各部分协调合作，从初学时的动作模仿、入门后的重复练习、进阶时的综合提升。身体作为直接的媒介，发挥着关键且不可忽视的作用。习练者通过不断调整身体姿态达到动作的标准化，教练与运动员之间通过这种外在的标准化形式达成"动作规范"的共识，在代际传承中不断得到巩固和创新发展。

三、从范式的反常到动作的异类：如何维持原原本本的动作复制？

接下来的问题是：武术传承中会不会有"反常"甚至"范式革命"[①]？如果说库恩的范式指向科学共同体，那么本文中的范式指向"武学共同体"。在武术的动作变化中，动作先于规则出现，在规则制定后动作标准得以确定。运动员了解竞赛规则，对竞赛成绩大有益处。竞赛规则最大优点是容易评判打分，但这仅限低水平比赛，高水平比赛中作用不大。固定的规则会导致套路动作逐渐趋同，大家都会有意识避开容易扣分的动作，最终套路相似度很高，评判意义不大。确切地说，规则是竞技武术的下限，上限是运动员来创造的[②]。

竞技武术很多专有名词，于初学者较难理解，若仅靠说教，个体感知与动作规范可能产生偏差。习练初始阶段，运动员模仿为主，纠正动作时教练示范或是直接上手，重复练习使之达到较为标准的动作。这种手把手教学，相当于身体形态上的传道授业解惑，带给运动员视觉上更直观的感受，可以让运动员更快知道每个动作位置定点在哪，手臂运动轨迹应该如何，更好帮助运动员掌握要领，比单纯口头讲述效率更高。

当教练面对悟性较低或身体素质较为一般的运动员时，统一的教学方式未必见效，则要采取对症下药的方式。示范主要指在实战演练中介绍动作原本的攻防含义，在初学阶段发挥很大作用，能让运动员形成动作概念，再从理论到实践进行后续练习。而运动员掌握基本功后，训练中如果动作找不到感觉，可将平时常做的相似动作与这一动作进行类比，在不断重复练习中感受"力顺达"，即达到劲力顺达，力点准确，动作协调的程度，这是从量化到质化的过程，也是实现技术迁移的过程。日复一日的训练并不是简单的动作复制，重复训练除了加强习武者对动作的熟悉程度，也有助于他们结合自身实际情况去理解并处理每一个技法动作，更好控制肢体以及精气神的表达，打出属于自己风

---

① 伊安·哈金在《科学革命的结构》导读中指出："范式规定了其共同体研究的谜题和问题。一切运转良好，直到为范式规定的方法不再能应付一系列的反常现象；由此危机爆发并不断持续，直到一项新的科学成就诞生，重新指导研究，并被奉为新一代的范式。这种现象就是'范式转换'。"参见 [美] 托马斯·库恩：《科学革命的结构（第四版）》，北京：北京大学出版社，2012 年，导读第 16 页。

② 专业运动员的演练规范，基本都在动作标准线之上，对他们来说，规格只是技法表达的要素之一，规格以上，还有劲力、攻防、节奏、神态。随着比赛发展，规则也有所改善，最后有些规则提前出现，如 2019 年出现针对创新难度的评判规则。这些创新难度的评分标准反过来也促进了运动员更好结合基本功，对运动员而言，优势是更能突出自身技术，完成创新难度可获得更好的名次。但也存在劣势，若一味追求高难度，忽略武术套路本身的动作内涵，最终可能脱离该项目的本质。

格和节奏的套路，在不变中求变，从而增强自身竞争力。

之前练虎鹤双形拳，要模仿虎鹤的神态，当时我做的很僵硬，教练就让我一边做鸟飞的动作一边跑步，围着操场跑了十圈，才练得稍微有点鸟的感觉。还有一次学南棍，有一个上步戳棍扫腿的动作，跟扫地拖地的动作很像，教练让我拿着拖把把整个体育馆都拖了一遍，才把那个动作做好。一开始拖地的时候觉得很搞笑，拖了一个篮球场，感觉做起来没有那么一卡一卡的，慢慢可以使上劲，动作比较协调了，自己的身腰也能相互配合，在教练说了后才知道终于做对动作。（C9,23 岁）

竞技武术与其他类似竞技项目，都有统一的竞赛规则以及评分标准，在练习过程中教练和运动员都能明确动作的标准模板，按照标准化的统一动作要点反复习练、巩固肌肉记忆，最终呈现出来较为同质化的竞赛形式。但武术跟其他评分项目的不同在于它的精气神，武术运动员的动作表达不能脱离武术的攻防理念，若单纯展示技巧、一味追求美感，则跟体操、舞蹈无异，也就称不上是武术了。武术有独属于它的形、意、劲的表达，而且不仅限于一种，但都属于武术范畴内。

四、武学共同体的特殊之处：兼具制度和情感因素

费孝通曾说，稳定（乡土）社会关系的力量不是感情，而是了解[1]。但对武学共同体来说，既有了解又有感情。值得留意的是，以"师徒传承"为主体的宗族和血缘关系传承是传统武术文化传承的主体形式[2]，但由于社会变迁，传统武术中模拟血缘关系建构起来的"一对一"的师徒传承，随着竞技武术的不断发展，一定程度上被"一对多"的师生传承所取代。师徒传承中，由于传统武术很多技巧往往只可意会不可言传，没有固定和统一的量化标准，具有不确定性，只能通过长期揣摩和深度体认。而竞技武术遵循竞赛规则可被量化的统一标准，同一队伍内部交流较为充分，如日常技术切磋、情感支持等，在专项方面的看法也较一致，因为同一共同体成员很大程度上吸收同一教练的技术传授以及全国范围内的竞赛规则认定。而从全国到地方，则会形成以教练为核心、具有强大的凝聚力、各有鲜明风格和特色的武学共同体[3]。

武术传承过程中，离不开适应竞赛、升学等外在体系而存在的规则，更重要的是离

---

[1]　费孝通说，所谓了解，是指接受着同一的意义体系。同样的刺激会引起同样的反应。熟习引起的亲密感觉和激动性的感情不相同，它是契洽，发生持续作用；它是无言的，不像感情奔放时铿然有声。参见费孝通：《乡土中国》，北京：北京出版社，2005 年，第 61 页。

[2]　李凤成：《从师徒关系到约定契约：武术文化传承机制演变的价值审视》，《体育与科学》2017 年第 3 期。

[3]　彭伟文认为以黄飞鸿为首的武林同门构成了拟血缘关系的互助网络。参见彭伟文：《关于广东醒狮传承的社会史考察》，北京：社会科学文献出版社，2021 年，第 174 页。

不开传承主体间的相互作用。在习武中，教练作为传授技术的主体，最大作用就是领进门，让运动员了解到这个项目的属性、特点，以及传授技术，最终完成竞赛目标。陈老师六岁半开始习武，在启蒙教练的严格训练下，习得一身扎实的武术技术，也因启蒙教练的影响更加坚定当教练的目标。在她2001—2005年读大学期间，广州市极少学校招收武术特长生，武术项目渐渐没人练。而她成为高中老师后，便着眼于把竞技武术这个项目抓起来，先从自己所在学校试点，带出的前几届学生不仅文化成绩优异，竞技水平也不错，她所带队伍渐渐在广州市武术圈中崭露头角，不少中学逐渐效仿，开设一些武术特色课程、招收武术特长生等，现在广州市的习武运动员总人数已经比她刚参加工作时多了很多。

武学共同体除具有明显制度性特征，更为突出的是其情感链接属性。陈老师与她启蒙教练近似亲人般的关系，一直维持至今，除了武术外，启蒙教练也会围绕陈老师的升学选择、就业规划等给出建议，对陈老师影响很大。武术这一项目不仅是她的事业，也贯穿了她人生的绝大部分。在她成为一名武术教练后，身体力行，在专业方面，将"教学相长"落到实处，在生活方面，若队员遇到问题时则以年长者的身份给予经验参考[1]。

那次比赛在珠海，我自己练了二十几年武术都没有哭过，但是我那天从珠海哭着回广州。这个学生除了学习之外，他还练了好多东西，没有一样东西让他如愿，他感觉自己好像一个笑话。后面我及时调整，做了比较充足的准备工作，他在全国赛拿了第六名，成为一级运动员，顺利考上重点本科，这个非常深刻也非常影响我。（A1，41岁）

除了师生之间的传承，师兄弟之间的传承也值得关注，师兄师姐对师弟师妹的教导和传承一直是武术队的传统之一。卢教练出身专业运动员，专业运动队的竞争残酷，优胜劣汰，只有第一名会被重点关注，而卢教练在队时技术较为一般，渴望得到帮助，但常被冷落。在他弟弟成为运动员后，卢教练自发带练，尽管有时苦恼弟弟经常出错，但好在弟弟比较愿意听取建议，兄弟间交流很多，相互激励中共同提高。由于训练队人数较多，教练通常不能即时注意每一位运动员。若某位运动员训练时的动作出现较大偏差，相比教练，在场的其他运动员会快速比对自己脑海里的动作模板，识别、指出动作有误，并自发示范让该名运动员有所意识，在相互照看中完成动作纠正[2]。

---

① 习武者的代际关系有点像费孝通说的乡土社会中的代际关系：年长的人可以了解年轻的人，他们甚至可以预知年轻的人将要碰着的问题。年轻的人在把年长的人当作他们生活的参考蓝图时，所谓"不了解"也不是分化的鸿沟。参见《乡土中国》一书（北京出版社2005年版）第63页

② 同一运动队的队友没有明显年龄、男女之别，在常年训练的相处中积累起颇为深厚的情谊，训练时一改平日嬉笑打闹，以动作标准严格要求彼此，不用教练提醒也会自发互相监督、共同提高技术；生活中相处融洽，志趣相同，训练以外也会第一时间互相帮助，以大带小成为队里代与代之间的共识并一直延续。

五、结语

传统武术的习练过程是建立在师徒传承基础之上的文化体认过程，因此没有固定的标准和技术统一化测量体系[①]。复杂的武学共同体，兼具制度性和情感性特征，共享同一传承范式，竞技武术标准统一、易于操作，规范化模式为大众化普及推广提供有效途径，但标准化的竞技模式在一定程度上也导致严重同质化，极大限制运动员个性化和创新性发展，也忽视了传统武术中内涵丰富的武德、攻防意识等价值认同[②]。

习武中，动作是"死"的，但人是活的，每个人都有自己的特点和风格，但拳理是不变的，最好的方式就是经常切磋拳技和交流。每个流派有自己的特点，如创编动作组合、优化动作技巧，在同一队伍中逐渐形成稳定模式，定型后经由一代又一代的运动员传播和传承下去。其中水平最高或最有悟性的运动员可能成为教练重点培养的对象，进而成为接班人；若对武术文化产生浓厚兴趣并一心钻研其中，则可能成为这一领域代表性的理论家兼活动家，在自身扎实武学技术的基础上，交流武术动作时将传统武术中的武德和武礼文化加以融合并表达出来，今后更应重点研究这两类典型习武个案。

（本文的写作与修改，在姚锦云老师的帮助和指导下获益良多，还要感谢百忙之中腾出时间接受本文访谈的朋友，尤其是陈宝璇、卢巍东教练，李剑鸣、李朗誉、杨曜宇等师兄，提供了专业见解，笔者在此一并向师友表示感谢！）

---

① 李凤成：《从师徒关系到约定契约：武术文化传承机制演变的价值审视》，《体育与科学》2017年第3期。
② 王智慧认为，实现师徒传承与师生传承的跨越和重组将是武术文化传承的关键。王智慧：《传统惯性与时代整合：武术传承人的生存态势与文化传承》，《上海体育学院学报》2015年第5期。

潮汕侨批与中国人"下南洋"：
重审传播的传递观和仪式观

姚炜楠 *

（暨南大学新闻与传播学院，广东广州，510620）

摘　要： 本文以本土化传播学为初衷，以梅州嘉应叶家侨批为材料，以凯瑞的传播观作为对话资源。首先，从侨批的发展和凯瑞传播观出发，阐释将"传递观"与"仪式观"截然二分的不妥之处，进而得到"传递观"与"仪式观"具有同一性与发展性的结论。再有，本文以传播主体作为出发点，以"传递观"和"仪式观"合一作为线索，对侨批中的欠钱、分钱、许诺、告状等行为进行分析，进一步佐证"传递观"和"仪式观"二者合一的观点。最后，本文再次结合凯瑞的传播观，阐明了以人为研究起点的重要性。

关键词： 侨批；凯瑞；传播；传递观；仪式观

一、前言

有学者指出，中国传播学本土化的两条路径，一条是"回到过去"、另一条是"拿来主义"①。在笔者看来，实现传播学的本土化是传播研究的必由之路——构建属于自己的华夏传播大厦，而不是仅亦步亦趋地跟随西方传播理论的脚步，这才是中国传播学发展的根本动力所在。而发展的关键，正是挖掘中国的"传播"概念，由此出发与西方的传播概念对话。

本文以侨批作为研究的出发点，尝试与凯瑞的传播观念——传递观与仪式观进行对话。侨批是极为特殊的一类媒介，具有"信汇合一"的特点，在历史上发挥了跨国交流的功能②。不仅如此，从微观的角度来看，侨批还反映了一个时代里的众多普通个体的生

＊　作者简介：姚炜楠，广东揭阳人，暨南大学新闻与传播学院本科生。

①　邱新有：《中国传播学的发展困境与路径选择——兼谈问题方法论》，《新闻记者》2014 年第 12 期。

②　饶宗颐先生曾经对其大加赞叹，称其为研究社会史的宝贵历史资料，是"继徽州契约文书之后在历史文化上的又一重大发现"。参见邓锐：《梅州侨批》，北京：中国华侨出版社，2013 年，第 205 页。

活状态①。在过去的几十年间，侨批已经得到诸多学者从不同角度出发的研究。例如，便有许多学者注重侨批的经济史价值，研究侨批中"汇"的一面；也有学者注重其"信"的一面，并由此从侨批的文本出发，揭示侨民的生活状况及其精神世界。然而，与上述研究不同，本文不是单纯的侨批研究，而是将侨批作为一个中介，尝试挖掘侨批中"传播"概念。本文所选取的侨批，是晚清年间（1881—1911 年）先后前往今马来西亚、印度尼西亚等地务工的叶和仁、叶清仁、叶礼仁三兄弟与居住在广东嘉应州的母亲钟氏以及其他亲戚、同乡的 95 封书信。

二、从侨批的发展看传递观与仪式观

在正式进入对嘉应叶家的侨批的研究前，笔者打算通过对侨批中家书的发展做一个尝试性的勾勒，以阐释交流观念是如何发生变迁的。

侨批最具特色的地方，在于信汇合一，也就是把家书和银款同时寄往家中。最初，"信汇合一"在侨批中表现为只言片语的款项分配事宜，在这里我们可以参考前汕头有信银庄司理助理芮诒塽的说法。他回忆道，每当有水客回乡，他们便会"在其侨居地，向乡亲揽收现款，就地采办洋杂等番货，回唐山后兑卖得款，按件发还相关属"。交易需要有票据，所以，"为了便于办理起见，在各乡亲委托交银款时，用片纸，写明所交家属姓名、地址及银数若干，或加上简单附言，并预留有空白纸尾，给收款人批发，作为回执，以资征信。时人称寄款为寄批，回执就称为回批"②。由此我们可以知道，在最初"信汇合一"的侨批里，并没有包含太多的内容，人们更多是通过侨批交流一些账目上的来往。不知过了多久，侨批开始换上另一副模样。《亲爱的中国》称其"内容简单，诸多套语，除了刻板问候和一两句关于如何分配汇款的交代，无甚交流"③。这告诉我们，侨批已经告别了之前那种票据的模样，开始取得了家书的身份④。

从以上分析中，我们发现了凯瑞的"传递观"的身影，即人们用侨批来传递信息；以及"仪式观"的影子，即侨批具有形式化和仪式性的一面。值得注意的是，我们发现"传递观"与"仪式观"在侨批中是无法断然二分的。不仅如此，两者之间还存在一种发展的关系——也就是"传递观"能够随着时间的推移而自然演变成为"仪式观"，同时，

---

① 侨批的字里行间便尽是民生的故事，是灵动的生命所谱写过的美丽诗章。因为"理论是灰色的"，所以我们应当以鲜活的案例，往我们的概念与理论之中注入生命力。

② 邓锐：《梅州侨批》，北京：中国华侨出版社，2013 年，第 209 页。

③ 班国瑞（Gregor Benton）、刘宏：《亲爱的中国——移民书信与侨汇》，贾俊英译，上海：东方出版中心，2022 年，第 13 页。

④ 但是，家书不可能既内容匮乏又流于形式，这样子它便称不上是家书。此外，我们也找不到侨批由票据化身为这种僵死之物的理由所在，因为这是违反常理的。因此，我们可以合理地假设，在缺乏内容与流于形式之间，存在一个侨批内容的过渡期，在那时，侨批上承载的内容相当丰富，灵动有致，但随着侨批本身的诸多限制——比如载体有限，即可写的空间有限，以及侨民不识字需要找人代笔等，这些现实因素促使了侨批向形式化发展，导致其中生动的内容被悬置，最终滑向了所谓内容匮乏、流于形式的结局。

"传递观"并没有被抛弃，而是"仪式观"将"传递观"包含在了自身之内。在笔者看来，出现这种发展，是因为"传递观"中本身就蕴含着"仪式观"，所以才会出现两者并存，且难舍难分的局面。而这是凯瑞所没有预料到的。虽然凯瑞也反对将二者截然分开的做法，例如他认为"仪式观"中也存在信息的传递，但仍然用"对立"来称呼这两种传播观①。而且，他并没有将两者之间的联系阐释清楚，更没有回避自己对于"仪式观"的偏爱。

在笔者看来，"传递观"与"仪式观"并不存在对立之说，相反，从侨批的变迁中我们可以看到，这二者是同一的，相辅相成的。对于这一点，我们也可以就凯瑞提出"传递观"与"仪式观"的缘由，以及这一提法的结果来加以论证：学者胡翼青指出，凯瑞将美国传播学溯源到杜威，一来是为了实现欧洲的文化研究学术在美国的着陆，这是他构建李普曼与杜威之争的原因所在，他志在借此以减少来自美国学界传统势力的阻力②；二来是为了恢复杜威的（也是他自己的）政治理想，即通过传播建立一个参与式民主的社会。然而，"从凯瑞等学者的理论实践来看，美国文化研究与英国文化研究所不同的是，它不是一种基于西方马克思主义立场之上的文化批判，而是一种美国传统实用主义立场的复活。它在反对结构功能主义控制思想的同时，又激活了芝加哥学派的社会控制观"，因此，"仪式观"便也有了"传递观"的控制色彩③。从词源学的角度来看，学者指出，英文单词 communication 具有双重意涵：单向的过程与相互分享的双向过程。学者威廉姆斯在对"传播"一词进行意涵的诠释时，也指出其中不仅有"传递"的目的，而且还有"共享"的意图④。这也从侧面说明"传递观"与"仪式观"是无法被断然分开的。

综合以上，我们便可以明白，凯瑞基于空间和时间的两大隐喻所构建的"传递观"与"仪式观"之间的同一性，在此基础上，我们便可以开始进入同时跨越了空间与时间的特殊媒介——侨批的分析。

三、从侨批的形式看传递观与仪式观

晚清年间，侨民的家乡与他们谋生的南洋之间的交通并不发达。叶清仁乙未年（1895年）的首次过番，于五月二十四从家动身，六月初一在"汕头广南昌行"稍加逗留，抵

① 詹姆斯·凯瑞：《作为文化的传播（修订版）》，丁未译，北京：中国人民大学出版社，2019年，第21页。
② 胡翼青、吴越：《凯瑞的"仪式观"：美国文化研究本土化的困局》，《新闻与传播研究》2014年第6期。
③ 参见胡翼青、吴欣慰：《再论传播的"仪式观"：一种社会控制的视角》，《河南社会科学》2015第5期。可以说，无论凯瑞是否愿意承认，也无论他是否对此有所意识，事实都是：这两种在他看来截然不同的传播隐喻是殊途同归的，是同一的。
④ 张建中：《詹姆斯·凯瑞与美国传播学研究》，《国际新闻界》2007年第4期。

达槟城的时候是六月十一，和兄长和仁的亚齐相会，日子已经走到七月初一①。这一趟，便是三十多天。回家的行程，亦不方便。1891 年，和仁回唐，"初四动身，初八抵汕，初十抵港"②，无怪乎叶和仁曾经在侨批中抱怨道，"无奈天涯远隔，音信难通，未悉母亲大人在家安否？"③ 两地来回已是如此不便，南洋的生意又常常需要亲自打理，脱身无门，侨民们往往将回家的日程一再向后推迟。因此，许多侨民可能十年还回不到两三趟家。在这种情况下，一个被拆成两半的家庭便需要依靠侨批来维系感情。然而，千里的阻隔并没有燃起侨民们克服空间阻隔的强烈欲望，使侨批中的情感变得外显，相反，侨批中的表达往往依附在规范的形式之上，显得井然有序。

在叶家绝大多数由在外谋生的儿子寄回给母亲的侨批中，三兄弟们常以大同小异的问候语开头，如叶和仁在写道："诸事领悉"④"谅卜合家老幼清吉"⑤"不肖自愧身飘（漂）海外"⑥；稍晚些到南洋的叶清仁也是这番文风："诸情奉悉"⑦；就连最为年少的叶礼仁，他的开头也是这般形式化。在兄弟合写的侨批中，情况也是如此。笔者将出现频率较高的形式化问候语做了统计，收录如下：

形式化成分	频率	典例
"诸事领悉"类	0.34（32/94）	"诸事一切足悉"⑧
"谅卜合家老幼清吉"类	0.23（22/94）	"谅卜合家平安否？"⑨
"谅卜慈母大人贵体平安否"类	0.13（12/94）	"谅卜慈母大人贵体平安否？"⑩
"男身体康健，家中不必挂虑"类	0.33（31/94）	"现今男在外身体平安，无劳远念"⑪

按照凯瑞的论述，这种行为便是典型的"仪式观"而非"传递观"，因为僵化的交流年复一年，其中所能蕴含的信息已经风化殆尽，而"传播的仪式观并非直指信息在空中的扩散，而是指时间上对社会的维系；不是指传达信息的行为，而是共享信仰的表征"⑫。但从实际的统计频率来看，我们便会对凯瑞报以质疑：仪式化的表达并没有侵占到每一

① 潮汕历史文化研究中心、侨批文物馆：《馆藏晚清侨批选读》，广州：暨南大学出版社，第 2017 年，第 37 页。

② 潮汕历史文化研究中心、侨批文物馆：《馆藏晚清侨批选读》，广州：暨南大学出版社，第 2017 年，第 15 页。

③ 潮汕历史文化研究中心、侨批文物馆：《馆藏晚清侨批选读》，广州：暨南大学出版社，第 2017 年，第 15 页。

④ 潮汕历史文化研究中心、侨批文物馆：《馆藏晚清侨批选读》，广州：暨南大学出版社，第 2017 年，第 34 页。

⑤ 潮汕历史文化研究中心、侨批文物馆：《馆藏晚清侨批选读》，第 21 页。

⑥ 潮汕历史文化研究中心、侨批文物馆：《馆藏晚清侨批选读》，第 27 页。

⑦ 潮汕历史文化研究中心、侨批文物馆：《馆藏晚清侨批选读》，第 67 页。

⑧ 潮汕历史文化研究中心、侨批文物馆：《馆藏晚清侨批选读》，第 18 页。

⑨ 潮汕历史文化研究中心、侨批文物馆：《馆藏晚清侨批选读》，第 216 页。

⑩ 潮汕历史文化研究中心、侨批文物馆：《馆藏晚清侨批选读》，第 72 页。

⑪ 潮汕历史文化研究中心、侨批文物馆：《馆藏晚清侨批选读》第 43 页。

⑫ 詹姆斯·凯瑞：《作为文化的传播（修订版）》，丁未译，北京：中国人民大学出版社，2019 年，第 18 页。

次交流中去。事实上，除了信尾的问候相对固定以外，侨批的文本仍然具有一定的活动空间。其中以礼仁的侨批最为典型，这位最晚过番的梅州汉子，在侨批中每每流露出自己澎湃激昂的亲亲之情，或是表达自己在异乡谋生的苦楚，或是表达自己对于母亲细致的关怀。在第九十五封侨批中，他还特意写信叮嘱母亲该如何吃鹿茸：

> 此茸买价甚高，该银十余元之约（药），不可轻视，后伩（信）吾自晓写明。若系此茸寄至之日，该茸尾研为细末，冲老酒食之。如茸头，炖鸡仔食之便佳可也。①

考虑到以上种种与凯瑞观点相左的事实，我们必须寻求新的解释。事实上，如果我们认可以下观点："仪式观"具有时间上的维系功能，则以上提及的侨批都具有仪式的一面。对此我们没有异议。但是，侨批在具有仪式化特征的同时，还蕴含着情感丰富的家长里短，叶家也由此得以维系。由此我们知道，根本不可能将侨批的仪式成分与传递成分截然分开，这不仅是因为就此二分的侨批无力维系一个跨国的家庭，还因为侨批在寄托着情感的同时，还是人们生计的保障。倘若采取断然二分的方法，那就是认为侨民只凭借仪式化的话语就能实现家族的维系，而这是在罔顾侨批是家族经济支柱的经验事实。空间上的巨大隔阂迫使侨民必须通过侨批寄托思念，经济上的紧张也迫使他们必须通过侨批分担忧愁。这是人之常情，也是将侨批视为仅停留在仪式层面的交流所不能够解释的。一句话，侨批之"传递观"与"仪式观"合一，是有现实基础的。

而侨批之所以能够实现"传递"与"仪式"的合一，在笔者看来，是由于侨批这一媒介所传达的更多是一种精神信息：形式化的礼节本来就是内容。我们可以借用阎云翔对于礼物的分析来加以说明："不是礼物的精神而是人的精神将馈赠双方联系在一起，不是物品而是通过物品传达出来的人情是不可让渡的。"②他强调"礼物"仪式层面的同时，也强调礼物的"物质"层面，这与侨批的"信汇合一"便有异曲同工之妙。由礼物达成的联系统称为人情，它包含了礼物所传达的精神信息——关心、眷恋、道德关怀等。当情感的媒介由礼物变成侨批、交流的双方具有血脉和地缘联系、彼此又相距甚远，在这般现实面前，形式化表达便使得侨批既完成了信息的传递，实现了对于空间的跨越，也实现了礼节的需要，实现了时间上的维系。有鉴于此，我们对侨批将"传递"和"仪式"合二为一又有什么应该惊奇的呢？

---

① 潮汕历史文化研究中心、侨批文物馆：《馆藏晚清侨批选读》，广州：暨南大学出版社，第2017年，第254、255页。

② 阎云翔：《礼物的流动——一个中国村庄的互惠原则与社会网络》，上海：上海人民出版社，2000年，第209页。

四、从侨批的内容看传递观与仪式观

上文从整体概览了侨批的形式，并借此与凯瑞的两种交流观做了深入交流。但这种交流同样也只是形式上的，因为就传播所构建的社会现实而言，最重要的还是传播的内容，是它们丰富了现实。为此，本小节将从侨批丰富的内容出发，与凯瑞对于传播的设想做进一步的批判性交流。

在这里，我们将再次回到凯瑞：他通过区分空间与时间两种范畴，做出传递与仪式的两套界定，意图借此打破美国传播学界经院哲学式的传播学研究[①]。在"传递观"中，人是给予与接受的存在，别无其他；在"仪式观"中，人是参与者与旁观者，只获得形式上的和谐。而无论是通过控制、还是通过仪式，人与社会所实现的和谐都远称不上是现实。在笔者看来，只有在保持人的主体地位的前提之下，沿着"传递"与"仪式"同一的线索，对照具体的生活经验，我们才能对"传播"做出符合现实的界定。

叶和仁是叶家的长子，早在光绪七年（1881 年）以前便随父亲过番（即到南洋谋生），当时的年纪至多不过十几岁。现留存下来的侨批中有很大一部分是由他寄回家的。在这将近三十年的通信中，他在家书中的身份从一个在槟城打工的外来人，变成了自己拥有打金店分店开张不断，娶妾生子甚众的成功人士。照理来说，他的经济状况是良好乃至一片大好的。但我们可以看见他两次婉拒归还大伯钱款，第一次是："侄前在宝号承缴之银，本当早日付去，念现今店中少人做工，事务多烦 [繁]，故此此时不能应对，不及付回。先来信通知，容日后谢。"[②] 后来和仁又写道："闻得大伯大人在家十分拮据，侄现下无可梼（筹）挪，但看冬成一定寄还前款，请宽恕宥之。"[③] 一年后，和仁仍然找理由回避还钱："前时之项，侄时时念念也……奈店中无甚景色……容后若有生色，即当奉上。"[④]

叶清仁对于大哥的抱怨更是坐实了大哥拖欠伯父钱款的行为："大兄当日向人家有数目，祈写信追取。现今身边都有千金都不寄回……祈母亲见字即来信同大兄追问。"[⑤]

以上四封侨批的主要内容便是大哥和仁以各种理由赖掉自己大伯的款项，而二弟清仁看不过去，就在春节前后写信向母亲告状。在这里，我们可以同时看到传递与仪式的身影：在叶家大伯和叶母收到侨批，尚未打开之时，侨批还仅仅具有维系关系的仪式性作用，但一待开启信封，仪式性的作用就会瞬间为传递信息的内容所取代——以为侄子会准时还钱的叶家大伯会被气得暴跳如雷，叶母会为长子的作为而面若火烧。所以，"传

---

① 同时，凯瑞还主张"除非人们从本质上对传播与社会秩序采用仪式性的观点，否则他们就无法正确理解这些过程"。参见詹姆斯·凯瑞:《作为文化的传播（修订版）》，丁未译，北京：中国人民大学出版社，2019 年，第 21 页。

② 潮汕历史文化研究中心、侨批文物馆:《馆藏晚清侨批选读》，广州：暨南大学出版社，第 2017 年，第 86 页。

③ 潮汕历史文化研究中心、侨批文物馆:《馆藏晚清侨批选读》第 117 页。

④ 潮汕历史文化研究中心、侨批文物馆:《馆藏晚清侨批选读》，第 148 页。

⑤ 潮汕历史文化研究中心、侨批文物馆:《馆藏晚清侨批选读》，第 95 页。

递观"和"仪式观"的同一就表现为这一有趣的现象：传递唱分，仪式唱和，二者互不相容，彼此拮抗。于是，当传递内容与形式貌合神离时，传播便作为对抗而存在，也就是成为作为对抗的传播。

按照"传递"与"仪式"同一的线索，我们还可以对另外的侨批故事做分析。在叶家留在潮汕的男丁中，有一个男孩叫作玉生，是叶家过继到别家的孩子。尽管过继到了别家，和仁还是特意在侨批中请求母亲将玉生当作家里人来看，同时他也写信给玉生让他多多照顾钟氏，并且时不时便给他捎去叮嘱。

只是天不遂人愿，玉生并没有叶家三兄弟那么长进，反而染上了吃烟赌博的恶习。自此，侨批中每每提到玉生便是询问他是否戒赌戒烟，抑或是对他提出规谏。一开始还不清楚玉生情况的礼仁，经常劝阻玉生不要匆忙下南洋，但后来也开始规劝玉生下南洋谋生。关于玉生的侨批，前前后后一直跨越了十一年（从1900年到1910年），在所有存留下来的书信记载中，我们可以看到叶家三兄弟对于玉生一直是处于比较包容的姿态。这在叶礼仁吩咐分些钱给玉生的安排中显得尤为突出：

> 又者，玉生弟吃洋烟，谅其银钱缺少，信至之日，祈交二毫仔与其。[①]

如果说，我们从侨批的欠钱故事看出了"作为对抗的传播"，那么，我们似乎可以从侨批的分钱故事中得出全新的结论：本就以维系关系稳定为目的的侨批，这一回所传递的内容和它的仪式功能相得益彰，本就是一体两面的"传递"和"仪式"，此时空前的同一。于是就产生了与上文貌合神离的"作为对抗的传播"截然相反的结论：传播作为包容而存在。于是我们得到了作为包容的传播。

由此我们可以发现，当我们考虑传播中的主体，也就是人的能动性时，原本清晰易懂的"传播"顿时便变得复杂起来。根据"传播"中的"传递"与"仪式"在具体交往场景中所发挥的作用，"传播"能够穿上各式各样的衣裳，在生活的舞台上大放异彩，却又和谐动人——生活的魅力也正就在于这种多姿多彩，这也是笔者一定要从侨批内容出发考察"传播"的原因所在。

在考察完"对抗与包容"这一对故事后，笔者愿意再考察侨批中的其他故事，以图与凯瑞的传播观念更好地对话。下面所将考察的是侨批中的许诺与告状。

"阿叔今日去出洋，番畔唐山架金桥；来日荣耀归故里，荫妻荫儿荫家乡。"，这是侨民下南洋共同的愿景。无论侨民在外经营状况是好是差，他们在侨批中的语气也各不相同，但是在写给家人的许诺中，语气是大抵相同的。叶和仁在1910年的侨批中向妻子许诺道：

---

① 潮汕历史文化研究中心、侨批文物馆：《馆藏晚清侨批选读》，第216、217页。

现下母亲年已老迈，必须奉侍缓和……吾若回唐，亦不敢愧尔之恩也，夫荣妻贵，言之不尽，只是孝顺如已。①

许诺不一定是关于未来的富贵，给家里一个自己是否回家的准信也是许诺。同时，叶清仁和叶礼仁在其合写的侨批中便写道：

男旧岁回音冬成必然回家……再者，长嫂在家，听母亲教训，切莫多心……弟多得几年回来家中，与嫂嫂协力治家，日后自有兄弟同向荣华之聚，长嫂断勿多心。切嘱。长兄亦无异心。②

侨批中的许诺真诚动人，洋溢着美好的亲情。但是，一个家庭难免会有些磕磕碰碰，这些冲突和矛盾，在侨批中就表现为告状。

叶家侨批中一共有三处告状。其中清仁告大哥和仁欠钱不还一状已在上文提及，这里便不复赘述。有意思的是，和仁也曾经向母亲告过二弟清仁的状：

亲仁弟甚至不成人，只顾嫖赌，不务正业，将来此人未知如何做人？……但亲仁弟于客岁十二月间由亚齐过来店中，刻下甚□不成人。③

身为大哥的和仁指责二弟清仁不成人，所用措辞相当严厉。同时，和仁也曾经写信给家中的老乡，向他告状说自己的金店遭了老乡儿子的贼手：

前肇珍……走在弟店中，居处半月之久。后走之时，弟店中金叶有六七分之多……被肇珍偷去……当时查出之时，实在痛恨心肠。兹见字后，劳兄说及……劳兄回音示知。弟日后再来理论。④

按照我们先前的分析方法，侨批中的许诺与告状也是传递与仪式的对立统一。在这里，是时间上的向度，将二者联结在一起。首先，叶家侨批中的仪式都是朝向未来的，因为侨批的存在，就是为了能够让跨国的家庭能够经受时间的考验。而在侨批的许诺中，

---

① 潮汕历史文化研究中心、侨批文物馆：《馆藏晚清侨批选读》，广州：暨南大学出版社，第2017年，第177页。
② 潮汕历史文化研究中心、侨批文物馆：《馆藏晚清侨批选读》，第186页。
③ 潮汕历史文化研究中心、侨批文物馆：《馆藏晚清侨批选读》，第73页。
④ 潮汕历史文化研究中心、侨批文物馆：《馆藏晚清侨批选读》，第207页。

我们可以看出叶家兄弟通过描绘美好的未来以维护家庭关系，在这里，仪式是朝向未来，是朝前看的；同时，传递的内容也是朝前看的。于是，仪式与传递的和谐在侨批中表现为一种富有活力的许诺，为此，我们可以说"传播作为许诺而存在"，也就是作为许诺的传播。与之相反，在告状行为中，仪式仍是朝向未来的，但传递的内容就是朝向过去，往回看的。一前一后的反差，就表现为怒气冲冲的告状，也就是作为告状的传播。

综上所述，我们很难将这一类传播现象就归为传递，将另一类就归为仪式，而将这些复杂的生活现象统统归结为文化，也不是一个长久之计。或许，正如杜威所言，"（社会）它就存在于传递与传播之中"[①]，这些丰富的社会生活，正是传播的本体所在。

五、结语

胡翼青[②]曾指出，凯瑞对于传播的文化研究转向的论述属于方法论层次，但这套方法论尚未衍生出具体的操作步骤，这是凯瑞理论的一大不足。但在笔者看来，我们还需要关注凯瑞的理论能否运用以及如何运用到我们的文化上来，这就需要以生动的经验个案与其对话。笔者认为"传递观"与"仪式观"是传播的一体两面，无法截然分开。从侨批的经验材料出发，一方面，通过比较侨批中形式化成分的比例，以及对侨批"传递观""仪式观"合一的揭示，进一步揭示了二者合一的事实；另一方面，通过将传递与仪式视为传播主体——人——的传播手段，展示了丰富的传播现象中随处可见的"传递观"与"仪式观"对立统一的特征。

因此，倘若我们单用"仪式观"去研究侨批所维系的时历数十年、跨越数百公里的家庭关系，那么，我们将使人与人的亲亲之情无立足之地，得到的研究结果也将是流于形式、缺乏人文关怀的。倘若只是从"传递"的控制论视角去加以审视，恐怕也只是重复功利主义的结论，既无自己的创见，也会将丰富的生活想象肢解成碎片——而传播正是那丰富多彩的生活本身，把生活肢解了，也就没有真正的传播研究了。那么，我们该如何去诠释生活的丰富意义呢？在笔者看来，古人已经给出了极佳的解答：

> 或问禘之说。子曰："不知也。知其说者之于天下也，其如示诸斯乎！"指其掌。（《论语·八佾》）

禘，是古代一种祭祀活动。论知礼，孔子自然过于常人。可是，为什么孔子自称"不知"呢？这大概是因为，世间一贯将祭礼视为不过如此的人类狂想，对祭礼不过是一知半解的人，常常对其大放厥词，自以为看透了祭礼的本质。殊不知，自己的见识不过是

---

① 詹姆斯·凯瑞：《作为文化的传播（修订版）》，丁未译，北京：中国人民大学出版社，2019年，第14页。

② 胡翼青、吴欣慰：《再论传播的"仪式观"：一种社会控制的视角》，《河南社会科学》2015第5期。

区区一掌之于渺渺天地的关系。所以，孔子才会说"不知"，因为"禘之问"绝不是一个可以简单回答的问题。事实上，没有哪一个关于人的问题，我们可以掉以轻心。俄国哲学家别尔嘉耶夫有言道："不能肢解伟大的、有机的精神现象，否则，它将会死在手术刀下，那时，洞察它的整体性将不再可能。"[①] 对于传播问题，大抵也是同理。

（本文的写作与修改，得益于姚锦云老师的帮助和指导处甚多，这是笔者所不能忘记的。此外，本文亦从陈铄婷的硕士毕业论文中得到启发。笔者在此一并向师友表示感谢！）

---

① 尼古拉·别尔嘉耶夫：《陀思妥耶夫斯基的世界观》，耿海英译，桂林：广西师范大学出版社，2020年，第8、9页。

华夏人际传播形态与智慧

主持人语

传播虽然在课题化意义上被区分为人内、人际、组织、大众传播，但所有的传播行为，从自然的意义上说，却几乎总是在人际或通过人际而实现，华夏文化秩序、观念、信念、风貌更是传统文化通过人际传播实现传承和发展的。这种人际传播从推进和影响的经典形态与传播信道看，可区分为两类：第一类是由各种主流意识形态支持的经典文本，如儒、释、道等经书，它们构成所谓的大历史；第二类则是基于民间和底层逻辑的"一般知识、思想与信仰的历史"，也可视之为"小历史"。两类不同叙事，通过"显白"和"隐微"人际传播形式，形成华夏赓续至今的宇宙观、价值观、人生观。正是在此意义上，"华夏人际传播形态与智慧"所选取的三篇论文便具有了各自的理论价值和实践意义。

伍茂国、路滢的《〈红楼梦〉中的人际传播：礼物的流动与刘姥姥进贾府》，梳理了"礼物"研究的一般理论，认为礼物是华夏人际传播中传情达意、维系人际关系的手段之一，也是构建社交网络，打破社区封闭性的重要途径。论文以《红楼梦》这一虚构叙事的小说文本作为案例，从社会学和传播学视角切入刘姥姥六进大观园中存在的"礼物流动"现象，具体展示华夏文化中"伦理本位""关系本位"构成传统社会价值观念的"人情"性以及在今天仍然具有的合理价值。论文坚持认为，在中国式现代化建设中，"礼物"的流动理应成为文化自信的一部分。

蔡茂的《华夏"谏诤"说服模式下的〈封建论〉比较研究》采用历史研究与比较研究的方法,利用华夏"谏诤"说服理论及传播学的竞争性真相理论,研究李百药《封建论》中"谏诤"的说服要素。论文认为华夏"谏诤"历史传统悠久,形成了诸如"主文谲谏、理喻、势禁"等独特的人际讽谏文化。论文特别征引了柳宗元的《封建论》作为比较对象,揭示华夏人际讽谏与西方讽谏的差异,既不搞对抗,也不搞煽动性宣传,这既体现华夏自古以来的"王权中心主义"的政治传统,其实也体现了中国人际传播、人际关系中的"中庸"智慧。

王婷的《跨流派传播:〈韩非子〉与〈庄子〉寓言的互文性研究》,比较混合了文学修辞和思想言说的哲学文本《庄子》和《韩非子》,认为《庄子》寓言充满浪漫主义和诗意风格,《韩非子》则把《庄子》寓言历史化、现实化。从人际传播意义上看,《庄子》"寓言"是一种独立的话语理论,《韩非子》则使之成为诸子文体。虽然《韩非子》从某种意义上丰富了《庄子》的寓言文本,但在精神价值上却丧失了《庄子》的人际话语的多样性和开放性。论文认为两个文本之间的交流是隐蔽的,其中既有法家与道家的对立,又有法家对道家的传承,《庄》《韩》对立于显白处,关联于隐微处,这种隐微的联系,正是华夏隐喻传播的关注点之一。

总之,本专栏的三篇论文,从或一方面,显示了华夏人际传播形态的多样性、价值的传承的恒久性以及华夏传播文化在今天仍然具有的实践智慧和理论价值。

（河南大学文学院教授 伍茂国）

华夏"谏诤"说服模式下的《封建论》比较研究

蔡　茂*

（江苏师范大学文学院，江苏徐州，221116）

摘　要： 李百药《封建论》深刻影响了唐朝及后世政治体制，也影响了柳宗元《封建论》。文章采用历史研究与比较研究的方法，利用华夏"谏诤"说服理论及传播学的竞争性真相理论展开论述。从本质上看，无论是萧瑀等关于实行封建制可以使社稷永安的阐述，还是李百药、马周等对封建制不能使国运长久的论述，都是竞争性真相，唐太宗最后采信哪一方的观点，主要看谁的观点更有说服力。论文主要从华夏"谏诤"说服的四个要素入手研究李百药《封建论》，即说服主体可信度高，说服方式逻辑性强，说服渠道选择合理，说服对象能积极主动思考，四个方面密切配合，使李百药的谏言取得了显著效果。柳宗元《封建论》继承了李百药《封建论》逻辑性强、信心十足、语言华美等特点，但推理更严密，观点更鲜明，行文更果断，说服力更强。

关键词： 李百药；柳宗元；封建论；谏诤

据《资治通鉴》记载，贞观时期，唐太宗曾与大臣三次讨论封建制，第一次在贞观初年，第二次在贞观五年，第三次在贞观十一年。唐太宗如此迷恋复古，执着于封建制，有渴望成为尧舜、商汤、周文（武）王那样的"圣君"的动因，主要还是出于延续李唐江山的需要。议封建肇始于贞观初年与萧瑀的一番对话。唐太宗问："朕欲使子孙长久，社稷永安，其理如何？"萧瑀答道，三代因为推行封建制而长久，秦朝因为废除封建制而速亡，"封建之法，实可遵行"。[①] 萧瑀的回答击中了唐太宗的利益关切点，也是李世民数次议封建的逻辑起点，要说服唐太宗放弃该想法，也要从这个逻辑起点入手，论述封建制的危害性，证明郡县制导致国祚短促的观点不成立。

对于推行封建制，大臣中反对者居多，比如魏征、李百药、马周、于志宁、长孙无

---

* 作者简介：蔡茂，四川阆中人，江苏师范大学文学院副教授（硕士），硕士研究生导师。研究方向：文体学、秘书学、领导科学。

① 刘昫等撰：《旧唐书·萧瑀传》，北京：中华书局，1975年，第2401页。

忌等。比如贞观五年，魏征认为，如果实行封建制，卿大夫都靠俸禄生活，必然导致大量征赋，严重影响国家财力，一旦出现边患等紧急情况，应对将非常困难。贞观十三年，长孙无忌明确表示不愿意去封地就职，同时上表陈述反对推行封建制的理由：夏、商、周三代封邦建国，是力量不能制衡诸侯的权宜之计，两汉罢除侯国设置郡守，才是深合事理的举措，如果改回三代的制度，无异于在搞乱王朝纲纪。权衡反对方面的意见，从独立成篇、论证严密、论据充分、说服力强方面看，首推李百药《封建论》，其次是马周的上疏①。

李百药的观点不仅影响了唐朝的政治体制，也影响到了后世，柳宗元《封建论》就是在李百药基础上的发展与深化。李百药《封建论》为什么能够产生良好的说服效果，影响当时及后世的政治家呢？柳宗元在哪些方面继承并发展了李百药的说服策略呢？本文将结合华夏"谏诤"说服理论来论述这个问题。

一、李百药《封建论》"谏诤"的说服要素

华夏谏诤的历史传统非常悠久，形成了独特的讽谏文化，比如主文谲谏、理喻、势禁等。有学者探究了轴心时代东西方说服模式，认为"中国的进谏模式是苦口婆心，讲究修辞，但没有对抗，也不存在煽动性宣传"，更多体现的是一种向上说服。主要原因是自周代以来，中国形成了一种"王权中心主义"的政治传统，"使中国的政治说服始终围绕着向君主进谏而展开"。②在专制集权时代，谏诤需要极大的政治智慧，怎么说比说什么更重要。有学者从讽谏的主体、手段、方式、对象、内容、环境等方面研究先秦时期的讽谏艺术③，本文拟借鉴相关论述研究李百药《封建论》"谏诤"的说服要素。

（一）说服主体可信度高

说服主体的可信度是产生说服力的基础，如果说服对象觉得说服者专业能力强、可信度高、值得依赖，就更容易被说服。

李百药有家学渊源，其父李德林历北齐、北周、隋三朝，文章学识冠于当时，是知名的历史学家，政治家。李百药早年以才学、操行闻名于世，他不仅在典章制度及史学上成就斐然，在文学上也造诣颇深。李世民对李百药礼遇有加，让他担任中书舍人。中书舍人地位尊崇，由亲信大臣担任，"掌侍奉进奏，参议表章。凡诏旨敕制，及玺书册命，

---

①　马周从尧舜那样的明君尚且有丹朱、商均这样的不肖子孙为依据展开论述，认为倘若有人从小承袭了父亲的职位，长大后一旦骄奢淫逸，不仅封地百姓遭殃，国家也会受到牵累，导致不可逆转的后果。不如像东汉光武帝那样，不让功臣担当政务，赏赐他们一些土地作为食邑，子孙中确有才能者，可以量才授职。参见《旧唐书·马周传》。

②　潘祥辉、杜颖卉：《谏诤与演说：轴心时代东西方政治说服模式的比较研究》，《江西师范大学学报（哲学社会科学版）》2023年第4期，第70页。

③　黄鸣奋：《说服君主：中国古代讽谏传播》，北京：文化艺术出版社，2001年。

皆按典故起草进画;既下,则署而行之"①。作为中书省的重要官员,担任替皇帝起草制诰的重要工作。贞观二年,李百药升任礼部侍郎,贞观四年,授太子右庶子,承担教育、辅佐太子李承乾的工作。

李百药的履历表明,他深受唐太宗赏识,是值得依赖的大臣,李世民大胆将继承人托付给他。唐太宗信任李百药,并不表明就可以接受他反对封建制、推行郡县制的政治主张。实行封建制,就要改变唐朝的政治体制,是伤筋动骨的大事,不能大意。对于意志坚定、心思缜密的唐太宗来说,此番动议绝不是一时心血来潮,一定经过了较长时间的深入思考,不会轻易放弃。如果说服者不具备政治、法律、历史方面的专业素养,论证不严密,唐太宗是不会接受的。

面对需要专业知识与技能才能解决的问题,专业水平高的人更容易取得信任。李百药在政治、法律、历史方面有突出的成就,他在贞观元年就参与五礼及律令的修订,还是《北齐书》的编撰者。他的《封建论》回溯历史,联系现实,从政治、法律入手论证推行封建制的弊端与不合时宜,如"结绳之化行虞、夏之朝,用象刑之典治刘、曹之末"②,引经据典地阐述郡县制是历史发展的必然,李世民被打动了。

(二)说服方式逻辑性强

说服方式诉诸情感还是理智更有说服力,取决于说服对象。李世民是杰出的政治家、军事家,好学善思,阅历见识广,政治经验丰富,对他来说,理性的说服更容易被接受。

在《封建论》中,李百药认为"祚之长短,必在于天时,政或兴衰,有关于人事"③,国运长久与封建制并无直接关涉,因为天时、民心才是长久执政的基础,而不是封建制。接下来作者从总体上论述封建制已经不合时宜,郡县制才是与时俱进的明智选择。无论是周幽王被申侯与缯勾结犬戎杀害,秦二世在望夷宫被弑,还是高贵乡公曹髦遭遇杀身之祸,导致曹魏覆宗灭国,其实都源于帝王的昏乱,说明社会风气确实坏了,与郡县制与封建制都没有关系。接着作者从两个方面分别展开论述郡县制为什么是最好的选择,封建制为什么不合时宜。第一方面,推行封建制,祖宗的门第和资望将成为决定因素,品德和才干不会受到重视,导致受封的诸侯们不知民生疾苦,恣意享受。实行郡县制,就可以很好地避免出现以上问题。第二方面,作者依据历史材料证明,人心不古,社会风气变坏了,鼓吹封建制是陈词滥调。最后作者回到贞观时期,认为唐太宗开明勤政,节用爱民,很快就能将美德风化遍及天下。由于积习太久,社会难以在短期内改变浮躁诡诈的恶习,恢复自然淳朴的风气,还是暂缓实行封建制为好。李百药看似留有余地,照顾了唐太宗的自尊心,实际上从根本上否定了封建制,因为社会重新恢复自然淳朴的

① 刘昫等撰:《旧唐书·职官二》,北京:中华书局,1975年,第1850页。
② 刘昫等撰:《旧唐书·李百药传》,北京:中华书局,1975年,第2573页。
③ 刘昫等撰:《旧唐书·李百药传》,北京:中华书局,1975年,第2573页。

风气是不可能的。

《封建论》的说服方式逻辑性强，论证严密，能够自圆其说，能说服唐太宗就是最好的证明。

（三）说服渠道选择合理

与皇帝沟通，必须有渠道，在当时的条件下，李百药可以请人转述，可以面对面交流，也可以借助文章。贞观时期，政治清明，以上渠道都是畅通的。李百药是皇帝身边的亲信大臣，没有必要请人转述，当面交流也有机会，但李百药选择了上书。依据常识，书面文字的说服力强于口头交流，另外，改变国家的政治体制是重大事件，口头交流显得不慎重，容易受现场气氛及个人情绪的影响，还可能出现表述不清楚的问题，甚至可能因为理解歧义而使事态恶化，书面交流就可以避免以上问题。也有一种可能，李百药要为历史留下凭据，就像魏征所做的那样[①]。李百药是历史学家，深知朝廷议论封建可能被史官书于竹帛，流传后世，采用书面文本更好。因为既能使皇帝系统全面地了解封建制的危害，打消推行郡县制的顾虑，又可以警示后人在此问题上保持清醒。

（四）说服对象能积极思考

李世民是雄心勃勃的君主，致力于开创超越前朝的盛世，他完善政治制度、尊重司法、树立诚信、兼听兼信、知人善任、以民为本……难能可贵的是作为皇帝的李世民始终保持谦逊的品德，有自知之明，善于吸收隋亡的经验教训，听得进不同意见。因为唐太宗的引导与配合，大臣们才能够心无挂碍地犯颜直谏，从而君臣合力推动贞观之治的实现，《贞观政要》有非常详尽的记载。

李世民是一言九鼎的帝王，要改变他的态度进而影响他的行为非常困难[②]。李百药采取的策略是用翔实可信的论据和严密的逻辑推理激发君主主动思考，因为他知道，李世民是能够而且善于积极思考的帝王。李百药紧紧抓住唐太宗心理，主动提出话题。李世民先入为主地认为享国时间长是因为实行了封建制，有意改变当时的政治体制。李百药顺势而为，启发李世民思考实行封建制的条件是否具备。三代之后，或者说东周以来，理蔽浇淳，人们私欲膨胀，社会风气坏了，实行封建制，只能祸国殃民，春秋时期的卫宣公、陈灵公等就是明证。借此引导唐太宗接受说服者的看法，国运长短取决于天时与治理效果。唐太宗可能会想，自己符合这两个条件吗？李百药给予肯定回答。首先，李世民的皇位来源于太上皇禅位，上合天意。其次，即位以来，对上"爱敬烝烝"，对下"仁心隐恻"[③]，而且勤于政事、虚心纳谏、严于律己、怜恤百姓，因此民心归附。既然上合天意，下顺民心，就应该沿着当前的道路坚定地走下去。

---

① 据《旧唐书·魏征传》，魏征曾给史官褚遂良展示上书皇帝的副本。
② 蔡茂：《从态度影响到行为改变——试论群臣谏言对"贞观之治"的促成》，《领导科学》2022 年第 11 期。
③ 刘昫等撰：《旧唐书·李百药传》，中华书局，1975 年，第 2575 页。

李百药《封建论》有明确的读者导向，引导唐太宗顺着作者设定的思路走，与作者一起思考原因，找寻对策，使说服对象在不知不觉中接受说服主体的观点。

二、对柳宗元《封建论》的影响

柳宗元撰写《封建论》[①]时，唐初以来关于封建制与郡县制得失利弊的争论已经平息，并无廓清争论的迫切需求，因为李百药论述得非常充分了，柳宗元为什么还要撰写这篇文章呢？这得从唐玄宗以来推行的政治、军事制度讲起。唐玄宗承继大统以后，因为均田制土崩瓦解，开国以来一直推行的府兵制遭到破坏，转而实行募兵制。唐玄宗为了巩固边防，设立节度使，赋予节度使兵权、财政权与节制州县的行政权，导致募兵制恶性发展，形成了藩镇割据、尾大不掉的局面，终于酿成了"安史之乱"。为了平息叛乱，只能依赖地方势力，唐朝政府不得不在内地设置新的节度使，藩镇割据愈演愈烈，严重危害朝廷的安危。到唐朝中后期，朝廷虽没有推行封建制，但藩镇割据造成事实上"裂土封侯"的局面，柳宗元是借反封建反对藩镇割据。

（一）继承方面

从说服渠道的选择、说服手段的取舍、文体与中心论点的确立、史料的筛选、论证方法的运用等方面看，前后两篇《封建论》（以下简称"李文""柳文"）都有很多相似之处。

1. 诉诸理性，逻辑性强

柳文开宗明义亮出观点"故封建非圣人意也，势也"[②]，以翔实的材料理性论证实行封建并不是圣人的本意，而是当时的形势与落后的生产力与生产方式促成的。至于封建制与郡县制的得与失，柳宗元用无可辩驳的史料证明封建制好郡县制不好是一个伪命题。因为周"失在于制，不在于政"[③]，秦"失在于政，不在于制"[④]。接着以汉朝为例阐述"善制兵，谨择守，则理平矣"[⑤]的治国方针。针对"夏、商、周、汉封建而延，秦郡邑而促"[⑥]的观点，柳文以魏晋建立封爵制，国祚短促，唐朝推行郡县制，国祚延续近200年为例，反证封建制比郡县制享国长久的荒谬性。然后，柳文以史例论述商周圣君推行封建制是不得已而为之，后人推崇的商周之大公实为大私。后人诟病的秦之大私实为大公，因为从制度上看是大公，只是动机存有私心，秦之私在于建立皇帝个人权威，使全国都臣服于皇帝一人，但不以天下为私是从秦朝开始的。最后，作者顺理成章地表明自己的观点：

---

① 本文引用的《封建论》系吉林人民出版社1974年出版，吉林师范大学历史系译注的资料，内部发行，供当时批孔和评价秦始皇做参考，注释详尽，译文通俗流畅。

② 柳宗元著，吉林师范大学译注：《〈封建论〉译注》，长春：吉林人民出版社，1974年，第4页。

③ 柳宗元著，吉林师范大学译注：《〈封建论〉译注》，第4页。

④ 柳宗元著，吉林师范大学译注：《〈封建论〉译注》，第14页。

⑤ 柳宗元著，吉林师范大学译注：《〈封建论〉译注》，第15页。

⑥ 柳宗元著，吉林师范大学译注：《〈封建论〉译注》，第17页。

"夫天下之道，理安斯得人者也。"^① 这个观点实际上是在"善制兵，谨择守，则理平矣"方针基础上的深化。柳文认为，在封建制下，即使圣人也无法立足，因为土地都被世袭采邑的世卿们分光了，呼应了"故封建非圣人意也，势也"的观点。

2.采用驳论方法，信心十足

李百药与柳宗元不约而同地采用驳论的方法，依据的是他们在历史、政治方面的专业素养，信心十足，无疑更有说服力。

纵观两篇《封建论》，重点驳斥当时盛行的三个观点：

其一，封建制是殷汤、周武等"圣人"制定推行的，实行封建制是"圣人意"，不能反对。

其二，实行封建制，世袭的诸侯君主必然会偏爱所管辖的领地、爱民如子，而地方官员没有共情之心，只会尸位素餐，得过且过。

其三，周之所以长久是因为有诸侯国的拱卫；秦二世而亡，是实行郡县制的结果。

在驳斥的同时，破中有立，同时表明自己的看法和观点。在具体论述中，两篇文章表现出同中有异、和而不同的特征。在反驳第一个观点时，李文的观点是封建制已经过时，当前推行不合时宜。柳文则认为封建制是不得已的行为，非圣人本意。无论李百药还是柳宗元，都认为封建制不符合历史潮流，因为"追随时代的潮流，顺水推舟，就能稳水固舟，实现政权的稳定"^②。李世民最终放弃封建制，还是在于他认识到只有郡县制才是民心所向，才能使国运长久。

在反驳第二个观点时，李文认为，封建制使世袭的君主不珍惜轻易得到的显贵，为了纵情享乐，大肆搜刮民脂民膏，怎么会爱民如子呢？在郡县制下，朝廷对官员量才录用，按照年资与政绩升职加俸，所以才会廉洁奉公，勤政爱民。柳文则以周朝诸侯的事例着手批驳，因为诸侯骄横自满，贪财好战，所以败坏封国者众，治理好封国者寡。真正专心经营领地、爱民如子的国君，一百个中间没有一个。在郡县制下，朝廷可以依据官员的功绩与罪过奖赏与斥退，更容易出现孟舒、魏尚那样贤能的官员。两人不仅立场一致，在材料的选择与观点的确立方面，相似度非常高。

在反驳第三个观点时，李文认为周朝国祚长久是因为天时，由盛转衰则是受到封建制的拖累。柳文则认为，周朝国祚长久的说法是不存在的，因为从西周夷王开始，周天子的权威就名存实亡了，诸侯却越来越强势，所以周朝早就灭亡了，只不过是在公侯之上保留天子的空名而已，这恰恰是封建制所造成的。两相比较，柳文更有说服力。

3.语言华美流畅，可信度增强

从文体上看，李文借鉴赋体文章的写法，文辞华美，多用四字句与对偶句，节奏感：

---

① 柳宗元著，吉林师范大学译注：《〈封建论〉译注》，第22页。

② 谢清果、王婕：《作为政治传播理论胚胎的水舟观念史：中国民心政治的文化逻辑》，《江西师范大学学报（哲学社会科学版）》2023年第4期，第82页。

强，加之铺陈排比，使文章读起来既流畅自然、朗朗上口，又生动活泼、气势如虹。如："窃以汉、魏以还，余风之弊未尽；勋华既往，至公之道斯乖。况晋氏失驭，宇县崩离；后魏乘时，华夷杂处。"[①] 华美流畅的语言从客观上增强了可信度。

柳文骈散兼行，纵横恣肆，铺张扬厉，铿锵有力。大量运用对偶、排比、反复等修辞手法。对偶使文章节奏鲜明声韵铿锵。如"挟中兴复古之德，雄南征北伐之威"[②]"朝拜而不道，夕斥之矣；夕受而不法，朝斥之矣"[③]。排比使文章通达顺畅，一气呵成。如"私其土，子其人，适其俗，修其理"[④]"知孟舒于田叔，得魏尚于冯唐，闻黄霸之明审，睹汲黯之简靖"[⑤]，反复使文章首尾呼应，浑然一体。如"封建，非圣人意也"首先出现在第一自然段末，"故封建非圣人意也，势也"出现在第二自然段尾，最后用"非圣人之意也，势也"收束全文。重复能有效地打动人、感染人，提升说服力。

对偶、排比、反复等修辞手法的运用增强了文章的流畅感，重复则强化了观点，在结构上还能起到衔接自然、天衣无缝的效果，增强了可信度。

（二）发展方面

李文的核心观点是"祚之长短，必在于天时，政或兴衰，有关于人事"，把国家命数的长短，归结于天命，把政权的兴盛与衰亡，归结于人的治理。李百药认为，王朝更替背后都是由一个看不见的"天"在操控，人事治理虽对政事兴衰有影响，但总体上不影响大的趋势走向，政权的更替最终是由天命来决定的。李百药的思想还局限在君权神授的层面上，他的历史观是唯心的。他反对封建制，并不是认为封建制不好，而是认为当时的社会风气虚伪，醇厚的古风丧失殆尽，推行封建制的条件早已不存在了。

柳宗元的历史观则是唯物的，认为远古圣人推行封建制是由当时的形势（包括落后的生产力与生产关系）决定的，并不是圣人的本意。国祚的长短不在于推行哪种政治体制，而在于得到民心。要得到民心，必须选贤任能。封建制的弊端恰恰在于父子相承、世卿世禄，不肖者居上，贤德者居下，这样很快就会失去民心，导致政权更替。柳宗元敏锐地认识到，只有推行郡县制，才能实行贤人政治，只有统治者德堪其位，民心才能归附，从江山社稷、社会稳定、人民安康三个方面论述继续推行郡县制的正确性与必要性。

有学者在研究《文言传》后认为："人在认识到天道本质之后，自觉地去追求这个天道的善，自觉地追求把天道的善体之于自身，并通过扩充，涵养而成就自己与天合一的

---

① 刘昫等撰：《旧唐书·李百药传》，第 2575 页。
② 柳宗元著，吉林师范大学译注：《〈封建论〉译注》，第 6 页。
③ 柳宗元著，吉林师范大学译注：《〈封建论〉译注》，第 16 页。
④ 柳宗元著，吉林师范大学译注：《〈封建论〉译注》，第 14 页。
⑤ 柳宗元著，吉林师范大学译注：《〈封建论〉译注》，第 16 页。

善性。"①柳宗元就是这种思想的践行者，所以他摒弃君权神授的陈腐观念，把人事摆在了首要位置。认为周朝的弊病恰恰在于政治制度不好，不是治理不好，秦朝的弊病在于治理不好，不是政治制度不好。汉朝初年的弊病是郡国并行，没有彻底推行郡县制。所以秦有"叛人"而无"叛吏"，汉有"叛国"而无"叛郡"。

柳宗元则明确表示郡县制优于封建制，因为封建制压抑人才，郡县制成就人才。制度不好，即使圣人也无法充分发挥作用；制度好，朝廷就能实现"善制兵，谨择守"的治国方针，国家就能治理得好。正如邓小平所说："我们过去发生的各种错误，固然与某些领导人的思想作风有关，但是组织制度、工作制度方面的问题更重要，这些方面的制度好可以使坏人无法任意横行，制度不好可以使好人无法充分做好事，甚至走向反面。"②

与李文相比，柳文的逻辑推理更严密，更让人无可辩驳，说服力更强。苏轼在《论封建》中说，柳宗元之前，议论封建的政治家、学者众多，"宗元之论出，而诸子之论废矣，虽圣人复起，不能易也"③。

在论证方式上，李文"注重逻辑，层次井然，浑然一体，除了所谓的天命论思想，基本上是无懈可击的"④。但柳文观点更鲜明，行文更果断，态度更坚决，表现出不容质疑的自信，在无形中增强了说服力。

三、反思前后《封建论》

李世民有意恢复封建制，不仅是为了延续国运，还有治理方面的考量。毕竟国家太大了，行政管理面临极大考验，要记住两百多个郡守的姓名就不容易，李世民只好把他们的姓名书写在屏风上，提醒自己不时观看，以防忘记。另外，在李世民之前，实行封建制的王朝，连续维持政权没有超过三百年的，隋二世而亡，汉、晋都被分成了两部分，实行封建制的周，国祚延续了近800年，从这个方面看，萧瑀的说法不无道理。但在实行封建制的周朝，出现了春秋、战国这样的乱世，保留部分封建制的西汉与西晋，先后出现了七王之乱与八王之乱，从这个方面看，李百药、柳宗元的看法也站得住脚。

从传播学范畴看，这些都是"竞争性真相"，也是"片面真相"，因为"大多数陈述是真实的，但它们并没有传达完整的真相。这是因为，即使最为平凡的主题也是非常复杂的"⑤。具体而言，萧瑀回避了封建制的劣势，李百药、柳宗元则无视郡县制的不足。李、柳的《封建论》对封邦建国的弊病论述得极为透彻深刻，但对郡县制本身存在的问题缺

---

① 杨学祥：《内圣外王 君臣相济——〈文言传〉治道思想刍议》，《中华文化与传播研究》第 2021 年第 1 期。

② 邓小平：《邓小平文选（第二卷）》，北京：人民出版社，1994 年，第 333 页。

③ 苏轼：《苏轼文集》，北京：中华书局，1986 年，第 158 页。

④ 蔡茂：《从态度影响到行为改变——试论群臣谏言对"贞观之治"的促成》，《领导科学》2022 年第 11 期，第 36 页。

⑤ 赫克托·麦克唐纳：《后真相时代》，刘青山译，北京：民主与建设出版社，2019 年，第 19 页。

乏剖析，且过于美化，这是需要反思的。在超大规模国家实行郡县制，必须加强中央集权，导致官员唯上不唯下，为老百姓服务的责任心不强。地方被划分为二至三个行政层级进行管理，行政层级的增加必定会导致管理效率降低，一旦朝廷决策出了问题，基本上就没有了转圜的余地，对地方的影响将是灾难性的。另外，在官僚体制的加持下，官员们容易形成一个强大的利益集团，让自上而下的监督流于形式，没有了纠错机制，任性的权力就会如同出笼的老虎般肆意妄为。

无论是支持封建的一方，还是反对封建的一方，都陷在片面真相的泥淖里不能自拔，这是为什么呢？从传播学的视域来看，"真相的片面性是我们无法回避的沟通特点。我们对于历史的理解来自片面真相，而这种理解又会影响我们。要想很好地理解事物和事件，背景是至关重要的，但是背景可以有截然不同的描述方式"[1]。囿于时代局限性，人们对历史的认知可能会存在误区，要么忘记过去，要么有选择地记忆过去。因为"我们的历史塑造了我们的身份。它影响了我们的思考方式"[2]，"个人、组织和国家根据他们所接受的身份开展行动"[3]。萧瑀出身皇族，在唐朝同样地位显赫，是"凌烟阁"功臣，他赞成"封国土、建诸侯"，说明他还心存幻想，表现出对过去身份的追认与怀念。李百药出身山东士人家庭，以才学名世，没有皇族背景，也没有关陇贵族身份，郡县制更符合李百药的政治理想，即以专业才能辅佐帝王成就盛世。这不是对李百药等人求全责备，每个人都有历史局限性，对君主专制集权的全面认知与批判，要等到明末清初的黄宗羲、顾炎武等思想家去完成。

有学者认为，"对传统文化进行创造性发展和创造性转化，才能守住华夏文明的根脉，才能坚持中国的传播底色"[4]。古往今来，通过公文建言献策都是公务人员常用的渠道与手段，如果当今的公务员能够学习一些古人"谏诤"说服的方法与技巧，深入了解说服对象，选择合适的渠道与方式，就能提升建言献策的技巧，增强说服效果，提高公务处理效率，有助于各项政策的协调，从而正确处理工作关系、人事关系、利益关系等复杂敏感的问题。

本文虽然借《封建论》论述"谏诤"说服的方法，但并不排斥采用其他的渠道与方式。比如时机合适可以面谈，交情浅就请双方都信得过的人转述。至于谏言的方式，可以通过行政渠道或传统媒体发声，也可通过社交媒体委婉表达，或者找一个非正式场合坦诚交流。沟通方法可直接也可间接，可明示亦可暗示。无论采用哪种方式，都要借鉴历史，立足现实，精心准备，巧妙谋划。比如调研充分、证据充足、论证严谨、观点鲜明、措施有力，还要信心十足，注意语言流畅，表达得体。

---

① 赫克托·麦克唐纳：《后真相时代》，刘青山译，第19页。
② 赫克托·麦克唐纳：《后真相时代》，刘青山译，第60—61页。
③ 赫克托·麦克唐纳：《后真相时代》，刘青山译，第68页。
④ 张艳云：《返本开新：构建中华文明标识和中国式传播体系》，《中华文化与传播研究》2022年第2期。

《红楼梦》中的人际传播：礼物的流动与刘姥姥进贾府

伍茂国　路　滢*

（河南大学文学院，开封，475000）

摘　要： 礼物是传情达意、维系人际关系的手段之一，也是构建社交网络、打破社区封闭性的重要途径。作为传统文学文本经典的《红楼梦》，存在大量的礼物馈赠现象，以"打抽丰"为目的进入大观园的刘姥姥正是在与贾府的"礼物往来"中建立了深厚的情谊。从礼物流动的视角来看"刘姥姥六进贾府"，探究其从贾府的"差序格局"边缘走向中心的缘由，为观察传统社会生活提供一份印证，也为探讨《红楼梦》中的人物交往方式提供新的解读。在中国式现代化建设中，"礼物"的流动理应成为文化自信的一部分。

关键词：《红楼梦》；人际传播；礼物的流动；亲戚关系

一、引言

"礼物"指承载了礼节、仪式等的物品，在跨学科的人际传播研究中具有重大的作用。最早对"礼物"进行理论研究的是法国人类学家马塞尔·莫斯。在《礼物》一书中，莫斯突破18世纪以来西方哲学重视概念分析、轻视事实的传统，直抵具体事实，并且在总体性中把握社会关系。莫斯以马林诺夫斯基贡献的原始部族材料为基础，进行比较分析，得出田野调查学者和个人观察无法得出的推断，其中最重要的便是系统揭示"礼物交换"及其习俗，并且最早解释这一习俗在贯彻社会秩序方面的功能。他所构建的"礼物之灵"等著名概念，应用极为广泛[①]。马林诺夫斯基合理地评析了莫斯的观点，认为礼物馈赠是基于互惠原则，"给予"是期待报偿，"回报"是担心中止给予的危险[②]。列维·施特劳斯、雷蒙德·弗斯、马歇尔·萨林斯等人在互惠理论的基础上对礼物馈赠在社会交换中的分类、

---

　*　作者简介：伍茂国，湖南常宁人，文学博士，河南大学文学院教授，主要从事美学、人际与文化传播研究。路滢，河南安阳人，河南大学文学院研究生，主要从事秘书学、人际与文化传播研究。

　①　[法]马塞尔·莫斯：《礼物——古式社会中交换的形式与理由》，汲喆译，上海：上海人民出版社，2002年，第220—221页。

　②　[英]布罗尼斯拉夫·马林诺夫斯基：《西太平洋上的航海者——美拉尼西亚新几内亚群岛土著人之事业及冒险活动的报告》，弓秀英译，北京：商务印书馆，2016年，第141—146页。

成因、影响及变化做出了深入的探讨①。此外，安妮特·韦娜和莫里斯·古德利尔所提出的礼物不可让渡性也受到了学界的重视②。这种全新的解读方式打破了互惠理论促成礼物流动的观点，使"礼物之灵"在崭新话语的名义下，重新回到解释话语的中心③。

　　自古而今，"礼物"在中国社会中普遍存在，但学界对"礼物"的研究却受惠于西方社会学和人类学等相关理论。由于中国的社会关系结构是由流动的、个体中心的社会网络，而非凝固的社会制度支撑，因而礼物馈赠和其他互惠交换在社会生活中扮演西方世界无法比肩的角色，尤其在培养和维持人际关系方面有着与西方意识不可同日而语的重要作用。中国学者运用本土概念分析中国社会的关系建构，提出了诸多极具建设性和解释效力的理论，如费孝通的"差序格局"④、梁漱溟的"伦理本位"⑤、杨联陞对"报"的重视⑥、金耀基对"人情"的分析⑦、黄光国构建的以"关系、人情和面子"为基础的社会互动模型⑧，翟学伟从20世纪80年代以来对港台学者本土社会学、心理学研究资源的吸纳，构建中国人际关系模式以及人情、面子与权力的再生产等话题⑨，等等。以上学者对"礼物"流动的社会学、心理学、文化学研究，并未作为一个独立的主题出现，但为"礼物"在社会关系功能研究方面提供了相关理论基础和极有价值的观察视角。杨美惠在实地调查的基础上，对中国现代化过程中，中国大众话语鼓励关系学，"教授礼物经济的窍门"，强加给了官方话语"对于礼物经济的替代性伦理的尊重和肯定，对于义务、回报和互助的伦理的尊重和肯定，以及友情和亲属的责任的尊重和肯定"⑩。这推进了"礼物"流动研究的主题化，礼物交换真正成为本土社会学甚至政治学探索主题之一。同时，我们也注意到，阎云翔对礼物流动中蕴涵的社会文化准则和人际关系方式所做的深刻的揭示，对本土的礼物馈赠现象具有非常通透的解释力⑪。而常向群用田野作业方式，将深植于中国

　　① 姚锦云、邵培云：《"礼尚往来"还是"礼上往来"？——从跨学科对话（1939—2013）到中国人际传播的经典模式》，《浙江大学学报》（人文社会科学版）2021年第5期。

　　② ［法］莫里斯·古德利尔：《礼物之谜》，王毅译，上海：上海人民出版社，2007年，第156页。

　　③ 阎云翔：《礼物的流动——一个中国村庄中的互惠原则与社会网络》，李放春、刘瑜译，上海：上海人民出版社，2017年，第18页。

　　④ 费孝通：《乡土中国》（修订版），上海：上海人民出版社，2013年，第26页。

　　⑤ 梁漱溟：《中国文化要义》，上海：上海人民出版社，2018年，第92—104页。

　　⑥ 杨联陞：《中国文化中的"报"、"保"、"包"之意义》，北京：中华书局，2016年，第53—80页。

　　⑦ 金耀基《人际关系中"人情"之分析（初探）》，转引自杨国枢：《中国人的心理》，南京：江苏教育出版社，2006年，第60—81页。

　　⑧ 黄光国、胡先缙等：《面子：中国人的权力游戏》，北京：中国人民大学出版社，2004年，第1—29页。

　　⑨ 翟学伟：《中国人行动的逻辑》，北京：生活·读书·新知三联书店，2017年，第209—227页；翟学伟：《人情、面子与权力的再生产》，北京：北京大学出版社，第197—216页。

　　⑩ 杨美惠：《礼物、关系学与国家：中国人际关系与主体性建构》，赵旭东、孙珉译，南京：江苏人民出版社，2009年，第171—172页。

　　⑪ 阎云翔：《礼物的流动——一个中国村庄中的互惠原则与社会网络》，李放春、刘瑜译，上海：上海人民出版社，2017年，第7—26页。

文化中的"礼尚往来"的短语，发展成"礼尚往来"的概念工具，从而解释中国社会因"礼物"流动而形成的"聚合"作用①。

以上对"礼物"流动的本土化观察、研究、解释，视野基本限定在社会学或人类学领域，虽提供了诸多"洞见"，但在知识学上有两点"盲视"：一是，这些突出研究从较为显豁和成熟的知识场域透视了"礼物"流动的动力、结构、模式和功能，却忽视了"礼物"的流动首先是一种传播行为，尤其是人际传播行为；二是，受社会学、人类学方法限制，研究把太多的精力放在田野调查或实证数据上，对文学文本除非特别需要，基本上视而不见。其实，文学文本虽然是虚构文本，但经由虚构而本质化的社会事实在某种意义上正是"礼物"流动的极好案例，如作为中国古典文学四大名著之一的《红楼梦》，既是文学文本，也是不可多得的社会学文本。大约因为这一原因，费孝通在《乡土中国》中不自觉地提醒我们注意人情在贾府关系建构中的作用，姚锦云、邵培云受此启发，以"刘姥姥进大观园"为经验场景重新对话西方传播理论，梳理了基于人情、走动、往来与礼物馈赠的呈现与确认意义的符号化过程，并试图将符号形式、文化意义与实物交换组织为一整套社会实践②。这种综合人类学、社会学、心理学、文化学和政治学等视角的研究，目的在为跨学科视野的本土人际传播学开疆拓土。这是一种相当精彩的研究，我们正是在此基础上"接着说"（冯友兰语），将重点放在"刘姥姥六进贾府"的文学情节上，尤其重点分析第一、二次进入贾府的细节，清晰地展示人际关系通过"礼物"流动如何由远及近，由疏而亲，由虚构而事实，从而突出礼在人际关系中的重要价值，这可以称作文学社会学视域中的人际传播研究，也即结合作为关系性存在的"礼物"流动，观照叙事虚构中的交流行为，不仅有助于读者从人际传播视角观察人物，也为探究《红楼梦》的人物刻画的行为逻辑提供新的解读视角。

二、刘姥姥初登贾府：建构的亲戚关系

在"刘姥姥一进荣国府"的情节中，主要人物有三位：刘姥姥、周瑞家的、王熙凤。刘姥姥本是乡下老妪，与女儿女婿一起生活，家中贫困，无以度日。因女婿祖上与王熙凤之祖、王夫人之父连过宗，刘姥姥便计划去荣国府走动走动。巧合的是，她在周瑞家的带领下成功见了王熙凤，得到了贾府 20 两银子另加 1 吊钱。

刘姥姥难道真的有那么幸运？这里面有一个重要的契机，那就是中国的伦理本位文化：狗儿的祖上和王家连过宗，刘姥姥去贾家，虽地位悬殊，但也算得上是名正言顺的"走趟亲戚"，这是其一。其二是，刘姥姥最终能"满载而归"，离不开她对于传统社会生

---

① 常向群:《关系抑或礼尚往来? ——江村互惠、社会支持网和社会创造的研究》，毛明华译，沈阳：辽宁人民出版社，2009 年，第 1 页。

② 姚锦云、邵培云:《"礼尚往来"还是"礼上往来"？——从跨学科对话（1939—2013）到中国人际传播的经典模式》，《浙江大学学报（人文社会科学版）》2021 年第 5 期。

活里人际关系的熟稔理解和把握。小说中刘姥姥曾对女婿狗儿家与金陵王家的关系有过简单的解释："当日你们原是与金陵王家连过宗的，二十年前，他们看承你们还好；如今自然是你们拉硬屎，不肯去亲近他，故疏远起来。"①在刘姥姥看来，作为人际关系的重要一面，传统的亲戚关系必须通过交往才能得到强化，一旦失去联系，是"亲戚"也"不亲"。这实际上是刘姥姥的初登贾府的"人情"依据。

中国传统社会的人际关系几乎都笼罩在社会礼法习俗之中，宗亲关系即是一种直接表现。小说中，刘姥姥在周瑞家的帮助下见到管家的王熙凤，王熙凤的第一反应即是询问刘姥姥的辈数及其与贾府的关系，这清楚地说明了宗法关系在处理人际关系上的重要性。费孝通指出："中国的道德和法律，都因之得看所施的对象和'自己'的关系而加以程度上的伸缩……一切普遍的标准并不发生作用，一定要问清了，对象是谁，和自己是什么关系之后，才能决定拿出什么标准来。"②刘姥姥竭尽全力地强调与贾府的若隐若现的连宗事实，其实是借机确立一种关系基础。小说中刘姥姥在向王熙凤诉难时说道："今日我带了你侄儿来，也不为别的，只因他老子娘在家里，连吃的都没有。如今天又冷了，越想没个派头儿，只得带了你侄儿奔了你老来。"③刘姥姥一口一个"你侄儿"，实则是一种冒失。若真按连宗时的辈分细究起来，王熙凤不过与狗儿的父亲王成一个辈分，又怎么会有板儿这个侄子呢？可见，刘姥姥的重点不是去细论两家亲戚间的辈分，而是希望尽快得到贾府对亲戚关系的认可，至于具体的亲戚称谓该当如何，并不重要。显然，刘姥姥通过这种冒失行为，为"打抽丰"蒙上了亲戚关系与道德义务的面纱，而贾府只要承认了这种亲戚关系，那么"彼此照应"就是不证自明的。贾府实际上也承认了这层所谓的亲戚关系，王夫人交代说，虽然原本不是一家子，偶然连了宗，最近也不大走动，"今儿既来了瞧瞧我们，是他的好意思，也不可简慢了他"④。王熙凤心里掂量得更为清楚："改日无事，只管来逛逛，方是亲戚们的意思。"⑤这说明亲戚关系是通过交往强化的，走动起来了，关系自然就亲近了。

从费孝通所提出的"差序格局的伸缩性"来看，传统社会里所有的社会道德也只在人际传播中发生意义，只要攀上关系，就能成为"准亲属"，变成真正的"自家人"。刘姥姥与贾家的亲戚关系一旦确立，刘姥姥一家自然就被纳入了贾府的亲属圈子。本质上说，刘姥姥女婿家与王家连宗所产生的亲属关系，并非出自血缘，而是一种文化的建构物，这种亲属关系虽是象征性的，但相应的权利和义务，即"互通有无，互济缓急"却是嵌

① 曹雪芹、高鹗：《红楼梦》（上），北京：人民文学出版社，2000年，第63页。
② 费孝通：《乡土中国》（修订版），上海：上海人民出版社，2013年，第35页。
③ 曹雪芹、高鹗：《红楼梦》（上），北京：人民文学出版社，2000年，第71页。
④ 曹雪芹、高鹗：《红楼梦》（上），北京：人民文学出版社，2000年，第71页。
⑤ 曹雪芹、高鹗：《红楼梦》（上），北京：人民文学出版社，2000年，第72页。

入式的，即社会结构化存在 ①，只要这种文化意识存在，脱嵌几乎不可能存在，否则就要受到道德的谴责，在一个伦理本位的文化语境中，道德惩罚和谴责是最高的惩罚。如梁漱溟所言："举整个社会各种关系而一概家庭化之，务使情益亲，其义益重。由是乃使居此社会中者，每一个人对于其四面八方的伦理关系，各负有其相当义务；同时，其四面八方与他有伦理关系之人，亦各对他负有义务。"② 在以差序格局为主调之伦理关系的文化逻辑下，社会道德是支持特殊主义化的人际关系的，亦即"人情"，对镶嵌于关系中的对象的帮助，成为"人情"上的"应然"之事。刘姥姥本能地希望与贾府重构亲戚关系，其核心原因正在于此。

亲戚之间的走动是社会固有的文化传统，具有仪式化的意味。刘姥姥主动来贾府的行为本身就是对亲戚意味的表示，而王熙凤拿出的 20 两银子的姿态，并希望刘姥姥改天来园子里逛逛，则不仅仅是对亲戚关系的确认，更是对亲戚关系的维持。走动、礼物馈赠充满了符号化的意味，其作用并非西方人际传播观点中所谓的提供信息，而是通过符号化方式来不断重复和确认亲戚意义。贾府作为"礼物"馈赠的 20 两银子，有实际的意义，即帮助了刘姥姥一家过冬，但人际传播的象征意义更为浓厚，即标识双方培养、维持社会关系网络的行为。亲戚关系的重新建构，也为下文刘姥姥继续来贾府"走亲戚"提供了支持。从这一观点说，小说作为虚构的事实，既照顾了大传统主流观念倡导的中国人际关系"以情为纽带来联结"的价值取向，也照顾了小传统中某些功利性或理性的价值取向 ③。相比较非虚构性政治和文化文本而言，小说叙事中礼物的流动，依据生活情理而构成的文化结构性更加隐秘而周至。

三、二进荣国府：礼物馈赠与关系维持

刘姥姥二进荣国府是为了报答贾府的恩情。小说写道，她扛了许多倭瓜野菜来，并且对平儿说道："家里都问好。早要来请姑奶奶的安，看姑娘来的，因为庄家忙。好容易今年多打了两石粮食，瓜果蔬菜也丰盛。这是头一起摘下来的，并没敢卖呢，留的尖儿，孝敬姑奶奶姑娘们尝尝。姑娘们天天山珍海味的也吃腻了，这个吃个野意儿，也算是我们的穷心。"④ 如果说刘姥姥第一次来贾府是带着功利性目的的"打抽丰"，那么这一次更多的是表达谢意。显然，贾府众人感受到了刘姥姥的情意。阎云翔把送礼分为工具性礼物馈赠和表达性礼物馈赠，并指出非仪式性情境中的表达性礼物馈赠，对社会关系的维

① 周建国：《紧缩圈层结构论：一项中国人际关系的结构与功能分析》，上海：上海三联书店，2005 年，第 7 页。

② 梁漱溟：《中国文化要义》，上海：上海人民出版社，2018 年，第 95 页。

③ 周建国：《紧缩圈层结构论：一项中国人际关系的结构与功能分析》，上海：上海三联书店，2005 年，第 13 页。

④ 曹雪芹、高鹗：《红楼梦》（上），北京：人民文学出版社，2000 年，第 413 页。

持而言，并非无关紧要或意义不大^①。礼物是人际传播的催化剂，刘姥姥携带的时令蔬菜瓜果虽不值钱，但人情和其中关系象征性相当丰富和饱满。当刘姥姥准备回家时，王熙凤说道："大远的，难为他扛了些沉东西来。晚了，就住一夜，明儿去罢。"^②同样是这个王熙凤，初登贾府的刘姥姥在她眼里不过是一个"穷亲戚"，而第二次，却态度诚恳，真心实意想留她住一宿。我们当然不能排除八面玲珑的王熙凤是为了讨好老太太、美化自身怜贫恤老的人际印象，但由亲戚关系确立而内化的道德义务和关系维持也是显而易见的。

贾母是贾府中人际关系维持的另一个核心人物。贾母一见到刘姥姥便亲热的唤她为"老亲家"，说道："我才听见凤哥儿说，你带了好些瓜菜来。叫他快收拾去。我正想个地里现摘的瓜儿菜儿吃。外头买的不像你们田地里的好吃。"^③并且强调："今儿既认着了亲，别空空儿的就去，不嫌我这里，就住一两天再去。我们也有个园子，园子里头也有果子，你明日也尝尝，带些家去，你也算看亲戚一趟。"^④贾母作为贾府中的老祖宗，是贾府权力的最高象征。她对刘姥姥亲戚身份的确立代表着贾府与刘姥姥之间"亲密关系"的变革，也就是说，从一种陌生人状态，经由"攀亲"行为而建构的"人情"，在走动与礼物馈赠的不断呈现和反复确认中形成。

世界范围内，每一种文化的人际互动，几乎都离不开礼物的流动，在流动中体现着"恩"与"报"，但差别也是显然的。西方人特别讲求对等的往来，印度人与日本人的则有着严格的上下区分，下级并不需要回报上级的礼物，否则有可能被视作不敬行为。中国人则不同，中国人既讲求"礼尚往来"，也讲求"礼上往来"，而且特别强调上对下交往的额外付出，即"逆互惠原则"^⑤。刘姥姥二进贾府，特别体现出这一点。无论是赏景还是品食，贾府都在热情地款待刘姥姥。当众人在欣赏软厚轻密又价值连城的软烟罗时，贾母首先想到的是送与刘姥姥两匹。当要品尝各色果子糕点时，贾母也让刘姥姥坐在身旁，一起进食。离开时，贾府除了贾母的礼物，众人也送了诸多"好东西"，这些礼品包括布匹绸缎、果干糕点、粮食钱财等，而王熙凤和王夫人直接送上了108两银子。可以看出，此次礼物馈赠不仅是出于亲戚间的道德义务，也带有浓厚的感情成分。《红楼梦》是一部小说，小说情节设置首先是因为叙事的需要，无疑，礼物流动的渲染为贾府的没落、王熙凤托孤埋下伏笔；但叙事穿行在文化之中，礼物的流动同样潜藏着中国人际传播"重情不重物"的原则。

阎云翔从关系网络的角度指出礼物馈赠对关系有着培养功能，他认为送礼受礼的义务支配了个体的选择，礼物交换构成了一个道义经济体系，人们往往基于基本的责任和

① 阎云翔：《礼物的流动——一个中国村庄中的互惠原则与社会网络》，李放春、刘瑜译，上海：上海人民出版社，2017年，第67页。
② 曹雪芹、高鹗：《红楼梦》（上），北京：人民文学出版社，2000年，第414页。
③ 曹雪芹、高鹗：《红楼梦》（上），北京：人民文学出版社，2000年，第415页。
④ 曹雪芹、高鹗：《红楼梦》（上），北京：人民文学出版社，2000年，第415页。
⑤ 谢清果、许黄子仰：《礼尚往来：华夏传播的互惠观探析》，《学术界》2023年第5期。

义务进行交往，道德原则超过了经济考虑，也即"重义不重利"[①]。但阎云翔同时指出，人情伦理体系有三个结构性维度：理性计算、道德义务和情感关系，而在礼物赠送和社会交换领域，道德义务更能主导人的行为[②]。王熙凤第一次面对来"打抽丰"的刘姥姥，大方地给予了20银子，便是出于亲戚的道德义务。诚然，这一行为也初步建构并培养了贾府与刘姥姥的关系。刘姥姥第二次来贾府，带了时令的蔬菜瓜果来报恩，贾府回馈给她的是绫罗绸缎、糕点干果、粮食布匹、108两银子等，显然，这又是一次不对等的交换。如果说王熙凤给刘姥姥20两银子是出于亲戚间互相帮助的义务，那么贾府众人经过了与刘姥姥在大观园的愉快相处，便在亲戚义务的基础上加强了与刘姥姥的情感性关系。正是在"逆互惠原则"的交往中，贾府与刘姥姥的关系才越来越亲密。费孝通在《江村经济》中指出，社会关系越亲密，对等交换就越少[③]。金耀基也认为，人情像一种社会"舆论"，使一个人对"自家人"都要予以帮助，对于越是亲密或关系越特殊的"自家人"，则越有帮助的义务[④]。离别时平儿对刘姥姥说："休说外话，咱们都是自己，我才这样。你放心收了罢。"[⑤]这也恰恰证明了刘姥姥与贾府在人情往来中建构起了亲密关系。同时，义务性的送礼受礼也为个体提供了一种培养、维持和扩展其关系网络的基本方式。从刘姥姥两次进入贾府的情节来看，礼物馈赠与往来使得刘姥姥认识了贾府众人，无论是身份尊贵的贾母、王夫人、王熙凤，还是少爷小姐与高等丫鬟们，都被纳入了刘姥姥的关系网中。反之亦然。这样的关系网络在繁花似锦的贾府眼里自然不值一提，然在贾府没落时，这便是雪中送炭的"实在亲戚"。

四、患难见真情：从工具性关系到情感性关系

刘姥姥与贾府既非至亲，又有着较大的地位差距。贾母过世后，贾府并没有给刘姥姥报丧。从差序格局的角度来看，贾府此时已处于风雨飘摇中，正所谓"得势叠肩来，失势掉臂去"，人与人之关系有无、厚薄、亲疏也都变得很有伸缩性。贾府兴盛时，"大观园"中可以包罗任何要拉入自己圈子、表示亲热的人物，而一旦落魄后，其社会圈子就会缩成一小团。刘姥姥作为同姓连宗的远亲，自然不在贾府报丧的范围内。但刘姥姥视贾府为亲戚，始终记着贾府的恩惠，听到消息后，就在地里狠狠地哭了一场。第二天天还未亮，她就直奔贾府来奔丧。她来到贾府首先见到的是王熙凤。小说写道：王熙凤睁眼一看，不觉一阵伤心，说："老老你好？怎么这时候才来？你瞧你外孙女儿也长的这

---

① 阎云翔：《礼物的流动——一个中国村庄中的互惠原则与社会网络》，李放春、刘瑜译，上海：上海人民出版社，2017年，第95页。

② 阎云翔：《礼物的流动——一个中国村庄中的互惠原则与社会网络》，李放春、刘瑜译，上海：上海人民出版社，2017年，第158页。

③ 费孝通：《江村经济》，上海：上海人民出版社，2006年，第162页。

④ 转引自杨国枢：《中国人的心理》，南京：江苏教育出版社，2006年，第75页。

⑤ 曹雪芹、高鹗：《红楼梦》（上），北京：人民文学出版社，2000年，第447页。

么大了。[1]"刘姥姥看着王熙凤骨瘦如柴，神情恍惚，心里不由得悲惨，说："我的奶奶，怎么这几个月不见就病到这个分儿！我糊涂的要死，怎么不早来请姑奶奶的安。"[2]

此时王熙凤神思倦怠，身体虚弱不堪，而身边真正关心她的人却寥寥无几。刘姥姥的到来，无疑让王熙凤感受到真诚的温暖。当王熙凤看到刘姥姥后，一句"怎么这时候才来？"把急切时刻盼望刘姥姥早日到来的心情抒发得淋漓尽致，而刘姥姥也为没能早早来看王熙凤感到十分愧疚。这番情真意切的对话，没有恭维讨好，也没有虚假客套，完全是基于二人人际交往中结构而来的真挚情感。王熙凤与刘姥姥的关系已超出了"刘姥姥的女婿祖上和王家连过宗"这样的远亲关系，她们之间靠着走动往来与礼物馈赠产生了更深层次上的情感联结。这里包含着吉登斯所谓的社会关系的"结构化"，这种理论认为，社会结构既具有制约性，又具有使动性，结构和个人长期处于互动之中[3]。王熙凤和刘姥姥，既遵循着由社会结构而形成的礼物流动规则，但二人之间最终超出了结构化的远亲关系，这种使动作用，也许在社会现实中并不具有典型意义，但虚构可以表达理想和意志，一种中国人理想型的礼物流动乌托邦并不缺少文学空间的生长土壤。

需要特别注意一个细节，就是王熙凤让自己的女儿巧姐儿认刘姥姥为干娘。小说中，王熙凤一面哭着道："你见过了老老了没有？"巧姐儿道："没有。"王熙凤道："你的名字还是他起的呢，就和干娘一样，你给他请个安。"[4] 这是一种很有意味的名义上的收养。费孝通曾指出，名义上的收养制度不仅仅意味着对孩子的一种精神上的保护，也为孩子提供了一种较新的社会联系[5]。王熙凤自知身体难以痊愈，而贾府其他人又基本上失去了亲缘关系的信任意识，唯一的孩子巧姐儿是她所有血缘关系中至为宝贵的，她认为只有刘姥姥可堪托付。巧姐儿认刘姥姥为干娘，实际上是通过象征性的亲属关系称谓和礼仪形式来建立一种新的与亲属关系相似的社会关系。

王熙凤去世后，巧姐儿被狠心的舅兄准备卖入藩王府里做偏房，刘姥姥作为巧姐儿的干娘挺身而出救出巧姐儿。可见，尽管刘姥姥与巧姐儿之间的亲属关系是象征的，但相应的权利和义务却具有道德的实在性。正如平儿对刘姥姥所说："你既是姑娘的干妈，也该知道的。"[6] 这就点明了刘姥姥对巧姐儿有知情、照顾的义务。此外，这种名义上的收养也能够为个体提供社会保障与支持功能。刘姥姥将巧姐儿接到乡下避难，不正是用实际行动保护了巧姐儿吗？

刘姥姥第一次来贾府是为了攀亲戚、打抽丰，但她面对早已衰落的贾府仍铭记旧日

① 曹雪芹、高鹗：《红楼梦》（下），北京：人民文学出版社，2000年，第1221—1222页。
② 曹雪芹、高鹗：《红楼梦》（下），北京：人民文学出版社，2000年，第1222页。
③ ［英］安东尼·吉登斯：《社会的构成——结构化理论大纲》，李康、李猛译，北京：生活·读书·新知三联书店，1988年，第271页。
④ 曹雪芹、高鹗：《红楼梦》（下），北京：人民文学出版社，2000年，第1222页。
⑤ 费孝通：《江村经济》，上海：上海人民出版社，2006年，第63页。
⑥ 曹雪芹、高鹗：《红楼梦》（下），北京：人民文学出版社，2000年，第1284页。

的恩情，不图钱财，只为亲戚一场。刘姥姥对贾府的态度以及二者的关系均发生了巨大的变化。黄光国将人际关系分为三种类型：工具性关系、混合性关系、情感性关系，并指出，人际关系都是由工具性成分和情感性成分构成的，差异在于，不同关系中两种成分所占比例不同①。这种关系类型被诸多学者讨论，也提出了其他补充性观点。这里特别值得提到的是谢清果、许黄子仰的观点，他们从人际传播角度，指出礼物的流动是从中华文化"礼尚往来"中孕育出来的观念，它以"礼"建构起主体间的关系，解答中国传统社会何以可能、以何传播的问题。在传统社会中黄光国三种类型的关系，通过慈孝、人情、礼节等中介变量，展演出血缘、亲缘和地缘三种互惠传播过程，并且指出，需要进一步平衡好工具性和情感性因素，以适应现代新的人际关系模式②。刘姥姥第一次来贾府，是听说王夫人"上了年纪，越发怜贫恤老，最爱斋僧敬道，舍米舍钱"③。显然，她希望通过去贾府走动获得物质帮助。这时，刘姥姥与贾府的关系属于工具性关系。刘姥姥来到贾府后，王熙凤不仅贴心地为刘姥姥准备了饭菜，还赠送 20 两银子解了刘姥姥一家过冬的危机，这无疑加重了双方关系中的情感性成分。刘姥姥二进大观园，拿了许多瓜果野蔬来报恩，贾府不仅尊重她的这份心意，更是拿她当作自己人，一起在大观园中玩笑热闹，临走时，老太太、王夫人、王熙凤、平儿等人都送了她许多珍贵物品。在这期间，刘姥姥与贾府的情感联系越来越紧密，两者逐渐从工具性关系转变到混合性关系。然贾府一朝失势，刘姥姥却没有避而远之，而是真诚地主动前来看望，不带一丝功利。对于三进大观园的刘姥姥而言，维持关系本身便是她的最终目的。患难见真情，刘姥姥与贾府建立了真挚的情感性关系。由此可以看出，刘姥姥与贾府之间的礼物流动所达成的关系，有工具性目的，有情感性支持，但如若缺少慈孝、人情、礼节等中介变量的加持，所谓的血缘、亲缘的互惠传播不会超出陌生人的工具关系状态。

五、结语：礼物的流动与文化自信

姚锦云、邵培云指出，刘姥姥六次进入大观园，逐渐从贾府的差序格局边缘走向中心：一进时，她只是作为王家同姓连宗的远房"准"亲戚来"打抽丰"；二进时，她扛了两袋子时令果蔬来报恩；三进时，贾母去世，她不请自来，成了巧姐儿的干娘；四进时，她设法带巧姐儿去乡下避难；五进时，贾府刚刚恢复元气，她便送巧姐儿回家；六进时，她为巧姐儿安排了一桩乡下婚事，被请进了贾府④。阎云翔认为，人情伦理和道德义务从长远看依然是一种互惠，当遭遇生活的危机时，亲戚之间的互帮互助是一种有效的社会

①　黄光国、胡先缙：《面子：中国人的权力游戏》，北京：中国人民大学出版社，2004 年，第 6 页。
②　谢清果、许黄子仰：《礼尚往来：华夏传播的互惠观探析》，《学术界》2023 年第 5 期。
③　曹雪芹、高鹗：《红楼梦》（上），北京：人民文学出版社，2000 年，第 63 页。
④　姚锦云、邵培云：《"礼尚往来"还是"礼上往来"？——从跨学科对话（1939—2013）到中国人际传播的经典模式》，《浙江大学学报》（人文社会科学版）2021 年第 5 期。

保障和社会支持力量①。从礼物流动的视角来观察小说文本：贾府基于道德义务和人情伦理，馈赠陷入困顿中的刘姥姥一家 20 两银子，为刘姥姥一家提供了社会保障和支持力量。这份恩情使得刘姥姥带着时令瓜果蔬菜，二进贾府来报答。礼物馈赠和往来走动构建了贾府众人和刘姥姥之间的亲密关系，特别是王熙凤作为贾府当时的大管家，与刘姥姥建立了淳朴情感为基础的私人关系。待贾府大厦将倾，王熙凤之女巧姐儿陷入危机时，刘姥姥义不容辞地挺身相助。刘姥姥和贾府之间的交往，正用实际行动诠释了中国传统文化中的恩与报，以及其后的慈孝、人情、礼节等观念性力量。观念的力量虽由各种主流意识形态支持的经典文本支持如儒释道等经书，这是所谓的大历史，而小历史，或者民间和底层逻辑却来自"一般知识、思想与信仰的历史"②，文学文本是其中不可或缺的部分，近代则主要是像《红楼梦》这样的小说。

礼物馈赠不仅仅是人际传播行为，更是缔结、强化社会关系的文化机制。在礼物馈赠中，个体可以建构各种人际关系，也可随着关系的发展打破固有社区的封闭性。正如阎云翔所言："最重要的自我保护手段是培育一个比较大的个人关系网络。"③刘姥姥来自乡村，在小说文本中代表了一个完全不同于贾府的社会圈子。王熙凤通过礼物馈赠，打破其社交的封闭性，在不经意间构建了其作为上流社会难以触碰到的乡土式的关系网络，使巧姐儿得以逢凶化吉。自然，刘姥姥也经住了危机事件的考验，从贾府的远房"准"亲戚成了"实在亲戚"。

中国传统文化中基于伦理和关系本位的"礼物的流动"，在中国式现代化进程中固然有许多值得批判的过度成分，比如说，随着商品经济的发展、文化交流的加速，原来深信不疑的"以情为纽带来联结"的人情关系，逐渐塌陷，近代计算理性占住了上风④，互惠、逆互惠的关系伦理，被赤裸裸的送礼行为替代，许多人不由自主地承认礼物为"社会资本"⑤。但正如前文对刘姥姥进大观园的一系列人际传播行为的阐释所揭示的，其中所蕴含的本土文化结构成分和人类温润的情感，与礼物流动中所蕴含的儒家关系主义，仍然是中国式现代化建设中文化自信建设需要特别重视的因素。泼脏水连孩子也泼掉，并非真正的文化自信。

---

① 阎云翔：《礼物的流动——一个中国村庄中的互惠原则与社会网络》，李放春、刘瑜译，上海人民出版社 2017 年版，第 99—106 页。

② 葛兆光：《中国思想史：导论 思想史的写法》，上海：复旦大学出版社，2001 年，第 9-24 页。

③ 阎云翔：《礼物的流动——一个中国村庄的互惠原则与社会网络》，上海：上海人民出版社，2017 年，第 106 页。

④ 周建国：《紧缩圈层结构论：一项中国人际关系的结构与功能分析》，上海：上海三联书店，2005 年，第 12-13 页。

⑤ [美] 林南：《社会资本——关于社会结构与行动的理论》，张磊译，上海：上海人民出版社，2004 年，第 77—81 页。

跨流派传播:《韩非子》与《庄子》寓言的互文性研究

王婷 吴琪*

（贵州师范大学国际教育学院，贵州贵阳，550025；

中盐金坛博士后工作站，江苏常州，213200；

厦门大学新闻传播学博士后流动站，福建厦门，361005；

黔西南州文化体育广电旅游局，贵州兴义，562400）

摘　要：道家与法家之间的传播观念比较由来已久，1925 年著名学者朱希祖发表的《道家与法家对于交通机关相反之意见》一文即是从"道家"与"法家"之关联处落笔，探讨中国古代的传播（"交通"）观念。近百年来，中国传播思想史研究有了长足进展，但是对于《庄子》和《韩非子》传播思想的关联性研究还比较少见。借助文本对读的方法，在不同思想流派之间寻找联系，这种交叉研究将有利于从传播学的视角全面反映华夏传播思想地图的全貌。《庄子》与《韩非子》文本之间的联系是隐蔽的，其中既有法家与道家的对立，又有法家对道家的传承，《庄》《韩》对立于显白处，关联于隐微处，这种隐微的联系，正是华夏隐喻传播的关注点之一。

关键词：先秦传播史；庄韩关系；华夏隐喻传播；互文性

基金项目：本文为贵州省高校人文社会科学研究项目"中华文明话语体系有关重大问题、前沿问题研究"（项目编号：2023GZGXRW109）的阶段性成果。

1925 年著名学者朱希祖先生发表了《道家与法家对于交通机关相反之意见》一文，并从道法两家对比视角研究中国古代传播史之先河。近一百年后，我们可以在朱希祖先生的文集《中国史学通论》[①] 和华夏传播学的文献粹编《华夏传播学新读本》[②] 里同时看到这篇论文。重读这篇经典论文，它既是一篇研究中国古代历史的经典论文，又是一篇研究中国古代传播思想史的经典论文。1988 年，吴予敏所著《无形的网络——从传播学的

---

* 作者简介：王婷，贵州师范大学国际教育学院副教授，厦门大学传播研究所兼职研究员，中盐金坛博士后工作站、厦门大学博士后流动站博士后研究员，研究方向：中西传播思想史、隐喻与传播研究。吴琪，黔西南州文化体育广电旅游局，研究方向：文旅融合发展。

① 朱希祖：《中国史学通论》，北京：商务印书馆，2017 年。
② 谢清果、王婷、张丹主编：《华夏传播学新读本》，北京：九州出版社，2020 年。

角度看中国的传统文化》一书出版，该书作为我国首部将中国传统文化纳入传播学视野进行研究的专著，敏锐地将先秦儒道墨法四家传播思想列为中国古代关于传播的理论观念的代表①。2000 年，关绍箕所著的《中国传播思想史》一书出版，书中正式单列出了"《庄子》的传播思想"和"韩非的传播思想"②。2019 年，谢清果编著的《庄子的传播思想》一书出版，该书基于《庄子》文本本身，从传播学各种视角尝试探索和拓展了"《庄子》的传播思想"③。2020 年，笔者尝试从儒道关系的角度探索了庄子的传播思想④。本文中，笔者将在前期对《韩非子》寓言的传播学研究⑤和对《庄子》寓言的传播学研究⑥的基础上，研究《韩非子》与《庄子》寓言的互文性特征，由此进一步推进先秦道法两家传播思想关系对中国文化传承发展影响研究的深度。

一、《韩非子》对《庄子》寓言的借鉴

韩非子是继庄子之后先秦又一位了不起的寓言大师，他同样十分擅长创作寓言。光从寓言数量而言可谓先秦之首，仅《储说》六篇就包含两百多则寓言。⑦《韩非子》中分"经"和"说"，"经"是理论观点，即论点，支撑"经"的材料是"说"，即论据。"说"的部分包含大量丰富的叙事材料，其中不少就是寓言，如《说林》上下、《内储说》和《外储说》都是韩非为了论证"经"而收集的寓言。在高度系统化的创作框架中不难发现韩非的知识生产方法就是通过寓言作为观点的支撑与说明，使得韩非子学说具有生动的说服力和丰富的文学性，独成先秦殿军一家。

《韩非子》历来被认为承荀卿之学，如"性恶""隆礼重法"等思想，但韩非哲学底蕴出自老子也是不刊之论，司马迁说韩非是"喜刑名法术之学，而其归本于黄老"（《史记·老庄申韩列传》）。由是韩非思想与庄子思想则有了同出之源，但因其价值观念迥异又呈现出"水火不容"之势：一个强调社会的管控和制度，以牺牲个体满足君王的专制集权；一个强调自然无为对人生的重要，牺牲任何个体去成全社会制度的行为都是不恰当的。韩非作为庄子后学占有时代优势，因此才有机会能深入庄子思想并逐一进行批判和抨击，无奈作为先生的庄子却是不能予以反驳了。

荀子曾分析过诸子各家学说短板："墨子蔽于用而不知文，宋子蔽于欲而不知得，慎子蔽于法而不知贤，申子蔽于势而不知知，惠子蔽于辞而不知实，庄子蔽于天而不知

① 吴予敏：《无形的网络》，北京：国际文化出版公司，1988 年。
② 关绍箕：《中国传播思想史》，台北：正中书局，2000 年。
③ 谢清果等：《庄子的传播思想》，北京：九州出版社，2019 年。
④ 王婷：《〈庄子〉的传播以及传播学中的〈庄子〉——兼评〈庄子的传播思想〉》，《华夏传播研究》2020 年第 2 期。
⑤ 王婷、谢清果：《〈韩非子〉寓言故事的传播学阐释》，《东南传播》2020 年第 1 期。
⑥ 王婷、谢清果：《从文学修辞向思想修辞的跃迁：关于〈庄子〉的传播修辞学考察》，《宏德学刊》2022 年第 2 期。
⑦ 陈蒲清：《中国古代寓言史》，长沙：湖南人民出版社，1983 年，第 51 页。

人."①（《荀子·解蔽》）诸子思想视野上的短板，其实是因为"哲学家们的洞见和他们的短处常常纠结在一起……而往往因此又自恃太甚，结果洞见之处又恰好成为他的盲点，他的哲学长处又同时成为他的哲学中的短处"②。后学韩非也正抓住庄子学说的一些短板进行批判，尤其体现在他的寓言中。在《韩非子》寓言和《庄子》寓言的观点较量中，《韩非子》无意客观地充当了间接传播《庄子》的介质，并让韩非在道法两家思想博弈中扮演了一个"正话反说"的传播角色，不仅将庄子一派的思想特征和寓言风格按照法家思想意图进行借鉴与改良——以期达到充实本学派的内化需要，在观点阐明上一个正说，一个反说，在传播策略上达到"借力打力"的传世意图。

韩非的寓言创作深受庄子影响，不少学者已察端倪，如公木先生在《先秦寓言概论》中讲到庄韩二人性格各异，文章悬殊，一个绮丽浪漫、恢诡谲怪，一个犀利尖锐、深入隐微，但无可置否韩非的寓言创作"近受《庄子》影响，而经由神话历史化和理性化的桥梁，终向现实主义的演变"③。学者张远山也曾比较过庄韩之间出现主题、主角以及叙述结构都非常相似的寓言，如"葫芦寓言""御马寓言""矛盾寓言"等，从中探讨庄韩寓言之间的"针锋相对"，他认为这是影响中国两千年历史最大的两种力量："庄子左右了江湖文化，韩非主宰了庙堂政治。"④以人际关系而论，人名的频度颇可以一定程度反映关系的亲疏，《韩非子》中提及道家人物凡4人，杨朱、詹何各6次，老子5次，列子1次，没有一次提及庄子，但是若从"相忘于江湖"的华夏隐喻交往观来看，君子之交淡若水，成天将名字挂在口上，写在文章中，又何尝不可能是一种口蜜腹剑或者溜须拍马，而不曾提到姓名也有可能是一种莫逆于心、永志难忘，比如韩非的老师荀子就只在《韩非子》中出过1次，我们并不能因此就否定二人的师生关系。庄子对韩非子的影响是隐晦而不明的，庄韩关系因此也和庄孟关系一样，成了千古学术疑案。学者杨玲认为："(《庄》《韩》)二书寓言之间的一些联系或许就是打开《庄》《韩》关系之锁的第一把钥匙。"⑤本文依据前人的研究选取一些与《庄子》寓言相关的《韩非子》寓言试做比较（见表1.），试为庄韩之间的关系做一番华夏传播学演绎，从中探讨华夏隐喻传播中"隐微""隐寓"这条隐秘线索。

① 荀况:《荀子校释》，王天海校释，上海：上海古籍出版社，2005年，第839页。
② 冯友兰:《中国哲学简史》，赵复三译，天津：天津社会科学院出版社，2007年，第303页。
③ 公木:《先秦寓言概论》，济南：齐鲁书社，1984年，第137页。
④ 张远山:《寓言的密码——轴心时代的中国思想探源》，上海：复旦大学出版社，2005年，第63页。
⑤ 杨玲:《互见文献视域下的〈庄子〉与〈韩非子〉关系析论》，《诸子学刊》2021年第1期。

表 1　与《庄子》寓言[①]相关相近的《韩非子》寓言[②]

寓言题材	《庄子》	《韩非子》
虱子与猪	濡需者，豕虱是也，择疏鬣自以为广宫大囿……不知屠者之一旦鼓臂布草操烟火，而已与豕俱焦也。（《徐无鬼》）	"三虱食彘"，彘臞，人乃弗杀。（《说林下》）
雀儿与射手	一雀适羿，羿必得之，威也；以天下为之笼，则雀无所逃。（《庚桑楚》）	故宋人语曰："一雀过羿，羿必得之，则羿诬矣。"以天下为之罗，则羿不失矣。（《难三》）
怪虫子	有国于蜗之左角者曰触氏，有国于蜗之右角者曰蛮氏，时相争地而战，伏尸数万，逐北旬有五日而后反。（《则阳》）	虫有虺者，一身两口，争食相龁也，遂相杀，因自杀。（《说林下》）
翩翩衔羽	周周衔羽以济河……人之可求益于物，以补其所短也。（佚文《太平御览·羽族部十五》）	鸟有翢翢者……乃衔其羽而饮之。人之所有饮不足者，不可不索其羽也。（《说林下》）
狐豹的罪过	夫丰狐文豹，栖于山林，伏于岩穴……然且不免于罔罗机辟之患，是何罪之有哉？其皮为之灾也。（《山木》）	翟人有献丰狐、玄豹之皮于晋文公。文公受客皮而叹曰："此以皮之美自为罪……故曰：'罪莫大于可欲'。"（《喻老》）
大葫芦	"空心葫芦"可"浮于江湖"。（《逍遥游·大瓠之种》）	"实芯葫芦"喻"无益人之国"。（《外储说左上·居士田仲》）
害马之物	寓言"去害马者"。（《徐无鬼》）	寓言"造夫御马"。（《外储说右下》）
自相矛盾	物无非彼，物无非是。是亦彼也，彼亦是也。彼亦一是非，此亦一是非……谓之道枢。（《齐物论》）	楚人有盾与矛者，誉之……或曰："以子之矛陷子之盾，何如？"其人弗能应也。（《难一》又见《难势》）
南郭先生	寓言"隐机者"的南郭子綦（《齐物论》）和南伯子綦。（《徐无鬼》）	寓言"滥竽充数"中的南郭处士。（《内储说上》）
夔一足	夔谓蚿曰："吾以一足趻踔而行，予无如矣。今子之使万足，独奈何？"（《秋水》）	哀公问于孔子曰："吾闻夔一足，信乎？"曰："夔，人也，何故一足？彼其无他异，而独通于声。尧曰：'夔一而足矣。'使为乐正。故君子曰：'夔有一，足，非一足也。'"（《外储说左下》）

韩非借鉴吸收《庄子》寓言后的表现就是使其玄幻奇妙、志怪意味减弱，更多走向现实和具体，可以说是对庄子思想的"祛魅"和普通化。比如"夔一足"寓言，"夔"是古代神话中的野兽，像牛，无角，只有一只脚；还有一种说法是传说尧有一个乐官名叫夔。庄子开篇就介绍了自己讲的都是"齐谐志怪"，成玄英在《疏》也提到《山海经》里

① 表中选取的《庄子》寓言，参见陈鼓应：《庄子今注今译》，北京：商务印书馆，2007 年。下文《庄子》寓言原文皆出自该版本，不再赘述。

② 表中选取的《韩非子》寓言，参见陈奇猷：《韩非子新校注》，上海：上海古籍出版社，2000 年。

说"夔"就是一种神兽。[①] 韩非偏不认为有什么怪兽，夔就是人名，是尧的乐官，作为一个音乐家会演奏音乐就足够了，所以是"夔有一，足（矣）"。关于"自相矛盾"更是韩非对于庄子抽象概念的具化处理，"物无非彼，物无非是""彼亦一是非，此亦一是非"如果不结合庄文上下语境难解奇妙，韩非将其具现，如果"彼"是"此"，"此"就是"彼"，那么盾和矛当然可以作为相互转化互为类比的一对具体事物，但如此就很难回答"用彼之矛攻子之盾，可乎？"这样现实习钻的问题了。这无疑是对荒诞世界的理性反思，张远山就此议论："语言层面的悖论，是自以为绝对正确的两个错误思想的集合。但事实层面的悖论，却是两种对于对的力量的互扭——这就是世界在其本质上的荒诞性。"[②]

相比《庄子》寓言的浪漫主义和诗意风格，韩非的继承表现出"经由神话历史化和理性化的桥梁"终向现实主义挺进，成为一股扭转《庄子》寓言超然世俗风格的现实对冲力量，"从而使神话的浪漫主义色彩消失，现实主义因素增强，进而导致了其寓言向以历史故事为主的现实主义风格的演变"[③]。

二、《韩非子》对《庄子》寓言的发展

《庄子》让"寓言"成为一种独立的理论[④]，《韩非子》使寓言成为一种独立文体[⑤]。《韩非子》从文学上丰富了《庄子》寓言文本，但在精神价值上丧失了《庄子》的多样性和开放性。

韩非在对《庄子》寓言的偏向解读中采取了一些保留与排斥，甚至是"偏见"，而所谓"偏见"或许是我们所在意和关注的问题焦点与判断态度。比如他们都谈到治理天下的政治传播思想，同样以驯马喻治理天下，韩非讲"造夫御马"故事是对君王的一项具体献策，只要君王能使用好"二柄"权术就能驱使臣下；而庄子通过借小童之口告诉黄帝（即统治者们）该如何治理国家，小童曰："夫为天下者，亦奚以异乎牧马者哉！亦去其害马者而已矣。"（《庄子·徐无鬼》）庄子从道家的政治立场提供答案，提倡"无为"，认为君主和天下的关系要达到和谐就要去除（外部的）伤害马儿天性的专制独裁，解药就是"无为而治"。但韩非偏偏要的就是（外部的）"为"，要的就是君王的鞭子和马刺。

尽管韩非法家思想对庄子思想是批判性的，但从客观辩证角度来看，这样的批判实则又是在变相地继承与发展，特别是在时空相近的先秦时期深入地传播了庄子思想。正如法国媒介学家德布雷对"传播—传承"的辨析，认为"传播"（communiquer）与"传承"（transmettre）的不同，在于"传承"强调一个更长时空维度中的人类文明发展史，

① 郭庆藩：《庄子集释》，北京：中华书局，1985年，第592页。
② 张远山：《寓言的密码——轴心时代的中国思想探源》，上海：复旦大学出版社，2005年，第113页。
③ 公木：《先秦寓言概论》，济南：齐鲁书社，1984年，第139页。
④ 仝冠军：《先秦诸子传播思想研究》，北京：中国书籍出版社，2014年，第279—280页。
⑤ 陈蒲清：《中国古代寓言史》，长沙：湖南教育出版社，1983年，第58页。

相比而言,"传播"则是在同一个较短时空范围内进行的信息传递。① 韩非在更接近庄子所处时空中客观地传播了庄子思想,辩证地来看他是通过否定的方式——基于《庄子》文本,但背离庄子原意的一类传播方式;而在更长时空维度的传承中,如近代报刊则是连《庄子》文本原始语境都脱离的一类传承,只提取文本的寓言故事要素作为传承的媒介。如 1875 年《小孩月刊》刊载的一篇改编自《庄子·外物》篇的"涸辙之鱼"寓言,几乎与庄子思想,甚至《庄子》文本都无太大联系,寓意注入的是传播者的新意图,"庄子寓言"显然成了一类可传承的媒介,尽管庄子/《庄子》原始语境都已不复存在。可见无论在传播或传承庄子思想或文本时,它们的原始语境或最初思考都在不同偏向或倾向中被"抛弃"了,惟"庄子寓言"没被舍弃,并通过寓言这个介质或管道使得庄子/《庄子》又被客观地传播和传承。

三、结语:《庄子》寓言薪火相传的传播机理思考

《庄子》寓言在《庄子》文本中存在内在的(internal)偏向性。从主流庄学研究来看,《庄子》内七篇出自庄子之手,而外、杂篇为庄子后学②,可以说是目前学界的基本共识。据杨立华细致考察内七篇和外、杂篇的关系后,发现,外、杂篇常常出现或重复内七篇的寓言,或相似片段,或相同人物,或相仿情节,如杂篇《徐无鬼》中南伯子綦与颜成子的对话实际在内篇《齐物论》中就出现过,只是"南郭子綦"为"南伯子綦","颜成子游"为"颜成子","槁木"为"槁骸"等一些不同细节;再如《秋水》也仿照内篇《逍遥游》而作。所以可以猜测外、杂篇要么可能是内篇的仿写,要么可能就是内篇未完成之前的草稿或过渡形态。③ 从这里我们也不妨大胆地猜测,《庄子》33 篇文章,除了内七篇是定论,其他篇目有仿写或是内篇未完成形态的可能,这就使得《庄子》一书从结构来看呈现一个内嵌式结构,让庄子思想忽隐忽现在相似寓言中层出不穷地闪现,展现为一种"寓言十九,重言十七,卮言日出"的内嵌式偏向结构。

不仅如此,就叙事策略而言,《庄子》寓言的写作方式还是一种高超的隐喻修辞手法。正如莱考夫和约翰逊直到 1980 年才在《我们赖以生存的隐喻》中揭示出隐喻修辞具有一种根深蒂固的认知特征,他们称为"隐喻性概念"(metaphorical concept)让人们意识到"隐喻不是寻常的语言"④ 而是一种诗意想象和修辞多样的话语策略。如果说庄子的传播策略采取隐喻修辞传递他的哲学理念,这显然与"传播"的基本概念,特别是与大众传播思想背道而驰,即如《庄子·齐物论》中说道:"万世之后而一遇大圣,知其解者,是

① [法]雷吉斯·德布雷:《媒介学引论》,刘文玲译,北京:中国传媒大学出版社,2013 年,第 5 页。
② 刘笑敢:《庄子哲学及其演变》,北京:中国社会科学出版社,1988 年,第 3—33 页。
③ 杨立华:《庄子哲学研究》,北京:北京大学出版社,2020 年,第 22—25 页。
④ [美]莱考夫,约翰逊:《我们赖以生存的隐喻》,何文忠译,杭州:浙江大学出版社,2015 年,第 4页。

旦暮遇之也。"换言之，庄子采用隐微曲折的方式表达思想，目的是让更少、更知心的人读懂他，但又绝不是一个也读不懂。而像这样的传播策略历史上并非仅有庄子，比如司马迁。

《史记》一书居二十四史之首，鲁迅先生称其乃"史家之绝唱，无韵之《离骚》"，对于这本书，司马迁的传播态度是："藏之名山，传之其人。"（《报任安书》）"名山"指群玉山，是古代官家书府的雅称①，也就是国家档案馆。这是对司马迁传播策略的一般认识，但是我们可能还忽略了《自序》中的下半句："藏之名山，副在京师。""副"指副本。②"京师"就是首都，是人潮密集的天子居所。如果说著作永远封存在档案馆里还怎么传承思想家的深刻思想？其实是保证"玉版""珍本"能被官方保存的同时要让副本广泛流行在人群之间，这才是太史公的真实传播策略，同样也是庄子的策略。只是庄子更高明，把"玉版"用寓言包装了起来，从内部渠道上自觉地加入了筛选过滤系统。至于大师们为什么要绕着道走，显然有出于文明程度、政治限制、社会接纳等方面的考虑，他们都看到思想在传播与传承中始终存在着一股"显白"与"隐微"的文化张力。

至今影响北美学术的犹太裔流亡哲学家列奥-斯特劳斯（Leo Strauss）初到美国时写了《显白的教诲》一文，生前未发表。文中认为今人对古典哲学家们常用到"显白的"（exoteric）和"隐微的"（esoteric）两种教诲方式早已泾渭莫辨，甚至也不认为两种方式的区分对理解过去思想有什么重要性。然而斯特劳斯声称莱辛"揭示——同时也隐藏——那些迫使智慧之人隐藏真理的理由"③，就不禁让我们怀疑：为什么古代哲人们要隐晦？刘小枫教授在斯特劳斯的七条提示下概括出三个关键词：哲人、隐微/显白说辞、政制，"换言之，从古至今都有哲人在用隐微（对内）说辞表达真理，启蒙哲人取消了隐微（对内）与显白（对外）的区分，无异于把隐微（对内）的说辞变成了显白（对外）的说辞。因此，这个注释下，在这里，用意在于表明时代的转变。"④然而在柏拉图的时代，显白和隐微两种教诲方式显然是并存的，只是问题在于："初学者实际上所理解的教诲与训练有素的门徒实际上所理解的教诲果真相同吗？"⑤或者更进一步来看，柏拉图时代采取的两种教诲方法实际也正是看到了不同受众接受真理的表现，那么古代哲人探究的"并非绝对隐蔽，而仅仅对粗心的读者来说隐蔽；或者说辞所谓悉心之必需，仅仅针对充分理解柏拉图真正探究而言，而非针对作为真正探究之'表皮'的那些探究而言"⑥。所以对于

---

① 杨福泉：《"藏之名山"补正》，《古汉语研究》2009 年第 2 期。

② 司马迁：《史记》，北京：中华书局，2014 年，第 4028 页。

③ [美] 列奥·斯特劳斯：《古典政治理性主义的重生：斯特劳斯思想入门》，郭振华等译，北京：华夏出版社，2017 年，第 115 页。

④ 刘小枫：《显白教诲与世间邪恶——施特劳斯对莱辛的一段话的解释》，《东岳论丛》2010 年第 8 期。

⑤ [美] 列奥·斯特劳斯：《古典政治理性主义的重生：斯特劳斯思想入门》，郭振华等译，北京：华夏出版社，2017 年，第 119 页。

⑥ [美] 列奥·斯特劳斯：《古典政治理性主义的重生：斯特劳斯思想入门》，郭振华等译，北京：华夏出版社，2017 年，第 120 页。

《庄子》一书如何在传世中拣选出谁是它训练有素的门徒，谁是它的泛泛读者，就是将真理包裹在隐微（对内）说辞的寓言载体中，化作一个个"副本"撒播到人间，想要获取真经，只有悉心探究者方可"祛魅""解蔽"，这是粗心读者难以识破的"障眼法门"。

　　无论中西，古典政治文明中"隐微"与"显白"说辞转换是翻越政治藩篱的必要举措，也是向世人铺下寻道求真的迷踪小径，正如太史公曰："《春秋》推见至隐，《易》本隐之以显。"（《史记·司马相如传》）载大道之言常出没在"显""隐"之间，通过"文隐深蔚，余味曲包"（《文心雕龙·隐秀》）呈现古代哲人传播之智慧。《庄子》寓言从内部设计来看就是偏向隐微、曲折、不易解读，具有读者群体少、精英化的接受倾向，是《庄子》寓言生产之初倚重文字为中心的媒介生产结果。但当进入报刊时代，印刷术普及、纸张成本降低，完全有了让精英《庄子》走向大众《庄子》的可能，让《庄子》寓言作为庄子思想对外的代言人，以"副本"形式更易迎合大众文化的挑战，无形中成就了思想的"薪火相传"

中华元典传播研究

主持人语

中华元典是中华文化的重要载体，中华文明不中断的一个主要原因就是注重对中华经典，特别是中华元典的传播和传承。研究中华元典传播的进程和传播规律，对于促进中华优秀传统文化的创新性发展和创造性转化具有重要意义。

本辑从古典建筑、碑刻、影视等方面推出有关中华元典传播的三篇文章，深入阐述中华元典在各媒介的传播形态、传播特征和传播价值。《筑以传神：中国古典建筑艺术的元典传播效果研究》一文认为，中国古典建筑艺术直观反映中国古代的社会规制与等级身份，内在蕴涵中国古代的生命思想与宇宙观念，这与中华元典的核心理念与基本内容高度相关。文章合理设定中国古典建筑艺术的媒介属性，全面总结作为传播媒介的古典建筑艺术对元典内容的社会传播，开启了元典传播的全新视角。文章有效结合中国古典建筑艺术与中华元典精神，系统归纳中国古典建筑艺术对中华元典精神的传播效果，拓展了元典传播的研究领域，具有重要的学术创新价值。《中华元典碑刻传播的历史面相与当代价值——基于西安碑林博物馆的考察》一文以入藏西安碑林的儒家经石为物料，体认"碑刻"对中华元典传播的重要意义有其显著优势：一方面回到历史情境中，认为碑刻对统一学术规范，维护国家秩序发挥过媒介承载与传播作用，是与统一元典文化相配适的特殊媒介；另一方面，落点新媒体时代，从历史文物的视角管窥其在文化、学术以及艺术发展方面的现实意义，有"料"，有"物"；有地方，有温度。文章既重视与学科观念理论方法的结合，也观照我国当前做好宣传思想文化工作的大局，重新释放了一种"老"媒介的新活力、新价值，正所谓"石经是缄默的，但石经前世今生的故事是生动的"。从学科角度思考如何"让更多人走进博物馆，体悟中华元典精神"是作者贯穿始终的价值关怀。《邀"诗"入"剧"：中华元典的影视呈现与意义生产》一文以影视剧为切入点，将元典文化与影视传播相结合，探讨以《诗经》为代表的文化元典在影视剧中的多种呈现形式，并进一步思考这些文本是如何转换形式、进行意义生产的。文章试图使元典文化传播研究的视角更加多元化，为元典文化传播的创新提供更多借鉴。

中华文化博大精深，源远流长，中华元典卷帙浩繁，中华元典传播研究任重道远。目前中华元典传播研究还只是刚刚起步，希望有更多的学者参与到中华元典传播的研究当中来，使中华元典传播研究尽快成为一门显学。

（《河南日报》高级编辑 施宇）

筑以传神：中国古典建筑艺术的元典传播效果研究

张　婷　丁春锦　翟龙宇 *

（郑州大学建筑学院，郑州，450001）

摘　要：中国古典建筑艺术作为中华文明重要的物化载体，数千年来始终保持着稳定的纯粹，将精神厚重的中华文化作为一种标志树立起来，其记忆核心是元典精神。中国古典建筑艺术蕴含着具有普适意义的空间性视觉修辞、历时性政治宣传、遍在性文化理念、现实性人本关照等元典传播内容。中国古典建筑艺术的元典传播效果与其传播内容具有内在关联，体现为元典传播的美学思想、事功思想、宇宙思想、人本思想等四个方面体现。

关键词：元典传播；中国古典建筑艺术；传播媒介；传播效果

基金项目：本文系郑州中华之源与嵩山文明研究会资助课题"中原地区史前至夏商庭院建筑研究"（项目编号：Y2019），河南省高校人文社会科学研究项目资助"夏商都邑庭院建筑研究"（项目编号：2022-ZDJH-00278），2020年度郑州大学青年骨干教师培养计划"中原地区先秦庭院建筑综合研究"阶段性研究成果

　　纵观历史不难看出，中国古典建筑艺术是中华民族生存与生活的观念呈现，是五千年不断裂之中华文明的重要物化载体，直观传达着中华民族的历史记忆和文化认同。其发展历程不仅展示中华民族的物质生产实践过程与成果，同时也与塑造集体意识紧密联系，既包含了丰富的元典内容，又承载着元典传播的重要使命，成为沟通古今的重要媒介。本文从元典传播视角对中国古典建筑艺术进行深入剖析，重点探讨其独特的元典传播效果，以期对中国建筑文化的多元化认识及元典传播的多样化媒介有所裨益。

一、元典精神：中国古典建筑艺术的思想核心

　　马克思指出："历史不是作为'源于精神的精神'消融在'自我意识'中而告终的，

---

　　* 作者简介：张婷，郑州大学建筑学院副教授，硕士生导师。丁春锦，郑州大学建筑学院建筑学硕士研究生。翟龙宇，郑州大学建筑学院建筑学硕士研究生。

历史的每一阶段都遇到一定的物质结果，一定的生产力总和，人对自然以及个人之间历史地形成的关系，都遇到前一代传给后一代的大量生产力、资金和环境，尽管一方面这些生产力、资金和环境为新的一代所改变，但另一方面，它们也预先规定新的一代本身的生活条件，使它得到一定的发展和具有特殊的性质。由此可见，这种观点表明：人创造环境，同样，环境也创造人。"[①] 建筑是人所创造出的一种物质结果，也是人生存必备的空间环境，中国古典建筑作为"历史的形成关系"的产物一代代传承下来，既是中华民族创造的生活环境，同样也是创造出当今中国人的环境之一，不仅提供物质依托也诉诸精神承载，有着独树一帜的艺术形象。

黑格尔指出建筑与象征型艺术形式相对应，"最适宜于实现象征型艺术的原则"，建筑的"意义不在它本身而在它对人的关系，在人的家庭生活、政治生活和宗教仪式等方面的需要和目的"[②]。可以看出，建筑的根本意义在于以建筑作为媒介反映与人的关系，体现的是人处于社会中的需要和目的，其象征性主要应对的也是这种关系、需要和目的。其象征内容受文化影响和制约的同时，也反作用于文化传播。在中国文化领域内得以生成的中国古典建筑艺术便是传统文化的极佳载体，行止劳作、饮食休憩尽在其中，与人的关系最为密切，"天长日久，潜移默化，比诗词赋咏更易驻留人心，更能恒久流传"[③]，其象征内容博大精深，是华夏历史记忆的总和。正如克罗齐所说"历史之有别于纯粹的幻想，正如一个直觉品之有别于任何另一直觉品，就在于历史是根据记忆的"[④]，中国古典建筑作为人们感知世界的一种"直觉品"恰似历史的烙印镌刻着中华民族的共同记忆，而这种记忆的核心就是五千年来凝结在中国人血液中的元典精神。

二、传播媒介：中国古典建筑艺术的元典内容

从时空角度看，中国古典建筑艺术处于持续发展与展示过程中，将建筑艺术纳入社会文化发展进程本身也就成为了历史文化或者历史意识的一部分；与此同时，元典精神便通过古典建筑艺术作为一种被欣赏、回忆和学习的内容转移到了当下，那些屹立与曾经屹立于世人面前的经典建筑作为被大众所接受了的传播媒介，蕴含着具有普适意义的传播内容。

（一）空间性视觉修辞

建筑作为造型艺术的一种形式，其叙事方式体现在造型中所应用的视觉建构方法和美学装饰，从而形成不同于其他造型艺术的独特视觉修辞，特别是其还具有空间性，而

---

① 中共中央马克思恩格斯列宁斯大林著作编译局编译：《马克思恩格斯选集1》，北京：人民出版社，2012年，第172—173页。
② ［德］黑格尔：《美学》，朱光潜译，北京：商务印书馆，2012年，第29—31页。
③ 刘晓光撰，张振光等摄影：《象征与建筑》，北京：中国建筑工业出版社，2015年，第86页。
④ ［意］克罗齐：《美学原理》，朱光潜译，北京：商务印书馆，2012年，第33页。

空间是被生产的视觉景观，而且往往携带着非常复杂的劝服欲望和修辞目的^①。

中国古典建筑艺术利用点、线、面、体，色彩、造型、肌理等各种视觉元素，以木质材料为依托，形成建筑构件、界面与空间，这些视觉元素通过修辞学的方式被着力安排与修饰，形成二维与三维两种维度的视觉效果，绝不仅仅是因为建筑结构本身的需要，或附着于建筑的某种单纯的情感释放，也是为了更好地实现与观者的交流。视觉修辞的活力来自视觉布局，因为视觉布局中蕴含了诸多抽象的力量；视觉修辞通过对视觉文本的策略性使用，以及视觉话语的策略性建构与生产，达到劝服、对话与沟通功能，展现的不仅仅是美，更重要的是一种力^②。"中国古典建筑艺术强调的不是简单的'美'，而是'巧'，讲究向背关系，讲究整和缺，讲究气势"^③，中国古典建筑艺术正是通过自身特有的视觉布局形式，萃取出一种有别于其他造型艺术，也有别于其他建筑样式的修辞之势，将蕴含其中的中华文明历史建构与社会集体记忆有力地表达出来，从而打动观者，实现其"劝服、认同或者沉浸的修辞目的"^④，突出了建筑作为传播媒介的实践性品格。

（二）历时性政治宣传

不同的空间思想虽然在对待空间的认识上存在差异，但都强调空间的生产过程与社会内涵^⑤。中国古典建筑作为空间的艺术从产生之初就是"上古穴居而野处，后世圣人易之以宫室^⑥"的"圣人作宫"，这里的"圣人"与今言有一定区别，指古时的统治者，意即庄子所指"内圣外王"的贤德治世之人。从其建造房屋，革命性地改变中华先民居住环境起，就给中国古典建筑植入了强调道德与礼仪的特性，一方面建筑作为其统治的物质基础，另一方面也彰显其政治思想，以建筑为载体用礼制规范统治秩序。《论语》中孔子赞美大禹"卑宫室，而尽力乎沟洫"发出"吾无间然矣"的感叹，在这里朴素的宫室就是禹作为王清明勤政的旗帜，也是后世中国古典建筑重庄严不重华丽、重气势而不苛求过分宏大所体现出仁义治世为核心的政治广告。

虽然随着不断发展，中国古典建筑的结构技术不断完善，不同阶段也各有特色，但作为媒介传播元典治世之道的内容始终贯穿其中。

（三）遍在性文化理念

"建筑不是浮在空中的，而是跟民族文化密切相关"，"每一座建筑都是哲学理念的化

---

① 刘涛：《媒介·空间·事件：观看的"语法"与视觉修辞方法》，《南京社会科学》2017 年第 9 期。

② 李红：《视觉之势：论视觉修辞的活力之源》，《新闻大学》2018 年第 4 期；刘涛：《媒介·空间·事件：观看的"语法"与视觉修辞方法》，《南京社会科学》2017 年第 9 期。

③ 王贵祥：《每一座建筑都是哲学理念的化身》，《新华日报》2013 年 1 月 16 日，第 B07 版。

④ 李红：《视觉之势：论视觉修辞的活力之源》，《新闻大学》2018 年第 4 期。

⑤ 刘涛：《社会化媒体与空间的社会化生产——列斐伏尔和福柯"空间思想"的批判与对话机制研究》，《新闻与传播研究》2015 年第 5 期。

⑥ 宋祚胤注释：《周易》，长沙：岳麓书社，2001 年，第 351 页。

身"①。有这样一种现象,全世界华人聚集的地方都会建古典样式的唐人街,街口要立牌楼,牌楼和建筑上还要有书法匾额;中国的每一座古都也都会建造古典建筑样式的街道,突出某一时期的文化特征。这是一种显性的传播媒介,可以看出中国古典建筑正是中国文化的重要载体,它能直观体现出与其他民族文化的区别。梁思成先生对于中国古典建筑艺术的特点与内涵曾有如此表述:"中国建筑之个性乃即我民族之性格","中国建筑乃一独立之结构系统,历史悠长……数千年来无遽变之迹,渗杂之象,一贯以其独特纯粹之木构系统,随我民族足迹所至,树立文化表志……上自文化精神之重,下至服饰、车马、工艺、器用之细,无不与之息息相关"②。可以看出中国古典建筑艺术之个性来源于中华民族的个性,数千年来始终保持着稳定的纯粹,无论中华民族走到哪里就将其传播到哪里,并将精神厚重的中华文化作为一种标志树立起来。

(四)现实性人本观照

梁思成先生指出中国人对于建筑"不求原物长存",自古就未有如古埃及刻意求永久不灭之工程,因为中国人顺应新陈代谢、自然生灭的道理与规律③。不同于追求宗教性、突出纪念性、强调永恒性的西方传统建筑,中国古典建筑更倾向于观照人本身,功能指向主要是居住、生活与权力,即便最高等级的宫殿建筑也是人的权威的象征,服务于当世而非来世,即普惠世人。中国古典建筑艺术在一代又一代的变迁中通过人的传承来实现建筑的延续,既体现建筑对每代人的服务,又强调人在建筑历史中的作用,而不依赖于对某一类永恒建筑的修缮表明历史性与延续性,因此实用性极强,可以说是可持续地服务于人。且建筑的建造要考虑到对当时人的影响,如若统治者因大兴土木或过分追求华宫美榭而行了劳民害农之事,影响到人民的正常生活,则会为世人与后世所诟病。尚俭德、诎巧丽,重实用、普世人的中国古典建筑艺术,润物细无声谱写着中华民族"仁者爱人"的人之观照,这是建筑作为媒介所传播的重要内容。

三、绳其祖武:中国古典建筑艺术的传播效果

中华元典传播具有效果双重性,直接性效果体现在历史语境对当今社会治理的启示作用,潜在性效果体现在古往今来得以安身立命的内在修养的潜移默化。④以中国古典建筑艺术为媒介景观的元典传播同样显示出这种效果的双重性:既能显现先民对自然、社会以及人类自身的认知与理想,又可美化中国古代的精神世界。由此推论,中国古典建筑艺术的元典传播效果与其传播内容具有内在关联,体现为元典传播的美学思想、事功

---

① 王贵祥:《每一座建筑都是哲学理念的化身》,《新华日报》2013年1月16日,第 B07 版。
② 梁思成:《梁思成文集(3)》,北京:中国建筑工业出版社,1985年,第3页。
③ 梁思成:《梁思成文集(3)》,北京:中国建筑工业出版社,1985年,第11页。
④ 施宇:《中华元典传播的特征、历史实践及当代意义》,《新闻爱好者》2020年第2期;施宇,王怀东:《"内圣外王"论中华元典传播的双重性效果》,《新闻爱好者》2021年第3期。

思想、宇宙思想和人本思想。

（一）作为传播效果的美学思想

美的追求始终贯穿于中国古典建筑艺术的发展过程，正是由于中华民族对于美具有共同的认识，使得古典建筑虽然在不同的历史阶段呈现出一定的特点，但内在的美学思想及对美的形式表达并没有发生本质上的变化，保持了特定的视觉修辞内容与方法，因此才能够以稳定的面貌持续发展。

这种美的共同认识的起点与核心就是包含在元典中的美学观。如儒家"致中和""中正无邪"的思想是中国传统建筑中轴对称的美学根源。《孟子·尽心下》云"充实之谓美"①，反映在古典建筑中即空间设置要合理，重视建筑的内在需求。《易经·系辞下》载"上栋下宇，以待风雨，盖取诸大壮"②，用"大壮"抽象地表达出宫室建筑的造型特点，为中国官式建筑持续保持高大、阳刚、威严之美奠定了基调，使国之气象与建筑在美学形态上相互辉映。《国语·楚语》曰："夫美也者，上下、内外、小大、远近皆无害焉，故曰美。"③中国古典建筑最突出的形式是庭院建筑，是一种由多座建筑构成的建筑群，其中所体现出的"和谐"正是这一美学观的直接反映，也在世界各民族建筑中独树一帜。另外，"适形"也是中国古典建筑对元典美学观的突出体现，《墨子》《吕氏春秋》《尚书》等典籍中均有关于建筑要适形的论述④。

（二）作为传播效果的事功思想

中国古典建筑在延续发展中逐渐形成一个鲜明的艺术特征——具有清晰的理性精神⑤，这与其所包含的广而告之的政治内容密不可分，这种康德意义上的实践理性就是中国古代历史语境下的事功思想。

中国古典建筑艺术讲究系统秩序，注重整体和谐，通过与齐家、治国的紧密结合，成为元典中"重伦常、崇教化、觅治道、求经世"等政治伦理的空间化展现。首先，中国古典建筑与生俱来的官式建筑和非官式建筑之分，直接体现出政治层面的统治与被统治关系；其次，官式建筑又有严格的等级之分，体现出君臣之间的高下之别；另外，非官式建筑也会通过以空间序列为代表的一系列处理手法，有意突出长幼有序，利用建筑特有的艺术方式传播礼乐文化，切实起到维护礼制的实际效果。作为一种积淀型的元典传播载体，中国古典建筑以古人对社会的实践性认识为基础，以元典内容的实践性价值取向为依据，一定程度上强化并塑造了中国古代社会"修齐治平"的功利、实用的事功

---

① 万丽华，蓝旭译注：《孟子》，北京：中华书局，2007 年，第 331 页。
② 宋祚胤注释：《周易》，长沙：岳麓书社，2001 年，第 351 页。
③ 徐元诰撰，王树民、沈长云点校：《国语集解》，北京：中华书局，2002 年，第 495 页。
④ 王贵祥：《"大壮"与"适形"——中国古代建筑思想探微》，《美术大观》2015 年第 10 期。
⑤ 汪正章：《建筑美学》，北京：东方出版社，1997 年，第 149 页。

思想。

(三) 作为传播效果的宇宙思想

中国古典建筑艺术作为古人对自然世界的认识工具,充满对"宇宙"的描摹和对"天地"的崇拜,这也是建筑所作文化理念传播的重要组成部分。相关元典内容中宇宙与建筑具有一定程度的逻辑互通性,比如《淮南子》云"往古来今谓之宙,四方上下谓之宇"①,指出宇乃空间,宙为时间;又有"而燕雀佼之,以为不能与之争于宇宙之间"②,高诱注"宇,屋檐也。宙,栋梁也"。又如《说文解字》曰"宇,屋边也","宙,舟舆所极覆也",段玉裁注"复者,反也。与复同往来也……亦谓其大无极,其长如循环也"。由此可见,中国古人对宇宙和建筑的理解具有寓意层面的关联性——集空间和时间于一体的建筑成为宇宙的缩影。

"天圆地方"是古人对宇宙形状的朴素认识,建筑作为宇宙的物化就要符合这种形式,必须做到"与天地合其德,与日月合其明,与四时合其序"③。现今依旧保存完整的北京天坛祈年殿就是一座模拟天的礼制建筑:圆形的殿堂代表天圆,内圈 4 柱表一年四季,中圈 12 柱表一年十二个月,外圈 12 柱表一天十二时辰,中圈与外圈相加为 24 柱,表二十四节气,内中外共 28 柱表二十八星宿,加上顶端的 8 根铜柱表三十六天罡,天宇尽在一座建筑之中。由于宇宙思想的形而上特征,不止宗教建筑,其他类型建筑同样或多或少地具有"天地观念"。比如《白虎通义》中就有对明堂结构如何模仿宇宙进行过详细的解读:"明堂上圆下方,八窗四闼,布政之宫,在国之阳。上圆法天,下方法地,八窗象八风,四闼法四时,九宫法九州,十二坐法十二月,三十六户法三十六雨,七十二牖法七十二风。"④中国古典建筑艺术承载着古人对自然世界的理解,《楚辞·天问》发起过"圜则九重,孰营度之?惟兹何功?孰初作之?……何阖而晦?何开而明?角宿未旦,曜灵安藏"⑤的讨论,把宇宙与建筑并置而言,另有"云生梁栋间,风出窗户里"等美妙诗句所描绘的建筑与天地的内在联系,都能体现出中国古典建筑艺术对元典宇宙思想的传播效果。

(四) 作为传播效果的人本思想

《说文解字》曰"人,天地之性最贵者也",元典中"人"是最重要、最根本的关键

---

① 杨有礼注说:《淮南子》,开封:河南大学出版社,2010 年,第 400 页。
② 杨有礼注说:《淮南子》,开封:河南大学出版社,2010 年,第 284 页。
③ 宋祚胤注释:《周易》,长沙:岳麓书社,2001 年,第 15 页。
④ (清) 陈立撰,吴则虞点校:《白虎通疏证》,北京:中华书局,1994 年,第 265 页。
⑤ (汉) 刘向辑,王逸注,(宋) 洪兴祖补注:《楚辞》,上海:上海古籍出版社,2015 页,第 106 页。

词①，国家想要富强就得"以人为本"②，主张"凡事皆需务本，国以人为本"③。

中国古典建筑艺术作为处理人与自然关系的媒介景观，作为人类生存发展的物质基础，其源头即是从人本身出发，首要任务是满足人类的物质需求，这在诸多史前时期的考古发现中已经得到证实。随着中国古典建筑在实用、舒适的基础上逐步走向美观、雅致，其艺术价值不断兼顾物质与精神两个层面，开始实现全方位的人文关怀。中国古典建筑艺术在发展过程中出现诸多指导建筑营造的相关理论，充分体现出元典人本思想的传播效果。比如《黄帝宅经》中就把建筑的组成部分直接与人体对照起来论证，认为建筑结构与生命形式具有同构性："宅以形势为身体，以泉水为血脉，以土地为皮肉，以草木为毛发，以舍屋为衣服，以门户为冠带"，指出"人因宅而立，宅固人得存，人宅相扶，感通天地，故不可独信命也"。④中国人至今讲究房子要有"人气"，要"适形"皆源于这种人与房互通的观念。

元典中还有许多改善人生活环境的房屋建造方法。如《墨子·辞过》载"室高足以辟润湿，边足以圉风寒，上足以待雪霜雨露"，突出了建筑对人的保护；又如《诗经·大雅·绵》"其绳则直，缩版以载，作庙翼翼。救之陾陾，度之薨薨，筑之登登，削屡冯冯。百堵皆兴，鼟鼓弗胜"，形象地描述了利用夯土版筑技术建造房屋的流程，这种技术流传至今，惠及世代人民；还有《周礼·考工记·匠人》载"夏后氏室……白盛"，所谓"白盛"，郑玄注"以蜃（蛤类）灰垩墙"，《通典》载周人"其宫室墙壁，以蜃蛤灰饰之"，可以看出白灰墙面的做法是延续发展的，今天材料技术虽然发生了变革，但蕴藏在元典记述中房屋建造旨在优化人居环境的初衷几千年来本质上没有变。另外，墨子又说"宫室不可不节"，管子也指出"节宫室，适车舆"，都主张建筑应从人的生活实用出发，不可过度追求精美而劳民伤财；中国人自古称道的"四世同堂"不仅仅是人丁兴旺长寿，也是家庭内部和睦相处于同一屋檐下，对建筑求实重俭的讴歌，是中国古典建筑艺术人本智慧的体现。

四、结语

概而言之，中国古典建筑始终追求着人的价值与意义，观照人的现实生活，反映着生命与建筑之间的内在联系，传递着元典之中蕴含的人本思想，通过代代传承彰显《诗经》所云"昭兹来许，绳其祖武"之精神。对照大众传播的效果可得，中国古典建筑的实用性使得元典传播具有遍在效果，中国古典建筑的思想性使得元典传播具有累积效果，中国古典建筑的艺术性使得元典传播具有共鸣效果。由此可知，中国古典建筑艺术即为

---

① 李建中：《先秦文论元典之"人"义重释》，《文艺理论研究》2019 年第 3 期。
② （唐）房玄龄注，（明）刘绩补注，刘晓艺校点：《管子》，上海：上海古籍出版社，2015 年，第 171 页。
③ （唐）吴兢编著，王贵标点：《贞观政要》，长沙：岳麓书社，1991 年，第 279 页。
④ 汤一介等主编：《黄帝宅经卷上》，《道书集成第 51 册》，北京：九洲图书出版社，1999 年，第 580 页。

国家层面的重要媒介，从元典传播视角研究中国古典建筑艺术具有可行性，从中国古典建筑艺术观照元典传播具有必要性，中国古典建筑艺术的元典传播研究有待进一步拓展与深入。

中华元典碑刻传播的历史面相与当代价值

——基于西安碑林博物馆的考察

宋　佳　施　宇*

（复旦大学新闻学院，上海，200433；

《新闻爱好者》副主编，河南郑州，450002）

摘　要： 作为中华传统文化之渊薮，中华元典的重要性举重若轻。在古代，碑刻传播以其准确性高、失真度小、传播过程稳定性强、传播空间灵活、可开放传播的特点成为与中华元典传播配适的重要媒介。本文主要以入藏西安碑林博物馆的《熹平石经》与《开成石经》为例，从石经传播的缘起、主体、内容、对象及其传播效果等方面勾勒了碑刻与古代中华元典传播、丰富和传承之间相互耦合的历史貌相。并认为，石经在当代依然存在特殊价值，包括在文化方面重新释放元典价值，激发文化传承兴趣；具有以碑正史，勘定正误的学术价值；以及平面设计与空间语境下的艺术价值。

关键词： 中华元典；碑刻传播；西安碑林博物馆

中华文明作为世界历史最悠久的文化遗产之一，具有五千年不间断的生命力。那些原创性的、在中华民族文化发展历程中影响深远、长期发挥精神支柱作用的中华元典，不仅作为经典中的经典，汇聚了中国文化的主要精华，是彰显这一文化传统与思想体系的重要文献资料，而且元典精神内蕴中华文明基因，是中华传统文化创新性发展、创造性转化的源头活水，元典推广传播的重要性举重若轻。

我国从古代开始就非常重视中华元典尤其是儒家经典的传播，曾七朝发生过八次大规模的刻经行为，并进行多次补刻、复刻。西安碑林博物馆收藏的《熹平石经》《政史石经》等石经残石以及保存基本完整的《开成石经》，就是中国历朝历代重视并广泛运用"镂于金石"之元典传播盛世的微观缩影和无声验证。本文以西安碑林博物馆相关史料为

---

　　* 作者简介：宋佳，复旦大学新闻学院博士研究生；施宇，河南日报社高级编辑，《新闻爱好者》副主编。

镜，管窥中华元典碑刻传播的历史貌相以及在新时代碑林传播对增强文化自信、大力弘扬中国传统文化的价值贡献。

一、中国古代碑及其传播的特征分析

碑，有木制与石制，最早作测时、定位、系牲畜以及垂降棺体之用，如史书中记载"丰碑，斫大木为之，形如石碑。于椁前后四角树之，穿中于间为鹿卢，下棺以綍绕。天子六綍四碑，前后各重鹿卢也"①，是为木制下棺碑的具体例证。碑刻，顾名思义，即将文字内容"镂于金石"以记载、保存或传播，不仅包括始于商周时期的青铜器铭文，也包括石制材料的摩崖、碑碣、墓志、石经等。由于本文的讨论对象以西安碑林的石经为主，因此，此处提及的碑刻及其传播特征特指石制的"有铭碑刻"，我国最早、史称"中国碑刻之祖"的碑刻是战国时期的《石鼓文》，此后至秦，碑刻多表现为形制自由、文字简短，以载事、记人和歌功颂德为主要目的，譬如始皇统一六国后五番出巡所勒的七处刻石。到了汉代尤其是东汉以后，碑石、碑刻的文字加长，内容丰富，从而有了全新含义。这种石制碑由于其坚固耐久、高耸厚重、体积大易保存、不易损坏等特点不仅成为一种文化信息的重要载体，同时也决定了碑刻传播的基本特性。

首先，碑刻传播的内容准确性高，失真度小。刊刻上石的文字需要校勘，然后经过书丹、布版、上样、镌刻的过程被确定下来，有时还会有专人负责看书上石，以防刊误。通过这种严格且复杂流程固定下来的碑文，相较于在不同社会文化背景下可能被刻意篡改删除的古籍，准确性更高。故此碑刻常被人用来记事、昭示、颂德、记功。随着拓印技术的发展，"碑拓"成为碑刻传播的延伸部分，由于拓本是对碑文的复制拷贝，且其母本（碑文）具有唯一性，故而碑拓相较于传统手写传抄过程漏抄、误抄频发的情况，失真度更小，正如韩愈在《石鼓歌》中所言，"公从何处得纸本，毫发尽备无差讹"，这里的纸本就是从石鼓碑碣上所拓之纸本。其次，传播过程稳定性强。媒介的材质、周期不同，其所承载的传播功能与传播效果也相差较大，碑刻传播的稳定性主要源于以"石"为媒的优势，它质地坚硬、不易朽坏，易于长久保存信息，即哈罗德·尹尼斯所说的"偏向时间的媒介"。石制碑体尽管笨重不便，不易运输，却有助于信息的传承与延续，收藏于众博物馆内的各类石经、碑志、石像等除了在战争和搬运过程中出现的磨损和裂痕外，碑体留存的众多文字历经千年的风雨剥蚀依然清晰可辨，成为重要的文献史、书法史、文学史研究资料。最后，传播空间灵活，可开放传播，这主要得益于碑石体积大、可竖于原野的特点。古时书写于简帛、纸张等媒介上的信息不仅不能同时供许多读者阅览，而且载体材质本身珍贵，多为贵族和王室所垄断，石刻由此成为取材方便、成本低廉且空间开放、面向大众的最佳公共传播形式。

---

① （清）阮元校刻：《十三经注疏》，上海：中华书局，1980 年，第 1594、1059、1310 页。

二、元典碑刻传播的历史面相——以《熹平石经》与《开成石经》为例

中华元典创制于人类文明的"轴心时代",代表着中华民族源源不断的文化渊薮和垂范百世的精神指南。古代元典传播的渠道非常多元,在印刷术兴起之前包括口耳相传、甲骨、竹简、帛书、石刻等,其中"镌刻碑碣"的碑刻传播形式以其准确度高、稳定性高、开放传播等特点成为与当时元典统一传播和精神传承配适的重要媒介。同时,传播载体之碑石本身也为中国传统文化的瑰宝之一,使得元典的碑刻传播又有其独特性。

细数中国各朝各代曾发生过的七朝八次大规模刻经行为,包括东汉《熹平石经》、曹魏《正始石经》、唐代《石台孝经》及《开成石经》、五代十国后蜀《广政石经》、北宋《嘉祐石经》、南宋《绍兴石经》和清代《乾隆石经》。东汉《熹平石经》是中国的首创石经,由此发展至唐代碑刻文化达到鼎盛后,因为雕版印刷术大规模用于经书印刷而致使石经之校勘、正经等作用逐渐式微,进而削弱了石经的传播价值,故而在历史上极具社会价值与传播功效的石经主要集中在前4部,本文则主要选取其中两部入藏于西安碑林博物馆的具有代表性的《熹平石经》和唐文宗《开成石经》,结合传播学的观念理论方法,通过考察碑刻传播的缘起,碑刻传播的主体、内容、对象及其产生的效果,以大致勾勒碑刻这一特殊传播形式与古代中华元典传播、丰富和传承之间相互耦合的历史貌相和时代规律。

《熹平石经》从汉灵帝熹平四年(175)开始刊刻,直至光和六年(183)历经八年完成,共刻有《周易》《尚书》《论语》《鲁诗》《仪礼》《春秋》和《公羊传》七部儒家经典,凡46石,每座碑宽为4尺,高约1丈,约20万字。它的诞生在当时已经成为一种现象级事件,为社会带来一种全新的文化传播形态。而《开成石经》身处上承《熹平石经》下启《广政石经》的地位,从太和七年(833)开始刊刻,历时五年,于开成二年(837)完成,刻有《周易》《尚书》《诗经》《周礼》《仪礼》《春秋公羊传》《春秋左氏传》《春秋谷梁传》《论语》《孝经》《尔雅》12种儒家经书,共计一百余块碑石,65万余字,是中国历史上首部刊刻经文最多、最具体系化的石经,享有"石制图书馆"的美誉。

(一)传播缘起:统一学术规范,维护国家秩序,使争者用息

《熹平石经》刻于东汉末年,当时朝纲紊乱,宦官与外戚交替执政,待灵帝即位后,宦官更是独揽专权,垄断入仕渠道,攫取财富,导致党锢之祸频频发生,君主亟须寻求一股新势力与之抗衡以保证国家政权稳定,进而在君臣劝谏纳谏的过程中产生了通过刻经争取士人清流的强烈意愿。在学术层面上,从先秦"百家争鸣"到汉武帝"罢黜百家,独尊儒术",儒家思想演变为封建帝王社会大一统的指导思想,儒家经书和经文也相应地占据统治地位,然而汉灵帝时期经书底本多,内容出入大,阐释与理解上就也存在过大张力,形成差异明显的观点乃至谬误;而经学传承又主要恪守师法、家法,进而导致经学内部门派众多,纷争不断,包括官学私学、齐学鲁学等之间的争论与差异,其中最为

分化的则是古今文经学之争，二者在所依据的史料渊薮、内容、解释、观点及方法等诸多方面存在分歧，造成思想上的混乱，从而一部代表官方的、具有权威性的、不易篡改的《熹平石经》应运而生。

《开成石经》刊刻的现实背景虽然与《熹平石经》不同，但目的相通，都是为校勘经文，正其阙，防止谬冗百出、擅自篡改的状况而为之。在唐代，儒家思想受到佛教和道教的强烈冲击，尤其是安史之乱的发生，不仅反映了儒家思想的版图中遭受挤压进而在政治实践中的失败，而且此后唐朝由盛转衰的倾颓局面促使唐代宗有了重修国故的想法。同时由于《熹平石经》在战乱兵燹中几近亡佚失去了统一经文、订经正字的功能，而魏晋南北朝时期的乱世和东汉末年一样，又孕育了经学的各类学派门阀，极需新标准和秩序的确立。但不过值得一提的是，与《熹平石经》有所不同，《开成石经》的刊刻行为还包括了对媒介不断选择的过程，当经文先后刻于论堂的泥廊（"五经壁本"）和木板上均遭遇破损，字迹变得漫漶不清、难以辨别之时，才最终选择在国子监太学的讲论堂中刊刻石经。

（二）传播实践三要素：传播主体、传播内容和传播对象

1.传播主体。广义上讲，碑刻传播的传播主体应该由提议、诏令、组织、实施刻经的群体共同组成，即包括国家最高统治者、奏求正经的群臣、参与订经和书石以及石经的刊刻等人。其中，决定经刻之内容和思想精神的是第一传播者。在《熹平石经》中，作为刻经行为发布者的汉灵帝与向其诤谏之士就是第一传播者；而进言效仿东汉末"太学勒石经"校定九经、旋令上石的宰相郑覃和纳谏诏令刻经的唐文宗则为《开成石经》的第一传播者。依据朝廷诏令，将中央之思想意愿通过信息文本型构和固定下来的一众选经、写经和校经等宿儒奥学是第二传播者。譬如东汉时期著名文学家与书法家蔡邕不仅与谏议大夫马日磾等人是《熹平石经》的第一传播者，也是重要的第二传播者，据《后汉书》各传、《金石粹编》《水经注》等考证，蔡邕恐参与订经而更多未亲历校经书丹于碑等具体事务，但其书坛泰斗、学界领袖的身份往往会在受众心理上产生权威性和社会认同感，即发生一种"明星效应"；据《开成石经》的题名信息，参与其书石（包括采石、书丹、校勘和覆定）的人员共有12位。最后，石碑镌刻者是第三传播者，这些人往往是被雇佣的工匠，主要负责碑文上石的最终呈现，虽然他们是末端传播者，从事较为被动、机械的传播工作，但却是实现大众传播的关键主体。《开成石经》的刻工基本隶属于官府设立的刻石官署。

2.传播内容。传播内容即传播者想"说什么"，这些意欲表达的信息不仅以经文文本为表征，亦蕴藏在碑面语言即镌刻字体的选择中。就刻经规模来讲，石经刊刻是一个逐渐丰富壮大的过程，《熹平石经》正定六经，到了《开成石经》就已经定本十二经。一般认为，冯天瑜教授首次提出"文化元典"的概念，并把"五经"和《论语》《孟》《老》

《墨》《庄》等先秦诸子视为"中华文化元典",①据此可以看出两座碑石刻有六部中华文化元典的文本,也即儒家的新六经。并且《开成石经》将《熹平石经》的《礼》从《仪礼》扩充至"三礼"(《周礼》《礼记》和《仪礼》),强化了其对巩固封建统治、加强思想统一的作用。就经书定本的选择而言,正如上本所述,无论在东汉末还是唐文宗时期,经学内部的情况复杂,经学传承各有所师,导致穿凿附会、自说自话的现象不断,《熹平石经》选定今文经学为底本辅以各家经籍以参检校记;而《开成石经》的中华元典主要以晋朝、南朝宋以来的今古文传本为底本进行校对,具体为《周易》的上下经采用王弼注本;系词和说卦采用的是韩康伯注本;《诗经》采用毛诗郑笺本;《尚书》采用孔颖达传本;《礼》用郑玄注本;《论语》则用何晏集解本定本。②就字体选择而言,据历史考证,《熹平石经》全文采用"隶书"这一种文体书写,隶书是基于篆书,为书写简单便捷而产生,从碑林展厅中的《熹平石经·周易》残石可以看出,该字体博古端庄,工整严谨,方劲古拙;而唐文宗的《开成石经》的字体则选用了楷书,也称"今隶"。正字与正体之间相互包含、互相促成,文字符号需要字体呈现出来,字体又承载着文字表达的内涵,今古经本的内容、观点、阐释差异就根源于字体的不同,因此石经对正体的确定不仅规定了一种官定书写秩序和标准,并且实际上与定本、正字一起体现着官方意识形态与主流价值体系内涵。

3. 传播对象。石经传播的目标受众可从传播者的刊刻目的与石经放置空间观之。碑刻为规范学术、统一思想、结束纷争的目的决定了其传播对象主要是知识分子,譬如东汉末党锢之祸引发朝政混乱,意于通过刻经寻找新的政治力量与宦官集团制衡,《熹平石经》的传播对象包括党人和士人清流。就石经位置而言,《熹平石经》碑刻完成后立于洛阳城南太学门外,《开成石经》则立于长安务本坊国子监太学内,众所周知,太学是古代传授儒术经学、为国家培养人才的最高学府,由此可以看出两座石经的重点传播对象是学生群体尤其是太学生。据记载,《熹平石经》"及碑始立,其观视及摹写者,车乘日千余辆,填塞街陌"③,这种传播盛况足以证明立于太学门外的《熹平石经》在当时还存在非常广泛的潜在受众。

(三) 碑刻传播效果:直接效果与潜在效果

施宇提出元典传播效果可以分为直接性和潜在性两种,前者主要将学与仕相勾连,强调人的社会价值;后者则主要将学与思相结合,强调对人思想品质提升的潜移默化的影响。④元典碑刻传播的直接性效果在于它通过以最高权力形式正经正字正体,确定了"六经"的官方定本以供天下模学,人们以此能够"书同文"进而获取入仕机会。以《熹

---

① 冯天瑜:《论"文化元典"——兼释"元典"》,《东南文化》1992年第2期。

② 夏传才:《十三经讲座》,桂林:广西师范大学出版社,2006年,第15页。

③ http://www.gudianmingzhu.com/guji/houhanshu/1569.html。

④ 施宇:《中华元典传播的特征、历史实践及当代意义》,《新闻爱好者》2020年第2期。

平石经》为例，它一经刻成，明示天下，就引来无数人观看、学习，这一点从"填塞街陌"即可看出，一定程度上遏制了当时以卑劣手段争夺五经博士的行贿乱学现象，缓解了统治思想极度混乱的情况。至唐朝时，传拓技术得到了广泛发展，《开成石经》不仅帮助实现改革科举，明确人才选拔制度，而且拓本渗透到社会的各个角落，"以同天下之习"，使更多无法看到石经真容的学子也能参与到元典的学习与理解当中，可以说，拓本的广泛流传是对石经传播直接性效果的一种再提升。

元典碑刻传播在当世的潜在性效果则比较孱弱。东汉末，摇摇欲坠的东汉王朝内部的政治腐败与混乱已经无法通过经术治国的方式扭转，且《熹平石经》采用已经失去话语阐释权和昔日光芒的今文经定本，因此并没有得到多数知识分子的支持；《开成石经》则由于采用一种新字体——楷书作为官方正体而不被当时依然囿于一隅、执于一端的名儒之士所接受，因此影响力依然有限，但后来在明朝和清朝《开成石经》还发生过两次补刻行为，《孟子》就是清康熙三年集《开成石经》的字样补刻而成的。由此可以看出，尽管刻经盛事以强制的方式规范了制度，规范了人的行为，但没有真正统一人们的价值判断和精神面貌。而这种潜在性传播效果则逐渐在后世学道之士的身上体现出来，其对文化的整合与规范为后世文人学士提供了重要框架，成为他们道德修养和精神追求的重要文化渊薮。

三、元典碑刻传播的当代价值

石经虽然是中国古代七朝的历史旧物，但只要碑石存在，人们依然阅读碑体上的经文，那么由石经所连接的时代与世界就存在着价值。时至今日，碑刻石经作为一种历史文物，已经形成一套适应新时代文化社会发展的传播机制，在文化、学术以及艺术发展方面发挥着特殊的价值。

（一）文化价值：重新释放元典价值，激发文化传承兴趣

碑刻是历史的一种无声解说，反映了千余年来中国各朝代经学传播的真实状况，传承着中华民族灿烂光辉的元典精神。在封建统治王朝下，统治阶级"独尊儒术"旨在利用儒家思想为政治服务，而刻经行为就是通过文化规范的形式干预政治，控制社会，巩固政权。因此，封建社会下刊刻经文的公正性及其在文化学理上的正当性并不重要，重要的是它的形式，以官方裁定的面貌示人，体现其在各种分歧异见中的绝对地位与最高话语权。

而今天，石经内容所蕴含的文化价值重新释放活力。作为中国传统文化博大精深、源远流长的实体证明，这些石经帮助我们穿越历史的迷雾，一览中华元典之原创智慧与精神力量。石经上的内容无不向我们诉说着古代圣哲在对待人性的真善美，在认识自然、社会与宇宙过程中所表现出来的睿思博学；其注解常释常新，无不向我们诉说着元典内

容的开放性与包容性。换言之，与传统中国士大夫把石经作为一本通往仕途施展政治抱负的教科书苦学其具体内容不同，当今人们更加看重这些碑石背后所蕴藏的元典精神，正是这些精神始终滋养着华夏儿女的精神世界，是中华文明的生命密码、中华优秀传统文化的源头活水。

另一方面，碑刻传播结合新媒体技术，可以激发人们对中华元典传承的兴趣。先秦元典作为中华民族文化基因之渊薮，联结着我们的过去、现在与未来，传承元典关乎文化立场、民族认同，是我们每个人的责任使命。然而当下这些元典主要以史书古籍为载体，无论从文字、语法、句式、结构等方面而言均艰深晦涩，容易使人产生距离感和陌生感而不被普通大众所广泛享有，这一背景下，石经与新媒体相结合的方式成为激发元典传播活力、传承元典精神的新路径，科技赋能为激活元典传播提供了新土壤，使文化遗产更好地从历史融入未来；而石碑使元典古籍"活"起来，为元典传播更加入脑入心提供了新动力。目前西安碑林博物馆推出的自助智能讲解器、短视频和直播、正在打造的大型现代化展馆以及通过"国家宝藏"的节目宣传普及石经和元典文化等都是对中华元典碑刻数字化传播的新尝试。以短视频平台为例，西安碑林抖音官方账号推出石经中的元典与传统节日相结合的"趣味历史"系列作品，如"从《开成石经》中的礼记看中秋的来源"《开成石经》中的牛郎织女"等；"雪松只讲两分钟"系列作品以及《熹平石经》从盛况空前到渐至瓦解的历史科普作品，包括"最早的儒家石经""生不逢时的石经"和"千年石经重现江湖"三条视频，这种视频短片配以人们喜闻乐见的解说方式，符合数字时代大众的信息获取习惯，使中华元典的传播更加生动和丰富，尤其是系列以"答网友提问"为话题标签的作品，凸显与观众的互动交流，大大提升了观众认识石经的参与感和元典文化的传播效果。同时短视频创作低门槛、低成本的特点还推动了更多普通人以旅行 Vlog、Plog 或直播的形式对石经历史知识进行传播，传播主体进一步泛化、多样化。此外，由石经衍生的周边和文创产品包括拓本、行李牌、冰箱贴等也成为中华元典传播的新媒介。可以说，这种"文物+"传播模式满足了当代社会文化的需要，是石经在数字时代实现中华元典精神有效传播与传承的必然选择。

（二）学术价值：以碑正史，勘定正误

当代碑刻元典的学术价值实际上是对古代碑刻经书在学术影响上的扬弃与延伸。中国古代，石经在学术上一方面起到了补齐阙略、参详改正的勘定作用，另一方面，碑刻元典也具有重要的文献学价值，譬如《开成石经》在《熹平石经》几近毁坏之后成为儒学经群传承的底本，五代十五国时期的《广政石经》就是在《开成石经》的基础上刊刻而成，但封建王朝统治下，学术规范与文化规范一样为统治阶级的专权服务，《开成石经·礼记》中的《月令》发生改动、《乾隆石经》被先后磨改就是权力渗透的重要佐证，因此，石经本质上依然是被当权者以学术之名义谋取统治私利的工具。

然而在今天，以碑正史的学术价值更高、更普遍、更重要。譬如目前陈列于西安碑林博物馆三室南侧的《熹平石经·易经》残石，两面共刻有400余字，是《熹平石经》残石中字数排名第三的残石碎片，由于它保存着我国《易经》最早的文句，因而对校对"五经"文字意义非凡。另保存完整的《正始石经》文本中留存的大量文字通假现象，对文献校勘学也有重大参考价值。还有石经提供的经文具体信息、末尾刊刻的刻经时间等都是校对文献错讹重要的史料支持。而其最具代表性、普遍性学术价值的则在于石经对一些通识性知识的历史考证。譬如此前，因教材版本不一引发了互联网中对"天将降大任于斯人也"和"天将降大任于是人也"的火爆争论，据《乾隆石经》中《孟子》碑文为"是人也"，也即目前官方教科书的标准用法至少可以溯源至清代为"是"。一言以蔽之，石经比纸本的保存时间更加久远，也更加符合中华元典的原始内容，有助于从史学角度对历史进行客观、真实地考证研究，勘别正误，从而实现中华元典的正本清源。

此外，石经作为珍贵的儒家经典实物资料，本身也具有重要的史料价值，它由碑石、经文和字体合构而成，不仅通过儒家经文刊刻从"六经"到"九经"再到"十二经"的变化记录了经学发展走向，而且碑文字体从古文、小篆至隶书、楷书的演变轨迹也揭示了石经与汉字发展之间的关系。其次，石经与古书互为补充，对政治史、历史年代学等研究都具有重要作用。譬如从《开成石经》实物可以看出，"经文中遇到唐代多位皇帝名讳的文字，皆用缺笔的方法予以避讳，是研究我国唐代避讳制度的一组实例"[①]。从这个意义上讲，石经更像是一本更具权威性的、客观准确的、静默的工具书，为我们接近历史、还原历史、校正历史提供了桥梁。

（三）艺术价值：平面设计的艺术价值与空间语境下的艺术价值

碑刻元典不仅有助于勘正经籍、尽可能复原中华元典的先秦原貌，有助于中华元典精神的传承，而且在当代具有极高的艺术价值，这主要由碑刻这一传播媒介所决定，既属于碑刻元典传播的附加价值，也是碑刻的共有价值。换言之，碑刻不仅是文化信息的载体，承载中华元典之内容，亦属于文化遗产，本身就是一种艺术呈现、艺术现象。

碑刻的当代艺术价值主要经由平面和空间两个维度展现出来。在平面维度，首先体现在书法艺术上，譬如《熹平石经》的隶书庄重，结体工整，落笔轻重顿挫，刚柔并济，已经具备现代美学意义上的"书法艺术美"。《正始石经》作为"三体石经"，以古文、小篆和汉隶三种字体依次排序刊刻而成，小篆呈长方形，方劲挺直；而其古文粗头细尾，形如蝌蚪而被时人称为"蝌蚪书"。由于《正始石经》字体以典正为尚，程序化明显，因而在艺术价值上略小于《熹平石经》。而《正始石经》的唐楷字形端方雅正，挺拔多姿，透过它我们依然能够看到唐朝书法大家的风流韵致；其次体现在版式设计上，石经碑刻不同于其他石刻等，表征一种权威性、庄严性，因而其碑版章法一般遵循规整、清晰、

---

① 段志凌：《文化元典碑林滥觞——唐〈开成石经〉》，《书法》2017年第5期。

大气的原则。譬如《开成石经》以唐吏题额，以唐楷小字书写正文，每座石碑皆两面刻字，每面分上下三栏，每栏刻 37 行，满行 10 字，是一种纵有行横有列的布局，栏与栏之间以横线相隔并留空，这种章法形式使石经更加整饬、美观，便于读者观看摩学，和拓印装订成册；再次还体现在雕刻艺术上，摹勒上石需要刻工高超的雕刻技术，刻工对碑石材质的把握、刻法的选择以及点画刻画的精细度等都会影响碑刻书法的气韵和神韵，决定着书法最终呈现的水准。由此可以看出古代特设刻石官署这一官职的重要价值。据史书记载，皇帝有时还会指定刻工，唐玄宗就曾指定吕向为其镌刻自己撰写的《西岳太华山碑序》。可以说，优秀的碑刻作品，集书法、章法、雕刻等艺术形式于一身，真实地保留了一个时代的文字原貌与审美旨趣，向我们展现着其千年隽永的艺术魅力。

空间维度上的艺术价值则指碑石在整个建筑空间语境即博物馆空间语境下的文化艺术表征。雷恩·梅兰达认为，实物是一个具有完整含义体系的客观物品……是人类定向性应用的结果，[①] 故而，当石经脱离其本来的情景语境，成为博物馆中陈列的文物与藏品，就衍生了新的意义。以西安碑林博物馆为例，它本身就是一个整体的、系统的艺术阐释空间，而石经则被二次编码为其内部的一种艺术元素，与其建筑、陈列的动物雕刻、书法雕刻、画像石、墓志、石棺、藏书等以及作为空间艺术设计形式的陈列展览空间、园林空间等共同构成一个散发浓郁艺术气息的西安碑林。

石经是缄默的，但石经前世今生的故事是生动的，石经中所承载的中华元典精神是需要共勉的，不断将石经的隐性信息显性化，让更多人走进博物馆，是中华元典传播应该重视的新路径。

---

① 苏东海：《博物馆物论》，《中国博物馆》2005 年第 1 期。

邀"诗"入"剧"：中华元典的影视呈现与意义生产

王振宇　李静贤*

(郑州大学新闻与传播学院，河南省郑州市，450001)

摘　要：影视艺术的发展，为中华元典的传播带来了新的契机。以《诗经》为代表的中华元典，在促进影视"诗化"的过程中，也呈现出多种表现形式。而影视剧通过对元典内容的解构、还原和再造，实现了新的意义再生产。但在这个过程中也出现了一些问题，因此，需要坚持中华元典影视传播的正确价值导向，促进元典文化与影视的正向融合。

关键词：中华元典；诗经；影视

"中华元典"是中华文化经典中最具有"民族元精神"的部分，堪称"中华元典"的首推《易》《诗》《书》《礼》《春秋》五经①。《诗》最开始由人们口头传唱，待文字发明后，从口头文学转变为文字诗篇，即我国第一部诗歌总集《诗经》。闻一多曾言："'三百篇'的时代，确乎是一个伟大的时代，我们的文化大体上是从这一刚开端的时代就定型了……诗不仅支配了整个文学领域，还影响了造型艺术，它同化了绘画，又装饰了建筑和许多工艺美术品。"②在《诗经》的影响下，许多文学艺术领域的作品都带有一种"诗性"的特质。影视艺术在进行文化生产的过程中，为增强"诗性"特征，常常邀"诗"入"剧"，将《诗经》融入影视创作中，不仅能够实现作品的艺术增值，还促进了元典文化的传播。

一、诗化的影视呈现

从艺术哲学的视角而言，语言与艺术最初同属"摹仿"的范畴，语言是对声音的摹仿，艺术则是对周围世界的摹仿，它们都属于人类经验的组成部分。《诗经》从口头传唱发展而来，是古代人民生活经验的"文化记忆"。"文化记忆"即包含某特定时代、特定

---

* 作者简介：王振宇，男，河南开封人，郑州大学新闻与传播学院副教授、博士；李静贤，女，河南平顶山人，郑州大学新闻与传播学院硕士生。

① 冯天瑜：《中华元典精神》，武汉：武汉大学出版社，2006年，第7页。
② 冯天瑜：《中华元典精神》，武汉：武汉大学出版社，2006年，第37页。

社会所特有的、可以反复使用的文本系统、意象系统、仪式系统 ①。作为古代诗歌的开端，《诗经》反映了公元前 12 世纪至前 6 世纪间，以黄河流域为主的中原地区人民的生活场景。民众的劳动实践、贵族的宴饮交往、宗庙的祭祀舞乐等都在作品中得以体现。而影视的生产也是基于现实世界的艺术创作，是对社会生活的摹仿再现。但这种摹仿不是纯粹的、机械式的复写。创作者在进行影视生产时，需要选择性地再现经验现实，注入情感和审美，使之成为一种 "独特艺术"。然而，随着当今互联网影视的发展，作品的独特性式微，影视逐渐成为一种 "从大众传播和数字理性用技术合成的现实中产生出来的形式" ②，其自身所带有的可摹写性愈加凸显，影视作品的同质化现象也愈发严重。为了避免这种现象，许多影视剧选择将元典文化相关的 "文化记忆" 融入作品，从而增强自身的独特性，这也使影视剧逐渐呈现出 "诗化" 倾向。

在影视剧 "诗化" 的过程中，《诗经》由文字艺术转向影视艺术，其文本所具备的声画符号以及 "蒙太奇" 特征与影视艺术相契合。以《诗经》中的声音符号为例，作品文本中的声音描写数量繁多，其中，《国风》涉及声音意象的就有 42 篇 ③。在进行媒介转换时，这些声音符号能够转化为画面中的声景，从而辅助镜头叙事。"声景是一种强调个体及社会感知和理解方式的声音环境，是作为一种社会化事件来理解，是通过声音来理解人们在特定时代中与环境作用的方式。" ④ 声景的融入，能够丰富画面的景观层次，延伸受众的听觉感知，使叙事情境更加自然。而《诗经》中的 "蒙太奇" 则是指作品文字的组合方式与蒙太奇艺术有着某种相似性，即 "文学蒙太奇"。以《周南·关雎》为例，这首诗通过比兴，以关雎相向合鸣，表达了君子对于美好爱情的向往。在叙事上，采荇菜的行为与君子对女子的追求过程呈现一种连贯画面，并且这种画面不断重复，形成一种叙事上的重复蒙太奇。相似镜头的反复出现，达到刻画人物、深化主题的效果。而在表现上，文本场景在现实画面与联想情景间不断转换，这也与隐喻蒙太奇的手法相对应。《诗经》的这种创作特征，使其在与影视艺术融合时，能够实现作品的正向艺术增值，诗性特质通过影视化放大，变得可观可感，达到一种 "诗中有画，画中有诗" 的视听觉效果。

根据现今的影视市场，"诗化" 的影视呈现类型主要分为三种。

一是诗性配乐为主，直接以《诗经》中的原诗句为词，或是对原句稍做改动，加之音乐，形成影视配乐。这种形式的配乐一般不由剧情中的人物演唱，而是作为背景音乐出现。如影视剧《东周列国·战国篇》中，其片头曲及片尾曲都采用《诗经》的文本，包

---

① 〔英〕简·奥斯曼：《集体记忆与文化身份》，载陶东风：《文化研究·第 11 辑》，北京：社会科学文献出版社，2011 年，第 10 页。

② 〔英〕霍克洛斯：《波德里亚与千禧年》，王文华译，北京：北京大学出版社，2005 年，第 55 页。

③ 张明明、罗筱玉：《〈诗经·国风〉声音意象研究》，《温州大学学报（社会科学版）》2015 年第 28 期，第 75—80 页。

④ 张道永、陈剑、徐小军：《声景理念的解析》，《合肥工业大学学报（自然科学版）》2007 年第 1 期，第 53—56 页。

括了《周南·关雎》《邶风·柏舟》《小雅·庭燎》等在内的 11 篇诗，并且这些内容与每集的情感相对应，通过配乐深化故事主题。《清平乐》也有三首《诗经》插曲，分别是《召南·何彼秾矣》《周颂·敬之》《邶风·简兮》，这些曲目也是照搬《诗经》中的原句，通过配乐吟唱，以剧集背景音乐的方式，烘托故事场景。除了"原词＋配乐"的形式外，"改编词＋配乐"的形式在古装剧中也很常见，例如《星汉灿烂》的插曲《福分》，就是在糅合了《诗经》多个篇目的基础上改编而成的。再如《甄嬛传》中的片尾曲《凤凰于飞》中的歌词也是节选了《大雅·卷阿》中的诗句。从理论意义上，这些配乐与剧情能够达到一种互文关系，即"在某一文本与其引用、重写、吸收、延长或者一般意义上转换另一些文本之间的关系"①。音乐与剧情并非完全独立，而是相互指涉。例如《清平乐》中的《周颂·敬之》，这段音乐伴随着帝后晚年同游的画面，画面最后，由王凯饰演的宋朝皇帝赵祯感叹："如果有来生，我还是想做官家的。"这段场景与《诗经》原文本所表现的内容和情感相互照应，使影视剧中的画面与历史上周王敬天自诫的场景实现一种"超文本"的关联，也深化了人物形象，提高了电视剧的立意。

二是诗性情境为主，即以《诗经》的原词或改编词为内容，通过影视人物的吟诵或乐舞表演等形式进行演绎，展现较为完整的诗性画面。如影视剧《孔子》中，齐景公、晏子来访，鲁国傧相在孔子的教授下，举办了盛大的迎宾之礼，其中就有用《小雅·伐木》改编的乐舞节目。再如《大秦帝国》系列电视剧中的《秦风·无衣》《小雅·黄鸟》，这两首是以群体吟唱的方式，配合国君丧礼、将士送行的宏大场景。声画相互呼应，更添肃穆的氛围。这样的呈现方式，使吟唱《诗经》成为一种"文化记忆"中的仪式，"文字形成的文本文献只有在仪式化之后才能发挥集体记忆的功效"②，影视剧通过这种吟唱、乐舞的仪式，将传统文化中的礼制、习俗重新呈现在受众面前，强化了受众对于文化经典的体验和理解。并且，这种仪式构建了影视剧的声音景观，它以环境声的形式使受众沉浸在古代社会的场景中，再现了观众关于历史画面的想象。

三是诗性语言为主，这主要是通过引用、化用《诗经》中的句子为台词而实现的。许多古装影视剧，为贴合人物形象，增强剧情氛围，通常将《诗经》中的内容融入人物语言中。在此，选取了几部电视剧中的台词。（如表 1）这些句子通常位于人物台词的开头，通过"起兴"引出完整对话，达到"先言他物以引起所咏之辞"的效果。此时，人物话语的重点并不在引用的诗句上，而是在后续的语句上。这种引用也能够达到"去陌生化"的效果，由于古装电视剧呈现的是与现实环境不同的情境，剧中的人物活动、场景习俗通常会使受众产生陌生感，受众的观看体验也会受到限制。但是诗词的引用能够唤起受众群体普遍存在的关于元典文化的记忆，增强受众对人物、剧情的认同，实现受

---

① 〔法〕杰拉尔德·普林斯：《叙事学词典》，袁小龙译，桂林：漓江出版社，1985 年，第 106—107 页。
② 王霄冰：《文字、仪式与文化记忆》，北京：民族出版社，2007 年，第 237—244 页。

众心理的去陌生化。

表 1 影视剧中的"诗性语言"示例

影视剧名	人物台词	来源
《大秦帝国之崛起》	青青子衿，悠悠我心。纵我不往，子宁不来？挑兮达兮，在城阙兮。	《郑风·子衿》
	出其东门，有女如云。虽则如云。匪我思存。	《郑风·出其东门》
《雍正王朝》	关关雎鸠，在河之洲。窈窕淑女，君子好逑。	《周南·关雎》
《甄嬛传》	桃之夭夭，灼灼其华。	《周南·桃夭》
	螽斯羽……宜尔子孙。	《周南·螽斯》
	我心匪石，不可转也。	《邶风·柏舟》
	福履绥之，寿考绵鸿。	《周南·樛木》《大雅·棫朴》
《如懿传》	及尔偕老，老使我怨。淇则有岸，隰则有泮。总角之宴，言笑晏晏。信誓旦旦，不思其反。反是不思，亦已焉哉！	《卫风·氓》
《长月烬明》	哀我人斯，于何从禄？瞻乌爰止？于谁之屋？	《小雅·正月》
	硕鼠硕鼠，无食我黍。	《魏风·硕鼠》
《芈月传》	死生契阔，与子成说。执子之手，与子偕老。	《邶风·击鼓》
《大唐女法医》	桃之夭夭，灼灼其华。之子于归，宜其室家。	《周南·桃夭》
	鸡既鸣矣，朝既盈矣。	《齐风·鸡鸣》
	野有蔓草，零露薄兮。有一美人。清扬婉兮。	《郑风·野有蔓草》

除了三种主要的呈现方式，影视剧中还存在着对《诗经》的创新引用。例如《倾城之恋》中，《唐风·绸缪》就以白话文的形式融入人物台词，而《御赐小仵作》中，《诗经》则作为剧情解密的道具，被人物进行了文字解码。影视剧层出不穷，中华元典在影视作品中呈现的形式也变得更加多样。以《诗经》为代表的元典文化，也伴随影视剧的传播，对大众文化不断产生着影响。

二、诗化的意义生产

罗兰·巴特（Roland Barthes）认为，任何事物都无法逃脱意义，"意义永远是一种文化现象，一种文化产物"①。影视剧作为当今文化产业中的重要内容，其生产和传播的环节也都富有意义。而《诗经》等元典文化的融入，使影视剧的意义生产带有一种诗化的特征。在这个过程中，不可避免地存在对原有元典意义的解构、还原和再造。

---

① ［法］罗兰·巴特：《物体语义学》，李幼蒸译：《符号学历险》，北京：中国人民大学出版社，2008 年版，第 190 页、第 191 页、第 196 页。

（一）解构：传统与现代的二元对立

影视"诗化"不仅意味着以《诗经》为代表的元典文化内容增加，还意味着元典文本从平面化到立体化的转变。影视创作者需要充分理解元典文本，选择性地将其杂糅到影视的作品空间中，使传统诗篇与现代作品实现形式与内容的融合。但是元典文化作为古代人民的精神产物，其内容编码更符合当时的时代特征，媒介、受众等区隔的存在，使元典文本在转码过程中不免出现传统与现代的二元对立，导致原文本的意义被进一步解构。

《诗经》最初由民歌、乐歌发展而来的。《墨子·公孟》也曾说："颂诗三百，弦诗三百，歌诗三百，舞诗三百。"[1]文字传播媒介的出现，使口耳相传的诗歌被记录下来，此时文字媒介将文本的语义域与符号域相分离，实体世界的经验与文字世界的再现被区隔开来。而电子媒介的出现，使得元典被二度媒介化。《诗经》在再现的基础上再次进行形式转换，这也使影视再现画面与经验现实间的区隔愈发增大，原本的诗歌意义也不断被解构。此外，时代的变化也导致受众群体在解读文本时产生区隔。《诗经》在春秋间奇迹般得以结集，一受益于音乐的帮助，二得力于周王室的采诗制度。[2]在诗没有被采诗官记载下来之前，就是通过唱歌的形式口口相传的。"饥者歌其食，劳者歌其事"，通过人民的创造，反映当时社会的"劳歌""战歌""情歌""祭歌"等都被创造出来并广泛流传。而当今的受众，由于社会环境的不同，面对古代的"流行歌曲"，往往无法完全理解和传唱。尽管影视剧会选择性地融入《诗经》的内容，但是受众对元典内容的解读也是碎片化的。《诗经》在影视化中不可避免地出现意义解构和传播断链。

"作者已死"理论认为，作品的原本意义只能在作者端解读，而读者解读的是对其的互动解读。福柯也指出："'作者已死'就像'主体已死'一样，被使用的语言和文字，连同其文本一起构成了新的生命体。"[3]作者不再享有意义的支配权，这也导致原有意义存在解构的可能。《诗经》在通过影视剧进行呈现后，受众所解读的意义已经是多次媒介化后的产物，与诗歌创作者表达的意义并不等同。以"诗性配乐"为例，《诗经》内容只作为背景音乐出现，其声乐的属性被放大，而文本属性被缩小。尽管配乐与剧情能够达到一种互文关系，但配乐的意义解读仍然需要借助剧情画面才能实现。并且"改编词＋配乐"的形式更是将元典文本的意义进行了再生产，在迎合现代观众的审美需求的同时，也加剧了传统元典文化解构的风险。

（二）还原："文化记忆"的转换和搭建

《诗经》作为中华文化元典中的重要内容，承载着中华民族的"文化记忆"。"'文化

---

① （清）毕沅，吴旭民：《新式标点·墨子注》，上海：上海古籍出版社，1925年，卷十二，第11页。
② 冯天瑜：《中华元典精神》，武汉：武汉大学出版社，2006年，第32页。
③ 高宣扬：《福柯的生存美学》，北京：中国人民大学出版社，2005年，第48页。

记忆'是一种能够巩固和传播集体形象（可以是一个小的社会群体，也可以是一个民族、一个国家）并让这个集体中的成员对这种形象产生认同的记忆。"①《诗经》作为中华文明的载体，既承载着古代人民的智慧经验，也连接着现代观众的文化记忆和想象。而影视剧的出现，为元典文化的还原提供了一个"记忆之场"，影视创作者能够通过场内的符码转换、仪式搭建等，使影视剧尽量贴合观众的文化记忆，迎合他们对于古代社会的想象。

德国学者扬·阿斯曼（Jan Assmann）认为：文化记忆是借助"文本系统""仪式系统"等文化符号来形成的②。从文本系统的角度，中华元典文本的内容是固定不变的，它以文字的形式对人类经验与社会现实进行了编码并确定下来。但是由于大众知识水平的限制，并不能有效地对元典进行解码。随着社会环境的变化，受众与元典之间的鸿沟愈发增大，若想使元典文化传播致效，必须对元典的文本内容进行解释和转换。而影视的出现为元典意义还原提供了新的契机，诗化的影视通过对元典进行可视化"译注"，能够降低受众的解码难度，帮助其理解元典文化。以《诗经》文本中的图像化符码为例，"诗化"影视能够将文本中的图像符码转换为具体场景中的事物，使文本实现视听觉转向。如影视剧《长月烬明》引用的《小雅·正月》《魏风·硕鼠》两篇诗歌，原文"瞻乌爰止？于谁之屋"和"硕鼠硕鼠，无食我黍"出现了两个具体的图像符码，即"乌鸦"和"老鼠"，而电视剧就将这两种动物进行了呈现，融入剧情当中。再例如在引用《周南·关雎》时，剧情常定格在年轻男女互生情愫的画面上。这种对文本进行的符码再现，不仅能够实现意义的解读，还能建立起受众心中的联想认知，在影视观看的过程中加强受众群体的文化记忆。从仪式系统的角度来讲，文化记忆离不开仪式的搭建。在古代，有关诗歌的仪式一般是伴随节日、活动出现，通过集体的共同行动形成记忆。而当今的部分影视剧为了还原历史，也十分注重这种集体仪式的搭建。特别是以"诗性情境"为呈现形式的影视片段，如在影视剧《大秦赋》中，无论是将士出征或是秦昭襄王病逝，秦人都会集体吟唱《秦风·无衣》这首诗歌。在现实历史上，这首诗歌也确实堪称"秦军战歌"，《无衣》也被收录进"国风"的"秦风"中。影视剧选取战争、祭祀等场景，对群体吟唱《无衣》的仪式进行还原，能够使受众在线上实现"文化记忆"仪式的参与和观看。

（三）再造：基于受众需求的视听重构

尽管影视剧能够对元典意义尽量还原，但是"诗无达诂"，对《诗经》的意义解读不是只有固定不变的一种，由于社会环境的变化，每个时代对其内容的解码也会有所不同。例如历史上不同朝代，都会有不同版本的《诗经》译注书籍出现。并且，《诗经》中的诗歌产生于西周至春秋中叶，其内容和思想上难免存在时代局限，采诗官在记载时也会受到主观态度的影响。因此，以往对《诗经》的解读并不完全符合当今的价值导向和审美

---

① 王蜜：《文化记忆：兴起逻辑、基本维度和媒介制约》，《国外理论动态》2016 年第 6 期，第 8—17 页。
② 〔英〕简·奥斯曼：《集体记忆与文化身份》，陶东风：《文化研究·第 11 辑》，第 10 页。

需求。

瓦尔特·本雅明（Walter Benjamin）曾指出，大众对艺术作品的感知方式正逐渐从凝神专注式转换成消遣式。但是消遣并不意味着审美的消极性，而是大众对待艺术品的一种方式①。在当今短视频时代，受众注意力更是变得碎片化。影视作品在传播过程中也要把握好大众与作品的关系，使作品更加迎合受众需求。例如在叙事策略上，建构故事性情境和画面，提升受众在解码过程中的趣味性，使受众通过经验和联想，增强在场感。以"诗性语言"为例，剧情将《诗经》的内容融入人物的对话中，使元典文本实现通俗化转换，更容易被现代观众理解。再例如《御赐小作作》对于《诗经》的创新引用，增添了故事中元典文本的游戏化特征，更是迎合了年轻群体的观影需求。而在传播策略上，影视剧能够借助《诗经》的文化基因，实现复制模仿，并进一步传播。从模因论的角度，《诗经》重章复唱的章法、富有音韵的节奏很容易被复制，"诗性配乐"就是借助《诗经》的这种特点，对原本的唱法进行了模仿再现。而其中"改编词＋配乐"的形式虽然替换了原本的文本，但是在形式上仍旧采用叠句和四言句式，保留原文本的韵律和节奏。

此外，影视技术的发展也为元典文化的视听再现创造了可能。"媒介即人的延伸"，影视延伸了受众的视听觉，使受众实现对元典文化的沉浸观看。在视觉空间上，"诗化"的影视剧通常以古代社会为背景，服道化、建筑场景等都需要与时代保持一致。例如上文表格中的"诗性语言"作品，7部全都属于古装电视剧，这也保证了受众在观影时不会产生过多的割裂感。在听觉空间上，影视为受众构建了一个声音场域，使受众在电子屏幕前，凭借机械复制的音乐收听，产生出虚拟的"我们感"和"相互陪伴下的孤独"②。这种视听再现，也能够使受众在沉浸观影中产生一种群体归属和文化认同。

三、中华元典影视传播中的价值导向

文化是一个国家、一个民族的灵魂。党的二十大报告中也强调："必须坚持中国特色社会主义文化发展道路，增强文化自信，围绕举旗帜、聚民心、育新人、兴文化、展形象，建设社会主义文化强国。"在新媒体与人们生活越来越密切相关的情况下，影视传播的影响力也日益增大。以《诗经》为代表的元典文化，通过影像化的方式能够进一步实现意义生产与传播，但是在这个过程中也会出现一些问题。因此，要坚持中华元典影视传播中的正确价值导向，促进元典文化与影视正向融合。

首先，重视元典传播，警惕"文化失忆"。在数字时代下，大众每天都通过电子媒介获取各种碎片化、同质化的信息，这些信息的大量堆积，容易导致大众脑海中与元典文

---

① 孙文宪：《艺术世俗化的意义——论本雅明的大众文化批评》，《华中师范大学学报（人文社会科学版）》2004 年第 5 期。

② Theodor Adorno, "On the Fetish Character in Music and the Regression of Listening", *In The Cultural Industry: Selected Essays on Mass Culture*, London: Routledge, 1991 [1928] , p. 58.

化相关的记忆逐渐淡化。此外，影视剧虽然通过视听技术构建了"记忆之场"，对传统社会的活动进行了还原，但就目前的呈现形式来看，碎片化的"诗性语言"在影视中占比较多，而"诗性情境"的内容较少，整体的影视呈现依然缺少与元典文化相关的完整"仪式"。而且受众的参与往往是线上、随机的，无法打造有效的集体记忆。对此，相关影视剧在结合元典文化时，不能只停留在浅层的引用，而是要充分理解其编码，促进高质量的元典文化影视转向。

其次，防止影视意义生产的过度庸俗化。从文化的角度来说，元典文本的影视化实际类似于一种文化上的"转译"，借助影视剧，元典文本能够实现文学艺术向影视艺术的转向，在文字影像化的过程中进行通俗化转换。但是通俗不等于庸俗，当前的影视剧在引用元典文本时常常过于局限。以《诗经》为例，原文本的内容有《风》《雅》《颂》三部分，涉及劳动、情爱、祭祀等多个方面，但是当前影视剧引用的多与情爱相关，特别是以《周南·关雎》为代表的诗篇就在影视剧中多次出现。这种倾向也容易带来受众的审美疲劳，导致元典文本的意义窄化。

最后，提高作品质量，强化受众参与。在当今的互联网传播格局中，许多影视观众像一种"文化游牧民"，他们"永远在运动中，并非固定地'在这里或者那里'"[1]。当影视内容足够具有吸引力时，他们才会驻足并参与到作品互动中。此时，影视创作者的意义生产就不是单向的，而是参与式的。观众可以通过弹幕、评论等形式发表实时观点，进行个体间的互动，形成一种集体观影仪式。但是，这些"游牧民"并不会长时间驻留，这就要求影视剧不断提高质量，推陈出新，通过与元典文化的深度结合，唤起受众群体的文化认同和参与。

文化类影视剧承载着传递民族文化、凝聚社会共识的职能，与元典文化相结合的作品更应该以高质量的内容吸引大众，通过对元典意义的再生产，创作出人民喜爱的作品，做好文化传播。同时，要解决好中华元典影视传播中的价值导向问题，守好文化记忆，凝聚民族共识。

---

① 〔美〕亨利·詹金斯：《文本盗猎者：电视粉丝与参与式文化》，郑熙清译，北京：北京大学出版社，2016年，第34页。

《流浪地球 2》研究

主持人语

  《流浪地球 2》是 2023 年上映的一部科幻电影。影片改编自刘慈欣的科幻小说《流浪地球》。该影片是由郭帆导演，吴京、李雪健和刘德华等出演的影片。影片于 2023 年 1 月 22 日农历大年初一首映，全球票房超 40 亿元人民币。如果说 2019 年《流浪地球》的上映被认为是"中国科幻电影的元年"，那么《流浪地球 2》的上映则被认为是"世界舞台上响亮的鸣笛"（刘慈欣语）。

  有意思的是，《流浪地球 2》的评价呈现出两极分化的现象。支持者和批评者都将《流浪地球 2》与好莱坞同类型电影如《阿凡达》《星际穿越》等相比较。批评者认为《流浪地球 2》与好莱坞影片在质量上还有较大差距，而支持者则觉得该片将中国科幻电影提升到了世界级水平，并且超越了好莱坞老套的个人英雄主义叙事，谱写了一个宏大的全人类的史诗。

  同样的，《流浪地球 2》为学界思考中国科幻电影类型的建立和走向、中国电影工业化制作以及民族主义国际化等议题带来了许多新的研究问题。有鉴于此，本专栏的两篇文章针对《流浪地球 2》的制作和上映所引起的议题加以研究。

  杨佳凝的文章着眼于《流浪地球 2》关于影片与原著之间在价值选择和未来想象之间的差异。影片将人类命运置于"情感"与"信念"，并体现出科幻电影的一个重要母题，即人类面对人工智能的态度。值得指出的是，杨佳凝认为，该影片主人公的"孤儿"的形象设定承接了中国电影史从《孤儿救祖记》《红灯记》以降的伦理情节剧的主题：主流话语借助于生理父亲的缺位，进而实现对男主人公意识形态主体的询唤。周盼佳的论文则借助于文化循环理论，从生产、消费、规则、表征和认同等五方面分析《流浪地球2》成功的原因。她认为，该片内部各因素相互作用影响，完成文化意义上的构建。

（浙大宁波理工学院副教授　付永春）

《流浪地球2》：孤儿、文明与纪念碑

杨佳凝*

（东南大学，江苏南京，211189）

摘　要：电影《流浪地球2》在价值选择和未来想象上走上了迥异于文学原著的道路，电影赋予数字生命迥异于"启蒙理性"的"理智"想象，将人类命运尽置于"情感"与"信念"，折射出人类面对人工智能拥抱与忧惧，同时为传统"孤儿救祖"命题提供了的阐释。"中国方案"和大国责任的意识传递、电影工业"里程碑"式的意识导向，为电影赋予"纪念碑"的内涵。

关键词：《流浪地球2》；孤儿救祖；数字生命；纪念碑性

2023年1月，《流浪地球2》延续了2020年春节档的巨大优势，在漫长"寒冬"后，《流浪地球2》以40.29亿票房、近8000万观影人次，为电影市场注入一针强心剂。在技术层面，这部影片以奇观、速度、激情和想象，一定程度代表中国电影技术工业的最高水准，堪与世界制作同台比肩；价值层面，反个人主义和背土冒险的中国"家园式"世界观设定、兼济天下的价值倡导，也可被视作中国文化对于西方为主流的科幻价值观突破。期待层面，前作"中国科幻电影元年"的赞誉无疑大大提高了观众对这部续作的审美期待值。

然而，第一部上映后，就有论者称《流浪地球1》"摘取了刘慈欣原著的一片叶子，但精神内涵与小说不仅毫不相干，甚至背道而驰"①，《流浪地球2》尽管刘慈欣署名监制，但似乎是由第一部衍生出的"另一部作品"，这部影片的特殊之处何在？呈现出何种忧患？暴露出哪些问题？本文通过对于刘慈欣原著小说、《流浪地球1》和《流浪地球2》电影的阅看分析，思考这部影片的"中国价值"。

---

* 作者简介：杨佳凝，南京大学文学院助理研究员，研究方向：电影史论与批评。

① 陈思霖：《星空与康德——电影〈流浪地球〉与原著的悖反》，《戏剧与影视评论》2019年第2期。

一、孤儿和失孤者:"中国队长"还是亚细亚的孤儿

《流浪地球2》采用了常见的"双雄+双线"设定:吴京扮演的航空队员刘培强接受任务拯救地球,刘德华扮演的科学家图恒宇则是数字生命的研究者。有趣的是,两位地球的拯救者互为镜像,分别是一个孤儿和一位失孤的父亲。为什么是孤儿? 或者这么问,为什么必须是孤儿?

《流浪地球》原著小说中,"我"的父亲是空军的一名近地轨道宇航员。小说中,刘慈欣杜撰了一个"古代伦理故事":当洪水到来时,一个只能救走一个人的男人,是去救他的父亲呢,还是去救他的儿子? 小说的回答是"在这个时代的人看来,提出这个问题很不可理解",因为每个人都在随时随地地死亡,地球也在旦夕之间。来自"远古时代"的人类情感——亲情、爱情、友情,都被无尽的倦怠淹没,父亲出轨时,母亲的反应毫无波澜。而母亲去世时,"我"也仅仅一笔而过。"艺术和哲学被压缩到最少,地球上所有的宗教一夜之间消失得无影无踪,在这个时代,人们在看四个世纪以前的电影和小说时都莫名其妙,他们不明白,前太阳时代的人怎么会在不关生死的事情上倾注那么多的感情。"在这样的整体倦怠和生存危机之下,倘若父亲真的舍命救子,或是舍命救国,反而十分突兀。

电影则选择了完全不同的道路,人与人之间的情感羁绊数次成了选择的决定性因素,比如爱情使得刘培强再度应召,亲情则让图恒宇屡屡违背命令。但有趣的是,担纲电影主角和拯救任务的中心角色,都被设定为孤儿。《流浪地球1》中,母亲早逝,父亲刘培强执行太空任务,刘启从小就由外公抚养长大,尽管不是孤儿,但经历了比留守儿童更甚的童年和少年,他叛逆、桀骜、不受管教。最后的时刻在父亲精神力量的感召之下,选择行动。如果说《流浪地球1》中"孤儿救祖"的设定单纯只为这一部的剧情服务,《流浪地球2》则将之呈现得非常明显。电影一开始,意气风发的刘培强跟着师傅张鹏执行任务,紧接着张鹏为刘培强的父母烧纸祭奠,称"带着培强来看你们了",之后的故事线中,张鹏显然成了刘培强的养育和精神之父。

从剧情角度,"孤儿"的设定免去了主角的选择困难和伦理危机,进而使主人公和观众都能更加集中注意力与主线情节。好莱坞编剧麦基在堪称类型电影"法典"的《故事》中指出:"人物的相对复杂性必须与类型相适应。动作/探险片和滑稽剧要求人物的简单性,因为复杂性将会把我们的注意力从惊险动作或滑稽笑料上分散开来,而这些东西又是这些类型不可缺少的。人际和内心冲突的故事,如教育和赎罪情节,则要求人物的复杂性,因为简单化将会剥夺我们对人性的洞察,而这正是这些类型所必需的东西。"[①] 这就意味着一部以行动作为主线的电影,对人物及其关系的刻画要尽量简单,以免多线复杂,

---

① ［美］罗伯特·麦基:《故事——材质、结构、风格和银幕剧作的原理》,周铁东译,北京:中国电影出版社,2001 年,第 126—127 页。

扰乱观众关注点。因而对于父子关系的简单化处理，一定程度可以视作这部"灾难科幻片"的编剧需要。然而笔者想要指出的是：将行动者设定为孤儿，并非《流浪地球》系列这一部电影的选择。被网友戏称为"中国队长"的主旋律电视剧《亮剑》主角李云龙，挂在嘴边的话是："如果没当兵，那我就是个篾匠。"而在整部电视剧中，他一次都未曾提过父亲，只在妻子秀芹的墓前自剖"我没有兄弟，没有姐妹，没有亲人"，所以他是一个更加彻底的孤儿。从《智取威虎山》到《亮剑》，从《战狼 2》到《流浪地球 2》，主旋律影视剧仿佛都青睐于"孤儿"主角。而不仅中国电影，《美国队长》也让罗杰斯早早就失去了父亲，继而被改造成一个充满力量的"超级士兵"。这种对于精神和肉身的双重改造，使其由凡人之子，化身为美国之子，失去父亲的孤儿，此时此刻成了国家的儿子，主流话语经由父亲缺位，而顺理成章行使父权。从这一角度，刘培强、刘启，甚至刘启的儿子，必须是孤儿。

电影将"爱"视作"希望"，甚至拯救地球的关键，而"希望"往往由子辈承载。《流浪地球 2》在祭奠刘培强父母的情节中，视频网站的高赞弹幕是"刘家满门忠烈"[1]，很可能电影的隐含设定是：刘培强的父母也曾是这场危机中的忠诚战士。最后引爆核弹的段落中，张鹏挺身而出，替刘培强赴死。而《流浪地球 1》的结尾，刘培强则自我牺牲保全儿子。倘若我们深究"五十岁以上出列"和"夫替子死"的逻辑，可能面对更加困难的伦理问题。但在电影中，它的效果不言而喻：作为集体意志肉身的父亲，做出了自我牺牲以保全后辈的义举，他此刻成了一个完美的符号，肉身虽陨，但理想勋章却牢牢烙刻在子辈的脊背。不难想见，此时已经成为真正孤儿的刘启，在下一个相似的场景中，也会毫不犹豫地选择赴死。

但作为"希望"化身的"子辈"，在图恒宇的故事线中则被赋予了另一重含义。图恒宇是《流浪地球 2》的原创角色，他身为联合政府的科学家，使命是实践人类未来的另一个计划：数字生命计划。图恒宇因为女儿这一"软肋"，始终是不受控制的变量。上司马兆以丫丫的数字生命备份卡作为砝码，诱使他踏上拯救世界之路。对于电影而言，"孤儿"和"失孤"往往意味着截然不同的走向，前者"无所牵绊"的身份，更能毫无阻碍地承载意识形态符码，而后者则往往不顾一切地付出甚至牺牲。《一秒钟》中，张译饰演的逃犯为了死去女儿的一秒钟影像，甘冒穿越沙漠的危险；《流浪地球 2》中，图恒宇同样愿意为了死去女儿的生命延续，搭上前程和一生，当这一目的的阻碍来自更高权力或"正确价值"时，他们会毫不犹豫选择孩子。所以在电影中，当丫丫的数字生命和正确选择相一致时，图恒宇最后的行动才被赋予的崇高感和正确性，反之可能面对逃犯的命运：羁押、批判、甚或死亡。

---

① 《流浪地球 2》: https://www.bilibili.com/bangumi/play/ep744327?theme=movie&spm_id_from= 333.337.0.0, 2023 年 6 月 5 日。

"孤儿救祖"的情节早在中国第一部故事片《孤儿救祖记》就已经得到了初创式发挥，左翼电影中也多有"孤儿"设定。① 百年之后，孤儿要救的已经不是血亲意义上的祖父，而是危机中的祖国，如此便能解释为何只有孤儿才能胜任"中国队长"？没有父亲，所以祖国成了精神之父，有孩子，所以孩子就成为主角自愿牺牲的软肋和为父出征的筹码，幸运的是，失孤者和孤儿殊途同归于"正确"的道路。

二、数字与生命：新太阳系还是冷酷仙境

一般的灾难科幻片中，地球面对的最大灾难和主人公行动的最大敌手往往是自然灾害（如《2012》和《后天》）或"机械降灾"（如漫威系列的超能反派），但《流浪地球2》后，不少网友称这部影片的最大反派，不是太阳死亡的外部危机，而是图恒宇等人研制出的人工智能550W② 。与刘培强等人拯救地球的主线相比，人工智能科学家图恒宇的故事线同样值得玩味，图恒宇参与制造了电影中最重要的两个重要的人工智能角色：550W（MOSS）和数字图丫丫，在电影中走上了完全相反的路径，像刘培强和图恒宇一样互为镜像。

人类文明还是人工智能？肉身生命还是数字生命？在国际政治的宏大命题和大国崛起的恢宏想象之下，《流浪地球2》同时开启了这一问题的讨论，有趣的是，电影给出选择的方式却非常矛盾。在女儿车祸后，图恒宇违背组织规定，擅自上传女儿的信息，使之拥有永不陨灭的数字生命。正如上司忧心忡忡于"拥有了一生的丫丫，不知道是天使还是魔鬼"，既然她拥有拯救世界的能力，那么她是否也拥有毁灭的意志？电影抛出了这一问题，但宽容地选择了前者。在《流浪地球1》中，机器的判断失败了，而在《流浪地球2》中，机器却成了救命稻草。这使得《流浪地球》系列中，人类的行动仿佛一场轮盘赌博，幸运的是，电影中的人类次次都赌赢了。第一次，在概率为零的计划中以肉身的牺牲赌赢了，第二次，在最后一秒钟完整记忆并输入了密码。

关于数字生命，已有不少佳作珠玉在前：《黑客帝国》（*The Matrix*，1999）设计了矩阵世界，《她》（*Her*，2013）让每一个都能拥有完美的数字爱情，《万神殿》（*Pantheon Season 1*，2022）、《黑镜》（*Black Mirror*，2011）则用逝去男主角留下的声像将其复制上传。这些电影在思考数字生命可能性的同时，共同指涉的问题是：人和非人的关系是什么？永生真的能带人进入美丽新世界吗？《黑客帝国》的尼奥始终执着于真假问题，《她》的主人公也并没有因为这一虚幻的陪伴而免于孤单的命运。《万神殿》的父亲甚至险些诱发世界大战，电影中的数字生命具有塞壬般难以抗拒的吸引力，同时也孕育着致命的危

---

① 周盼佳、付永春：《左翼电影市场表现的实证研究（1933—1937）》，《中华文化与传播研究》2019年第2期。

② 奈何影视录：《〈流浪地球2〉看懂图恒宇的结局！才知道真正的大反派是谁》，2023年1月27日，https://baijiahao.baidu.com/s?id=1756167673849143488&wfr=spider&for=pc，2023年6月1日。

机。在《流浪地球》电影中，数字生命同时扮演了危机和希望的角色。但《流浪地球1》则着重于"希望"的书写，在崩塌的前夜，小女孩无线电中的声音传向全球"希望是比钻石还宝贵的东西"，哪怕成功概率已被MOSS测算为零，为了这不可能的希望，刘培强舍身牺牲。《流浪地球2》虽然名为前传，实则是对"希望"的继续阐释，何为希望？保持行动，即便蚍蜉撼树。但人类的整个行动在宇宙力量之下显得渺弱而无力，航天员的自愿舍生仿佛更为成就一种"崇高"的人类精神，结果如何似乎早已注定。完成"最后一分钟营救"，给人类最后希望的，是图恒宇始终不愿放弃的数字女儿。换言之，诞生于同一父亲之手的MOSS和图丫丫，在第一部中掐灭人类的希望，在第二部中给人类最后的希望。

不仅如此，在电影中，数字生命代替原著中被杀死的科学家，成为"理智"的代名词。《流浪地球1》的结尾，MOSS阻止刘培强的"自杀"行为，并称"让人类永远保持理智，确实是一种奢求"。在原著小说中，这句话由"地球派"的执政官说出，而他与其他地球派的科学家和工程师一起，被"飞船派"活活冻死在大西洋上。之后，他们的判断被证实是正确的，太阳死了。小说中，理智是指保持明辨是非选择正确道路的能力，而非盲从于某种狂热的口号甚至贸然行动。真理的无法抵达和启蒙者的当众处刑，与百年前鲁迅的"两间余一卒，荷戟独彷徨"的慨叹隔空呼应。启蒙可能要启蒙者生命的代价，但乌合之众反而总能获得豁免，小说的结尾，"我"感叹道：幸运的是，还有人活着。"我"从头到尾都没有名字，所以顺理成章成为这场起义中"法不责众"的幸存者。电影中，MOSS的理智选择在于：预测出成功概率为零，人类必将灭亡后，人工智能"理智"的选择保留人类文明，这一"理智机器"被刘培强"感情用事"地焚毁，而他成功了，但若再想一步：万一失败了呢？"万一"的概率已经足够惊人，但刘培强面对的胜率是百分之零。换言之，他百分之百要失败，付出的代价是：所有休眠的宇航员枉死、人类文明烟消云散——这样的情况曾经在刘慈欣的《三体》中出现，做出同样选择的程心因而被无数书迷钉上"圣母"和"感情用事"的耻辱柱。

二战之后，以克里斯蒂安娜·保罗（Christiane Paul）为代表的学者对方兴未艾的数字艺术进行反思和批评，哲学家们一边忧心忡忡于数字对人类的潜在控制，一方面也设想一种"数字崇高"的生成，人工智能为了人类精神的不朽而与人战斗到燃烧，未尝不是崇高的义举。若说"启蒙运动"的价值在于将"理智"从神的手中拿还于人，那么电影此时将"理智"奉于数字生命，让人类能抓住的只有希望和情感，这很难说是一种割肉补疮。

电影中一次次轮盘赌博和孤注一掷的行动仿佛揭示了人类在人工智能面前进退维谷的困境。《流浪地球2》上映同期，美国人工智能实验室推出的ChatGPT程序横空出世，5月2日引发了上千名好莱坞编剧大罢工，这是2007年以来美国编剧工会规模最大的一次罢工。笔者邀请ChatGPT撰写《流浪地球3》的剧情大纲，系统在短短1分钟的时间生成了完整的三幕剧情，"创作"了一个人类在星际旅行中找到新家园并与外星原住民斗争的故事，尽管这种"创作"基于大数据学习，故事中外星人以"梦魇"的方式反抗地球人"侵略"的设定还是令人赞叹。

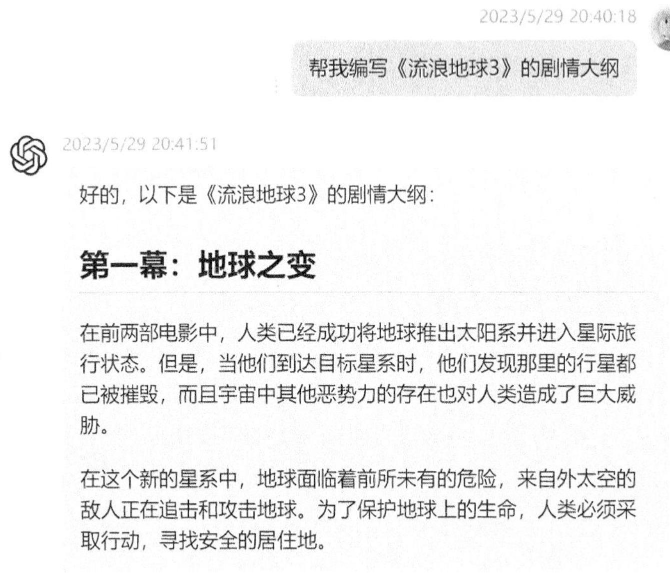

2023/5/29 20:40:18

帮我编写《流浪地球3》的剧情大纲

2023/5/29 20:41:51

好的，以下是《流浪地球3》的剧情大纲：

第一幕：地球之变

在前两部电影中，人类已经成功将地球推出太阳系并进入星际旅行状态。但是，当他们到达目标星系时，他们发现那里的行星都已被摧毁，而且宇宙中其他恶势力的存在也对人类造成了巨大威胁。

在这个新的星系中，地球面临着前所未有的危险，来自外太空的敌人正在追击和攻击地球。为了保护地球上的生命，人类必须采取行动，寻找安全的居住地。

（图 1　Chatgpt 生成的《流浪地球 3》剧情大纲）

韩裔美国学者朱瑞瑛（Seo-young Chu）在《隐喻梦见了文字的睡眠吗？》（*Do Metaphors Dream of Literal Sleep? A Science-Fictional Theory of Representation*，2010）中精妙提出：科幻是一种高密度的现实主义。在现实图景已经复杂到难以经由现实主义、浪漫主义等传统文学形式呈现时，科幻提供了这一工具。正如《千钧一发》（*Gattaca*，1997）早在 20 年前就预言了基因编辑未来：即便基因优化真的存在，这个世界也只是从以财富 / 容貌 / 智识取人，变成以基因取人，也许有所改变，但未必会变得更好。《流浪地球》原著小说同样以一种极度悲观的方式想象了人类危机之下的未来，小说中，憔悴的哲学老师抛出谜语："你在平原上走着走着，突然迎面遇到一堵墙，这墙向上无限高，向下无限深，向左无限远，向右无限远，这墙是什么？"年幼的"我"打了寒战，说出谜底：死亡。

对未来的幽暗判断与《等待戈多》中等不来的希望隔空呼应：希望迟迟不来，可苦了等待的人。在无尽的日复一日和时间的痛打中，能等来的只有死亡。启蒙的无法实现、情感的极度疏离、情绪的整体倦怠，恰如《2001 太空漫游》描画的世界未来图景：长久的静默与永恒的孤独。《流浪地球 2》一定程度是基于人工智能的急剧发展及其尚且未知的影响展开的想象，展现了与原著截然不同的图景：即便在暴风雨般的宇宙力量，即便在精确到超人的机器测算胜率为零的情况下，人类仍永葆希望并不计后果地为之牺牲和战斗。导演郭帆接受采访时称："这个主题是三年前构想的，我预计2030年才会出现ChatGPT-4这类东西，没想到提前七八年就出现了。[①]"紧接着他表示"我始终对于人工智能的到来有一个乐观的预判"，MOSS和刘培强的对话似乎在为导演和人工智能代言："文明的命运，取决于人类的选择"，"我选择希望"。很难讲何种想象更加高明，极端的失望和狂热的希望，可能一体两面。

我们不难想起古希腊戏剧歌队的箴警："奇异的事物虽然多，却没有一件比人更奇异……在技巧方面他有发明才能，想不到那样高明，这才能有时候使他走厄运，有时候使他走好运。[②]"奇异人类制造出的数字和人工智能，究竟意味着厄运还是好运？是希望还是毁灭？将带人类走向新太阳系还是冷酷仙境？将会继续、持续地被思考和想象。

三、里程碑还是瞭望塔：主旋律电影的"纪念碑性"

《流浪地球1》上映后，戴锦华称之开启了"中国科幻电影元年"。《流浪地球2》上映不久，也有学者认为它是"中国科幻电影发展征程上一座巍然屹立的里程碑[③]"。有趣的是，中外主流媒体对《流浪地球》系列的评价非常两极，以至于网络舆论的交锋已经远远出离了对于电影本身的讨论，从文化研究的角度，社会审美环境由主流（主导）审美、精英审美、大众审美构成，分别对应主旋律电影、艺术电影和商业电影，而与之相关的批评也有相应范式。世纪初，电影评论相对而言较为精英化，随着网络发展带来的影评大众化，电影评论仿佛成了最"安全"的网络舆论场，大众在其中寻找意识、观念、政治等问题，出现了甚乎"网络民族主义"式的争论。类似的舆论交锋在2022年的《爱情神话》和《雄狮少年》上映时都曾出现过，对电影本身的讨论迅速演化成对阶级和种族问题断章取义的攻击。与之相比，围绕主旋律电影（或曰"新主流电影"）的争论并不非常激烈，意识形态的绝对正确使之在舆论场变得相对安全，微弱的批评或默契的噤声被淹没于自上而下的赞誉声浪中，北大化学系学生甚至需要为批评《惊天救援》的情节问题而写检讨道歉，相比之下《流浪地球》已经是其中最"宽容"批评声音的"新主流电影"，但高频出现的"里程碑"之誉还是令人不禁犹豫：究竟是里程碑还是纪念碑？

较早使用"纪念碑性（monumentality）"这一概念的是奥地利艺术史学者里格尔（Alois Riegl），他认为纪念碑性所涵盖的对象不仅仅是庆典式建筑或雕塑，而应包括无意而为的东西和任何具有年代价值的物件。巫鸿以"纪念碑性"介入中国美术史，进而思考艺术与政治和社会之间的关联："'纪念碑性'这一概念的首要意义就是把艺术与政治和社会生

---

① 郭帆受访、谭政采访：《〈流浪地球2〉：中国科幻片的多维升级——郭帆访谈》，《电影艺术》2023年第3期。

② [古希腊]索福克勒斯：《安提戈涅》，罗念生译，选自《埃斯库罗斯悲剧三种、索福克勒斯悲剧四种》，上海：上海人民出版社，2007年，第305页。

③ 钮维敢、陈康：《〈流浪地球2〉：中美科幻影视片的博弈与交锋》，中国社会科学网，2023年2月9日。

活紧紧地联系在一起。"① 在中国古代，作为礼器和炊具的鼎、作为皇权象征的宗庙和宫殿，甚至长安这座城市，都可被视作该历史时具有"纪念碑性"的艺术，随着历史的发展，纪念碑的形态也在随之变化，"我们判定一件事物是否是纪念碑，必须着眼于它们在中国社会中的功能和象征意义。更重要的是，它们不能单纯地被视为纪念碑的各种孤立类型，而必须看成是一个象征形式发展过程的产物，这个过程就构成了'纪念碑的历史'"②。笔者看来，以《流浪地球》为代表的"主旋律"或曰"新主流电影"，一定程度可被视为当代艺术的"纪念碑"。

"纪念碑"同时指涉社会、政治、意识形态等多个方面，新中国电影发展到样板电影时期，已经具备相当严格的创作程式，诸如对主要人物和英雄人物的突出强调以及与之相应的视听手段，"礼仪的规律化与身份的等级化反映了社会的稳定性"③，纪念碑物的生成过程更倾向于严格把控而非天马行空的艺术发挥，因而在政权逐步稳定的过程中，作为意识形态象征的特定类型电影从生产过程就被赋予严格的规范性和鲜明等级性。尽管"十七年"的特殊文化背景及其相应生产模式在解释当下问题时未必能直接搬套，但其中部分生产模式、创作倾向、表现形态和主流评价的引导，都重新形成并保留在当下的主旋律电影中，使之即便与商业或艺术电影结合为"主流商业电影"或"主流艺术电影"的形态，仍然具备当下历史的"纪念碑性"。

除了生产模式和创作范式，以《流浪地球》为代表的主旋律电影的"纪念碑性"还体现在意义的传递与象征的价值两个层面。意义层面，主旋律电影作为主流意识形态话语的发声方式，与宗庙、宫殿、墓葬等仪式性建筑一样，主要目的在于"告诉人们应该相信什么以及如何去相信和实践，而不是纯粹为了感官上的赏心悦目"④，已经发展形成了相当类型化的创作程式，不过随着历史的发展和战争年代的逐渐远去，更新的创作题材开始与传统革命战争等题材平分秋色，并选择了与之相应的"平民英雄"，比如《我和我的祖国》《我和我的父辈》等电影不约而同选择了小人物视角，以微观视角取代了既往英雄中心的宏大叙事，《长空之王》《狙击手》等影片则巧妙地吸收了"职业片"的元素，创造出"主旋律职业电影"的形态，《流浪地球》系列同样如此，以科幻主旋律电影的方式丰富了主旋律电影的类型，电影中"带着地球去流浪"的中国式家园意识、在危难之际提供"中国方案"的大国崛起信念和民族责任感，均"'无意识'呈现出的明显'国家

---

① ［美］巫鸿：《中国古代艺术与建筑的"纪念碑性"》，李清泉、郑岩等译，上海：上海人民出版社，2009年，第5页。

② ［美］巫鸿译：《中国古代艺术与建筑的"纪念碑性"》，李清泉、郑岩等，上海：上海人民出版社，2009年，第28页。

③ ［美］巫鸿译：《中国古代艺术与建筑的"纪念碑性"》，李清泉、郑岩等，上海：上海人民出版社，2009年，第161页。

④ ［美］巫鸿译：《中国古代艺术与建筑的"纪念碑性"》，李清泉、郑岩等，上海：上海人民出版社，2009年，第28页。

意识'"，加之其中隐含的人类面对人工智能的忧惧，共同成为这一时期时代精神和民族想象的化形。在象征意义上，科幻电影，尤其科幻大片（或曰"硬科幻电影"）的制作往往具备电影工业本身和科技发展想象两方面的象征价值。《流浪地球》工业制作上的高水平发挥，不仅使之被视作"中国电影工业水准的一次'天花板'，成为重工业型电影工业美学的完美实践和有力例证"①，也使之具备了对科技的想象价值，二十余个科学家参与搭建的关于未来政治、经济、文化、技术等方面的世界观和面对危机的解决方案，通过直接的、奇观式的方式，在几十亿观众面前呈现，这种巨大的视觉震撼不仅是电影本身，也是科技实力和想象的彰显。

当然，诚如巫鸿的精准洞见："从罗马的万神殿到中世纪教堂，这些体积庞大的，集建筑、雕塑和绘画于一身的宗教性和纪念性建构，最集中地反映出当时人们对视觉形式的追求和为此付出的代价。"②篇幅所限，本文主要讨论电影对于意识传达和视觉形式的追求，不欲继续追问主旋律电影成为当下的"主流"商业形态之一，需要电影院线、电影工业、电影艺术，甚至电影批评付出哪些成本、妥协和让步，只是希望说明，相比被称作某种标志性的"里程碑"，以《流浪地球》为代表的主旋律电影更适合被视作当代艺术的"纪念碑"，更进一步，笔者也希望像电影中的人类一样抱持乐观和期待：它是面向更广阔星空和无限远方的瞭望塔。

---

① 陈旭光：《人类命运共同危机的"世界想象"与"中国方案"——评影片〈流浪地球 2〉》，《当代电影》2023 年第 2 期。

② [美] 巫鸿著：《中国古代艺术与建筑的"纪念碑性"》，李清泉、郑岩等译，上海：上海人民出版社，2009 年版，第 2 页。

文化循环视角下中国科幻电影的意义构建

——以《流浪地球 2》为例

周盼佳 *

（宁波国际投资咨询有限公司投资发展研究院，浙江宁波，315000）

摘　要:《流浪地球》成功开启了"中国科幻电影元年"。在 2023 年春节档,《流浪地球 2》作为其续作上映，获得了票房口碑双丰收，并成为中国电影"走出去"的代表之一。自上映以来，社会各界对这部电影的讨论热情高涨，例如各大新闻媒体争相报道了制作团队和电影票房等相关信息；学术界则对电影的叙事方式、文化内核、制作体系、舆论环境和宣发策略等方面进行了热烈讨论。那么,《流浪地球 2》作为一种文化产品，它的意义是如何被构建的呢？本文将运用保罗·杜盖伊的文化循环理论，通过分析电影的生产、消费、认同、规则和表征去回答这个问题。《流浪地球 2》的文化意义是由多种过程的交织结合所构建的，并表达中国式宇宙级科幻浪漫。通过对中国科幻电影《流浪地球 2》意义构建的研究，本文将为中国科幻电影研究提供新的理论视角，并为业界生产更有意义和成功的中国科幻电影提供启示。

关键词:《流浪地球 2》；文化循环理论；文化意义构建

　　《流浪地球 2》作为电影《流浪地球》的前传延续了前一部的热度。故事发生在太阳即将毁灭的时代。面临末日灾难和生存的诸多挑战，人类希望建立一万座行星发动机来拯救世界，但世界各国对此持有不同意见。最终，人类决定开启流浪地球计划，带着地球离开太阳系，寻找新家园。2023 年 1 月 22 日,《流浪地球 2》在中国大陆和北美地区同步上映。2023 年 5 月 15 日结束公映，全球累计票房为 40.29 亿人民币，总观影人次达 7932.3 万。作为走出国门的中国科幻大片，该片刷新了 33 项影视纪录，获得了多项国际

---

　　* 作者简介: 周盼佳 (1995—   )，女，浙江宁波人，宁波国际投资咨询有限公司投资发展研究院，英国谢菲尔德大学硕士，主要从事组织文化传播、电影传播研究。

电影节大奖，还创造了 15 年来华语影片在英国的最佳开局。①

《流浪地球 2》受到了学术界的广泛关注。一些学者从不同角度分析了这部电影。例如，侯海涛通过对比《流浪地球》和《流浪地球 2》的叙事结构，认为《流浪地球 2》"一拖三"的叙事结构引发了观众对人性、人工智能和数字生命的思辨。② 吴沐泽研究了电影的宣发策略③。商杨和赵磊以《流浪地球 2》为例研究跨文化视野下的中国电影国际传播，他们认为《流浪地球 2》的成功推动了"集体主义"、长期主义等中国价值观走向海外。④ 范志忠和张明浩认为电影反思了技术和文明的关系，建构出"人—人"同构的生命共同体美学。⑤ 学者们还通过对导演和制作团队的采访，强调中国电影工业的进步。其中，谭政对《流浪地球》导演郭帆进行专访。郭帆认为相对于视效、摄影、录音等技术部门，导演、制片等管理部门的能力是亟须提升的短板。⑥ 邱禹明对置景道具大师钟剑伟进行了创作访谈，总结认为该片加入了科技创新技术，如 3D 打印、数字化模型制作等，在中国科幻电影史上留下了浓墨重彩的一笔。⑦ 还有很多关于《流浪地球 2》的新闻，如讨论《流浪地球 2》的科学原理（金凤⑧）、周边和衍生品（揭书宜⑨，郑蕊⑩），以及器械制造和电影工业化制作（刘珞琦⑪）等。总的来说，《流浪地球 2》受到了广泛的关注和研究。然而，与其他方面的讨论相比，目前对于该电影的文化意义的探讨还不够深入。本文将通过文化循环理论的表征、生产、认同、消费及规则，分析总结中国科幻电影《流浪地球 2》的文化意义是由各个因素相互影响相互构建并最终呈现出的。

一、研究方法：文化循环理论

本文采用定性研究的方法，通过采用文化循环理论模型对《流浪地球 2》进行分析。文化循环理论起源于"文化研究之父"斯图亚特·霍尔（Stuart Hall）的编码 / 解码（Encoding/Decoding）模型。在此基础上，保罗·杜盖伊（Paul du Gay）等人编撰《做文

---

① 商杨、赵磊:《跨文化视野下的中国电影国际传播及其启示——以〈流浪地球 2〉为例》,《对外传播》2023 年第 3 期。

② 侯海涛:《〈流浪地球 2〉: 视觉震撼、情感满足和烧脑想象》,《电影评介》2023 第 1 期。

③ 吴沐泽:《电影〈流浪地球 2〉宣发策略研究》,《中国报业》2023 第 6 期。

④ 商杨、赵磊:《跨文化视野下的中国电影国际传播及其启示——以〈流浪地球 2〉为例》,《对外传播》2023 年第 3 期。

⑤ 范志忠、张明浩:《〈流浪地球 2〉: 末日危机的中国式救赎与"生命—时间—存在"哲学的叙事张力》,《文化艺术研究》2023 年第 3 期。

⑥ 郭帆、谭政:《〈流浪地球 2〉: 中国科幻片的多维升级——郭帆访谈》,《电影艺术》2023 第 3 期。

⑦ 张锦坤:《〈流浪地球 2〉的电影舆论研究》,《新闻研究导刊》2023 年第 5 期。

⑧ 金凤:《〈流浪地球 2〉没说的都在这里了》,《科技日报》2023 年 2 月 6 日, 第 006 版。

⑨ 揭书宜:《〈流浪地球 2〉周边众筹火热 国内电影衍生品产业刚起步》,《第一财经日报》2023 年 2 月 20 日, 第 A04 版。

⑩ 郑蕊:《〈流浪地球 2〉衍生品破亿》,《北京商报》2023 年 1 月 31 日, 第 004 版。

⑪ 刘珞琦:《导演郭帆:〈流浪地球 2〉还是从 0 到 1》,《中国电影报》2023 年 2 月 1 日, 第 005 版。

化研究——索尼随身听的故事》[①]时提出"文化循环"模型,认为:"文化是意义的产生和传播——构成了一个周而复始的主题,并且这几方面是相互构成、相互影响。"文化循环理论包含了五个环节:表征(representation)、认同(identity)、生产(production)、消费(consumption)和规则(regulation)。这五个环节形成一个闭环(图1),任何两个环节之间都相互叠绕。[②]

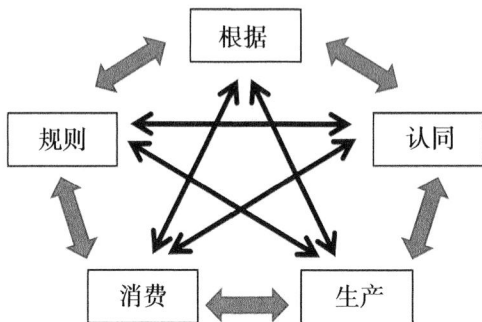

图1 文化循环理论模型

根据文化循环理论,本文将从生产、消费、规则、表征及认同去分析《流浪地球2》,探索作为文化产品的《流浪地球2》内部各部分是如何相互作用影响,并完成文化意义的构建,最终实现电影的成功大卖。

二、生产:科幻电影与科技重器同频共振

在文化循环理论中,生产代表"所有那些与创造多种形式的商品、服务和体验有关的事情"[③]。杜盖伊等人认为,经济过程和实践可以理解为文化现象。为了生产经济上成功的产品,需要考虑文化意义、规范和价值观等重要因素。[④]对文化产品的生产进行探讨,实际上就是研究制作团队所特有的生产文化。本节将对《流浪地球2》的制作过程如何被赋予意义进行论述。

首先,制作团队追求卓越。《流浪地球2》从筹备、拍摄,到后期制作,历时1400余天。制作团队共为影片绘制5310张概念设计,9989张分镜头画稿,制作超过6000镜视

---

① [英]斯图尔特·霍尔:《表征——文化表象与意指实践》,徐亮、陆兴华译,北京:商务印书馆,2003年,第1—17页。

② [英]保罗·杜盖伊、斯图尔特·霍尔、琳达·简斯、休·麦凯、基思·尼格斯:《做文化研究——索尼随身听的故事》,霍炜译,北京:商务印书馆,2005年,第3页。

③ Joseph G. Champ, "Horizontal Power, Vertical Weakness: Enhancing the 'Circuit of Culture'," *Popular Communication*, Vol.6, No.2(2008), pp.85-102.

④ Annabelle M. Leve, "The Circuit of Culture as a Generative Tool of Contemporary Analysis: Examining the Construction of an Education Commodity," *Australian Association for Research in Education*, Vol.1, (2012), p.7.

效镜头，制作了 95000 件道具、服装制作，搭建了 102 个科幻类主场景。^①从第一部到第二部，剧组的规模从 200 人扩张至 2000 人，导演郭帆在接受《中国电影报》采访时表示，他邀请了二十多位实习生，将他们安排在不同的部门只进行错误记录，希望通过错误整改总结梳理出一条符合我国国情的电影工业化制作流程。

其次，技术创新赋予影片制作新的可能。《流浪地球 2》的拍摄团队经过第一部的拍摄制作后，认为《流浪地球》中原始粗犷的道具制作方式已经不能满足《流浪地球 2》恢宏的叙事。因此，《流浪地球 2》的制作引用数字建模技术。在这部科幻电影中，所有的演员都是通过数字模型建立起来，从骨骼层、肌肉层，到毛孔、汗毛等，并从这个基础模型上匹配演员的脸，最终呈现出老年的沙溢、年轻的刘德华。制作团队还使用数字车床、3D 打印、激光雕刻等技术进行道具生产，如宇航服、飞机、7G 网络和太空电梯等，这极大地提高了生产效率。《流浪地球 2》在音效的处理、音乐的搭配、语言的运用等方面也运用了数字技术，如使用 AI 还原李雪健因声带受损而变调的声音等。

另外，摄影棚选择搭建在青岛东方影都影视产业园。该地涵盖了影视制作全产业链条，配有影视虚拟化制作平台，为《流浪地球 2》提供前期实施预演服务。^②还有一些已经投产的先进科幻器械机，如械狗笨笨、外骨骼机器人和无人车。它们不仅仅是电影中的道具，还可以在拍摄现场用来搬运道具。片中量子计算机 550W 的原型是光量子计算机，它早在 2017 年就由中国科技大学创造出来了。

在《流浪地球》的基础上，制作团队已经掌握了拍摄科幻电影的拍摄方法和团队管理经验，再加上科技创新带来的赋能，提高了科幻电影的拍摄效率，还为观众带来优质的观影体验。科幻电影《流浪地球 2》完美结合了技术创新所带来的叙事魅力与中国电影工业人的精神淬炼，展现了中国电影工业化的新高度。

三、消费：借助平台做好衍生踩准时间点

生产与消费相互关联。文化产品的内涵产生既在于生产者宣传产品，也在于消费者在消费过程中的体验和使用。^③《流浪地球 2》的消费成功推动其文化意义构建，主要体现在电影线上线下宣传、观众对票房的购买和衍生品的众筹等方面。

《流浪地球 2》连通线上线下，营造了积极的舆论环境。线上，电影通过视频平台，如抖音、Bilibili 等宣传。《流浪地球 2》和抖音官方合作，在电影上映一周前直播宣发。B 站的 UP 主在官方曝光的基础素材上进行了二次创作，与受众形成互动，营造出全民观影的拟态环境。还有吴京、刘德华等知名演员凭借个人影响力，通过制造热点话题等方

---

① 刘珞琦：《导演郭帆：〈流浪地球 2〉还是从 0 到 1》，《中国电影报》2023 年 2 月 1 日，第 005 版。
② 青岛西海岸新区影视产业发展中心：《从〈流浪地球〉到〈流浪地球 2〉青岛影视基地日渐成熟》，《人民日报》2023 年 1 月 29 日，第 008 版。
③ 赵璇：《文化循环视角下 B 站自制网生纪录片研究》，硕士学位论文，江西财经大学，2021 年，第 17 页。

式在微博上宣传电影，激发网友对电影的兴趣，并形成娱乐互动的网络氛围。线下，片方通过跑通告、影院宣传海报、增加电影排片等方式宣传电影。《流浪地球2》活跃的舆论氛围不仅由片方主动宣传制造，还有观众和新闻媒体的推波助澜。观众通过线上线下参与电影互动，了解电影内容后向亲戚朋友传播相关信息，进一步推动电影舆论的形成。此外，权威主流媒体如人民日报、新华社、光明日报等也对《流浪地球2》给予了高度评价，这些好评极大地影响了社会对其舆论氛围的导向。新闻媒体对《流浪地球2》进行报道和宣传，通过有意识地运用新闻框架来表达媒体内部的整体态度，同时也对电影进行了广泛宣传。总之，《流浪地球2》的成功宣传不仅提升了电影的知名度，还为电影带来了良好的经济效益，推动了科幻电影行业的发展。

此外，《流浪地球2》还通过参加国际电影节的方式来提升知名度，进而开拓海外市场。统计数据显示，这部电影共有16次获奖，15次提名，包括在第十八届中国长春电影节上获最佳影片奖和最佳摄影奖、在第十届丝绸之路国际电影节获最佳视觉效果奖等，还有在多伦多国际电影节（加拿大）、中爱国际电影节（爱尔兰）、东盟+3电影节（捷克）等国际电影节上展映。《流浪地球2》借助国际知名电影节为自己在全球上映提供机会，收获颇丰。截至2023年4月28日，这部电影已经在海外39个国家和地区上映，其中包括澳大利亚、英国、新加坡、马来西亚、新西兰等，海外票房超过1亿元。《流浪地球2》的海外开映国规模较小，但上映的空间范围扩展至全球，并且凭借《流浪地球》在海外积攒下来的预热，继续扩大国际市场。从放映结果来看，该电影在海外电影市场赚足了眼球，为中国科幻电影走向国际市场奠定了基础。

《流浪地球2》的衍生品也为电影的消费助添了一把火。相较于好莱坞成熟的影视衍生品开发体系，中国电影的衍生品还处在萌芽阶段。目前，中国电影市场的衍生品主要通过众筹模式进行销售，只有筹到目标金额，片方和厂商才会去合作生产这些周边。在《流浪地球2》上映不久后，2023年1月30日电影凭借着官方授权衍生品模型周边众筹达到1.1亿元。随电影同步售卖的徽章、钥匙扣、磁贴、雨伞等其他衍生品实现销售额破千万元。这一现象表明观众们不仅消费电影，也对与电影相关的周边产品有着很高的购买意愿，为影视作品合理经营衍生品提供了更大的市场空间。此外，《流浪地球2》的上映时间也满足了市场需求。电影的官方上映时间2023年1月22日，正值中国疫情解封后的第一个春节前夕。这时，影院恢复正常营业，观众有足够的时间去电影院观影。

《流浪地球2》通过在恰当的时间点上映，线上线下联动形成积极的舆论氛围，通过参加电影节打开国际市场，又通过衍生品市场与观众保持联系，延续电影热度。《流浪地球2》为中国科幻电影的消费模式树立了典型，也为中国科幻电影和中国价值观走向海外奠定了基础。

四、规则：科幻电影的核心是人物和感情

在文化循环理论中，规则被认为是基于制度的监管，可以是地方规范和具有限制性的文化价值观。[①] 杜盖伊等人认为规则是"其对原有的社会规范造成了一定干扰，以及社会规范如何干预公众使用这一文化制品，使之更好地适应社会规范或被整合进社会规范"[②]。对于《流浪地球2》这部电影来说，规则不仅体现在电影制作的过程中，也在宣发上映的过程中按照了一定的规则。这些规则正构建着《流浪地球2》的文化意义。

首先，规则托起了剧情。《流浪地球2》庞大的叙事是通过"三拖一"的规则展现的。因为故事时间跨越了近百年，面对电影故事体量庞大，导演选择了三条明线和一条暗线。三条明线分别通过刘培强、图恒宇和周喆直的时间线展现。这三条明线讲述了从小家到大家的家国情怀。刘培强代表的是在末日危机下与人类、与地球命运与共的普通人。图恒宇代表的是为"流浪地球"计划牺牲奉献的科学家群体；同时，他也是一个失去妻女的父亲和"数字生命"计划的支持者。周喆直代表的是面对末世危机时人类的领导层。整部影片三条时间轴相互穿插，层层递进，叙事规则让影片的立意更高，叙事更宏大，把中国的价值观、世界观完美地融入了整部影片，处处都在讲述着讲团结与命运与共。

这个叙事规则的背后是另一个上帝视角般的规则——量子力学与时空。这由 MOSS（550W、550C、550A）来展现。MOSS 是片中的量子计算机人工智能。作为整部影片的主视角，全片的第一个镜头就是大街上的破烂摄像头。而且在整部影片中，摄像头的特写出现了很多次，暗示人类的一切 MOSS 都看在眼里。因为 2044 年太空电梯危机的预警来自 20 世纪 80 年代，按照现实世界的科技时间线，那个时候 MOSS（550W、550C、550A）还不存在，不可能发出预警。图恒宇与丫丫存在于无数个相同且镜像的房间中，这是多维空间的影视化表现形式。MOSS 还说了一句话："我对生命的理解与你不同。"这也是在暗示，在时空可影响的情况下，"已经"就不再是"已经"了。

其次，电影剪辑取舍以感情为规则。在制作的过程中，三条线索的平行推进形成了影片庞大的叙事体量，内容取舍成为创作中需要考量的问题。郭帆导演认为选项取舍的核心是情感。在郭帆的采访中提到对《流浪地球2》的海量镜头选择的标准是情感，科幻电影的核心是人物和感情，而不是冷冰冰的器械和技术。

最后，电影的宣发既遵循硬标准又遵循软标准。电影在哔哩哔哩、抖音、微博等线上平台创造话题的时候，遵循平台的规则。在电影上映之前需要经过国家广电总局审查。还有，这部电影放映的主场虽然在中国大陆，但是也兼顾了海外市场。字幕配有中英文，以便于国际观众理解。影片中涉及相当多的国际镜头，当灾难来临的时候，影片选择北京、纽约、伦敦、加尔各答、布鲁塞尔、加蓬等地，几乎包含了七大洲，同时还有一条

---

① Joseph G. Champ, Jeffery J, Brooks & Daniel R. Williams, "Stakeholder Understandings of Wildfire Mitigation: A Case of Shared and Contested Meanings," *Environmental Management*, Vol. 50, No. 4 (2012), pp.581-597.

② 赵璇：《文化循环视角下 B 站自制网生纪录片研究》，硕士学位论文，江西财经大学，2021 年，第 30 页。

主线在联合国总部里展开，这都传递了人类命运共同体的价值观。

五、表征：多方位展示中国式宇宙级浪漫

"表征"是我们的头脑通过使用语言对各种概念进行意义的生产。① 在《流浪地球 2》中，表征是通过音效、视觉效果、演员台本和叙事等电影语言展现的。

电影中的音效衬托了故事情节的发展。从细腻的情感交流到宏大的战斗场面，都通过精湛的音效设计呈现，增强了观众的听觉体验和视觉感受，使观众能够更加深入地体验到电影中的情感和氛围。例如，当太阳风暴来临时，电影中响起了强烈的风暴声音，让观众感受到风暴的威力和危险性。

科幻电影的视觉特效吸引观众的注意。大量的视觉特效包括数字特效、CGI 动画、虚拟场景等，来呈现各种灾难场景、科技设备、城市废墟等元素，让观众可以看到各种细节和质感，增强了视觉体验和真实感。此外，电影中的情节和场景也是表现情感元素的重要手段之一。电影中通过紧凑而流畅的情节和场景，让观众能够更加深入地理解故事情节和人物关系。例如，当面临月球危机时，航天员带着核弹上月球赴死，让观众感受到人类团结一心面对危机时的勇气和信念，展现了人类对于地球和人类未来的关切和责任感。

影片的主演是吴京、李雪健、沙溢、宁理、刘德华等。片中，他们代表着中国人，也代表着中国式价值观。这些演员都是影帝级人物，参演过家国情怀大片，如《光荣与梦想》《我和我的父辈》《扫毒》和《战狼》等。他们的公众形象都比较正派，专业程度高，适合出演《流浪地球 2》中肩负地球未来使命的角色。合适的演员不仅能作为中国价值观的代表人物，也能为电影树立正面的口碑，还能为电影增加票房号召力。

电影中的情感元素成功地触动了观众的内心。影片中，刘培强和韩朵朵的爱情、图恒宇和图丫丫的亲情、图恒宇和马兆之间的友情和周喆直团结世界的情怀都增强了电影的感染力，也让电影更加立体和真实。情感元素也是导演认为这部电影的核心所在。再次，情感元素还通过台本体现。据统计，在《流浪地球 2》中台词出现得最多的词汇是我们（157 次）、地球（174 次）、未来（146 次）、科技（135 次）、危机（129 次）、责任（120 次）、人类（101 次）、世界 (98 次)、太阳 (88 次)。这些高频词传递了在科幻电影中人类面临世界危机所呈现出的团结一致。

电影中"移山计划"其本身就有意义。该计划是人类为了应对灾难而采取的措施，通过建造行星发动机，利用互联网的地下光纤形成联通，以达到同步点燃的目的，然后利用发送机的推力把地球推出太阳系，重新寻找可以生存的地方。这个计划保障了人类的生存和繁衍。"移山计划"代表着人类对环境保护、可持续发展、全球合作、科技创新、

---

① 　[英] 保罗·杜盖伊、斯徒亚特·霍尔、琳达简斯·休麦凯、基思尼·格斯：《做文化研究——索尼随身听的故事》，霍炜译，北京：商务印书馆，2003 年，第 3 页。

未来探索、勇气和牺牲精神等方面的关注和追求。

六、认同：中国式宇宙浪漫蕴含在人类命运共同体中

认同是指"文化产品的表征意义在世界上给出了一个位置，并呈现我们与社会之间的联系"。[①] 在文化产品的意义构建中，使用者和制造者的文化及其生活方式构成了他们的社会认同。相对于《流浪地球》里中国人的乡土意识和家国情怀催生出的"带着地球集体流浪"的浪漫壮举，《流浪地球2》的"移山计划"进一步展现了中国人自己的概念。"移山计划"作为"流浪地球计划"的前身，更像是一种"向内求"，这种追求内心的过程本质上体现着中国式认同。

将个人利益让渡给集体利益，但是同时也从集体中收获了同样的权利，个人和集体以辩证的方式相互联系相互作用。尤其是向月球运送核弹的情节，航天员们清晰地了解眼前的任务极具风险和挑战，只有去路没有归途。每个国家超过50岁的航天员集体出列主动申请完成这项任务，由此带动各国航天员自告奋勇、承担责任，更是把这方面凸显得淋漓尽致。还有刘培强申请重新加入战队执行"流浪地球"计划，他宁愿牺牲自己的生命也要为儿子争取地下城的名额。这种个人的牺牲换取人类共同命运的明天是中国式文化认同的深刻展现。

集体主义和人类命运共同体是中国所倡导的一种文化认同。[②]《流浪地球2》可视作为中国文化对西方主流科幻价值观的突破。与好莱坞科幻片中的个人英雄主义不同，影片并没有把某个外部势力作为反派，也没有英雄的超能力，只有地球人共同面对宇宙的生死考验急需联合起来，还有个人视死如归的家天下精神。因此，故事情节体现着平等包容、团结协作和互助共赢的理念，这也是中国政府在外交场合中经常强调的"人类命运共同体"。[③]《流浪地球2》的价值观和"人类命运共同体"相呼应。更进一步说，科幻电影中这种文化认同的背后展现的是国家。[④]中国的经济发展，带动工业水平、制造业的发展，从而推动电影工业的进步。中国的科幻片不再是虚无缥缈的，而是具备了现实基础。同时，人们对于科幻电影的接受程度会随着国家经济发展而变化。在中国综合国力崛起后，电影工业的新技术、航天航空领域的知识等都为《流浪地球2》的成功提供了有力支撑。

---

① Woodward, K, *Identity and Difference*, London: Sage Publications in Association with The Open University, 1997, p.1.

② 王长潇、杨立奇、张丹琨：《人类命运共同体理念在"一带一路"沿线国家传播的困境与路径》，《中华文化与传播研究》2022年第2期。

③ 田春霖：《〈流浪地球2〉——太空文明的人类价值观建构》2023年2月16日，http://www.cssn.cn/skgz/bwyc/202302/t20230201_5585440.shtml，2023年5月30日。

④ 吕亚菲：《好莱坞统治全球电影产业语境下的中国电影市场潜力》，《中华文化与传播研究》2022年第2期。

七、总结

《流浪地球》的成功开启了"中国科幻电影元年",《流浪地球2》的成功更是打开了中国科幻电影走向世界市场的大门。本文通过文化循环理论分析了中国科幻电影《流浪地球2》。在制作方面,电影使用了大成本大规模数字建模技术,视觉效果震撼。制作团队通过线上线下宣传、参加国际电影节、发展衍生品等方式促进电影的舆论形成和消费。电影以感情为核心,注重宣发规则。电影还通过音效、视觉效果、演员表演和叙事等电影语言表达人类命运共同体的核心情感。电影中展现了人类在末日灾难面前的生存挣扎,以及在面对巨大压力时的种种人性的弱点,让观众在电影中找到了共鸣与情感宣泄。《流浪地球2》最大的贡献不是媲美好莱坞的电影技术,也不是对中国制造的完美宣传,而是突破了西方英雄主义的科幻价值观,向全世界提供了一次非常浪漫、充满情怀的本土化精神表达。

中华文明国际传播研究

主持人语
增强中华文明传播力影响力

习近平总书记在党的二十大报告中提出"增强中华文明传播力影响力"的时代命题,"加强国际传播能力建设,全面提升国际传播效能,形成同我国综合国力和国际地位相匹配的国际话语权"成为新闻传播学科助力中国式现代化的时代担当,国际传播研究也是华夏传播学研究的重要领域之一。

冲突与融合是华夏跨文化传播研究的两条主线。中华文明的发展因其内源所特有的开放性、包容性和创造性而呈现为一种螺旋式上升的文明发展观①,而"中国"观念本身也拥有以"中"通天下的新型"文明型中国"的传播内涵。②中华文化的海外传播对实现文化自信、"展现可信、可爱、可敬的中国形象"具有重要意义。依托于丰富的传统文化资源宝库,如何开发和利用好多元地域文化、提升符号认同、创新对外传播路径,是推动中华文化走向世界、促进人类文明交流互鉴的关键所在。而创建文明对话格局,则是本土传播学为世界贡献中国智慧、促进共同发

---

① 赵立敏:《传承与嬗变:中华文明螺旋式上升的崛起之路——一种新进化论视野下的文明发展观》,《华夏传播研究》2021年第1期。

② 谢清果:《共生交往观的阐扬——作为传播观念的"中国"》,《西北师大学报(社会科学版)》2019年第2期。

展的文明对话目标。[①]

　　本专栏包含二篇论文，均聚焦于中华优秀传统文化的国际传播实践，深入探讨其传播困境与破局思路。第一篇将"跨文化传播"的目光聚焦于古老的巴蜀文化，追问地域文化与中国文化的多重关系、多维价值、传播困境与对策探究等问题；第二篇从跨文化传播的角度描摹当代中国价值观念在国际传播中的现实图景，分别从历史、政治和舆论的角度审思当代中国价值观念国际传播的现实阻碍，并尝试探究解决方案。

（厦门大学新闻传播学院博士生　王婕）

---

① 杨柏岭：《文明对话：跨文化视野下当代传播学的研究进路》，《现代传播（中国传媒大学学报）》2021年第12期。

论当代中国价值观念跨文化传播的困境与对策 *

姚　兰*

（南京理工大学，江苏南京，210094）

摘　要： 当代中国价值观念的国际传播，从传播属性来说属于跨文化传播。价值观念是一种文化赋予，当代中国价值观念孕育于中国优秀传统文化，是对中国优秀传统文化的现代性转化，是中国特色社会主义文化的精神内核。当代中国价值观念的国际传播，基于不同国家的文化差异、意识形态差异以及国际舆论格局的势差，势必会遇到重重障碍。为了更好地促进当代中国价值观念的国际传播，要从国家形象层面提升国家软实力；要从话语生成的角度，增强国际话语权；要从人文交流的视角，促进民心相通。从而增强中国价值观念在文化上的影响力和道义上的感召力，促进当代中国价值观念的有效传播。

关键词： 当代中国价值观念；跨文化传播；文化差异

基金项目： 教育部人文社会科学一般项目"当代中国价值观念国际传播的有效性研究"（项目编号：19YJC710092）。

美国著名人类学家、语言学家萨丕尔（E. Sapir）很早就提出一个观点，即文化是传播的同义词，二者在很大程度上同构、同质，传播对文化的影响广泛而深远，文化也深刻地影响着传播。① 跨文化传播的奠基人美国著名的文化人类学者霍尔（Edward T.Hall）在其著作《无声的语言》(*The Silent Language*) 中也阐述了有关文化、传播及跨文化传播的种种观点，他提出传播即文化，文化即传播，没有文化，就没有传播，传播都是在一定的文化环境中发生的。文化赋予了价值观念深刻的精神内涵，价值观念彰显了文化的深层意蕴，文化的交流与传播自然成了国家间增进了解的重要方式。党的十八大以来，党中央高度重视当代中国价值观念的国际传播工作，将其提升到了国家战略的高度。习

---

　　* 作者简介：姚兰，南京理工大学马克思主义学院讲师，江苏省习近平新时代中国特色社会主义思想研究中心南京理工大学基地研究员，研究方向：跨文化传播与价值认同。

　　① ［美］爱德华·萨丕尔：《语言论》，陆卓元、陆志韦译，北京：商务印书馆，1985年。

近平总书记多次强调，要加强当代中国价值观念的国际传播，要将其贯穿到国际交流的方方面面。党的二十大更是鲜明指出，"要增强中华文化的世界影响力，要向世界讲好中国故事、传播好中国声音，展现可信、可爱、可敬的中国形象"。[①]加强当代中国价值观念的国际传播，是中国在实现中华民族伟大复兴的历史进程中提升国际形象、传播中华文化、加深国际理解的现实需要，也是对国际社会关于中国崛起的诟病、中国强大的疑虑、中国发展的猜疑而形成的种种误读、误解、误判的积极回应。

一、跨文化传播：当代中国价值观念国际传播的基本属性

物之不齐，物之情也。世界具有多样性，文明具有多样性，文化的差异性构成了跨文化传播的客观样态，也成了跨文化交流中误解和冲突的问题根源。价值观念作为一种文化赋予，包含了文化中最深层的精神追求和最独特的精神标识。价值观念的国际传播就是不同文化及其社会成员之间的交往与互动，跨越了国界、跨越了民族、跨越了语言，从本质上来说是一种跨文化传播。

（一）文化涵养价值观念

文化是一个民族、一个国家在历史发展长河中最深层的积淀。不同民族、不同国家的文化起源、自然环境、历史发展进程造就不一样的文化特质。中西文化在不同的空间地域和历史背景中产生，形成了各自迥异的文化特质。"中华优秀传统文化有很多重要元素，共同塑造出中华文明的突出特性。"[②]中华民族在五千年的历史长河中，形成了讲仁爱、重民本、守诚信、崇正义、尚和合、求大同等传统价值观念。在国家民族立场上，民族之间经历了种种纷争与战乱，聚散离合，却始终不曾割断对共同文化的认同，对统一的渴望和追求始终如一，讲求"以和为贵""和而不同""协和万邦"；在社会秩序的建设上，"大同社会"是中国古代社会建设的美好追求，天下为公，美美与共，提倡社会的公义、平等、浩然正气；在人际交往中，"仁""爱""义"是基本的价值遵循，提倡"己所不欲，勿施于人""兼相爱，交相利"；在人与自然的相处中，提倡"天人合一""万物并育而不相害，道并行而不相悖"，追求人与自然的和谐。这些思想涵养了中华民族在社会主义事业的伟大实践中的精神品格，也滋养了中华民族在对外交往中的精神追求和价值取向。自新中国成立以来，中国就一直奉行独立自主的和平外交政策，在和平共处五项原则的基础上发展与世界各国的友好关系。坚持与邻为善、以邻为伴，坚持睦邻、安邻、富邻的原则，提倡"亲、诚、惠、容"周边外交理念；坚持义利并举、以义为先的正确义利观，提倡"真、实、亲、诚"的对非方针；中国无论发展到什么程度，永远不称霸、

---

① 习近平：《高举中国特色社会主义伟大旗帜 为全面建设社会主义现代化国家而团结奋斗：在中国共产党第二十次全国代表大会上的报告》，北京：人民出版社，2022年，第45—46页。

② 习近平：《担负起新的文化使命 努力建设中华民族现代文明》，《人民日报》2023年6月3日，第01版。

永远不搞扩张的庄严承诺，倡导建构不冲突不对抗、相互尊重、合作共赢的新型大国关系。这一系列对外政策都体现了中国爱好和平、追求和平、维护和平的朴素愿望和坚定信念，是中华文化孕育出的具有时代光芒的价值追求。

（二）跨文化传播的现实图景

在经济全球化和社会信息化的时代背景下，世界各国之间的文化交流日益频繁和广泛。这既带来了文化交融的机遇，也带来了文化碰撞的挑战。"任何文明都不是一个孤立的封闭的系统，它不仅需要内在的交往，而且需要外部的交往。随着'历史向世界历史的转变'，这种交往更是成为人类文明的一种普遍的存在方式。不同的文明总是表征为不同的类型，它们彼此形成互补共济的关系。"① 多元文化的交流交锋中，加强中华文化的理解与认知，才有助于中国价值观念的国际传播与认同。国之交往，经济上的利益往来、政治上的利弊权衡，都需要文化方面的深层理解、价值观念的深刻认同才能持久。中华文化对外的吸引力是一直都存在的，但是在跨文化语境中，能做到真正理解中华文化及其价值内核并不容易，甚至在一定偏见的影响下，会有误解。中国体量之大，发展速度之快，在国际社会的角色定位十分复杂，西方大国从守成国的角度出发，将中国视为21世纪最大的威胁，将其定位为"竞争者"，甚至是"敌人"；一些发展中国家，也对中国的发展崛起及其影响持有很大不确定性，固有的认知逻辑在一定程度上阻碍他们对中国的了解，单纯的资本、利益、产能、商品等置换不足以深化中国与其他国家的合作与信任。如今，国际形势的不确定性和不稳定性更加凸显，面对严峻的全球性挑战，解决好人类社会共同面临的治理赤字、和平赤字、发展赤字、安全赤字、信任赤字，不同文明之间，是对抗还是合作，是冲突还是对话，都是关系到人类前途命运的"时代之问"。一些国家推行单边主义、霸权主义，鼓吹文明冲突、文明优越等错误论调，有可能将人类发展引向错误的方向。中华文明的处世之道，蕴含在中国主张、中国智慧、中国方案中的价值理念，以构建人类命运共同体为核心要义，需要以文传声，在文明对话中，增强中华文化的感召力，增强中国价值观点的影响力。

二、文化差异：当代中国价值观念国际传播的现实阻碍

文化本身就是复杂的，在跨文化传播过程中，基于不同文化自身的差异本来就很容易造成文化隔阂与冲突，加之国际关系错综复杂，基于意识形态的差异、利益诉求的矛盾，以及国际舆论格局的势差，导致了中国价值观念在国际传播中会遇到的重重阻碍。

（一）从历史文化角度而言，文化异质阻碍价值认同

文化是一定人群共有的意义系统，对于人们的身份归属和价值认同有着重要影响。

---

① 何中华:《文明的历史含义及当代启示》,《中国社会科学》2023 年第 6 期。

在跨文化传播中，不同的意义系统呈现出不一样的价值取向。根据荷兰学者霍夫斯特德（Greet Hofstede）关于文化价值观调查研究之后形成的研究成果《文化后果》显示，不同文化的差异就好比"剥洋葱"一样由表及里都有差异，最表层的是象征物，比如说语言、服装、建筑物等显而易见的区别；而最深层的区别就是价值观，这是不同文化中区别最大、也最难理解的部分。文化异质表现在语言沟通、风俗习惯、宗教信仰等各个方面的差异，语言的沟通障碍尚可逾越，风俗习惯的差异也可以包容理解，价值观念作为文化里最隐蔽、最强大的方面，很难弥合。在国际交往中，无论是经济上的联盟，还是政治上的亲疏，在一定程度上都得益于国家之间、区域之间共同的文化底蕴和历史，比如说欧盟、北美自由贸易区、东盟等，在不同程度上是基于成员国在文化特质上的相似性和彼此认同。相比于异质文化，具有文化相似性的国家之间更容易产生信任感。西方国家对于中国就有成见般的文化屏障，西方的知识精英，从西方中心主义的角度来研究中华文化，建构了所谓东方主义，东方主义是西方文化的"他者"，此种"刻板印象"会导致其民众戴着"有色眼镜"去审视异文化属性。正如美国著名的报刊专栏作家李普曼（Walter Lippmann）所写的那样："多数情况下我们并不是先理解后定义，而是先定义后理解。置身于庞杂喧闹的外部世界，我们一眼就能认出早已为我们定义好的自己的文化，而我们也倾向于按照我们的文化所给定的、我们所熟悉的方式去理解。"① 文明冲突论在西方一直有很大的影响力，它将文明异质解读为国家之间冲突的根源，这无疑加剧了中国价值观念在西方语境中传播的文化阻碍。

（二）从政治文化角度而言，意识形态差异滋生敌对心理

不同文化下的政治体制亦有不同，而不同的政治体制会导致意识形态的差异甚至对立，不同文化之间的隔阂、偏见、敌视往往是国际关系和制度竞争的映射，这是跨文化传播不可避免的问题。世界上的国家没有一个不进行价值观念的国际传播，正如拉斯韦尔所说："地球上的每一个国家、不论是专制政体或民主政体，也不论是战时或者平时，都要依靠宣传——在不同程度上与战略、外交和经济有效地进行协调——来实现它的目标。"② 从某种意义上来说，所有的国际传播活动都带有政治色彩，意识形态的差异更易滋生敌对心理。20 个世纪，以苏联为首的社会主义阵营与以美国为首的资本主义阵营，形成了对峙、冷战局面长达四十多年，随着苏联的解体，这种局势得以缓解，但并没有消失。美国著名学者约翰·米尔斯海默曾指出："美国 20 世纪的行为表示它决心永做世界唯一的地区霸主。所以美国会竭尽全力遏制中国，用一切手段使中国不能称雄亚洲。简言

① ［美］李普曼：《公众舆论》，阎克文、江红译，上海：上海人民出版社，2006 年，第 62 页。

② Harold Lasswell: *The Science of Mass Communication: Introduction, Propaganda, Communication and Public Opinion*, Princeton University Press,1946, p.39.

之，美国大概会基本按冷战期间对苏联的办法对付中国。"① 作为社会主义制度的中国，在冷战结束以后更是打破了"历史终结"的论调，展现了强劲的生命力。尤其是经过改革开放 40 多年的发展，经济高速发展，综合国力稳步提高，国际影响力显著提升，而且更加积极主动地参与国际事务、担当大国责任。在致力于解决全球性问题中提出了人类命运共同体理念、全人类共同价值、全球发展倡议、全球安全倡议、全球文明倡议等蕴含中华优秀传统文化精髓的中国方案，这与一直奉行霸权主义、单边主义的某些西方国家的价值理念是大相径庭的。2022 年 5 月 2 日，美国国务卿布林肯就拜登政府对华政策发表演讲并指出，中国是唯一"不仅具有重塑国际秩序意图"，而且由于日益增强的经济、外交、军事和技术力量而"有能力"这么做的国家。② 政治意识形态上有意无意的敌对，导致的认知歪曲，直接影响着国际社会对中国价值观念的理解、认知、认同。基于此，作为语言学习、文化交流的机构——孔子学院，甚至也被一些国家误认为是中国进行情报信息收集的机构，因此发展受阻，较长一段时间，欧美已有多家孔子学院因遭抵制而被迫关闭。政治性因素成为中国价值观念在国际传播中无法回避的阻碍。

（三）从舆论势差格局而言，强势话语影响国际认知

法国哲学家米歇尔·福柯在其《话语的秩序》中有句经典的名句即：话语即权力。在当前的国际话语体系中，整体格局依然是"西强我弱"，西方国家对国际话语权的主导地位明显。以美国为例，福布斯 2021 年全球 2000 强企业中，媒体集团有 9 家上榜，占 4.5%。相比之下，中国内地只有 1 家上榜，占 0.5%。全球最大的 4 家新闻社控制着大部分的新闻市场，它们全部来自西方国家，其价值取向深深影响着国际新闻的议题设置。对中国来说，短期内仍然面临着西方国家强势话语的影响，它们实施话语霸权，设置"话语陷阱"。自 20 世纪 90 年代开始，"中国威胁论"一直成为西方病诟中国、抑制中国的显性话题，不仅有亨廷顿建构的"文明冲突"，断言儒教文明和伊斯兰文明将成为西方文明的天敌；还有中国经济发展对世界资源的威胁，中国的政治体制是对自由民主世界的威胁，中国日渐强大的军事力量对世界的军事威胁等一系列不实言论。这些都是某些西方大国，为其强权政治、霸权主义服务，企图遏制中国迅速发展而进行的诋毁。"在理论层面，当前中国国际传播的总体问题意识总的来说还是基于'挨骂'被动局面而求现实解套、理论求解的思维。"③ 中国声音在国际舆论格局中增信释疑的能力还十分有限，西方社会大力宣扬"中国威胁论"，使得东南亚诸国难以培养起对中国真正的"战略互信"，对中国崛起后的意图存在质疑。周边国家对中国"近而不亲"的状态还没有得到根本性的改变，一些发展中国家对中国形成了一种矛盾认知，既希望搭乘中国发展的顺风车，

① [美]约翰·米尔斯海默：《大国政治的悲剧（修订版）》，王义桅、唐小松译，上海：上海人民出版社，2014 年，第 406 页。
② 杨洁勉：《美国视中国为"主要威胁"的思想溯源和理论依据》，《国际展望》2023 年第 1 期。
③ 张毓强、潘璟玲：《新征程、再启程：中国国际传播理论与实践新纪元》，《对外传播》2022 年第 5 期。

又害怕中国的发展是一种威胁；既期盼中国能承担更多的国际责任，又害怕中国走上"国强必霸"的道路。国际舆论格局中的弱势地位，增加了中国价值观念国际传播的"交流成本"。

三、多措并举：当代中国价值观念跨文化传播的理路探析

当代中国价值观念的跨文化传播，其目的是增进国际理解，讲好中国故事，传播好中国声音，提升中华文明的传播力影响力，助力全球性问题的解决，推动构建人类命运共同体。如何消弭文化异质带来的传播难题，是当前当代中国价值观念在跨文化传播中必须解决的重大课题。要从国家形象层面、话语生成维度、人文交流视角等方面着力，树立良好的国际形象，增强中国价值观念在文化上的影响力、道义上的吸引力和感召力。

（一）树立良好国家形象，提升文化吸引力

国家形象是国家间基于社会互动而构成的一种相互认同关系，是国家在国际社会中与他国通过交往互动而被对象国赋予的一种身份表达、折射。[1] 同时也是一种文化形象的表征，通过在国际交往中树立的中国形象传递中国价值观念，展现中华文化倡导平等、包容、进步、和谐的价值观念，增进国际认知。

践行平等友好的交往原则，树立包容可亲的大国形象。国家之间平等交往与包容是中国价值观念的生动写照。在国际交往中，中国从来不会以邻为壑、损人利己，不以牺牲别国的利益为代价。尤其是与广大发展中国家的合作，坚持正确的义利观，做到义利兼顾，义大于利。比如在落实"一带一路"合作倡议中，与其他国家的发展战略实现有效对接，了解别的国家的战略规划和执行能力，切实有效地促进合作，实现共同发展。包容是多元文化发展的重要前提，也是国家交往中重要的文化支撑。不同国家因为自身的历史传统、现实国情、发展规划、国家利益等各个方面都有很大差异，尊重各国人民在选择社会制度、政府组织形式以及民主建设等各方面的自主权利，不管是东方国家还是西方国家，不管是大国还是小国，不管是强国还是弱国，要在相互尊重的基础上，求同存异、优势互补、和衷共济。在跨文化交往中，今天的中国需要以"包容性全球化"塑造全球影响力，促进文化在包容互鉴中多元发展，打破西方"唯我独尊"的霸权逻辑，实现各美其美，美人之美，美美与共的世界理想，真正"走出'文明冲突论'和'文明优越论'的窠臼，走向'文明互鉴论'"[2]，共建和平友好的和谐世界。

坚持互利共赢的发展准则，树立可信可敬的大国形象。发展是时代永恒的主题，也是每个国家永恒的追求。中国的飞速发展取得的辉煌成就，对于广大的发展中国家来说，具有很强大的吸引力和感召力，一方面给予了他们发展的信心和希望，另一方面，给予

---

① 洪晓楠：《中国特色话语体系与国际形象构建》，《人民论坛》2021 年第 31 期。
② 张恒军：《在文明交流互鉴中构建中华文化国际传播新格局》，《对外传播》2022 年第 9 期。

他们可资借鉴的发展经验。中国正在走向实现中华民族伟大复兴的道路上，规划了"两个一百年"的发展目标，提出了实现中华民族伟大复兴的美好愿景。中国的发展得益于国际社会，同时中国的发展也将为世界做出自己的贡献。在全球经济发展低迷的时期，中国将与世界分享更多的发展经验和发展机遇，欢迎其他国家搭乘中国发展的顺风车，实现中国与世界的共同发展。中国在促进世界的共同发展方面，已经贡献出了很多的中国方案和中国力量。比如，创办亚洲基础设施投资银行，提出并落地实施"一带一路"倡议，设立丝路基金，为世界分享中国的发展红利投以最大的诚意。尤其是"一带一路"倡议提出十年以来，真正将倡议变成实践，将愿景落实为行动，促进了沿线国家和地区的经济发展。在这其中，中国妥善处理分歧，促进实现"中国梦"与其他国家的梦、其他民族的梦、其他地区的梦相连相通。大道至简，中国的发展要与世界各国同舟共济，不以邻为壑，不倚强凌弱，不打贸易战，不断完善合作与发展机制，更好地化解矛盾与纷争，促进了长远的、更广泛的合作。基于谋求发展的共同利益，国家之间的交往与合作，有助于增强情感共鸣点。习近平总书记说："把本国利益同各国共同利益结合起来，努力扩大各国共同利益汇合点，建设和谐合作的国际大家庭。"①当代中国价值观念的国际传播就要找准更多利益交汇点，凝聚更多价值共识，加强国际理解。

积极参与全球治理，树立负责任大国形象。当今世界，传统安全与非传统安全问题相互交织，全球治理问题日益显现，全球生态环境问题、核武器安全问题、国际恐怖主义等问题已经超出了单个国家的治理能力和范围，需要联合国际力量共同治理。中国要在全球治理问题上表现出大国责任与担当，积极参与地区热点问题的管控，继续为构建一个更加公正合理的国际秩序进行努力。2023年3月21日下午，国家主席习近平在莫斯科克里姆林宫同俄罗斯总统普京共同签署并发表《中华人民共和国和俄罗斯联邦关于深化新时代全面战略协作伙伴关系的联合声明》，强调通过和谈解决乌克兰问题；2023年2月24日，中国外交部发布《关于政治解决乌克兰危机的中国立场》文件，呼吁摒弃冷战思维，停火止战，通过政治和谈解决乌克兰危机；2023年3月10日，沙特阿拉伯和伊朗，在中国的积极斡旋之下，达成北京协议，宣布恢复两国的外交关系；2023年3月15日，习近平总书记在中国共产党与世界政党高层对话会上，提出了"全球文明倡议"。短短一个月之内，中国在外交领域做出了符合国际期待、顺应历史大势的建设性贡献，在不确定的国际关系中，用中国理念和中国智慧为世界注入了正能量，以中国担当践行着全人类共同价值，共建人类命运共同体，推动世界向着更光明的前景发展，展现了中国特色大国外交的责任与担当。正如习近平主席一再强调的那样："我们要努力建设一个远离恐惧、普遍安全的世界……我们应该坚持共同、综合、合作、可持续的新安全观，营

---

① 习近平:《习近平在联合国成立75周年系列高级别会议上的讲话》，北京：人民出版社，2020年，第4页。

造公平正义、共建共享的安全格局。"① 中国将团结更多的力量为世界的普遍安全与持久和平做出贡献。

（二）增强中国话语表达，提升文化影响力

话语是一个国家在对外的交流中，其国家意识形态、价值理念、行为准则等所依托的载体，也是国家软实力和巧实力的集中体现，加强中国话语的世界表达力，有助于提升国际话语权，是提升国际传播效能的基础。

凝练中国价值观念，突出文化内核。中华文化蕴含的价值观念，既具有鲜明的民族性，也具有鲜明的时代性，反映在人与自然、人与社会、人与人关系的各个主题。党的二十大报告指出，增强中华文明传播力影响力，要坚守中华文化立场，提炼展示中华文明的精神标识和文化精髓，加强国际传播能力建设。其中"和合"的思想可以说是中华文化的重要价值内核。中华民族历来是一个爱好和平的民族，"以和为贵"的思想不仅体现在人际交往中，也体现在国与国之间的交往中。"和而不同""远亲不如近邻""亲望亲好，邻望邻好""四海之内皆兄弟""协和万邦""亲仁善邻，国之宝也""国虽大，好战必亡"等思想已经深深地嵌入了中华民族和中国人民的精神血脉中，在今天，它依然是中华民族继承和发扬的精神传统，依然是中国处理国际关系的基本理念。当今世界，虽然和平与发展依然是世界的主题，但是，世界各地的局部冲突和战争也从未停歇，核安全问题、宗教问题、种族问题、领土问题、能源问题等依然扰乱着一个更加有序的世界的建设。结合当今世界的现实境况，全球格局的深刻变动，全球性问题的愈加凸显，亟须全人类有共同认可的价值理念。中国"和合"文化契合了全球治理的现实需要，以此来构建国际话语，更有影响力。

增强议题设置能力，增强话语主动。在国际传播中，面对复杂的国际舆论局势，中国要在坚持"中国立场，国际视野"的前提下，统筹好国际国内两个舆论场，围绕中国的重要战略和国际社会普遍关注的问题，主动设置议题。一方面，要正面阐释中国的重大战略，注重设置议题，引领国际社会对中国的关注。比如说，"中国式现代化""四个全面""五大发展理念"等重要理念的阐释，都是中国能向世界传达的非常有吸引力的议题。这些理念从不同的角度阐释了中国的发展目标和路径，有助于国际社会对当代中国的理解，也有助于他们对中国发展经验的探秘。主动在国际传播中将其有效转化为外宣议题，将在吸引国际关注、影响国际舆论方面发挥重要作用。另一方面，积极发掘和阐释基于人类共同价值、应对当前世界发展共同问题的中国话语。"人类命运共同体""全人类共同价值""全球治理"等话题都是具有重要意义的议题，引导世界各国在国际关系和全球事务方面进行战略思考，逐步树立人类命运与共的认知。现有的全球治理体系中不公平不合理之处越来越多，中国要在自己的能力范围之内，坚持为广大发展中国家发

---

① 《习近平谈治国理政》第三卷，北京：外文出版社，2020年，第433页。

声，推动相应国际规则的制定沿着更加合理公正的方向发展。

加强传播人才培养，加强队伍建设。在国际传播中，人才的作用十分关键。国际传播是一项高度复合型的工作，需要综合性和复合型的传播人才，这样的传播人才需要具备的素质包括传播意识（政治意识、责任意识等）、传播知识（传播学、心理学、社会学、符号学知识等）、传播能力（角色认知能力、环境识别能力、信息加工能力、内容表达能力等）。应充分发挥高校在文化交流、人才培养等方面的重要优势，加强中外高校合作，向国际社会阐释中国价值观念。一方面，大力推进留学计划，同时也加强高层次人才的公派留学项目建设，培养跨文化交流人才，加深彼此了解，通过对青年和未来社会精英的影响，深化中国价值观念的国际理解；另一方面，加强中外高校的交流合作与互鉴。高校是自由开放的场所，学术的交流和思想的争鸣更容易加深彼此的了解和认知，当代中国价值观念的国际传播，需要加强中外高校之间的联系，加强学术精英群体的联系，通过他们去影响国外社会对中国的价值认知。美国曾经实施的"富布莱特"计划就是典型的成功案例，它专门吸引各国的学术精英，向他们言传身教美国价值观，然后利用他们的知识权威向他人传播，增进对美国的好感。欧美发达国家的知名大学经常活跃在公共外交的第一线，这为我国提供了重大启示与借鉴。

（三）推进人文交流，提升文化感召力

国之交在于民相亲，民相亲在于心相通。文化交流是沟通心灵的桥梁，在国际交往中具有不可替代的作用。民心相通既依靠义化交流来实现，反过来又能促进文化的交流与融通。今年，习近平总书记在出席中国共产党与世界政党高层对话会的讲话中强调，我们要共同倡导加强国际人文交流合作，探讨构建全球文明对话合作网络，丰富交流内容，拓展合作渠道，促进各国人民相知相亲，共同推动人类文明发展进步。中国在对外交往中，要注重人文交流的重要纽带作用。

加强教育合作，促进相互了解。教育具有春风化雨的人文交流属性，是实现民心相通的重要桥梁和纽带，在跨文化传播中具有黏合剂、催化剂和润滑剂的作用。由于文化的差异，中国与其他国家不仅在语言沟通上还存在很大障碍，在彼此文化认知上更是十分欠缺。教育是加强彼此深刻了解的重要途径，一方面，中国要加强教育"走出去"，落实好《关于做好新时期教育对外开放工作的若干意见》和《推进共建"一带一路"教育行动》等文件内容，着力打造一批教育人文交流品牌活动，加大非通用语种的人才的出国培训服务，鼓励中国学生出国留学，填补国内空白语种，支持高校在外语专业设置方面的全覆盖，为跨文化传播培养交流人才和沟通使者。继续推动孔子学院、孔子课堂在推广汉语学习与中华文化方面的重要作用。另一方面，要做好"引进来"工作，要一如既往地发展国际教育，加强与世界各国的国际教育合作交流，完善政策吸引更多的外国学生来华留学，设立专项留学基金，提供更加合理的政府奖学金名额，积极欢迎和支持

外国学生来中国留学，为中外交往培育使者。

促进旅游往来，增进彼此认知。旅游是一个国家开放的窗口，是民间交流最便捷、最活跃的方式，是促进人们对其他国家认知的有效形式。联合国世界旅游组织秘书长塔勒布·瑞法依瑞表示旅游已经成为一种全球现象，在国际政治、经济、文化交流中发挥着越来越重要的作用。俗话说，百闻不如一见，通过发展旅游，将外国人吸引到中国来，让他们自己感受自己看，这种传播的说服力、影响力将更加直接，更加有效。中国的旅游资源十分丰富，而且历史悠久，有很多沉淀了厚重历史的旅游文化，倡导发展旅游文化有助于利用文化向世界推介中国的传统文化和现代文明，让外国人民走进中国感受中华文化博大精深的魅力。我们应该利用旅游文化年、观光年，利用国家文旅部推出的国线、专线去有计划地宣传，吸引更多的外国人来到中国参观旅游。此外，还应抓住"一带一路"沿线的文化资源，与沿线国家一并挖掘具有深厚历史意义的旅游资源，唤醒更多历史记忆，为今天的文化交流、商贸往来与合作奠定良好的人文基础。

加强民间交流，增进相互友谊。国际文化交流的理想状态，就是中国人民与其他国家人民在互动交流上更加积极活跃，相互间的友谊更加深厚，架起一座相互理解、友好往来的桥梁。官方层面的文化往来更多地体现为政策性的宏观指引，民间交流互动更能在基础层面奠定良好的民意基础，民心相通的情感纽带更能促进价值的理解与认同。伴随信息技术的快速发展，社交媒体深入嵌刻进人们生活，为中外人民的相互了解提供了十分便捷的渠道，外国人民来到中国学习、工作、定居，各国人民之间的交流越来越便利、越来越频繁。在华外籍人士，通过他们的视角和自媒体镜头，向世界传递了贴近中国民生的生活图景，以小见大，展示中国价值观念，一定程度上对中国形象的建构和中国价值观的传播起到了重要作用。此外，各类型的民间交往友好协会在经济、社会、科技、教育、文化、卫生、体育等领域均可广泛开展民间往来，形成宽领域、多层次的交往格局。紧系情感纽带，践行共同理想，多开展触动心灵的活动，多做增信释疑的工作，从而增进各国人民之间的了解、信任和友谊，让友好往来、共同发展的意识在各国人民心中生根发芽、开花结果。

跨文化传播中的巴蜀文化

——多维价值、现实困境与提升路径

刘景艳*

（北京师范大学国际中文教育学院，北京海淀，100089）

摘　要：巴蜀文化对外传播的历史悠久，现已追溯至公元前 4 世纪，历经数千年的文化交流、文明互动对巴蜀形象的建构与流播有着深远的影响。作为地域文化的代表，巴蜀文化底蕴深厚、结构多元，在当下有着重要的影响力、辐射力和号召力，已成为构建当代中国形象的重要组成部分。在跨文化传播中，地域文化的传播意义、地域文化与中国文化的多重关系、文化传播与形象构建等问题，也是巴蜀文化及中国文化走向世界共同面临的挑战。在构建中国形象的框架中，审视巴蜀文化的传播价值，在跨文化传播的视野下，反观巴蜀文化的现状与未来，在全球化的视野中，为中华文化海外传播提供更多元的思考。

关键词：跨文化传播；巴蜀文化；国际中文教育

基金项目：本文为 2021 年度教育部中外语言合作交流中心国际中文教育创新项目"基于汉语国际教育专业博士中华文化传播能力培养的课群开发研究"（项目编号：21YH012CX6）的阶段性研究成果。

　　1941 年卫聚贤在《说文月刊》第 3 卷第 4 期上发表《巴蜀文化》一文，标志着具有当代科学意义的"巴蜀文化"概念的形成。其后，随着考古发现和学界研究的深入，巴蜀文化的内涵和外延不断延展，本文所使用的定义是，"包括'四川省'和'重庆市'两者及邻近区域在内的，以历史悠久的巴文化和蜀文化为主体的，包括地域内各少数民族文化在内的、由古至今的地区文化的总汇"①。80 年来，学界围绕巴蜀文化的研究展开了广

---

　　* 作者简介：刘景艳，湖南湘西人，北京师范大学国际中文教育学院博士研究生，研究方向为国际中文教育、中华文化传播

　　① 林向：《"巴蜀文化"辨证》，《华中师范大学学报（人文社会科学版）》2006 年第 4 期。

泛深刻的讨论，但"巴蜀文化的民族交往交流交融及其对外交流的考察仍有诸多研究空间"，为此要"构建巴蜀文化发展观研究体系"①。从首善之区的京味文化成为海外民众认识中国的一张名片，到齐鲁文化成为汉语学习者感知中国文化的重要基地，反观跨文化传播中的巴蜀力量则显得尤为薄弱。中华文化"走出去"对文化形成不同的诉求，但文化传播并非同一的进程，而是呈现出相互交错的态势，因而在这个进程中如何充分挖掘巴蜀文化的多元特征，讲好中国故事巴蜀篇章，与世界各国的文化有效交流互动，已成为摆在我们面前亟待思考和解决的议题。

一、跨文化传播语境中巴蜀文化的多维价值

巴蜀文化作为中国文化的有机组成部分，与燕赵文化、齐鲁文化、吴越文化、荆楚文化等地域文化共同书写着中国文化绚烂多彩的篇章。当下，巴蜀文化的跨文化传播打破了时空地域对文化交流、文明对话的桎梏，在全球化的语境中焕发活力，同时又与其他地域文化优势互补，在互动中激活经典的元素。

（一）互动与对话：巴蜀文化走向经典的必由之路

巴蜀文化具有显著的地域性，在发展演变过程中不断吸收外来元素，逐渐形成了开放包容的内在品格，因而又具有超地域性。从南方丝绸之路中的"旄牛道""五尺道"到当下建设成渝双城经济圈，从司马相如、李白、杜甫到郭沫若、巴金等文坛巨匠，从"湖广填四川"到汉、藏、彝、土家、羌、纳西等 14 个民族共同发展，历史长河中的巴蜀文化始终是中华大地不可或缺的存在。当下，思考巴蜀文化跨文化传播的意义，就是将其放在他者的视角上加以审视，促使其在对外交流的过程中进行传统与现代、民族与世界的双向互动，在这一进程中实现巴蜀文化的自我更新与创造性发展。

传统与现代是巴蜀文化走向经典的第一组关键词。立足于跨文化传播的视角审视巴蜀文化，首先需要直面的是传统与现代的问题，二者是相对的概念，现代孕育于传统文化的土壤之上又与之并存，而传统文化也从现代的因子中获得新生的力量。任何文化都兼顾传统与现代的元素，巴蜀文化也不例外，从三星堆、金沙等考古成果的发现，到人民公园、春熙路、解放碑等具有现代化的元素，无不彰显着巴蜀文化的独特魅力。但外国民众对巴蜀形象的感知和评价最终是由现代性的巴蜀文化元素决定的，而这也更易于产生认知和情感上的共鸣，激发外国民众走进川渝地区、了解巴蜀文化的热情。学界现在的基本共识是"古今兼顾""立足当代""强调传统文化与当代社会之间的继承和发扬关系"②。值得注意的是，我们在提倡现代的同时，并不是在否定传统，而是应该直面传统、研究传统、反思传统，这也是近年来巴蜀文化研究的热点话题，"综观 70 年来的巴蜀文

---

① 李钊、杨世文：《"十三五"期间巴蜀文化研究的进展与反思》，《中华文化论坛》2021 年第 4 期。
② 祖晓梅：《国际中文教育用中国文化和国情教学参考框架》，北京：华语教学出版社，2020 年，前言。

化研究，大致可以划分为三个阶段：第一阶段，20 世纪 50 年代至 60 年代，主要研究巴人和蜀人的族属、地域、迁徙、列国关系等。第二阶段，20 世纪 70 年代至 80 年代中期，主要研究巴蜀的来源、政治、经济、社会制度等，对传统研究有所突破。第三阶段，20世纪 80 年代后期至今，主要研究巴蜀文化的来源，巴蜀古文明的起源、形成、内涵、内外关系等"①。纵观近年来学界对巴蜀文化研究的成果可知，传统与现代并不是割裂开来的，"重新挖掘和解释传统的目的，不是由于历史学者具有一种考古学的兴趣，而是为了正确地认识和理解现代"②，现代来源于传统，并从传统中不断获取养分和力量，这正是巴蜀文化母体得以发展的必经之路。

民族与世界是巴蜀文化走向经典的第二组关键词。近年来，巴蜀文化在走向世界的过程中，面临着地域文化和中国文化、中国文化和世界文化关系的困扰，对这个问题进行反思和回应，要求我们立足于巴蜀文化自身的特质，放眼于中国和世界，但"并非所有民族性、地域性的文化都能转化为世界性的文化，孤立与封闭的环境与状态导致某些地域性、民族性文化在历史上自生自灭的现象并不鲜见"③。巴蜀文化的发展不但取决于对文化内部传统与现代的把握，而且在于处理他者与自我的关系，在于深入挖掘民族文化中的现代元素，更在于在世界文化中找准巴蜀文化的定位。国际中文教育等跨文化传播路径则为巴蜀文化的世界性发展提供了对话、沟通的重要平台。

巴蜀形象进入西方视野最早的纪录始于游记汉学时期的《马克·波罗游记》："穿山越岭，走过二十个驿站之后，达到了蛮子范围以内的一个平川，中有一区域名成都府，它的省治系一个壮丽的大城，也应用同一个名称。"④ 这是成都首次出现在西方人的视线之中。通过马可·波罗的游记，我们可以大致勾勒出西方人眼中的成都印象，这也是巴蜀文化在世界范围内传播的最佳例证。但正如冯友兰在《新事论》中所说："一个民族，只有对于自己'底'文学艺术才能充分地欣赏，只有从它自己'底'文学艺术里，才能充分地得到愉快。"⑤ 民族与世界是相互依存、彼此促进的，巴蜀文化想要真正地走向世界，就需要更深地扎根于本土。当下，立足于打造"国际范"巴蜀文化的现实需求，我们在将文化本体置于国际中文教育的视野加以审视的同时，也需要站在本土的视角深入挖掘文化中民族性与超民族性的元素，这正是他者促进巴蜀文化现代化和国际化的优势所在。

文化只有在沟通交流中才会获得新的力量，中华文化"走出去"为巴蜀文化的更新与发展提供了机会，在这个过程中如何把握传统与现代、民族与世界的关系则显得尤为重要。"既然现代化的文化整合在中国文化土壤中进行，就应当以中华民族及其优秀民族

① 段渝：《七十年来的巴蜀文化研究》，《中华文化论坛》2019 年第 5 期。
② 何新：《危机与挑战：中国现代化的艰难之路》，北京：时事出版社，2004 年，第 288 页。
③ 林剑：《民族文化并非都是世界文化》，《光明日报》2013 年 5 月 7 日，第 11 版。
④ 〔意〕马克·波罗：《马克·波罗游记》，李季译，上海：上海东亚图书馆，1936 年，第 186 页。
⑤ 冯友兰：《新事论》，上海：东方出版中心，2017 年，第 27 页。

精神为体，传统的与外来的文化为用，在新的基点上整合形成一种既是世界性的，又富有中华民族特色的现代文化。"[①]跨文化传播视野下的巴蜀文化，应该明确自身的主体地位，从传统底蕴中汲取养分，以此为基础直面异域文化，兼容并蓄，更新自我，在文化整合的过程中走向经典。

（二）巴蜀文化：当代中国形象的重要来源

近年来，随着国际中文教育事业的深入发展，川渝地区吸引了大量的来华留学生，巴蜀文化已成了解当代中国的重要途径。根据教育部2018年来华留学统计结果显示，2018年共有492185名外国留学生在中国高等院校学习，川渝地区的留学生数量庞大，四川更是达到13990人。[②]川渝地区的留学生初具规模，巴蜀文化的对外传播拥有了广泛而坚实的基础。相较于其他地域文化，巴蜀文化的优势表现在，一是，巴蜀文化显著的影响力与辐射力，有助于汉语学习者在文化体验活动中，在沉浸式的环境里习得语言，感受中国文化；二是，川渝地区充分发挥主观能动性，打造"旅游＋文化"等学习新模式，为巴蜀文化传播、中华文化"走出去"带来了新的发展空间。一方面，川渝地区面向留学生群体采取了多样化的交流形式，吸引了全国各地的汉语学习者参与其中，在语言学习的同时，取得了良好的文化互动效果，充分发挥了西南重地战略位置的辐射力、影响力和号召力。成都、重庆两地为建成国际对外交往中心，大力加强对外交流的频率，《成都市国际化城市建设2025规划》（2016）、《重庆市全面融入共建"一带一路"加快建设内陆开放高地"十四、五"规划》（2021）等规划提供了政策性的支持并指明了前进的方向。

近年来，川渝地区依托社会文化资源，采取"引进来"和"走出去"相结合的方式开展留学生交流活动，取得了良好的互动效果。具体表现在：一是，面向留学生开展了形式多样的文化体验活动，"中外大学生四川感知行"活动自2017年至今已举办三届，吸引了国内多所高校的中外学生参与其中，"截至目前，已有近万名来自70多个国家的留学生、国内知名高校非川籍中国大学生参加了此活动"[③]。二是，职业技能的互动学习是扩大对外交流的重要途径，为落实《国务院关于推动创新创业高质量发展打造"双创"升级版意见》，自2020年起川渝两地举办"创业西部·留在双城"活动，至今已举办两届，涉及农业、电子、视频、能源、经济、服务业等众多领域，吸引了大量留学生参与其中，如2020届活动共吸引川渝两地共113个项目报名，89个项目参加初赛。三是，为加强川渝地区与海外的沟通联系，加快"文化走出去"的步伐，2018年4月23日"魅力

① 吴定宇：《文化整合：中国的过去，现代与未来》，《上海文化》1993年第1期。
② 中华人民共和国中央人民政府：《2018年来华留学统计》，2019年4月12日，http://www.moe.gov.cn/jyb_xwfb/gzdt_gzdt/s5987/201904/t20190412_377692.html，2023年9月1日。
③ 四川省人民政府：《2019中外大学生四川感知行活动开启》，2019年7月19日，http://www.sc.gov.cn，2023年9月1日。

四川行"在匈牙利布达佩斯商学院举行开幕式，四川的 16 所高校在推介本校教学资源的同时，也积极谋求高校之间的合作和交流。

另一方面，以巴蜀文化为窗口，打造中华文化对外传播四川篇章的特色名片，发挥地域文化该有的向心力，对留学生汉语学习具有导向作用和借鉴价值。语言是文化的载体，语言教学的深入发展势必会带来文化层面的沟通交流，纵观世界范围内的语言推广，往往伴随着文化在世界范围内号召力和影响力的扩大。1883 年法语联盟的创立，带动了法国的服饰礼仪、古典文学走向世界；1951 年歌德学院的成立，推动德语和德国文化的传播，向世界展示了多维的德国形象；1991 年塞万提斯学院的建立加速了西班牙建筑、绘画艺术的对外传播，发挥了世界范围内的影响力。当我们将目光从欧洲大陆聚焦到国内时，京味文化对外传播的历程带给了我们深刻的启发，从业内著名的普林斯顿大学与北京师范大学合作的普北班，到哈佛大学曾与北京语言大学合办的哈佛燕京书院，再到哥伦比亚大学与清华大学、中央民族大学、首都师范大学等高校合作的短期语言项目，沉浸式的体验活动早已带动京味文化走出国门，成为外国人认识中国的一张名片。这表明，国际中文教育与地域文化、文化传播与当代中国形象的双向互动是展现当代中国形象的实然要求与应然选择。但事实是，自塑和他塑视角下的中国形象有着广阔的发展空间，如何以巴蜀文化为支撑，调动跨文化传播中的巴蜀力量，激发地域文化、中国文化海外传播的活力，充分利用沉浸式教学、文化体验、数字化等传播路径，全方位、多角度地展示全面、真实、立体的当代中国形象具有重要性和紧迫性。

二、跨文化传播视野下巴蜀文化对外交流的困境

巴蜀文化的跨文化传播在带来文化更新发展与增强影响力机会的同时，也有着自我存在和发展的担忧。一方面，从异域的视角审视巴蜀文化有利于其现代化、国际化的发展；另一方面，对西方现代化的崇尚，也使巴蜀文化的文化传统、文化价值遭到质疑，这在一定程度上弱化了对自身价值的挖掘与阐释，文化形式的多样性和价值的多元性无法得到彰显。

（一）巴蜀文化的地域性表达匮乏

地域性是巴蜀文化的典型特征，凝聚了数千年来川渝地区的历史文化、人文风情等地域特质。在中华文化走出去的当下，巴蜀文化的对外传播既需要挖掘文化内部共性的元素，又需要保持个性化的内涵，这不仅是区域文化传播的现实需求，也是巴蜀文化现代化发展的必然追求。

从本质上来说，中国文化的跨语境传播，传播的是具有典型性、代表性的，能够反映当代中国的文化元素。在这一现实语境下，巴蜀文化与中国文化、异域文化之间的相似性不断增强。换言之，对外传播进程中巴蜀文化的丰富性、多样性被遮蔽了，逐渐变

得他者化、统一化和实用化。究其原因，一方面受到外部社会的影响，尤其是受到现代传媒和全球化背景下文化传播迅猛发展的影响。新媒体的发展满足了人们对全球文化景观的兴趣，国际化视野逐步形成，但也带来了文化存在与发展的危机，"在这个过程中，强势文化会对弱势文化进行选择、适应、调整、吸收、创新，从而使文化相似性不断增加，最终使弱势文化成为强势文化的一部分"①。与此同时，本地民众对巴蜀文化心理距离的扩大，直接导致了文化认同感的降低。另一方面，立足于传播学领域，我们需要思考的是：巴蜀文化的特质是什么？在跨语境传播中如何保持鲜明的巴蜀特色？如何处理好巴蜀文化的特殊性和中国文化共性之间的关系？对这些问题的追问，实质上就是对巴蜀文化或是其他地域文化跨文化传播、发展命运的深刻探讨。以川剧为例，现有的传播面向呈现不足，"从传播内容上看，初具的海外传播还存在重技艺、轻内容，重历史题材、轻时代主题的情况"②，如何在鲜明的地域性和中国文化的普遍性之间寻找可拓展的空间是回答当下传播何种巴蜀文化亟待思考的问题。

立足于跨文化传播视野，不难看出，我们既需要意识到他者文化在巴蜀文化传播时对物态、制度、行为和心态层面造成的巨大冲击力和压迫感，又应该看到他者视角为巴蜀文化提供了文化整合的机遇，但川渝民众在社会习俗、审美情趣等方面表现出了强大的文化惯性。因此，有效推动巴蜀文化的自我更新与对外传播需要在文化整合的基础之上对巴蜀文化和他者文化进行有机调和。

（二）汉语教材编写的针对性欠缺

国际中文教育是中国文化跨语境传播的重要途径，汉语教材则是国际中文教育的基本环节，也是讲好中国故事巴蜀篇章较为直接的环节。在对外传播的过程中，面向川渝地区的留学生编写针对性的汉语教材有助于以点带面，由局部到全局，帮助汉语学习者走进巴蜀文化。

为了厘清汉语教材中巴蜀文化的选编现状，笔者对川渝地区使用频率较高的《发展汉语》《成功之路》《中国概况》等系列通用汉语教材，以及《成都印象》等针对性教材进行深入剖析，以期形成对汉语教材中巴蜀形象的整体认识。结果显示，现行汉语教材中地域文化的比重较低，入选的地域文化元素主要集中在京味文化。举例来说，《成功之路·进步篇》的"中国民俗"模块，选取了奥运吉祥物、中国人的姓名、春节的习俗、中国概况四个话题，由此印证了传统文化和社会生活是教材选编的重要着力点。再以《HSK标准教程》为例，选入的巴蜀文化主要涉及饮食、居住等社会生活，文化遗产等传统文化和教育、语言文字等展现当代巴蜀风貌的部分，熊猫、火锅、九寨沟等具象性的元素更是成为谈及巴蜀文化时绕不开的关键词。总体说来，现有的汉语教材选编主要立足于

① 吴定宇：《文化整合：中国的过去、现在与未来》，《上海文化》1993年第1期。
② 董勋、段成：《互联网时代川剧海外传播新探》，《四川戏剧》2016年第7期。

中国文化的全局，从文化共性入手，具有合理性。无论是地域文化还是民族文化，都属于亚文化，而中国文化对外传播则应该立足于文化的整体性。值得注意的是，如何充分整合与运用川渝地区的地域优势，实现文化传播效果最大化是一个值得深思的问题。2019 年出版的《走进天府系列教材：成都印象》为汉语教材本土化的编写做出了重要尝试，该教材采取主题式的选编方式，包含《游成都》《吃川菜》《居成都》《品川茶》《饮川酒》《梦三国》《练武术》《唱川剧》《悟道教》《织蜀绣》十个分册。据不完全统计，这套教材已经走进了西南财经大学、西南交通大学、西南民族大学等多所高校的汉语课堂，成为川渝地区汉语学习的重要凭借。

总体说来，国际汉语教材中的巴蜀文化选编仍有待考察。一是现行汉语教材中巴蜀文化的比例严重不足，如何面向川渝地区的汉语学习者，充分发挥地缘优势，以真实可感的文化场景促进汉语学习仍需深入思考；二是教材中巴蜀文化的选编呈现不均衡的面向，大都涉及的是饮食、居住等表层的文化符号，较少涉及深层的思想观念以及展现当代巴蜀面貌的元素；三是教材的编写未能充分与当下新兴的媒介相结合，未能站在跨文化的视角阐释巴蜀文化等。

（三）文化体验活动的联动性不足

文化体验活动是充分发挥地缘优势，满足海外民众多样的文化需求，促进文化交流的重要途径。在沉浸式的文化体验中，体验者不仅可以了解表层的文化符号，知晓符号背后的文化内涵，更能理解中国文化的底蕴，洞悉当代的社会风貌。川渝地区开展的文化体验活动为互动式的语言文化学习、巴蜀文化的对外传播提供了现实路径。

文化体验活动是深度传播巴蜀文化的重要渠道。为讲好四川故事，2018 年"国际学生四川感知行"活动在成都启动、2019 年"国际学生四川感知行之走进南充"等活动吸引了许多留学生参与其中，这加强了留学生群体对四川地区文化传统、当下社会风貌的认识，为中外留学生交流互动提供了重要平台。但所取得的效果相对有限，2018 年四川省在籍留学生高达 8000 余人，但参与者不足 200 人，可见，文化体验活动的覆盖面略显不足。

面向川渝地区的留学生群体开展文化体验活动有赖于社会各界力量的协同合作，现有活动体现出联动性不足的面貌，具体表现：一是巴蜀文化体验活动的类型单一，回顾现有的活动，存在活动开展流于表面的问题，更是缺乏中外对比的眼光和国际化的视野，未能从深层次激起参与者走进巴蜀的兴趣。二是巴蜀文化的个性未能得到凸显，地缘优势尚未得到有效发挥，举例来说，电子科技大学在开展"走进川菜""探索传统成都茶文化"等系列研学活动的同时，也开设了文化、武术、当地民俗体验等选修课程，但一位来自马来西亚的留学生则表示这和其他地域的文化相似，他之所以选择留学成都的目的在于想要体验真正的巴蜀文化。三是现有的文化体验活动呈点状分布，分布零散且未成系统，巴蜀文化的内涵丰富、种类多元，川渝地区的留学生群体较为庞大，如何有效开展文化体验活动，需要各大高校、企事业单位的协同合作。

三、巴蜀文化跨文化传播路径的思考

当下文化多元的观念已得到社会各界的普遍认可，并成为对外传播中的共同价值，为中国文化的对外传播提供了重要的学术理据。立足于讲好中国故事的当下，如何在全球范围内构建巴蜀形象，打破巴蜀文化对外传播的困境，探索巴蜀文化海外叙事的多元路径是一个值得深思的议题。

（一）自我和他者：凸显巴蜀文化的特色

巴蜀文化绵长久远、类型多元，是外国民众了解当代中国社会的重要途径。如何在跨文化传播的视野下挖掘和阐释巴蜀文化的深层内涵，凸显巴蜀文化特色是建构异域视角下巴蜀形象的重要路径，在这个过程中，如何处理好自我和他者的关系是回答传播何种巴蜀文化的关键所在。

巴蜀文化的复杂性决定了传播内容的多重性，自我审视是回应传播何种巴蜀文化的内核所在。一是，巴文化和蜀文化是同流异源的，在地理位置上相邻造成了二者相互影响、相互渗透以致日益同一的趋势，具有较强的辐射力和影响力，但"巴山蜀水"的地理特征也造就了文化上的不同特质；二是，川渝地区自古以来便是多民族聚居之地，巴蜀文化融合了藏、彝、羌、土家等 14 个民族的文化，文化多元的特质显著；三是，巴蜀文化内部传统与现代元素的衔接点尚不明确，现有的巴蜀文化研究偏向传统的一面，传统文化的现代性转化不足。

巴蜀文化的个性不能独立于中国文化的共性而存在，如何在中华文化"走出去"的过程中找准巴蜀文化的位置显得尤为重要。巴蜀文化是中国文化的有机组成部分，在对外传播的过程中，一方面需要以文化共性为引领，深入挖掘巴蜀文化与中国文化母体之间的共性。另一方面，以文化差异为补充，地理位置、社会风貌、民族历史等维度的差异赋予了巴蜀文化有别于其他地域文化的特质。因此，巴蜀文化需要坚守开放包容的态度，在中国文化共性的引导下凸显巴蜀文化的个性。

巴蜀文化的对外传播需要立足于他者的文化视野，加强中外对比的眼光是文化走出去的必由之路。以受众的社会背景和实际需求为落脚点，选择与之对应的传播内容，是文化精准传播的实然要求。"只有为了他者，通过他者，在他者的帮助下展示自我时，我才意识到自我，成为自我，建构自我意识最重要的行为取决于跟他者的关系。"① 自我与他者是辩证的，无他者便无自我，自我在与他者的对话过程中得以深化。因此，立足于汉语教学视野，巴蜀文化对外传播路径的选择需要积极与他者文化进行沟通，在自我和他

---

① 　蔡熙：《关于文化间性的理论思考》，《大连大学学报》2009 年第 1 期。

者之间建立良好的互动关系。

（二）增强汉语教材编写的针对性

从传播学的视角来看，巴蜀文化的传播、巴蜀形象的塑造效果并非线性的，受众的意识形态、认知水平都会影响对巴蜀文化的理解。一般来说，汉语学习者是文化的主动接受者，并且有可能实现从文化接受者到文化传播者身份的转变。因而，即使巴蜀文化的对外传播路径是多元的，但国际中文教育始终是不可忽视的，甚至可以说是最为有效的途径之一。

汉语教材是国际中文教育的基础，也是对外传播巴蜀文化的重要依据。它以文本、图画等直观可被感知的形式传播巴蜀声音，对学习者而言，"第一次接触教材中的某个文本时，他们所接收的信息刺激是新鲜而强烈的；当他们反复阅读、多次阅读这个文本时，他们所接收的信息就会形成一个语义网络；当他们试图强迫记忆这个文本时，构成文本的语言形式和语义信息就会互动起来，帮助他们实现记忆"①。汉语教材中的文本内容会影响汉语学习者对巴蜀文化的认识和理解，教材内容对汉语学习者走进巴蜀社会起着重要作用，甚至可以说是决定性的作用。但川渝地区汉语学习者使用的大都是通用型的汉语教材，这些教材重点阐释的是中国文化，缺乏对巴蜀文化的阐释，未能很好地发挥巴蜀文化的地缘优势，与此同时，面向川渝地区汉语学习者使用的针对性汉语教材更是匮乏。

基于此认识，以汉语学习者的实际需求为出发点，编写富含巴蜀元素的汉语教材已然成为巴蜀文化对外传播的必由之路，在允分利用身处浓郁巴蜀文化氛围优势的同时，有助于满足在川渝地区和非川渝地区汉语学习者多样化的学习需求。

（三）建设沉浸式巴蜀文化体验基地

文化体验基地的建设是资源整合的实然要求，它强调真实的文化体验，为参与者提供了感知文化符号、再现文化场景的机会。建设沉浸式巴蜀文化体验基地，有助于将传统的课堂教学和课外的文化体验相结合，从情感认知的角度帮助汉语学习者走进川渝社会、了解巴蜀文化。现有的巴蜀文化体验活动初具规模，如 2021 年 8 月西南科技大学入选"四川来华留学科技＋文化示范基地"，开展了众多凸显学校特色的科技培训和文化感知活动；电子科技大学面向留学生开展了系列研学活动，如"走进川菜博物馆""探索传统的成都茶文化"等。这表明，推动巴蜀地区的文化体验活动由点到面的转变，离不开对现状的反思以及对未来发展走向的合理规划。

文化体验基地是提高汉语水平、加强文化理解的重要途径。美国认知心理学家唐纳德·诺曼（Donald Arthur Norman）在《情感化设计》一书中将认知情感系统划分为"本

---

① 秦蕙兰：《对外汉语教材中的"中国印象"与修辞策略——从〈钱包被小偷偷走了〉谈起》，《云南师范大学学报（对外汉语教学与研究版）》2012 年第 2 期。

能"行为"和"反思"①三个层面。基于此认识,汉语教学中文化体验场景的设置可以充分立足于汉语学习者自身的特征,由表及里,逐渐实现文化的感知、理解和内化,继而对文化体验活动进行反思和总结,以促进文化体验活动的良性发展。

因此,加强汉语学习者的巴蜀文化体验,建设体验式的巴蜀文化传播体系,需要广泛吸收社会各界力量参与其中。第一,充分发挥多学科、多主体的力量,科学规划传播内容,打造全方位、多层次的巴蜀文化体验,加强文化体验活动的系统性与完整性。第二,细化文化体验活动,注重活动前的策划工作、活动中的体验指导、活动后的交流总结,完善文化体验活动流程。第三,以巴蜀文化的特色为引领,打造川渝地区的特色体验活动,在文化共性的指导下充分挖掘个性的文化内涵,凸显巴蜀文化的特色与优势,力图避免文化同质性的困境对巴蜀文化传播的制约。

(四) 打造信息化的巴蜀文化传播途径

信息技术的快速发展带来了传播学视域下传播主体、传播方式、传播内容的多维变化,巴蜀文化的对外传播也不例外。数字化、信息化的时代背景给巴蜀文化的传承带来了发展机遇,但我们所倡导的对传统文化的继承与发展并不是回到传统社会,而是要在当代社会和科技发展的前提下弘扬优秀的传统元素,"地方传统文化遗产的现代转译与数字化创新成为其能否适应现代社会的关键,而这其中,新科技引领的多维技术深度融合起到了不可小觑的推动作用"②。本研究所提倡的信息技术与川渝地区的汉语教学的有效互动不仅立足于激发传统文化元素在当下的生命力,更在于促进当地汉语教学的发展、巴蜀文化的对外传播以及向世界展示良好的巴蜀形象。

近年来,川渝地区依托于信息技术开展的留学生教育取得了良好的效果,在促进当地留学生教育发展的同时,也给文化生长带来了鲜活的生命力。为持续增强留学川渝的吸引力,两地政府因地制宜制定了系列政策,举例来说,重庆市政府面向外国留学生设置了市长奖学金,获得资助的项目大都立足于时代背景,如获助的重庆工业职业技术学院的"国际创新 ICT 管理人才培养计划"、重庆商务职业学院的"泰国阿里巴巴电子商务专项技术培训班"、重庆科创职业学院的"大数据时代的智能化电子商务"等。这些项目的开展在极大程度上增强了参与者汉语学习的热情,促进了当地社会的发展,展示了良好的巴蜀风貌。

如何立足于巴蜀文化数字化传播路径,展现良好的巴蜀形象、传播好巴蜀声音是一个值得深思的议题。为抓住这一发展契机,一方面,需要融合文学、历史、计算机、传播学、心理学等多学科的优势,充分发挥个体、高校、企业多方联动的效果,构建文化对外传播体系,这是当下川渝地区汉语教学发展、巴蜀文化转型升级的重要途径。另一

---

① 〔美〕唐纳德·A. 诺曼:《情感化设计》,何笑梅、欧秋信译,北京:中信出版社,2015 年,第 2—8 页。
② 王秀丽:《数字人文开启文化传播新路径》,《中国社会科学报》,2022 年 5 月 5 日,第 A08 版。

方面，传播主体、传播客体的信息素养、多样的数字化传播渠道则起到了基础性作用。与传统文化传播强调人际互动不同的是，新媒体时代的文化传播更侧重于媒介与人的关联，因此，加大汉语教师、汉语学习者的信息素养具有必要性与紧迫性。

四、结语

巴蜀文化是我国历史长河中不可忽视的存在，与北京文化、齐鲁文化等地域文化共同书写着中华文化的绚烂篇章，为中华文明的发展繁荣做出了不可磨灭的贡献。其对外传播的历史由来已久，历经数千年的文化交流历程表明，巴蜀文化始终是服务于地区社会经济发展、促进中华文化海外传播的重要力量。巴蜀文化的跨语境传播并不是忽视中华文化的共性特征，也不是"画地为牢"，而是在强调文化共性的原则下避免传播内容的"同质化"现象。巴蜀文化的对外传播不仅取决于自身的文化特质，也取决于如何被传播、被阐释，取决于多元的表达路径和有效的表达策略。因此，巴蜀文化的跨文化传播是文化自我更新和发展的必然要求，也是服务于川渝地区经济社会发展的现实需求，有助于构建良好的巴蜀形象、讲好中国故事四川篇章，如何以巴蜀文化的对外传播为切入点思考地域文化如何推动中华文化海外传播是一个值得深入探索的议题。

新媒体与文化传播研究

从文本到技术，当代新媒体实证的多条路径

一直以来，关于新媒体的研究，学者们从多条路径取得了丰硕的成果，有从符号、文本与象征的视角去关注新媒体的内容和话语分析；有从新媒体本体出发研究技术变迁和物质性对社会结构和文化产生的深层影响；有关注新媒体对人类关系的重构，对人类生存、情感产生的新体验等。这些研究很多都触及了关于社会的深层次问题，让我们看到新媒体的研究绝不是孤立的，脱离了社会与人类旨趣的研究如同一具华丽而无实在的空壳，只会让人感到枯燥乏味，更无法在纷乱的表象中澄清新媒体的特质。尤其是在深度媒介化这样的时代，通过历史、文化与社会分析而展开对新媒体的实证研究是十分必要的，正如有学者对媒体研究提出更高的要求："我们应该从制度视角来研究媒介及其与文化和社会的互动……制度视角能够使我们针对特殊领域内构成媒介逻辑的元素展开分析，从而更好地了解媒介和其他社会领域（制度）之间的互动。"总之，从物质、技术、符号、文本、话语等视角呈现出来的新媒体，对应社会、经济、政治、文化等多种面相，让新媒体研究变得星光灿烂。

本专栏的两篇论文分别从新媒体的影像、叙事和媒介的可供性呈现了新媒体参与社会治理、给予人类关怀的深度影响。《嵌入与耦合：媒介可供性视角下新媒体参与乡村政策传播的机制与效果》一文以网络民族志为方法，探讨了新媒体参与乡村社会治理的实践，提出新媒体不仅是一个地方对话的平台，它要能够"耦合"乡村社会，则必须在地位、功能和政策的协调上与乡村社会的实际情况相互适应。《多模态视阈下健康科普短视频的影像实践、现实问题与进路》分析了短视频作为当代健康传播的重要载体，如何参与健康传播的实践过程，属于一种文本的结构化分析。这些研究基于翔实的文本，让我们看到了新媒体的多种可能性。

（衡阳师范学院新闻与传播学院教授　赵立敏）

嵌入与耦合：媒介可供性视角下新媒体参与乡村政策传播的机制与效果

杨　琳　翟文强*

（西安交通大学新闻与新媒体学院，陕西西安，710049）

摘　　要：新媒体的应用可以改善乡村政策传播困境，提升政策传播效果。在媒介可供性的理论视角下，使用网络民族志的方法，研究者进入 R 村村务微信群中，以"潜水"的方式观察该村在微信群场域内的政策传播实践，探究微信群参与乡村政策传播的机制和效果。研究发现，微信群丰富的媒介可供性与乡村政策议题的设定、扩散和反馈等传播环节耦合并深刻影响其传播效果。新媒体嵌入政策传播过程中提高了政策传播的效能，强化了政策传播的修补功能，但也带来政策传播严肃性和权威性消解的问题。从媒介可供性视角出发可为乡村政策传播的研究提供新的思路和阐释视角。

关键词：媒介可供性；政策传播；网络民族志；村务微信群

基金项目：国家社科基金重大项目"乡村振兴视角下新媒体在乡村治理中的角色与功能研究"（项目编号：21&ZD320）。

一、问题提出

党的二十大报告指出，全面建设社会主义现代化国家，最艰巨最繁重的任务仍然在农村。自党的十九大报告中首次提出"乡村振兴战略"以来，国家出台了一系列政策文件聚焦和支持乡村发展，政策作为"对全社会的价值做权威分配"的社会治理手段，在乡村振兴中发挥着重要作用。政策传播作为政策传递和实施过程中的重要环节，尤其值得关注。既有的研究指出，乡村传播生态和媒介功能长期处于失衡状态，乡村政策传播网络相对落后、传播效能低下等问题造成了当下乡村政策传播的困境。而新媒体工具开

---
*　作者简介：杨琳，西安交通大学新闻与新媒体学院，文学博士，教授、博导。研究方向：大众传播与社会发展、新媒体与社会治理；翟文强，西安交通大学新闻与新媒体学院，硕士研究生，研究方向：新媒体与社会治理。

放性、互动性、便捷性、低成本的特性[①]能为政策传播带来新的可能，运用好新媒体或成为改善乡村政策传播现状的契机。

二、理论及文献综述

(一) 新媒体与乡村政策传播

政策传播研究历来是新闻传播学十分关注的领域，成果较为丰富，不乏研究者，但我国乡村政策传播话题长期以来被新闻传播研究"遗忘"，关注者较少。现有对乡村政策传播研究的视角主要有三个。其一是对乡村政策传播困境、存在的现实问题及成因的分析，此类研究可划分为两种：一种从多角度、多主体较为全面地分析政策传播中的困境和成因，此种分析呈现出大而全的特征，由于涉及的层次和主体较多，此类研究注重分析的广度而相对忽视深度；另一种是从小切口入手分析某一影响政策传播效果的具体因素，如郎劲松通过研究提出政府认知差异这一单一因素作为对农政策传播的新困境[②]，此类研究更加注重研究的深度。其二是研究者从乡村政策传播渠道入手，考察政策信息在各种传播渠道如大众传播、组织传播[③]、人际传播当中的流动，最终分析政策信息传播的触达效果。其三，还有一些研究注重发掘乡村政策传播过程中的媒介工具如电视、纸媒[④]的作用，与其他视角不同，此类研究侧重于对媒介工具作用的考察，同时现有研究更多关注传统媒体，对新媒体的关注相对较少。

随着新媒体在乡村社会中日渐普及，学者们渐渐开始关注利用新媒体进行政策传播的问题，但总体上研究成果较少。张淑华指出了新媒体在进行乡村政策传播中的必要性，她认为新媒体有助于提高农村政策传播效能和从根本上改善农村传播生态和社会环境[⑤]；蒋锐通过常人方法学的研究方法深入乡村生活实际考察乡村政策传播状况，其研究肯定了手机在乡村政策传播中的作用，并提出手机连接很有可能成为村民未来参与政治生活与集体行动的重要场景[⑥]；田毅鹏和胡耀川讨论了新的媒介工具在进行政策传播时面临的乡土契合性问题，指出在乡村政策传递和社会治理展开的过程中，新媒体技术在展现出其先进性的同时，也表现出一定程度的不适应性[⑦]。既有研究指出了新媒体参与乡村政策

① 张淑华：《新媒体语境下政策传播的风险及其应对》，《当代传播》2014 年第 5 期。

② 郎劲松、樊攀：《政府认同差异化：对农政策传播的新困境——基于湖北省 S 市实地调研的研究》，《现代传播（中国传媒大学学报）》2016 年第 11 期。

③ 蒋旭峰、唐莉莉：《政策下乡的传播路径及其运作逻辑——一项基于江苏省 J 市 10 个乡镇的实证调查》，《学海》2011 年第 5 期。

④ 许磊：《公共政策传播中传统纸媒的作用》，《传媒》2017 年第 17 期。

⑤ 张淑华：《政策网络视角下我国农村政策传播的效能问题研究》，《现代传播》2020 年第 1 期。

⑥ 蒋锐：《场景参与与村民日常生活实践的政策嵌入——基于琼西南小岭村的经验考察》，《中国农村观察》2021 年第 2 期。

⑦ 田毅鹏、胡曜川：《农村政策传递过程中的技术选择及乡土契合性初论》，《社会政策研究》2021 年第 4 期。

传播的必要性和可能性以及在乡村社会利用新媒体进行政策传播可能出现的不契合性问题，但对于新媒体如何介入乡村政策传播过程中及其具体的作用机制和作用效果问题则鲜有关注，这也为本研究提供了空间。

（二）媒介可供性视角下的新媒体与乡村政策传播

1966 年，在《作为知觉系统的感官》一书中，吉布森第一次提及可供性（Affordance）[①]；1988 年，唐纳德·诺曼详述了可供性概念在设计学和人机交互领域的应用，将可供性定义为"事物可感知的和实际属性，主要是那些决定事物如何使用的基本属性"[②]。

长期以来，可供性概念一直为其他学科所使用，直至 2003 年，Wellman 等人才率先将社会可供性（Social Affordance）概念引入传播学，并将之视作技术/物影响日常生活的"可能性"，但 Wellman 仍将技术/物视为一种"工具性角色"，研究中的可供性并未呈现为一种关系属性[③]。随后的传播学者试图在技术/物的关系说明上做突破，Schrock 提出传播可供性（Communicative Affordances）概念，并将其定义为"人对技术可用性的主观感知和改变传播实践或习惯的客观技术特性的互动"[④]，其研究打开了人与媒介技术互动的黑箱，凸显了主体的能动性。Rice 等进一步提出媒介可供性（Media Affordance）的概念，将其定义为某一特定背景下行动者感知到的其能够使用媒介展开行动（与其需求或目标有关）的潜能与媒介潜在特性、能力、约束范围的关系[⑤]，其研究为利用可供性概念分析传播主体在新媒体中的传播实践做了铺垫。

2017 年传播学者潘忠党在与刘于思的一次学术对话中将 Affordance 以"可供性"的译名引介到国内[⑥]，可供性概念被引入我国后，众多学者对媒介可供性进行了讨论。现有对可供性的阐释一方面强调通过媒介技术的可供性发掘技术在参与传播过程的主导性作用[⑦]，关注技术对传播实践的形塑作用[⑧]；另一方面则重视通过可供性理论看到传播实践中人与技术的互动关系，认为可供性理论有助于洞察互联网平台和用户复杂的互动关系[⑨]。就可供性理论的本土化应用看，国内已有较多学者利用这一理论来分析和解释新媒介技术对于我国具体传播实践的形塑和影响，如分析计算技术对广告产业的发展的嵌入和影

① J. J. Gibson, *The Ecological Approach to Visual Perception*, Boston: Houghton Mifflin, 1979, p. 127.

② D. A. Norman, *The Psychology of Everyday Things*, New York: Basic Books, 1988, pp. 8-9.

③ 孙凝翔、韩松：《"可供性"：译名之辩与范式/概念之变》，《国际新闻界》2020 年第 09 期。

④ A. R. Schrock, "Communicative Affordances of Mobile Media: Portability, Availability, Locatability, and Multimediality," *International Journal of Communication*, Vol. 9, No. 1, 2015, pp. 1229-1246.

⑤ R. E. Rice, S. K. Evans and K. E. Pearce, "Organizational Media Affordances: Operationalization and Associations with Media Use," *Journal of Communication*, Vol. 67, No. 1, 2017, pp. 106-130.

⑥ 潘忠党、刘于思：《以何为"新"？"新媒体"话语中的权力陷阱与研究者的理论自省——潘忠党教授访谈录》，《新闻与传播评论》2017 年第 1 期。

⑦ 常江：《互联网、技术可供性与情感公众》，《青年记者》2019 年第 25 期。

⑧ 喻国明、赵睿：《媒体可供性视角下"四全媒体"产业格局与增长空间》，《学术界》2019 年第 7 期。

⑨ 张志安、黄桔琳：《传播学视角下互联网平台可供性研究及启示》，《新闻与写作》2020 年第 10 期。

响①、阐释粉丝社群的情感表达②以及对四全媒体、新型主流媒体③的发展做出分析等。

从可供性视角出发可为乡村政策传播的研究提供新的思路，为发掘新媒体技术在乡村政策传播过程中所表现出的主导性作用提供一个有力的阐释视角。以媒介可供性为理论路径探讨新媒体的政策传播问题既关照到技术本身的重要作用，又兼顾人与技术的互动关系，摒弃了将新媒体作为纯粹的政策传播工具的思路，借此发掘出新媒体平台的可供性是以何种途径和方式影响政策在基层乡村社会传播的，人又是如何就政策传播这一行为实践与新媒体产生互动的。基于现实背景和文献梳理，本文提出以下研究问题：微信群作为新媒体技术具有何种影响乡村社会政策传播的可供性因素？这些媒介可供性因素在政策传播中的作用如何体现？具体的作用机制是怎样的？新媒体介入政策传播过程中带来什么样的效能，又会导致何种风险？

三、研究方法

本文使用网络民族志的研究方法，数字田野场为山东省临沂市 R 村村务微信群。R村是位于山东省临沂市沂水县东北部的一个村庄，近年来，在上级政府的支持下该村积极推行数字化治理，该村务微信群也是在这样的背景下诞生的。该微信群建立于 2021 年10 月，由村内的网格员发起并组织建立，该微信群群名为"R 村联系群"，现有群成员244 名，群主为该村网格员的企业微信账号，企业认证主体为沂水县委政法委。该群的定位是"村务通知群"，村内日常事务的通知会通过该群进行发布，因而网格员在建群时就提出"要求每户人家至少有一人入群"，村干部也都入群。

笔者在该群初创时就被拉入群聊内，入群时间超 12 个月，进入群聊后，笔者以"潜水"的方式在群内进行观察，这种方式避免了对群内人们线上交往的干涉和介入，使得在自然情境下体察线上文化交往成为可能④。自入群起，微信群内的各种信息资讯、政策文件、日常村务通知以及群成员之间的互动都纳入笔者观察范围内，同时，笔者于 2022年 1 月 25 日至 2022 年 2 月 15 日和 2022 年 7 月 25 日至 2022 年 8 月 7 日两段时间于该村开展线下实地调研，对村民微信群的使用情况进行了观察并做记录，同时对十名使用和不使用该微信群的村民进行了访谈，其中包括网格员（微信群发起者）、微信群内的活跃成员、微信群的潜水成员及不使用微信群的村民。

① 曾琼、马源：《计算技术对广告产业发展的嵌入——基于技术可供性的视角》，《现代传播（中国传媒大学学报）》2022 年第 7 期。

② 匡文波、邓颖：《媒介可供性：社交平台赋权粉丝社群的情感表达》，《江西社会科学》2022 年第 7 期。

③ 吕婷、俞逆思、陈昌凤：《可供性视角下新型主流媒体技术融合的生态发展路径转向》，《中国出版》2022 年第 13 期。

④ 曹晋、孔宇、徐璐：《互联网民族志：媒介化的日常生活研究》，《新闻大学》2018 年第 2 期。

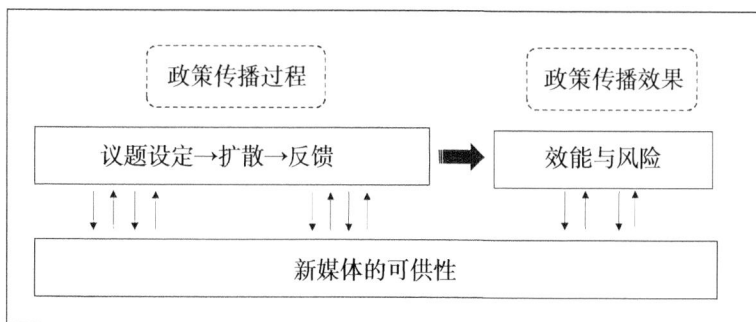

图 1　研究逻辑路线图

四、研究发现

（一）参与机制：媒介可供性与政策传播过程的耦合

微信群的技术可供性是在政策传播过程中与政策传播主体互动而生的，对于可供性的观察必须置于政策传播过程中，同时技术可供性的作用亦需在政策传播过程中彰显。将新媒体参与政策传播的机制作为一个过程进行分析，才能理解微信群的媒介可供性是如何发挥作用、如何与政策传播相耦合的。

1.政策议题设定：多元设定者与多属性议题

数字技术嵌入使得村民的治理参与不再是被统一安排、被动接受的消极样态，而是转变为一种积极的自我选择和自我建构的过程。[①] 微信群的技术特性提供了人们集体在场和平等对话的线上空间，其可供性为微信用户提供了在群内自由生产和发布信息的机会，在此种技术可供性支持下微信群中的议题设定者呈现出多元化的特点——不仅村干部可以进行政策议题的设定，村民也能够在微信群内进行政策议题设定。一方面，村民通过群内主动询问的方式自主设定微信群内的政策传播议题，村民的询问倒逼村干部根据其设定的议题做出回答，从而达到自我主动设置政策议程的目的；另一方面，村民也通过直接将从其他渠道如政府网站、公众号等接收到的政策信息转发到群里来主动设置政策传播议题。然而，虽然微信群中村民可以进行政策议题的设置，但并非所有村民设定的议题都能得到关注和回应，往往村干部设定的议题更受关注，村民的议题关注度较低，这也说明微信群提供的可供性仅仅为群成员提供了自由和平等发言的可能，但却无法确保实际的传播效果。

另外，微信群的可供性也为村内的政策传播提供展示议题多种属性的可能。这首先表现在政策传播的主题更加多元化、日常化。不仅原来村内大喇叭的重要政策议题会在

---

① 徐旭初、朱梅婕、吴彬：《互动、信任与整合：乡村基层数字治理的实践机制——杭州市涝湖村案例研究》，《中国农村观察》2023 年第 2 期。

群内设定，更为日常化的事项如村务公示、例行宣传（反诈宣传、党建宣传等）以及疫情变动状况（风险区变动、本地的病例数变化）等都会微信群内传播。其次，原来村庄大喇叭在进行政策议题的设定时，只能将政策信息的核心内容"喊"出来，政策的关键属性得以传播，但相对边缘的属性却被忽略，微信群则能够呈现政策全貌，将政策相对边缘的属性进行展示。此外，在微信群中议题设定的媒体形式更丰富，文字、图片、视频、语音以及网络链接等都成为微信群内政策议题设定的媒体形式，这也丰富了政策议题的属性。

表 1　微信群政策传播内容

内容形式	时间	主要内容（原文）描述
文本	2022 年 10 月 24 日	从明天开始，所有集封了，不能赶集了
	2022 年 5 月 7 日	下了通知，凡是年满六十周岁的老年人，以开始养老资格认证，年轻的帮助自己的亲人认证，以方便下次认证。
图片	2022 年 10 月 14 日	"关于公开 XX 乡文化服务设施场所的通知"，由乡镇综合文化办发布。
	2022 年 8 月 26 日	"量化积分亮先锋聚焦服务聚合力"村榜拍照公示。
视频	2022 年 10 月 19 日	考棚 1 号片场（认证主体：临沂市公安局兰山分局）："app 也有诈？警惕利用虚假 app 实施的验局！"
	2022 年 9 月 24 日	微观三农（认证主体：中国三农杂志社）："合情合理把握耕地种植用途管控"
语音	2022 年 9 月 15 日	"大家用微信扫一下这个码，然后按照他那个提示，把信息填上，然后看看后台，审核成功了就回（指回村），审核不成功，然后还不能回来，再往后就是这系统说了算。"
	2022 年 7 月 1 日	"以上弄的，也全部通过了，咱没弄的抓紧时间，完成任务，一天必须完成20%，需要大家抓紧时间"
网络链接	2022 年 11 月 1 日	爱山东 app："致全县残疾人工作者和广大残疾人朋友的倡议书"
	2022 年 5 月 13 日	微信公众号推文："临沂市政府公告！"
文件内容	2022 年 9 月 27 日	扫黑除恶调查提纲（word 文件）
	2022 年 4 月 13 日	沂码通个人账号注销、实名注册流程（pdf 文件）

2.政策议题扩散：关系伴随与螺旋效果

村民的日常行为和生活逻辑依旧受到费孝通所述的熟人社会规则的支配，熟人关系仍然是乡村社会的底色，现实的村庄社会关联在虚拟空间中嵌入、集中和延伸①。微信群

---

① 彭华新、宋思茹：《"半熟人"网络社群中农村信任关系的重联——基于对四川 G 村"村群"的考察》，《新闻大学》2022 年第 10 期。

内村干部的发言权力和权威性是现实生活的权力结构通过微信群达成的线上延伸。微信群的昵称和备注的可供性让群内实名制得以实现，村民可以精准识别群内的村干部，并以村干部界定该微信号的身份，由此现实生活中具备话语权的村干部在微信群内仍具有设置政策议程的权力；其次，微信群内的对话可以复现现实乡村社会中的人际交往关系，虽然在微信群中人们以昵称和头像的形式再造了身份，但基于微信群的可供性人们仍可以识别每个微信号所代表的现实身份，微信群以此塑成线上熟人社区，现实中的人际交往规则能够在线上沿用。村干部在微信群内的政策传播仍会依照现实生活的互动关系和称谓，如村干部回应群内成员核酸检测是否还在进行时，说道："三婶子，你现在过来吧，现在过来就直接做了，晌午头做核酸的就要走了。"另外，微信群同样将现实关系的亲疏在群内再现。村内较多人仍以"是否为同一家族"作为社交的标准，即人们更多与本族人交好，村内同一家族的人往往关系更为亲密，而现实中关系亲厚者在微信群中的互动也更加频繁和亲密。与政策议题设定者同一宗族的人常常会对其设定的议题做更积极回应，如同宗族村民之间会相互帮助共同就某些政策质询村干部，以扩大询问者的声势；同样，与村干部同宗族者也会主动在微信群中配合其进行政策宣传或者"帮村干部说话"。

微信群通过将村民拉入群聊的方式实现了村民的线上集体在场，打造出一个"虚拟型公共空间"①。微信群打造的虚拟公共空间是开放的、人人可见的空间，它将村里所有人的目光聚集到一起，微信群内每个人的言论和行为表现都始终受到群内村民的注视、受到村里舆论压力的影响。微信群作为线上熟人社区的属性一定程度上规范了村民在微信群内的发言，而这种规范却常常反过来为村干部利用，在政策传播中制造出"螺旋效果"。微信群中村民实名参与群内政策讨论，参与者受到舆论压力的影响，因此在进行意见表达时也常常出现螺旋式的传播状况。

3. 政策议题反馈：即时互动与波纹圈层

2022 年 7 月 1 日，微信群内十分热闹，村干部和村民就现有的政策问题展开了一场对话。村干部首先在群里发送一张图片，并说"请大家扫码进群"，群内立刻有人做出回应"这是什么群，卖水果的吗？"，村干部回应称"不是卖水果的，是一码通升级班（版）"。随后又引出很多人的回应："怎么不会弄""近（进）不了群""进去了，后面怎么弄？"，村干部很快就对此做出了回应："那个码你先扫，然后根据那个提示填，然后得等会，等 XX（另一村干部）弄了的时候你才能进这个群，你先扫，扫了点进去，它不是让你填你的姓名，然后照一个相片，然后提交上等待审核。"

微信群的可供性塑造了"村民—微信群—村干部（上级职能部门）"的结构链条，信息流转速度加快，回应时间也极大缩短。政策信息往往具有很强的时效性特征，需在一定的时间范围内传播并执行，微信群则能够为公众参与政策的即时反馈提供可供性。更

---

① 郭明：《虚拟型公共空间与乡村共同体再造》，《华南农业大学学报（社会科学版）》2019 年第 6 期。

多、更快的政策信息流动和交互利于政策的顺利传播和执行。村干部在与村民互动中就政策内容给出更多解释，增进村民对政策内容的理解，村干部与村民的即时互动也为村民提供政策执行的行动指南，解答村民实际操作中面临的难题，促进政策更好、更快地落实。

在乡村政策传播过程中，微信群打造的线上社区在一定程度上复刻了现实村落中政策传播从权力核心到权力边缘的错落结构。村民在微信群中进行的政策反馈表现出类似于水波的圈层化特性，圈层从中心向边缘延伸，信息反馈的频率和强度逐渐降低，从中心到边缘依次表现为核心圈层、中间圈层以及边缘圈层：核心圈层为微信群内的权力核心，是主要的政策信息发布者，成员主要为村干部和微信群内的活跃意见领袖，他们最常参与微信群内的政策信息发布和对话，对微信群内的村民疑问及时做出回应和解答；中间圈层为最常居住和工作于村庄内的人群，他们关注微信群内村干部发出的政策通知，常常对政策细节和执行过程进行详细询问，对政策存在的问题提出异议，中间圈层是对微信群内政策传播进行反馈的中坚力量；边缘圈层是生于斯长于斯，但长大后脱离村庄所在地域在外求学或工作，并未长期居住于村庄里的群体，他们关注微信群内的政策信息但很少做出反馈。

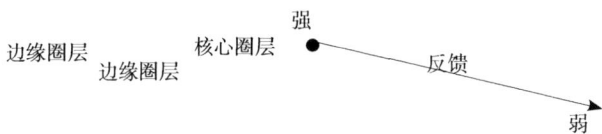

图 2 反馈的"圈层结构"示意图

（二）传播效果：微信群可供性嵌入政策传播的效能与风险

微信群应用于乡村社会政策传播过程中呈现出丰富的媒介可供性，其可供性在政策传播的议题设定、扩散和反馈环节实现了耦合。微信群作为新媒体技术参与到政策传播中，一方面提升了政策传播的效能，另一方面也带来新的风险。

1. 政策传播效能的提升

微信群的媒介可供性突破了政策传播的物理时空限制，提升了政策传播的效能。微信群既节约了村干部进行政策通知的时间，也方便村民获取和了解政策信息，提高了政策传播的效率；另外，微信群突破空间限制，实现不同空间村民的整合，有效地对村外传递政策信息，村民通过微信群可以不受地理空间的限制随时接收政策信息，原本许多离开村庄在外学习务工的村民也可以通过微信群实现不同地域空间的政策信息接收，实现与本地村民的网络共在 ①。

此外，微信群采用多媒体的政策呈现方式，政策传播内容更加生动易懂。村中较多人文化水平低，文字阅读能力有限，这导致他们无法很好地阅读文字，是而群内常常通过语音、视频等形式进行政策讲解，通俗易懂地向村民宣讲政策。此外，公共政策的执行需要有效的监督机制，不同时空背景下的村民可以通过微信群进入乡村公共空间，对村"两委"的公共事务实行监督，助益于公共政策的传播和执行。

2. 强化政策传播的修补功能

我国的政策传播从单向模式逐渐走向双向互动模式，而新媒体作为政策的反馈途径也成为政府获取民意的有效途径，是公众参与政府治理的基本方式 ②。有学者指出政策传播的一项重要功能就是完成对政策的修补，而这项功能的实现主要是源于政策传播的反馈机制。政策传播的互动特征是政策顺利执行、取得最佳传播效果的必然要求，通过受众对政策信息的反馈情况适时调整修补政策中的不合理部分是政策传播的修补功能的体现。③ 微信群等新媒体介入后，公众对政策传播的反馈越来越多，乡村社会长期以来以单向传播的大喇叭作为政策信息的传播工具，受众却无法通过大喇叭向传者进行信息的反馈，政策的修补功能难以实现。微信群的可供性打造了线上的公共空间，村民线上聚集在一起公开对话，人们就政策内容提出自己的见解和质疑，形成良好的反馈机制，促成政策内容的修补。

3、政策传播严肃性和权威性消解

在许多村民眼中微信群并非一种严肃和正式的官方媒介，因而在微信群内常常采用戏谑化的方式回应村干部传播的政策，这也使得政策传播本身的严肃性和权威性开始消退。2022 年 11 月 4 日，村干部说："刚刚接到通知，明天的核酸检测暂停一天。"随后连续有两位村民回复"囊"，接着又有村民说"不捅一下试着不得劲"并 @村干部，随后村干部回应了两个"捂脸哭"的表情。在当地，"囊"这个字的含义较为特殊，该词汇在字面上表示"知道了"的含义，但其表达的情感里却带有质疑和戏谑的色彩。村干部发出不做核酸的通知后两位村民随即以戏谑化的表达做出回应，随后更是有人直接 @村干部表达了这种戏谑。

此外，村内长期奉行长老统治④ 的传统与现行的村务管理机制在微信群场域内出现冲突，村内辈分较高和较为年长的人常常在微信群中对村干部发布的政策内容提出质疑和做出反抗，村干部的权威遭到攻击。反抗在线下的政策执行中并不少见，而微信群塑造

---

① 方晓红、牛耀红：《网络公共空间与乡土公共性再生产》，《编辑之友》2017 年第 3 期。

② 毛劲歌、张铭铭：《互联网背景下公共政策传播创新探析》，《中国行政管理》2017 年第 9 期。

③ 段林毅：《关涉政策传播的几个问题》，《求索》2004 年第 4 期。

④ 费孝通：《乡土中国》，北京：北京出版社，2009 年，第 95 页。

的公共空间却放大了这种反抗，进而扩大了该反抗的影响范围和效力，易激起其他村民的追随，使村干部的工作难以开展，政策更难以得到落实。

五、结语

本文通过对微信群进行网络民族志的考察，分析微信群为乡村政策传播所提供的可供性，以政策议题的传播发展过程作为分析路径解释微信群的可供性如何与政策传播的过程耦合，研究表明微信群所提供的可供性为乡村政策传播提供了新的可能性，提高了乡村社会政策传播的效能，为实现政策的修补提供了媒介通道，但也在一定程度上消解了政策传播的权威性和严肃性。

研究也发现新媒体参与政策传播的效能尚未完全激发，如何充分激发新媒体的效能需要凝聚更多智慧。首先，要变新媒体"嵌入"为"融入"乡村社会。嵌入是一种物理变化，而融入则要产生原子级别的化学变化，实现新媒体与乡村社会方方面面的重组和融合，要将新媒体与乡村社会固有的政策传播体系融合，成为其有机组成部分。其次，要重塑农民政策传播的主体地位，注重发挥新媒体在政策传播中的反馈功能，不能单纯将新媒体作为上级向下级、高层向基层"发通知"的工具、传声筒，要通过新媒体让上级政府听到农民的声音，借此优化政策内容。再次，要在既有媒介的基础上创造维护政策传播权威性的条件，微信提供的可供性给群成员自由对话带来了可能，同时也为政策传播的权威性带来隐忧，微信群作为一个线上熟人社区，相应的社区管理规定必不可少。

多模态视阈下健康科普短视频的影像实践、现实问题与进路

张　诚*

（上海外国语大学新闻传播学院，上海，201620）

摘　要： 短视频作为健康传播的重要载体以及社会主体参与健康传播实践的重要渠道，在推进"健康中国"建设方面具有重要价值。健康科普短视频通过潜在表达作者态度与生动表述健康知识的语言模态、构建视觉焦点与缩减情感距离的视觉模态以及把控叙事节奏的声音模态实现健康科普。但在实践过程中，其也存在模态之间协同性不高、叙事结构单一化与叙事主题同质化、话语修辞使用不当、选题泛生活化与指称频繁使用等现实问题。有鉴于此，健康科普短视频可通过合理安排模态之间的互动协同、打破常规叙事结构、推动话语风格转向人格化以及规范健康知识表达实现提升优化，从而更为有效地发挥健康传播功用。

关键词： 健康科普短视频；多模态；影像实践；健康中国

健康类短视频是新媒体环境下展开健康传播的新型实践形式，其含义是指以短视频形式传播的健康信息①。现今健康科普短视频已然成为各大短视频平台不可或缺的内容，其触角更有伸入千家万户的趋势。从国家层面而言，健康科普短视频作为健康传播的重要载体，有助于推动"健康中国"的建设；从个体层面而言，健康科普短视频能在生活中发挥日常科普、指导生活实践以及充当"减压阀"的作用。但是，目前健康科普短视频的发展态势并不乐观。多元传播主体的涌入，既使健康科普短视频领域迸发无限生机活力，但缺乏有效的指导经验以及制度约束，也使其在实践过程中逐渐暴露出种种现实问题。这些问题不仅可能会误导信息消费者，更有可能妨碍阻碍"健康中国"建设。因此，借由对健康科普短视频影像实践的分析，厘清其现实问题，并在此基础之上思考未来发展路径，具有重要意义。

---

* 作者简介：张诚，湖南益阳人，上海外国语大学新闻传播学院博士生，研究方向为影视国际传播。
① 陈忆金、潘沛：《健康类短视频信息有用性感知的影响因素研究》，《现代情报》2021年第11期。

一、影像实践：健康科普短视频的多模态表征

健康科普短视频是典型的多模态语篇，多模态话语就是运用视觉、听觉、触觉等多种感觉，通过语言、图像、声音等多种手段和符号资源进行交际的现象①。健康科普短视频的语篇本体由语言模态、视觉模态与听觉模态构成。这三种模态彼此协同，共同营造出健康科普短视频的整体效果。

（一）语言模态：生动表述健康知识与潜在展陈作者态度

系统功能语言学认为，语言本质上是一个语义系统网络，并通过概念功能、人际功能和语篇功能提供意义潜势②。健康科普短视频的解说词承担了语言模态的绝大部分功能，其对健康知识的表述主要通过概念功能实现。概念功能是指语言用以描述对物质世界体验所实现的功能③。及物性系统是概念功能的体现，将公众对物质世界和心理世界的体验用不同的"过程"予以展现。韩礼德（Halliday）将"过程"划分为物质、关系、言语、心理、行为和存在六种。④健康科普短视频的解说词多以物质过程和关系过程为主，这是因为其科普的知识通常涉及身体变化等动态过程，并且会给出相应的行动建议，也就导致存在大量描述动态变化的物质过程。健康问题的产生又往往与若干因素相关联，因此作品中也存在较多描述逻辑关系的关系过程。在表述健康知识之余，健康科普短视频通过采用拟人、比喻和夸张等修辞手法，使得表述知识的解说词更具生动性。

人际功能是指公众利用语言进行交际，表达自身的观点、态度，甚至引导他人改变想法，主要通过语气实现。通过人际功能，健康科普短视频得以向用户传递信息和态度。由于健康科普短视频讲述的专业知识都具有一定理解难度，因而其通常采用简洁、直观的陈述语气，以减少用户信息解码的压力。其也会适当运用疑问语气，达到吸引观众注意力以及承上启下的作用。当提醒用户停止有害行为或立即采取对策时，健康科普短视频会采用重说语气，对内容进行着重强调。例如，在抖音号"健康报"发布的短视频《热射病你了解吗》中，创作者在开头通过"到底什么是热射病？和中暑一样吗？是否有后遗症？"的一连串疑问句式激发用户好奇与吸引用户注意，随后则采用陈述语气将相关知识点缓缓道来。

语言通过不同的组合方式连词成句、联句成篇，从而构建意义完整的表达集合体，也即"语篇"。语篇上下文要想实现语义连贯，就必须使用"衔接"手段。健康科普短视频通常采取人称代词和连接词实现语篇功能。人称代词能够体现说话人与受话人之间的关系，健康科普短视频通过大量使用第一人称和第二人称不仅实现了语篇的连贯，也营

---

① 张德禄：《多模态话语分析综合理论框架探索》，《中国外语》2009 年第 1 期。
② 苗兴伟：《未来话语：中国梦的话语建构》，《天津外国语大学学报》2016 年第 1 期。
③ 林正军、唐玮：《语言元功能的体验哲学基础》，《现代外语》2019 年第 4 期。
④ Halliday,M.A.K. , *An Introduction to Functional Grammar*(3rd edn.), London; Routledge.2004, pp.170-175.

造了传者与受者之间亲密的关系。此外，健康科普短视频也通过使用表转折关系、并列关系或递进关系的连接词，联句成篇，构成意义完整的语篇，帮助用户高效理解知识。

（二）视觉模态：构建视觉焦点与缩减情感距离

视觉语法理论认为再现意义、互动意义和构图意义构成了视觉模态的意义系统。再现意义反映了语篇中事件、人物、环境等之间的关系，可分为叙事再现与概念再现①。叙事再现反映的是正在发生的事件或动作，向观众展示的是事件的原貌。概念再现表达的是象征性意义，也即对主题进行升华。对主题进行升华既不符合短视频用户碎片化的阅读习惯，也不符合短视频短平快的特性，因此健康科普短视频多以叙事再现为主。通过对大量现实生活场景的还原，健康科普短视频增强了用户的代入感。

情感关系的建构有赖于互动意义的生成，互动意义旨在揭示图像生产者与观看者之间的关系②。分析图像资源互动意义的目的在于探讨图像资源是以何种方式与观众展开互动、传递意义，并进一步影响到观众的情绪和态度。图像的互动意义由社会距离、视点和情态组成。图像的景别大小反映了观众和语篇中的世界之间的社会距离，取景范围越小，则代表社会距离越紧密，社会关系也越亲密。健康科普短视频致力于缩小与用户之间的社会距离，营造亲密的社会关系，因此大多选择中景和近景。视点包括平视、俯视和仰视三种，健康科普短视频一般采用平视。在这种视角下，创作者与用户处于平等的场域，有利于为用户构建舒适的观看情境以及缩减与用户的情感距离。在情态方面，健康科普短视频往往选取的是饱和度高、色彩鲜艳的高感官情态，这类图像富有视觉张力，契合用户的视觉消费偏好。例如，抖音号"小荷健康"发布的"医生出镜解说健康知识"类短视频绝大多数都采取的是近景镜头，画面中的医生以平视状态讲解健康知识，并且画面整体色彩鲜艳、清新活泼，具有较高视觉张力。

构图意义是指画面中的元素相互组合，构成画面的意义。健康科普短视频通过对画面元素显著性的安排，划分不同的信息主次，从而传达画面意义。显著性是指图像中的元素吸引用户注意的程度，显著性越强的元素越容易成为视觉焦点，引发用户侧目。在讲解重要知识时，健康科普短视频通过采取字体变化、表情包、标识符号和颜色变化等方式达到辅助讲解、吸引观众注意力的目的。如在抖音号"时尚健康杂志社"发布的短视频《阳转阴后，立马出门会感染别人吗》中，创作者通过在画面上呈现巨幅爆炸边框和花字"真的没风险吗"提醒用户警觉。

---

① 周翔、付迎红：《中国影像故事的"叙事—共情—跨文化"互动机制模型——基于对"一带一路"题材纪录片的分析》，《现代传播（中国传媒大学学报）》2022 年第 6 期。
② 肖燕雄、林雅心、魏圣兰：《全面抗战时期图像动员的视觉修辞与意义建构——以〈新华日报〉〈大公报〉〈中央日报〉为中心》，《新闻春秋》2022 年第 3 期。

（三）听觉模态：把控叙事节奏与增强形象感

健康科普短视频中，听觉模态大多由旁白、对白、独白、配乐及音效等元素组成。旁白、对白与独白的作用相似。独白在出镜解说类健康科普短视频中应用较多，对白在剧情类健康科普短视频中应用较多，旁白则绝大多数健康科普短视频都会应用。在健康科普短视频中，旁白能发挥把控叙事节奏、迅速将观众带入情境的作用。旁白通常在剧中扮演一个"在场的叙事者"的角色，它可以成为一个全在、全知、全能的"叙事高手"，因而，旁白大大加强了影视作品中一个时间与空间上的衔接，使它们之间可以大幅度地跳跃[①]。依靠语调、语气和音色的变化，旁白也能够有效传递创作者的情绪，例如，在抖音号"京东健康"发布的短视频《饮料当水喝有什么后果？》中，当提及"拿饮料当水喝"等对人体有损害的行为时，旁白的语调变高、语气加强，创作者鲜明的反对态度得以为用户所感知。

配乐、音效的加入使得健康科普短视频的内容更加立体可感。如同旁白一样，配乐同样具有把控叙事节奏的作用。以"丁香医生"抖音号为例，其发布的健康科普短视频大多采用"引入问题—分析问题—提出对策"的叙事链条。在这一类型作品中，创作者会根据不同的阶段采用不同的配乐。如在"引入问题"阶段，选择急促风格的配乐为问题的引入营造紧张的气氛，增加用户的卷入度；在"分析问题"阶段，选择轻快、声量较低的配乐，为用户搭建舒适的倾听环境；在"提出对策"阶段，选择动感十足的快节奏音乐激励用户采取行动、改变现状。在其他类型作品中，创作者也会加入配乐优化视听效果。在健康科普短视频中，音效起到了补充细节、增强形象感的作用。音效的运用往往会与解说词和画面内容保持一致，通过音效的配合，作品更趋生动形象。例如，在抖音号"京东健康"发布的短视频《冬季小心慢性支气管炎》中，当旁白提及"一到冬季就咳嗽不止"时，作品不仅插入了老人和女性咳嗽的画面，更加入了咳嗽的音效，大大提升了作品的生动形象感。

二、健康科普短视频的现实问题

通过将严肃的健康知识转化为一个个生动有趣的视频，健康科普短视频吸引了一批稳定而忠实的网络粉丝。通过日复一日的更新，其实现了以潜移默化的方式向公众普及健康知识以及提升公众的健康素养的目的。但在实践过程中，由于缺乏行之有效的参考经验，其也逐渐暴露出诸多现实问题。

（一）各模态之间协同性不高

在多模态语篇中，不但不同模态发挥着重要作用，不同模态之间的协同程度也发挥着等量齐观的作用。不同模态的占比和互补强弱都会影响到作品的整体效果，从而带给

---

① 闵德霞：《从〈潜伏〉看电视剧旁白的风格与功能》，《电影文学》2011 年第 14 期。

用户不一样的感受。纵观目前的健康科普短视频，大多存在模态的互补强度较弱以及听觉模态边缘化的问题。模态的互补关系是指当一种模态无法清晰地讲述内容和传达意义时，运用另一种模态进行补充，从而让用户清晰、完整地了解语篇的内容和意义。模态的互补程度较弱即意味着模态之间无法有效构成互补关系。例如，在众多由医学人士出镜解说的健康科普短视频中，语言模态是解说词，视觉模态是医学人士的形象与动作，听觉模态是医生的独白解说。但由于出镜解说的医学人士往往表情呆板、语气严肃，与屏幕前的观众并没有建立想象中的联系，同时也未通过花字、表情包等图像资源辅助叙事，各模态之间未有效形成互补关系，致使作品质量偏低。

听觉模态边缘化不是指听觉模态的有无，而是指创作者忽略听觉模态的作用，对其采取粗放的加工方式。对比语言模态和视觉模态，听觉模态处于一个相对边缘的地位。但听觉模态在短视频中能够发挥强调信息、补充细节和增强临场感的作用。目前仍有许多健康科普短视频忽视听觉模态的作用，这表现为作品中往往只应用了旁白解说这一种声音资源，而较少应用配乐和音效。譬如，抖音号"养生堂"发布的多个"医生出镜解说健康知识"类短视频中就存在较少应用配乐和音效的现象，导致作品的趣味性与生动感大打折扣。此外，在各大短视频平台上，仍有许多健康科普短视频的解说存在普通话不标准、说教味过浓而人情味较淡的问题，导致用户难以产生情感认同。

（二）作品叙事结构单一化与叙事主题同质化

结构是文本生成的元命题，也是叙事研究的本体问题[①]。线性叙事结构是视听作品常用的叙事结构之一，其逻辑清晰，强调因果性和连贯性，有利于用户迅速理解故事情节。并且，由于强调时间顺序或因果关联，写作过程也最为便捷。目前，诸如"南方健康""小荷健康"等健康类短视频账号发布的健康科普短视频大多采用线性叙事结构，并且采用的是强调因果关联的单线叙事。在具体作品中，则表现为首先对某一类健康困扰现象进行介绍，其次对造成此类现象的原因展开分析，最后则提出可以采取的对策。譬如，在抖音号"京东健康"发布的短视频《夏天湿疹高发怎么办？》中，作品首先对部分人士夏季长湿疹的现象以及湿疹的症状进行了简要介绍，随后分析了"夏季高温湿热容易让皮肤屏障受损"等造成湿疹的原因，最后则提出了"少接触洗涤剂、肥皂、皮毛制品"等避免湿疹产生的对策。但是对于在各类视听作品的滋养中成长起来的用户来说，清一色的单线叙事结构并不符合他们的媒介期待，也不能有效吸引他们的注意力。

当代社会扁平化的传播模式、去中心化的传播逻辑以及互动开放的传播语境不可避免地带来了叙事主体多元化以及叙事主题同质化的现象。由于传播平台开放性的特征以及文化素养参差不齐的叙事主体的参与，不同作品之间进行借鉴、模仿或抄袭的现象频繁上演，叙事主题的同质化问题由此诞生。以抖音平台为例，就存在大量"医生出镜解

---

① 刘涛、刘倩欣：《"一镜到底"：融合新闻的叙事结构创新》，《新闻与写作》2020 年第 2 期。

说健康知识"和"旁白解说加网络视频片段混剪"类型的健康科普短视频。同质化的叙事主题极易导致用户产生审美疲劳，进而降低对健康科普短视频的期待，转而消费其他品类的短视频。

（三）话语修辞运用不当

话语修辞是指为追求语言最佳表达效果采用各种方式对语言进行润饰的一种活动[①]。使用话语修辞的目的是准确、清晰和简洁地传递信息。在面对深奥复杂的知识时，通过运用话语修辞对语句进行修饰，能够使复杂晦涩的专业术语转变为通俗易懂的语言。健康科普短视频通过运用话语修辞，降低了用户理解的难度。但与此同时，其存在过多使用以及不当使用话语修辞的问题，消解了健康知识的系统性和科普主体的权威性。

健康科普短视频通常运用了拟人、比喻和夸张等修辞手法，从而将众多身体变化和疾病产生的复杂过程简化为趣味生动的小故事。例如，在抖音号"丁香医生"发布的短视频《尿里怎么会有糖？》中，创作者将"胰岛素"比拟为"外卖员"，将"肠胃"比喻为"食堂餐厅"。通过这些修辞手法的使用，"胰岛素"运送"血糖"的过程被解构为"外卖员"配送"外卖"的过程。这种娱乐化的处理方式虽然降低了用户的理解门槛，增进了对用户的吸引力，但也改变了知识的原貌，消解了专业健康知识的系统性和完整性。过多和不当修辞手法的运用不仅使得健康知识二次传播的可能性受限，而且也极易导致用户出现认知紊乱，并导致传播主体与用户之间出现信任的裂痕，从而损害传播主体的公信力。

（四）选题的泛生活化与指称的频繁使用导致焦虑滋生

从口语到书信再到电子媒介，媒介进化的历史同样是模态进化的历史。从远古时期的单一模态进化到依靠文字、图像、听觉等多模态进行协同交际，媒介传递信息的厚度和广度实现了巨大跃迁。与博客时代网络身份"书面存在"不同的是，当下互联网已逐渐成为一种视觉媒体[②]。健康科普短视频作为一种视听觉媒体，集合了多模态的优势，可以说是得天独厚的健康科普载体。但在实践过程中，为了吸引注意力，健康科普短视频的选题逐渐呈现出泛生活化的特征。这些泛生活化的选题虽然贴近用户的日常生活，能够有效吸引用户注意，但经由社交媒体的地位赋予功能，这些选题所指向的一些极小的健康问题也被不断放大，致使用户健康焦虑情绪丛生。

同时，健康科普短视频的语言模态大量使用第一人称"我们"、第二人称"你"和"你们"。这些人称代词一方面拉近了作品与短视频用户的情感距离，但另一方面也先入为主地为用户预设了"我（你）正遭受健康困扰"的情境。因而健康科普短视频在向公

---

① 强月新、梁湘毅:《短视频新闻评论话语方式的四种转向——以央视〈主播说联播〉为个案分析》,《现代传播（中国传媒大学学报）》2021 年第 4 期。

② 周宣辰、程倩:《视觉文化视域下青年短视频消费的文化反思》,《学习与实践》2021 年第 3 期。

众科普健康知识的同时，也在一定程度上向公众灌输着健康焦虑。另外，健康科普短视频的叙述方式也极易导致用户视听消费的异化。即使大部分短视频都没有推销实质性的商品，但其提出的诸如"利用瑜伽垫减肥""使用购买含烟酰胺的护肤品可以减少黑色素生成"等建议加之断言式语气，在无形中向用户灌输了购买商品进行使用，就能解决疾病或健康困扰的虚假逻辑。虚拟的短视频信息消费极有可能在一句句健康建议中，异化为不理性的有形商品消费。

三、健康科普短视频的未来进路

短视频为健康科普带来了新机遇，但其在实践中暴露的现实问题也令人忧虑。唯有采用多维对策，健康科普短视频方有可能对其现实问题进行纠偏，从而实现良性发展并有效发挥健康传播的功用。

（一）合理安排模态之间的互动协同

在多模态语篇中，模态之间的互动关系可以分为互补关系和非互补关系。在作品中，模态之间的关系并不是单一的，依据所传递信息的复杂程度和重要程度，作品中往往既有互补关系的模态，也有非互补关系的模态。并且，这种互动关系不是固化的。在同一语篇中，由于信息传播中意义生成的需要，模态间的协同关系随时间发生流动①。模态之间不同的互动关系都会对信息的传递以及作品的完整性与可读性造成影响，所以必须合理地部署、组合健康科普短视频的各个模态，使其搭配发挥最优效果。

首先，创作者需要划分模态主次。模态的互补、元素的增多确实会丰富作品的内涵，但有时琳琅满目的元素也会导致用户注意力分散，反而导致视听效果弱化。在创作过程中，创作者应根据信息的重要程度与复杂程度、情节发展以及叙事需要，增减元素，划分好模态主次，并加强对模态互补作用的重视。其次，新媒介时代，既是"读图"的时代，也是"听声"的时代。在信息消费过程中，声音是极具情感特质、极易打动人心的元素。声音的伴随性更高，与之适配的消费场景也更加多元，这无疑增加了健康科普短视频的消费空间。声音是极具情感张力的元素，不同的语气、音调和音色皆会给人以不同的感受。在创作过程中，创作者应高度重视听觉模态，根据科普内容的软硬程度选择适配度更高的旁白，并结合情节需要选择合适的配乐和音效，提升作品精度，打造别具一格的健康科普作品。

（二）打破常规叙事结构与采用剧情化科普方式

叙事结构既规定着故事的风格与先后顺序，也影响着用户对作品的感知。目前，市

---

① 尹素伟、姚喜双：《信息传播中互动机制的建构与意义生成——基于中美气象频道节目的多模态话语分析》，《现代传播（中国传媒大学学报）》2020 年第 3 期。

面上各类影视作品虽然仍以线性叙事结构为主，但多元叙事结构并存的现象日渐增多。长视频作品在线性叙事结构的基础上，灵活运用其他类型的叙事结构，制造出故事弧光，增添了作品的"灵韵"。同理，健康科普短视频也可以通过打破目前常规的线性叙事结构，为用户提供不同的审美体验。健康科普短视频多以线性叙事结构中的正叙为主。正叙按照时间先后顺序进行讲述，虽然条理清晰，却不免乏味。因而，健康科普短视频可灵活运用倒叙、插叙等叙事手段，使得健康知识的讲述富有跌宕起伏感。运用倒叙能够为健康科普制造悬念，有效吸引用户注意力。通过运用插叙能够使作品短暂地产生"间离"效果，从而避免观众陷入视觉疲劳。

剧情化演绎高度依赖语言模态、视觉模态和听觉模态的协同。因此，对于健康科普短视频来说，剧情化演绎的科普方式十分契合其多模态的特征。健康科普短视频可通过采用剧情化演绎方式，将健康知识改编为一个个可视可听可感的趣味故事。这就要求首先在语言模态上，应设计生活化、趣味性与专业度兼具的台词，将健康知识点与故事情节完美串联；其次在视觉模态上，应搭建契合内容的表演场景、注重优化服化道等细节，为用户营造更宽广的想象空间；最后在听觉模态上，应注重发挥各类声音资源补充细节、增强临场感的协同作用。

（三）推动短视频的话语风格转向人格化

学者梵·迪克（van Dijk）认为"话语风格根植于语境，通过词语、语法和篇章等外衣映射时代价值观念"[1]。据此可知，话语风格并不是一成不变的，而是会依据当前时代的语境、社会文化和价值观念做出相应的调整。当下的传播语境具有注重双向平等沟通、强调情感交流的特征。在媒介接触过程中，用户更加青睐凸显情感特质、散发人性魅力以及具有平等对话感的媒介产品。因此，健康科普短视频的话语风格也应当转向人格化，凸显作品的情感特性。

话语风格的人格化转向首先应当是出镜人物的人格化。出镜人物截然不同的性格特征以及人格魅力能让用户暂时从单调乏味的生活中抽身，观摩世间个体的千姿百态，感受不同个体的思想情感，从而得以放松身心。为了凸显出镜人物的人格化，在前期的角色设计过程中，创作者应注重赋予角色以鲜明的个性；在后期的角色呈现过程中，出镜人物应发掘自身特质和人格魅力，呈现有特点、有个人魅力的人物形象。话语风格的人格化转向其次应当是传播符号的人格化。传播符号的人格化是指赋予符号以人性化特质，拓展符号所传达的情感内涵，增进用户的情感体验。譬如，表情包有时能够传达比语言更为细腻的情感，所以创作者应注重对表情包的使用，通过使用用户熟悉的表情包唤醒用户的生活记忆，搭建与用户共鸣的合意空间。健康科普短视频还可以通过设计具有人

---

① 强月新、梁湘毅：《短视频新闻评论话语方式的四种转向——以央视〈主播说联播〉为个案分析》，《现代传播（中国传媒大学学报）》2021年第4期。

性化特质的 IP 形象，丰富用户的故事体验，拉近与用户的情感距离。

（四）以规范化表达打造权威有温度的科普作品

吉登斯（Anthony Giddens）认为信任是对一个人或一个系统之可依赖性所持有的信心①。健康科普短视频唯有为用户所普遍信任，科普主体的权威才得以建立。这就要求健康科普短视频需要规范健康知识表达，一方面，健康科普短视频在选题上，应避免盲目泛生活化的走向。真正有意义的健康科普选题，一定来自民众的日常所需。创作者可通过建立日常化的调研机制，厘清用户正当化的需求，以此作为健康科普选题的重要来源。此外，健康科普短视频不应当为了追求阅读量，而采用猎奇或打擦边球等无意义的选题。

另一方面，健康科普短视频应审慎使用修辞手法，规范知识表达方式。修辞手法虽然能提升作品的生动性，但过多使用或不当使用容易招致用户的质疑。健康知识具有不同于普通知识的特性，因此创作者应坚持"必要性"的原则，即在面临深奥晦涩、十分复杂的专业术语和专业原理等必要性极强的情况下，可以运用修辞手法弱化知识的理解难度。但在面对用户容易理解的术语，或作品中已经较多使用修辞手法等必要性不强的情况下，创作者应放弃使用修辞手法，保证健康科普的专业性。

四、结语

当前，公众对于公共领域的感知很大程度上都依赖于媒介每日传递的信息和塑造的拟态环境。但公众即使置身于信息海洋，也绝非毫无思辨能力的"群氓"。在纷繁复杂的信息中，公众依然有智慧去辨识作品是否关照了公共利益。一部"守护公共利益"的作品，一定会得到公众的价值认同。因此，健康科普短视频应强化公共利益属性，也即在内容的选择上向公共利益倾斜，特别是加强对弱势群体的健康科普，打造有情感温度和温暖人心的作品。例如，面向存在健康知识获取困难的独居老人、残障人士输出定制化内容，放缓语速、增大字号，帮助他们掌握必要的健康知识，发挥健康科普短视频在社会治理中的建设性作用。一部为社会所认可的作品，一定是有温度的。通过多元举措，有助于健康科普短视频形成权威、专业与温度兼具的良好特质，进而助力"健康中国"建设。

---

① [英]安东尼·吉登斯：《现代性的后果》，田禾译，译林出版社，2000年，第30页。

艺术传播与中华民族共同体意识的建构

主持人语

中华民族共同体意识是中华民族深层次的集体意识，是凝聚中华民族的重要黏合剂，也是当前我国民族工作的重心。在中国式现代化进程中，铸牢中华民族共同体意识可以凝聚民心、维持社会稳定，为中国式现代化发展注入强心剂。因此，如何铸牢中华民族共同体意识是当下诸多学科聚焦的核心研究命题。传播学学科也从多重维度开展了铸牢中华民族共同体意识的传播策略研究。大众传播时代以来，印刷、电子、网络、移动通信等各种传播机构相继地参与并推动着艺术的公共传播活动。[①]尤其是艺术作品中的视听作品具有生动性和直观性等特点，能快速地把握大众传播中受众的感知热点和情感触点，进而能够以艺术作品的形式把抽象的中华民族共同体意识生动化和具象化。鉴于此，艺术传播在推动中华民族共同体意识建构中可以发挥其独特的传播效能。

本专栏的三篇论文从艺术层面的不同维度来解读艺术传播对于铸牢中华民族共同体意识的作用和实现路径。文章《中华民族共同体意识建构中艺术传播角色定位与责任担当》从宏观的视角探讨了艺术传播在中华民族共同体意识形成中的角色定位和责任担当，进一步明确了艺术传播对中华民族共同体意识的诠释、塑造、认同沟通、行动倡导功能和时

[①] 陈鸣：《艺术传播教程》，上海：上海大学出版社，2010年，第1页。

代责任。这篇文章从宏观视角把握审视了艺术传播在中华民族共同体意识建构中所发挥的作用。另外两篇文章则从艺术传播的具体细节发微探讨利用影像作品加强中华民族共同体意识的策略机制。文章《影像传播中的民族共同体建构策略研究——以电视剧〈大山的女儿〉和〈索玛花开〉为例》以经典的影视作品为样本，详细剖析这两部电视剧中如何通过塑造典型人物形象，打造特色文化标识来唤醒受众的集体记忆，进而增强民族认同。文章《中华武侠文化的跨媒介共同体叙事及其经验启示》聚焦到影视作品中的武侠题材，以中华经典的武侠片《少林寺》为例，详细呈现了中华武侠影视作品中的侠义精神，并聚焦于"侠义"精神背后所体现的中华民族的核心价值记忆，进而探讨这些核心价值记忆对于铸牢中华民族共同体意识的作用。

（川北医学院外国语言文化系讲师　张艳云）

中华民族共同体意识建构中艺术传播角色定位与责任担当

郑媛之　廖　璇*

（贵州民族大学传媒学院，贵阳，550025）

摘　要：铸牢中华民族共同体意识，系新时代国家民族工作主线。从艺术传播融入铸牢中华民族共同体意识角度出发，依托艺术传播的理念诠释功能、形象塑造功能、认同沟通功能与行动倡导功能，尝试抢占和开辟民族团结宣传新领域，提升舆论引导亲和力与艺术宣教感染力。面对多元化社会生活，艺术传播融入中华民族共同体意识，机遇与挑战并存，要坚持社会主义核心价值观取向与共产党的领导、弘扬"中华民族一家亲"的共同体精神，中国特色社会主义新时代艺术传播者要勇担责任、勇拓阵地，以利益传播、情感传播与文化价值传播为己任，引导对中华民族共同体的全方位认同的历史担当与光荣使命。

关键词：中华民族；共同体意识；艺术传播；角色定位；责任担当

基金项目：贵州省研究生科研基金项目"贵州民间艺术影像互联网活化与文化建设研究"(项目编号：黔教合 YJSKYJJ〔2021〕110)的研究成果。

一、引言

中华民族共同体意识，就是引导各族人民牢固树立休戚与共、荣辱与共、生死与共、命运与共的共同体理念。党的十八大以来，中央重视民族工作，明确了铸牢中华民族共同体意识在党的民族工作中的核心地位。2021 年 8 月，习近平总书记在中央民族工作会议中确定了将铸牢中华民族共同体意识作为党的民族工作的主线："铸牢中华民族共同体意识是维护各民族根本利益的必然要求、是实现中华民族伟大复兴的必然要求、是巩固和发展平等团结互助和谐社会主义民族关系的必然要求、是党的民族工作开创新局面的必然要求。"[1]

---

* 作者简介：郑媛之，贵州民族大学博士研究生。研究方向为传媒社会学。廖璇，贵州民族大学传媒学院副教授，研究方向为民族学、新闻传播学。

[1] 习近平：《在全国民族团结进步表彰大会上的讲话》，《人民日报》2019 年 9 月 28 日，第 002 版。

中华民族共同体意识的本质是"由中国历史上各民族经过长时期的互动融合所形成的有机统一体、命运共同体",体现在三个层面上,表现为民族到民族层面间的自我和民族认同、民族到国家层面间的国家一体性认同、国家到民族层面间的政治与文化认同。因此,牢牢把握意识形态领导权,是定国安邦的前提,艺术传播作为国家形象构建民族文化塑造的重要路径,在铸牢中华民族共同体意识的工作中担负着深化文化体制改革、共筑优秀传统文化认同感、培育社会主义核心价值观的时代使命。与此同时,在信息时代,艺术传播面临着传播手段单一、传播"去中心化"和噪音干扰不断的机遇与挑战。

二、艺术传播在中华民族共同体意识建构中的角色定位

(一)"中华民族共同体"理念诠释者

艺术作品关照民族发展,将中华民族共同体议题引入公众的视野,才触发了人们对民族共存共荣、休戚与共精气神的普遍关注与深度关切。促成了许多民族问题合情合理的解决。故而,艺术媒介在民族传播的首要身份即是"中华民族共同体"理念诠释者。[1]

在理念诠释之前,艺术媒介首先有责任有必要从自身出发,理清中华民族共同体的本质特征、理念宗旨和适用场景,以清晰的逻辑和合乎道理为基本原则,避免概念不清、误导大众的事情发生。由此,作为近代才出现的概念,"中华民族"这一名词可以看作我国民众在消减民族界限、一致对外,建立在"我"与"他者"强烈差异基础上的身份归属与族称,而中华民族共同体则是这一概念的延展和升华。[2]譬如毛泽东在《在延安文艺座谈会上的讲话》中提出的"使文艺很好地成为整个革命机器的一个组成部分,作为团结人民、教育人民、打击敌人、消灭敌人的有力的武器,帮助人民同心同德地和敌人作斗争",就是站在整体性的角度对"我们"这个统一体的深刻认知,并强调"统一的问题,是提高和普及统一的问题"。[3]由此可以看出,中华民族共同体是以"统一"为根基建立起的一种强调统一体内部各单元间的互动模式和联结方式。其内涵是强调统一体内部成员在三交[4]中形成的联结。这一联结,是包含学缘、业缘、地缘、血缘统一体以及情感和精神等统一体的全方位联结,凸显出中华各民族相互尊重、互帮互助、共同发展、生死与共的和谐关系。[5]从这一方面来看,中华民族共同体作为"中华民族"这一概念的延伸,不仅表现为中华民族各民族人民变机械团结为有机团结,还是中华民族共同体意识从自在走向自觉的一个过程。

---

① 郝亚明:《铸牢中华民族共同体意识亟待多学科共创理论话语体系》,《民族学刊》2021年第10期。

② 张继焦:《费孝通的三个重要理论都过时了吗?——对人类学民族学研究范式转型的思考》,《云南民族大学学报(哲学社会科学版)》2019年第2期。

③ 毛泽东:《毛泽东选集:第3卷》,北京:人民出版社,2006年,第113—118页。

④ 三交:交往、交流、交融。

⑤ 张继焦、尉建文、殷鹏、刘波:《换一个角度看民族理论:从"民族—国家"到"国家—民族"的理论转型》,《广西民族研究》2015年第3期。

除了要把握好"中华民族共同体"的具体含义，对于民族政策、民族教育方针等涉及民族地区的应急处理方面的问题，我国艺术媒介在民族工作问题中的理念诠释也有其特定的理解方式：对于当前社会发生的真实事件，艺术媒介用以吸引大众关注点的方式就是对此类民族事件、民族问题进行纪实和深度剖析，通过后期对有关事件的深度挖掘与艺术加工，带给大众一种很强的引导，这种引导会让大众对于这一民族事件的态度、观念逐渐一致，从而使民族团结成为当下社会的舆论重点，被更多人所关注。如电视专题片《同心共筑中国梦》第二集《共同繁荣》中，习近平总书记自 2014 年起曾两次给独龙族群众回信，并多次接见独龙族代表，表示"一个民族都不能少，要一起全面小康"。脱贫、全面小康、现代化，不仅仅是中国的步伐，更是国家中每一个民族在向前迈进的步伐。央视这部专题片，聚焦于中国几十年间的变化和发展，将镜头对准从原始部落逐渐蜕变为现代化城市的少数民族村落，讲述了一个时代带给中国民族的变化，从而以真实的画面、具体的数字、百姓的心声将中华民族共同体这个理念以艺术媒介的方式传达给大众，使中华民族共同体的理念深入人心。

（二）"中华民族共同体"形象塑造者

从古至今，从分裂疆土到融合发展，中华 56 个民族间拥有着密不可分的文化联系。在历史长河中，各民族之间的文化的相通相融，相互促进，最终形成了当今灿烂的中华文化。从历史书中我们便可知，历朝历代对于少数民族地区的政策变化和文化往来，各地方的著名歌舞汇演，如现象级歌舞剧《多彩贵州》、旅游实景剧《文成公主》《英雄三国》《印象西湖》、歌舞剧《云南印象》、电视剧《大理公主》《茶马古道》《孝庄秘史》等，在艺术传播的过程中，塑造了中华一家亲的形象，用历史人物的动人故事，塑造了自古文化同源、生命同体的政治形象。

2021 年 9 月 1 日，由民族文化宫主办的"铸牢中华民族共同体意识系列展"在北京民族文化宫开展。此展陈列着数百件承载着各族人民一心向党的厚重寓意，通过"政令安邦""服制立国""美美与共"三个单元，讲述各民族共同缔造发展巩固统一的伟大祖国的历史，展现各民族交往交流交融的美丽画卷。傣族的文化中，烫金百褶油布伞是权力和领导的象征。在新中国伊始，傣族代表将此伞送给了毛主席，在认可中国共产党领导的同时，也表达了傣族愿与国休戚与共的友好诚意。展厅中还有一尊汉代的冷水冲型十二芒铜鼓，此铜鼓集冶炼、铸造、雕刻、绘画、装饰、音乐等于一身，是古代少数民族创造的独具特色的青铜艺术瑰宝，用于祭祀、乐鼓等，从其身也可以看到在历史长河中各民族之间的文化的相通相融，侧面反映出艺术作品对中华民族共同体的一种形象塑造。

（三）"中华民族共同体"认同引导者

根据赫克特"认同的传播理论"，认同在传播的过程中发生、建构与修正，同时也在传播中得以外化与表现，其形塑与建构不是传播的结果而恰是传播行为本身。因此，国民对"中华民族共同体"的认同过程实际上是一种传播实践的过程。以传播为根本属性的新媒体理应是"中华民族共同体"认同过程中不可缺少的重要角色。从国家认同与文化认同两个方面来看，艺术传播在其中贡献了重要力量。[①]

首先，从国家认同出发，作为构建"统一国家"的媒介，艺术从历史角度、国家力量、民族共同体三个方面来强化大众的家国情感认同。今年于东京举办的奥运会，中国台湾和中国香港也同时参加，在比赛播报与输赢对抗上，国家媒体都对香港和台湾选手给予了尊重和关爱。尤其在乒乓球这个项目上，中国队先后与中国香港、中国台湾的选手相遇，在切磋球技的同时，也展现出国家对统一的坚持。不仅如此，官方媒体关于奥运赛事的实时播报，以图片、短视频等方式对奥运夺冠的选手们进行报道和采访，将"日本选手出界夺冠"和"中国选手带伤出战"等事件以故事的方式讲述，从而凝聚起广大民众对中华民族深厚的爱国情感，引导国人对中华民族共同体有了更加深入的见解和认同。

其次，从文化认同出发，根植于我国民众心中的核心价值观成为维系大众与中华民族共同体意识的桥梁。从小于课本上学习到的传统文化成为每一个国人扎根于世界任一角落的养分：从书本上领悟的杜甫家国情怀到电视上热血的岳飞精忠报国，艺术媒介以爱国主义为核心引导着国人对中华传统文化的深刻认同。

（四）"中华民族共同体"行动践行者

铸牢中华民族共同体意识，就是要促进各民族间的交流、交往和交融，即三交。实化于心，必落于行，强化大众的共同体意识，必须用实践来落实。[②]而艺术传播媒介作为一种思想引导方式，是通过意识形态影响大众的认知，从而促使其发生一系列的改变和行为。首先，作为国家重要的宣传渠道，艺术传播媒介在宣扬民族政策、民族方针等方面具有重要作用，在关键时刻可以起到聚拢的效果：即群体规范效果。利用正式群体中的压力与非正式群体中的内聚力可以产生相应的道德效应，即人们共同遵守的行为方式的总和。艺术传播通过对大众潜移默化的影响，使大众在某种场合下产生出相一致的行为甚至观念，久而久之变成一种无形的道德规范。没有共同体意识的个人，受到意识形态和周边人行为观念的影响，最终也会成为一个有共同体意识的个体。如今，越来越多的中南部的有志青年愿意到西部去贡献自己的知识和力量，为将祖国的西部建设成和家乡一样美丽、现代化的地区而奋斗。

其次，作为一种产业化的经济实体，艺术传播媒介以新闻媒体的方式存在于每一个

---

① 严庆：《政治认同视角中铸牢中华民族共同体意识的思考》，《北方民族大学学报》2020 年第 1 期。

② 青觉、徐欣顺：《新时代多民族国家建设与铸牢中华民族共同体意识——以人民为中心的理论与实践》，《民族研究》2021 年第 1 期。

地方，为越来越多的少数民族群体提供进入官方媒体的机会，让其在宣传家乡、民族方面增添了不同色彩。更有许多汉族媒体人入驻少数民族地区媒体中心，为当地文化和经济发展贡献力量。

三、艺术传播在中华民族共同体意识建构中的时代责任

想要获得大众的承认和信任，艺术传播需要拥有时代责任。只有获得人民的认可，艺术传播才能变得更加具有公信力和权威性。因此，要建构中华民族共同体意识，还要求艺术传播把握住民族工作的主线，肩负塑造新形象、凝聚新力量的历史使命。[①]

（一）坚持正确的宣传导向为铸牢中华民族共同体意识提供定力基石

如上文所述，中华民族共同体意识，是国家意识和文化意识的总和。只有国家不分裂、搞统一，才能让文化蓬勃发展起来。因此，培育中华民族共同体意识，首先要培育大众对统一国家的意识：即国家主权和领土完整不容侵犯，台湾问题是中国内部问题，西藏、新疆是中国固有领土。任何一个企图分裂中国的势力都是在痴心妄想。其次是培育大众的民族认同感和国家认同感：要让各民族人民在肯定自身存在价值的基础上，认识到自己是一名中国人。最后，培育大众的政治认同：即认同并支持中国共产党的领导。艺术传播工作作为党的民族工作的主要组成，要肩负起社会舆论的责任使命，坚持正确的政治方向，即坚持党的领导。艺术传播不仅仅是将中央的指示进行社会传达，更要将社会民意传达给中央，从而营造一个良性的传播循环网。[②]

当下，网络的迅猛发展有利有弊。一方面，艺术传播以更加快捷和便利的方式被使用，更大程度上促进了民族间文化的交融，为民族共同体意识的塑造提供了新的形式。而另一方面，国外分裂主义也在通过互联网散播分裂祖国的谣言，或以文化入侵的方式腐蚀着部分民众。这时，坚守正确的政治方向、站稳网络政治立场，加大宣扬中华民族团结友爱则凸显得更为重要。

（二）建立共通的审美引导为铸牢中华民族共同体意识夯实责任基础

艺术化是铸牢中华民族共同体意识的实践要求和目标要求。根据马克思的文艺理论，文艺兼有认识作用和审美作用。因此，尊重现实，以"现实主义"作为审美核心具有重要意义。为了实现民族复兴，在民族团结共进的基础上，中国在"先富带动后富""脱贫攻坚"等方针的指导下，在2021年2月，现行标准下9899万农村贫困人口全部脱贫，832个贫困县全部摘帽，12.8万个贫困村全部出列，完成了消除绝对贫困的艰巨任务。电

---

① 朱清河、宋佳：《中华民族共同体意识建构中新闻媒体角色定位与责任担当》，《民族学刊》2021年第9期。

② 张峰：《论民间艺术在社会主义核心价值观培育过程中的作用》，《中华文化与传播研究》2022年第1期。

视剧《我们的新时代》讲述了不同行业党员的奉献牺牲：从排忧解难的社区志愿者到坚守乡村立志脱贫的美女大学生村官，以点带面反映出中国特色社会主义新时代的伟大风貌，展现了中国共产党人的进取风范。《圆梦千年脱贫路》《那些日子》等展现时代之美的影视作品，正是艺术传播媒介以"现实"为线，让民众尊重、热爱现实之美，从而以共同审美在共筑共同体意识的道路上继续向前。由此可见，建立共通的审美，可以对社会民众意识形态进行相应的引导，从而为铸牢中华民族共同体意识夯实责任基础。

（三）加强民众的情绪疏导为铸牢中华民族共同体意识奠定舆论基业

随着互联网的普及，"民声""民怨"在互联网上随处可见。为大众提供一个良好的网络环境、统一网络舆论，对铸牢中华民族共同体意识有着积极作用。2021年8月，大型网络事件层出不穷。先是吴亦凡被举报强奸，后是流量明星因照片多处与日本神社、国旗有关而受到讨伐。这些行为无疑都伤害到了大众的情感。人民日报等国家官媒积极发声、评论，为大众引导正确的政治立场和价值取向，随后国家对吴亦凡进行了逮捕，对流量明星进行了永久封杀。艺术传媒在这次事件中以强烈而迅速的方式，将民众的情绪疏导到一个平稳、凝聚的状态，使得大众心中的中华民族荣辱感更加深刻。这种对民众情绪的有效疏导，为铸牢中华民族共同体意识奠定了一定的舆论基业。

四、艺术传播助力铸牢中华民族共同体意识，激发无限潜能

据中国互联网络信息中心（CNNIC）在京发布第47次《中国互联网络发展状况统计报告》显示，截至去年12月，我国网民规模达9.89亿，互联网普及率达70.4%。互联网作为当前艺术传播最便利的渠道，为我国艺术传播提供了显著的助力。因此，在此大前提下，发展艺术传播和民族工作不失为一种新的尝试。探索艺术传播对助力铸牢中华民族共同体意识的重要性会产生不一样的火花。[①]

（一）艺术传播的整合功能有利于共享优秀中华文化

艺术产生于生活，优秀的中华文化在五千年的历史长河中不断沉淀，逐渐成为人们日常生活的各种细节。雕塑、绘画、摄影、书法等，无一不体现着中国悠久的历史和无尽的底蕴。而艺术传播作为一种传播手段，以互联网这一新载体，将艺术传达到世界的任何地方。原先止步于地方的、没有办法以运输等方式跨地界跨国界地出现在大众视野的艺术作品，如今可以通过艺术传播的方式，被大众欣赏。原先人们需要实地进行观摩的艺术品，如今也可以通过短视频的方式在家了解。即使有人没有见过故宫的宏伟，但是《故宫》《我在故宫修文物》等纪录片将故宫的一年四季带到了世界的眼前。原先大众

---

① 韩红星、张静彤：《百年党史的民族记忆与故事创新——基于2021年建党百年红色主题剧展演研究》，《中华文化与传播研究》2022年第1期。

认为不可能出现在一起的国粹，以纪录片的方式纷至沓来。纪录片《舌尖上的中国》不仅展现了中国的美食，还挖掘了美食背后每一个传承者的故事，记录了他们的人生，也用镜头帮助他们记录下了可能面临失传的技艺。一部纪录片，将美食文化、人生故事和传统技艺三者有机结合，将中国的舌尖美娓娓道来，从而在众多人物纪实、美食纪录的片子中拔得头筹，远销海外。艺术传播将现代的民族需求整合、融合，助力世界共享优秀中华文化。①

（二）艺术传播的普世理念有利于诠释中华民族概念

中国作为拥有 56 个民族的多民族国家，民族间你中有我我中有你的和谐共生，是中华民族对"命运共同体"这一理念的民族性诠释。当前，我国关注少数民族现代化融合的影视作品层出不穷，从不同角度宣扬、传播着中国的普世理念。纪录片《同心共筑中国梦》、电视剧《我们的新时代》、电影《一个都不能少》等，都通过影像的形式，将中国 56 个民族联系在一起，以艺术传播的方式，表现出中华民族的多样性，以及民族间相亲相爱、携手共进的和谐关系，其中集中呈现的"和谐、民主、平等、自由"等社会主义核心价值观，不仅仅是中华民族精神的体现，也将中华民族的核心价值观输送给国内外的大众。除此以外，作为艺术传播的主要阵地，互联网虚拟社区逐渐在国家法治和全民共治的驱动下，成为人人平等、自由议事、行使人民参与权与监督权的重要平台，为全国上下同心同力、各民族人民团结一致营造了良好的网络环境。主流媒体对少数民族的关照、微博上对民族群体的关怀，都将慢慢聚拢每一个心有芥蒂的用户，最终助力达成铸牢中华民族共同体意识的目的。

（三）艺术传播的大众生态有利于凝聚中华民族力量

艺术传播最重要的能力就是将所有独立的个体网罗起来，形成新的互动圈。短视频的火爆，无形之中为少数民族群体增加了更多话语权。少数民族活动、技艺、服饰等短视频在抖音、快手等 APP 涌现，越来越多的汉族群体了解到了少数民族文化独特的魅力，并助力于该文化的传播。如短视频中关于苗绣、布依族蜡染、水族马尾绣等少数民族技艺的相关视频，或侗族大歌、彝族火把节等民俗节日的相关视频，都在不同层面将少数民族的文化魅力通过短视频的方式让全国大众，甚至国外的朋友知道、了解到中国不同民族间的各色文化魅力，从而因其魅力属性，爱上这一文化，从审美上实现对于中国文化的认同感，最终吸引越来越多的人认识、接受中国各民族的文化特色，将文化传播出去。就某个方面来说，艺术传播营造出的大众生态从侧面促进了中华民族文化的百花齐放，将少数民族群体紧紧地维系在身边，从而以文化的交流和交融，凝聚出中华民族的力量，为助力铸牢中华民族共同体意识带来更多可能。

---

① 严庆、于欣蕾:《铸牢中华民族共同体意识的社会空间整合视角》,《西北民族研究》2021 年第 3 期。

五、结语

作为联结我国民族上下团结一致的精神纽带和促进中国前进腾飞的精神动力，铸牢中华民族共同体意识已然成为我党和全国千万国人追逐伟大复兴中国梦道路上的共同意志和根基。随着世界的伟大变革，在我国社会经济蓬勃发展的今天，对外开放政策的不断发展使得艺术传播领域越来越成为国家间思想和文化交流、对话的重要场所。因此，我们应秉持着对人民、对社会、对党和中华民族团结事业负责任的态度，在遵循艺术传播变化规律和民族团结经验的基础上，提高国家在资源和技术方面的共享力和融合力，使其优势互补，进而更好地运用和研究艺术传播在中国的发展，使我党的创新理论借着文艺这一媒介进入大众生活，持续地滋润社会，为最终孕育出一个具有强包容性、强凝聚性的中华民族命运共同体出一份力。

影像传播中的民族共同体建构策略研究

——以电视剧《大山的女儿》和《索玛花开》为例

韩轩歌　张兵娟[*]

（郑州大学新闻与传播学院，郑州，450001）

摘　要：影像传播在构建中华民族共同体、增强中华民族认同力量方面非常重要。电视剧《大山的女儿》和《索玛花开》使用独特的传播策略，塑造典型人物形象，打造特色文化标识，唤醒受众的集体记忆，进而构建民族认同。具体策略体现为设置矛盾冲突，实现民俗符号互动，打破"第四堵墙"。此外，这两部电视剧通过细致的人物描写，跌宕起伏的故事情节，真实反映了我国各族人民在党的坚强领导下，共同团结奋斗、共同繁荣发展，坚定打赢脱贫攻坚战，有利于增加受众对中华民族的认同，使得民族共同体意识深入人心，同时鼓舞了各族人民团结奋斗，有利于实现中华民族伟大复兴。

关键词：叙事策略；形象塑造；符号互动；集体记忆；民族共同体

基金项目：国家社科基金重大项目"铸牢中华民族共同体意识的传播策略研究"（项目编号：22&ZD313）

习近平总书记在中国共产党第二十次全国代表大会上强调"以铸牢中华民族共同体意识为主线"，"全面推进民族团结进步事业"。[②]在国际国内两个大局背景下，我国对民族工作做出了总体规划，提出了中华民族共同体意识。民族共同体的建构要求全国各族人民对伟大祖国产生认同，对中华民族产生认同，对中国共产党产生认同，对中华文化产生认同，对中国特色社会主义产生认同。

电视剧《大山的女儿》和《索玛花开》讲述的都是少数民族脱贫攻坚的故事，向受众展示了汉族与少数民族逐步建立历史文化的认同、民族风俗的认同、情感命运的认同。

---

* 作者简介：韩轩歌，郑州大学新闻与传播学院硕士研究生，研究方向为影像传播。张兵娟，郑州大学新闻与传播学院教授，研究方向为传播理论、电视媒介与文化传播。

① 习近平：《高举中国特色社会主义伟大旗帜　为全面建设社会主义现代化国家而团结奋斗——在中国共产党第二十次全国代表大会上的报告》，北京：人民出版社，2022年，第39—40页。

在电视剧《大山的女儿》中，女主人公黄文秀是北京师范大学的硕士毕业生，身为高才生的她没有留在大城市，而是选择到广西的一个贫困县百泥村担任第一书记，她扎根基层，融入百姓，在一年多时间带领88户贫困户顺利脱贫，向观众展示了无私奉献、舍小家为大家的壮家女儿形象。电视剧《索玛花开》是首部少数民族脱贫攻坚主题的电视剧作品，该剧以新现实主义农村为题材，以真实的彝区农村现状为背景，以西南少数民族地区脱贫攻坚历程为原型，以精准扶贫、新农村建设为主题，通过塑造王敏、木呷、乌合等一批鲜明的人物形象，展现了彝区人民在中国共产党的带领和号召下，团结奋斗，靠自己的努力实现脱贫，过上幸福生活，塑造了一个敢想敢为、尽职尽责的彝族姑娘形象。根据以上两部电视剧的传播特点，本文重点分析其使用的叙事策略以及对构建中华民族共同体意识的影响。

一、叙事策略独特

（一）设置矛盾冲突，吸引受众注意力

矛盾冲突可以有效吸引受众注意力，矛盾顺利解决可以增强受众对故事所传达思想感情的信任，进而建立深层次的情感认同。电视剧《索玛花开》前三集直接呈现由建卡户的不公正评议引发的一系列冲突矛盾，一下就把观众带入了剧情主题——精准扶贫。在该剧第十五集中，第一书记王敏在动员村民义务修路时遇到了困难并且在和父亲王德江讨论时发生了激烈的争吵。交通不便导致谷莫村的旅游资源稀缺，为了发展谷莫村的旅游经济，王敏书记和村委会商量修通从谷莫村到以达村的路。但是由于缺乏启动资金，且村民木牛造谣"这条路过去是打仗的，地底下埋了很多尸体，如果修路鬼魂就会出来，危害村庄"，因此没有村民愿意修路，对此王敏书记带领党员挨家挨户交流沟通，但是效果甚微。父亲王德江指出王敏没有把更多的群众团结在周围，行事过于粗线条。王敏书记因此与父亲发生了激烈的争吵，父亲训斥王敏"现在不是委屈的时候，扶贫战线上每一天都有成千上万的扶贫干部承受着同样的压力，大家都是长年如一日默默无闻工作，大家都是打掉门牙往肚子里咽，这才是一个合格的扶贫干部。"被父亲训斥后，王敏书记再次深入村民，偶然得知呷呷嬷曾经是村妇女主任，也是三八红旗手，曾经动员全村妇女劳作，立刻找到呷呷嬷让她作为领头人动员全村妇女修路，眼看修路工程进展有望，村民木牛将黑烟罐埋在路下面，在妇女们修路过程中，烟雾罐冒出了黑烟，吓走了村民，木呷巧用方法让木牛说出真相，得知真相的村民醒悟，积极参与修路。此外，泽拉村和以达村派百余名壮劳力上山，帮助谷莫村在火把节之前修通了这条路，顺利接待游客。

电视剧《大山的女儿》开篇交代了黄文秀书记的遇难场景，车外雷电交加，车内黄文秀强忍恐惧，镇静自述，一下将观众的注意力拉回故事主人公黄文秀身上。在该剧第二集，那拉屯公路口有两个人被车撞了，由于恶劣天气加上遇难者家属情绪不稳定，场

面一度失控，黄文秀书记在调控场面时被砸伤，但她仍然有条不紊地指挥现场，向观众塑造了一个勇敢有担当、关爱村民、公平公正的第一书记形象，有助于人们产生对黄文秀书记美好品质的认同与赞美。该剧第 27 集，蒙昌隆用拖拉机运枇杷时翻车了，恰逢天下大雨，黄文秀动员全村村民将三十万斤的枇杷用箩筐背到那洋屯路口，在突发事件面前，黄文秀书记没有丝毫退缩，将全村的利益捆绑在一起，带领全村村民共同奋战克服困难，这种情绪传染给观众，有利于观众产生情感命运上的认同。

（二）民俗符号互动，唤起集体记忆

米德在阐释符号互动论时认为人对外部世界的适应是通过符号化的沟通实现的，核心问题是日常生活中符号意义的创造和交换。[①] 具有代表性的事物可作为符号唤醒受众的集体记忆。电视剧《索玛花开》多次提到了"索玛花"，采用以小见大的叙事策略，用花这一具体实物代表美好事物，即彝族百姓通过努力脱贫过上幸福生活以及第一书记王敏同志和其未婚夫周林同志之间忠贞不渝、爱而不得的感情。"索玛花"是杜鹃花的彝族名字，它生长在高寒之巅，越是艰苦的环境，越是努力地绽放，寓意着谷莫村历经曲折摘掉贫困村帽子，村民过上幸福生活。"索玛花"的花语是节制欲望、永远属于你，故"索玛花"也象征克制的爱情，结婚当日，周林同志因公牺牲，给这原本美满的爱情留下了遗憾，王敏同志申请到周林工作过的格古村任职，既是对扶贫工作的继承，也是对这份感情的延续，如同索玛花般克制永恒。

电视剧《大山的女儿》的脱贫庆功酒是贯穿全故事的隐藏线索。在开展脱贫工作前，黄文秀书记让人埋了两坛酒，等到全村脱贫那天拿出来庆祝，但不幸的是黄文秀书记没能等到这碗酒。在电视剧最后一集，村民挖出两坛脱贫庆功酒向黄文秀书记致敬。脱贫庆功酒丰富了故事情节内涵，具有双重意义，一是寓意着百坭村在黄文秀的带领下找到了脱贫办法，完成了多种模式的合作化建设，使得永不返贫有了保障；其深层意义是百坭村全体党员干部像黄文秀书记一样爱国家，爱集体，全心全意为村民服务，在振兴乡村建设的道路上永不停步。

（三）打破"第四堵墙"，增强情感认同

在电视剧《大山的女儿》中，有两处叙事采用了"第四堵墙"技巧。第一处是开头采用倒叙的叙事方法，第一集交代黄文秀遇难情节和大家对黄文秀的关心，黄文秀忽然面向镜头讲述自己正遭遇的险境，表现自己无助却异常冷静。第一视角叙事直接与观众对话，使观众对黄文秀的坚强勇敢产生情感上的认同。第二处手法出现在第十七集，村民集体装箱砂糖橘，当有人提到黄美沙与韦平雨两人由过去被瞧不起到如今被重视，黄美沙突然望向镜头开始讲述自己的故事，打破"第四堵墙"，和观众展开对话，引发观众

---

① 乔治·H.米德：《心灵、自我与社会》，赵月瑟译，上海：上海译文出版社，2005 年，第 109 页。

对美沙过往经历的情感上的认同。当"第四堵墙"被打破以后，会产生"间离效果"，即观众能够理性地思考剧中的内容。①《大山的女儿》中观众与人物之间的"第四堵墙"被打破后，叙事暂时被中断，人物与观众直接展开了对话，观众意识到，荧幕中是真实存在的人，这是真实发生的故事，客观上观众与人物的距离反而被拉近了，从而建立观众对剧中人物情感上的认同。

二、塑造形象主体　形成文化标识

（一）塑造正能量人物形象　构建情感命运认同

塑造极具正能量的典型人物形象，使其成为当地的文化标识，有利于增强受众对少数民族的情感命运认同。电视剧《大山的女儿》全面真实地展现了百坭村村民在第一书记黄文秀的带领下，通过自己的努力脱贫致富，过上美好生活的重要过程，塑造了以黄文秀同志为代表的不忘初心、勤勤恳恳的共产党员的光辉形象。在电视剧《大山的女儿》第一集中，黄文秀说"总有人是要回去的，我就是那个要回去的人"，将她无私奉献的精神和极高的责任意识淋漓尽致表现出来。即便自己是贫困户，黄文秀依然怀揣着"安得广厦千万间，大庇天下寒士俱欢颜"的理想，毅然选择回广西百坭村做第一书记。电视剧《大山的女儿》通过塑造一个积极向上、充满正能量的百坭村第一书记形象，使得受众对黄文秀产生认同进而对其所代表的壮族儿女产生情感和命运上的认同。

电视剧《索玛花开》塑造了有聪明才学、坚韧不拔、严肃认真的第一书记形象，使得受众对王敏本人产生认同，再对她带领村落脱贫致富这件事产生认同，进而对广大彝族同胞产生情感和命运认同。王敏书记重视纪律，剧中第十集，阿扎等人因为没有分到拍客团的活而私自待客额外收钱，和游客发生了矛盾，给谷莫村带来了恶劣的影响，王敏书记严厉训斥"你们这是什么行为？无组织无纪律，你们知道这么做给谷莫村造成多么恶劣的形象吗"，对于谷莫村村民已经形成的无组织无纪律的习惯，王敏书记给予了严厉的批评。同时，电视剧也向受众展示了王敏书记不同于往日柔软可亲的一面。在最后一集，乡亲们集体在村口为王敏书记送行，阿扎捧着一缸热乎乎的荞麦馍，乌合抱着一兜核桃递给王书记说"吃完来个信儿，我还给你送"，乡亲们和王敏书记都留下了幸福的泪光。王敏书记说："谷莫村啊，是我的家，我以后会经常来看望大家的，你们要答应我，要好好地过日子，把日子过得越来越好。"临别前，阿扎扒着车窗说："王书记，咱能不能不走了？"王敏泪声俱下："大家的心情我特别能理解，但是我要去格古村，那里的贫困户还都等着我呢！""明年等索玛花开的时候，我一定会来看望大家的，一定会回来的。"村民对王敏书记深厚的感情一方面是因为王敏书记带领村民脱贫，过上幸福生活，另一方面是因为村民真心拥护王敏书记，向受众展示了彝族和汉族之间建立起的深厚友谊和

---

① 布莱希特著：《布莱希特论戏剧》，丁扬忠等译，北京：中国戏剧出版社，1990年，第15—16页。

情感认同。

电视剧《大山的女儿》和《索玛花开》塑造的舍小家为大家的黄文秀形象和任劳任怨的第一书记王敏形象，成为当地少数民族具有代表性的文化符号，这类文化符号与同心同德艰苦奋斗等美好品质关联，将抽象的品质具象化，更容易引发受众情感认同。具体而言，真实的对话有利于塑造多元立体的人物形象，成为当地的文化标识，增加受众的情感认同。

（二）突出凝聚力和向心力　构建对中国共产党的认同

习近平总书记提出的民族共同体的建构不仅需要全国各族人民对伟大祖国产生认同，对中华民族产生认同，也要对中国共产党产生认同。"抓好党建引领脱贫攻坚，是贫困地区脱贫致富的重要经验"[①]强调了党建工作的重要性。两部电视剧都多次强调召开党的会议。在遇到重大困难时，村委会召开会议商量对策，这体现了党具有极强的凝聚力和向心力。电视剧《大山的女儿》有多处体现了当地村民对党的拥护。在第 8 集，村民兰双应自荐党小组组长，带领村民脱贫。在第 23 集，村民岑大哥感慨共产党带领人们过上美好生活，一心想要入党。第 14 集，全村村民共同参加升国旗仪式，冉冉升起的国旗、铿锵有力的国歌，严肃凝重的表情，都传达了百坭村村民对党对国家高度的认同。电视剧《大山的女儿》真实呈现了基层党组织在百坭村的发展中起到的党员的先锋模范作用和战斗堡垒作用。黄文秀作为全村第一书记以身作则，遇到困难勇当先锋，同时结合当地实情对村两委的工作状况加以调整，组建起一支有干劲、责任心强的基层党员队伍。

在电视剧《索玛花开》中，王敏书记召开大会，表示重新建卡，赢得村民支持。通过召开党的会议，村民之间的矛盾得到了有效缓和，谷莫村旅游专线很快被开通，这体现了召开党的会议的重要性，它不仅能帮助有效解决问题，也能将结果及时反馈给村民，有助于政策的透明化运行。两部电视剧的结尾都是村民的生活水平得到了改善，这些成就有助于村民坚定永远跟党走的信念，扎实永远跟党走的步伐，有助于增强党的凝聚力和向心力，进而增强少数民族对中国共产党的拥护认同。

三、凝聚集体记忆，构建多元认同

法国著名社会学家莫里斯·哈布瓦赫将集体记忆定义为"一个特定社会群体成员共享往事的过程和结果"。中国上下五千年文明因此成为凝聚集体记忆的源泉。历史上对长征精神的歌颂，对各民族劳动人民智慧结晶的惊诧，以及人们发自内心对朴实无华的赞美皆为构建中华民族多元认同提供了强大支撑。此外，习近平总书记在中央民族工作会议上提出"推动各民族坚定对伟大祖国、中华民族、中华文化、中国共产党、中国特色社

---

① 山东出版集团：《抓好党建促脱贫攻坚，是贫困地区脱贫致富的重要经验》，《党员干部之友》2020 年第 5 期，第 12—13 页。

会主义的高度认同"[①],这对民族共同体意识的建构非常重要。从实践层面来看,建构民族共同体的过程也是培养文化认同、民族认同、政治认同和制度认同的过程。

(一) 回顾长征,构建历史文化认同

文化认同即对中华文化的认同,增进各族人民对中华文化的认同,构成中华民族共同体意识的思想基础。在电视剧《索玛花开》中,村民在修路时挖出一块墓碑,一段红军与彝人并肩作战的历史浮出水面。1935年5月,中央红军过凉山,王敏书记的太爷爷王大葛从江西跟随中央红军开始长征,他在红军先遣支队侦察连当侦察排排长,由于在打会理的时候负了伤,便留在了大凉山地区的一个寨子,得到彝族一位家支头人的照顾,后来在和家支头人告别时,家支头人用一只牛皮碗装满了燕麦送给王大葛,后来遭受国民党反动派的残酷围剿,中弹牺牲。电视剧中有一句话"红军,是彝人的朋友",将彝族同胞和汉族同胞的利益紧紧捆绑在一起,有利于观众建立对彝汉两族友好关系的认同,进而促进民族共同体意识的形成。电视剧通过展示马海头人带人和红军主力部一道击退敌人,彰显了少数民族对中国共产党的拥护和支持。木呷的太爷爷马海拉达头人救了三位红军战士,并将他们按照彝族的最高礼仪进行火葬,表现了彝族人对红军产生心理上的认同,有利于构建中华民族共同体意识。剧中王敏父亲王德江说"这份情谊,我们永远不会忘记",直接向观众展示汉彝两族深厚的情谊,王德江向宣传部提议举办一个隆重的红军烈士安葬仪式,重新修缮三位烈士的墓地,让更多年轻人了解当年彝汉亲如兄弟。电视剧《索玛花开》提到,毛主席曾经率领中央红军过彝区,刘伯承元帅与小叶丹头人在彝海边歃血为盟,彝人兄弟帮助红军渡过了大渡河,帮助了中国革命,现在80多年过去了,中国经济走上正轨,没有忘记大山深处的彝族同胞,帮助他们摆脱了贫困。彝汉两族的互相帮助互相扶持正是铸牢中华民族共同体意识的真实写照。

(二) 符号互动,构建民族风俗认同

在少数民族地区,当地人有着对自己语言、生活习惯及价值观的理解,只有将其作为符号媒介,与当地人建立互动、交流,才有可能构建对当地民族风俗的认同。仲富兰认为民俗可以呈现为一定的符号,如人使用的器皿、人的行为方式、人的思想观点等。对于少数民族而言,当地特色服装、山歌、美食等是最直观的民族融合的载体。滕尼斯认为:"在一族定居的人民里,有无数各种各样的风俗,这里共同体的意志的真正的实质是它的习俗。"[②]具体而言,构成民族共同体的元素有婚姻、饮食、节日等。在电视剧《大山的女儿》中,黄文秀提议成立歌唱班,请爷爷和班小班给村里的孩子上课,主要目的是将广西民歌传承下去。在直播带货时,班小班换上壮族服饰,在镜头面前演唱壮族歌

---

① 中共国家民委党组:《以铸牢中华民族共同体意识为主线 推动新时代党的民族工作高质量发展》,《人民日报》2021年8月29日,第001版。

② 斐迪南·滕尼斯:《共同体与社会》,李荣远译,北京:商务印书馆,1999年,第514页。

曲，赢得了受众的喜爱，促成直播带货顺利进行。在该剧第 29 集，班小班身着壮族服饰参加广西时代青春之歌歌手大赛，获得一等奖，向观众展示了人们对少数民族的歌曲的喜爱和对少数民族歌曲所传达情感的认同。带有民族色彩的服饰，彰显民族特色的歌曲，这些载体既承载着少数民族独特的记忆，又体现了各民族之间的深度交融。

电视剧《索玛花开》最后一集，领导批准四对新人在彝族年共同举办彝式婚礼，婚礼当天，新娘穿戴精美的彝族服饰，新郎按照彝族风俗一路高歌，汉人按照彝族风俗成婚这一行为本身表达了汉族对彝族民风习俗的高度认同，体现了汉彝两民族的深度交融。霍普在《个人主义时代之共同体重建》中说："共同体价值不仅是一个抽象的准则，而且，还是一个生动而重要的人类体验。共同体作为满足人类对于归属感及其合群特性需求的一种途径，就是能够让个体感受到他们的生活以及相互关系是真实而实在的。"[①] 通过展示彝族婚礼上新娘精美的服饰和展现新郎迎娶新娘时欢快的场景，该部影片让观众直观感受彝族的文化魅力，有利于观众形成文化和情感上的认同。具有民族色彩的集体记忆的呈现是中华民族多元化的体现，对构建中华民族共同体意识具有重要的实践和启示意义。

（三）打造标识，构建情感命运认同

铸牢中华民族共同体意识，就是要引导各族人民牢固树立休戚与共、荣辱与共、生死与共、命运与共的共同体理念。由于地缘关系的影响，各个民族很早就已经形成小范围的共同体，若想将其拓展为整个中华民族的共同体，即一个"你来我去、我来你去，我中有你、你中有我，而又各具个性的多元统一体"，[②] 就必须丢弃官架子，融入村民的日常生活，参与进村民的社会实践。

在电视剧《大山的女儿》中，黄文秀的工作琐碎且繁多，大到养猪、种植枇杷、发放抚恤金，小到停车问题、吸烟问题，桩桩件件她都亲力亲为。在处理事情时，她总是以和平的语气和极为耐心的心态和当地村民沟通交流，起初村民对她有所排斥，但黄文秀通过学习当地语言，尊重爱戴当地老人，关爱当地儿童，把自己当作村民，真正融入生活里，逐渐赢得了当地村民的理解和支持。黄文秀书记这种事事亲力亲为、为他人着想、毫无官架的行为不仅为她赢得了广泛的群众基础，更有利于今后扶贫项目的顺利开展。

在电视剧《索玛花开》中，王敏书记前后的变化更能说明融入村民的重要性。刚入职时，由于缺乏扶贫经验，她在面对很多问题时都手足无措，甚至会抱怨村民不理解她。后来，在父亲的指点以及自己切身体验下，她领悟了深入群众的重要性，将自己的利益与村民的利益捆绑在一起，赢得村民的信任，才能更好开展工作。从"闯入"到"融入"，王敏书记的扶贫经历向我们证实了融入群众的重要性，只有赢得群众的支持和信任，才能建立民族之间的认同。

---

① 霍普：《个人主义时代之共同体重建》，沈毅译，杭州：浙江大学出版社，2009 年，第 139 页。
② 中国社会科学院科研局编选：《费孝通集》，北京：中国社会科学出版社，2005 年，第 259—260 页。

四、结语

中华民族共同体意识是国家统一之基、民族团结之本、精神力量之魂。电视剧作为一种连续叙事的影像传播方式，在构建中华民族共同体意识、增强中华民族认同力量方面起着非常重要的作用。电视剧《大山的女儿》和《索玛花开》不仅仅是打赢脱贫攻坚战役片，更是传达中华民族共同体意识的影视剧代表，且两部电视剧在叙事策略方面有着共同的特点。本文通过分析这两部电视剧独特的传播策略，及如何运用策略构建受众对少数民族的情感命运认同、民族风俗认同等，发现在宣传少数民族的影视剧中，塑造典型人物形象、打造特色文化标识、唤醒受众的集体记忆，有利于构建受众的民族共同体意识。此外，两部电视剧通过使用独特的叙事策略，如设置矛盾冲突、实现符号互动、打破"第四堵墙"、拉近与观众的距离等，塑造了真实立体的第一书记形象和极具凝聚力和向心力的中国共产党的光辉形象，进而增强观众对中华民族的文化认同、民族风俗认同、情感和命运认同，有助于构建中华民族共同体意识，促进各民族像石榴籽一样紧紧抱在一起，最终实现中华民族伟大复兴的中国梦。

中华武侠文化的跨媒介共同体叙事及其经验启示

——从《少林寺》现象说起

张　春　蔡嘉洋*

（湖南工业大学艺术学院，株洲，412007）

摘　要：电影《少林寺》公映已有四十余年，以《少林寺》为代表的武侠电影所形成的跨媒介共同体叙事，具有丰富的镜鉴价值。《少林寺》的武侠叙事通过跨媒介的表达方式，传承弘扬了博大精深的中华武侠文化。其所建构的侠义精神，体现出匡扶正义、心系天下的价值取向，在时代发展变迁中逐步生发出崭新的内涵。武侠电影充分进行了主流意识形态的话语表达，培育并铸牢中华民族共同体意识。时至今日，电影工作者仍需追寻经典武侠电影的脚步，为中国电影的高质量发展添砖加瓦。

关键词：电影《少林寺》；武侠文化；侠义精神；中华民族共同体

基金项目：本文系湖南省教育厅科学研究重点项目"党的十八大以来中国电影改革发展成就和经验研究"（项目编号：22A0420）阶段性成果。

百年中国武侠电影史，是不断推陈出新、革故鼎新的发展过程。武侠电影所呈现的侠义江湖，赋予人民群众生生不息的精神力量。1982 年，电影《少林寺》横空出世，取得 1.6 亿票房，估算观影人次超过 5 亿，引发中国武侠电影又一次创作热潮，为新时期中国电影事业的发展繁荣提供了强劲动能。经典电影文本所体现的镜鉴价值，能够生发超越时空的影响力。以《少林寺》为代表的武侠影片注重体现中华文化精髓的跨媒介展示，聚焦于侠义精神这一华夏文明特质，在意识形态表达上重视对中华民族共同体意识的铸牢。以上方面，皆能从历史语境中观照现实，并反思当下电影创作中所出现的新情况新问题。回望《少林寺》上映以来的武侠电影，既能够深度探寻其文本的学理价值，又能够充分结合实践，发挥其应用价值。

---

* 作者简介：张春（1979—　），男，湖南工业大学艺术学院副教授，硕士研究生导师，研究方向：跨媒介叙事。蔡嘉洋（1998—　），男，湖南工业大学电影学院戏剧与影视学专业硕士研究生，研究方向：影视艺术。

一、中华武侠文化的跨媒介展示

中华武侠精神具有丰富的历史文化根源，其内涵与意蕴，需要适合的媒介深入大众内心。电影是观众进行文化消费的重要媒介，武侠电影以浪漫主义的表达方式，建立起一个生动、直观的故事世界，在跨媒介叙事中呈现中华文化中的历史典故、人文景观以及武术技艺，形成对民族文化想象的建构。在跨媒介叙事的过程中，传统文化与现代媒介亦在对话协商中扬弃，共同反映时代发展的新成就与新趋势。

首先，中华武侠文化与中华历史文化相互依存，有机交融，武侠电影中的历史背景展现，以生动的方式诉说泱泱大国的悠久历史，形成了以武侠叙事为媒介的文化场域。《少林寺》的中心情节源于少林寺白衣殿内的壁画"十三棍僧救唐王"，少林寺的碑文中记载了李世民封十三棍僧为将军并赐予土地的事迹。编剧团队多次进行历史古迹考证，访问还俗和尚，与宗教团体、武术团体进行座谈，力求做到剧情文本的有史可依。中国武侠电影始终遵循尊重历史的创作道路，没有将叙事囿于江湖儿女的恩怨情仇，而是将故事置于宏阔的史实背景之中，在"虚构"与"真实"之间做到平衡，糅合浓厚的史诗气质与激烈的戏剧冲突。例如《黄河大侠》以广阔的历史背景，讲述了唐朝末年群雄割据的乱世风云；《英雄》阐述秦始皇一统江山的远大志向；《绣春刀》出现魏忠贤倒台、萨尔浒之战等明代历史背景；《一代宗师》展示了20世纪中国的历史变迁，并观照社会对武者的深刻影响。观众在观看武侠电影的同时，也能够深刻了解到风起云涌的中华历史，构建属于中华民族的共同记忆。

于细微处见匠心，武侠电影在对历史文化进行跨媒介展示时，创作者更加注重历史细节的考证与呈现。《少林寺》十分重视少林寺作为文化符号的推广与传播，在序幕旁白概述了少林文化与少林功夫的发展历程。在拍摄"觉远受戒"以及"李世民封赐"首尾两场主戏时，导演张鑫炎"特别邀请国清寺的住持大师向剧组有关人员讲解、传授戏中设计的佛教礼仪"，扮演十三棍僧的演员需要"在拍摄前一个星期，每天凌晨四时左右，穿上整齐的僧服袈裟，参加室内的早课"[①]。四十年来，我国武侠电影也延续着这一优良传统。《绣春刀》考证了大量历史文献，参照《出警入跸图》《徐显卿宦迹图》等名画，完成了明代锦衣卫飞鱼服、绣春刀等精细的道具设计。在坚定文化自信自强的背景下，武侠电影承载了更多的文化传播职能，成为将民族文化发扬光大的重要使者。

其次，观众渴望在武侠影像媒介塑造的故事世界中，沉浸式欣赏我国壮丽秀美的名山大川。《少林寺》是首次获得机会在嵩山少林寺进行实景拍摄的影片，还原了大众向往的嵩山幽谷，满足观众对佛门名寺的敬仰之情。在影片序幕旁白中，该片介绍了"嵩岳塔""五乳峰""达摩洞""千佛殿"等名胜古迹，深化了影片的文化内涵。同时，影片还

---

① 施扬平：《一个传奇的诞生——电影〈少林寺〉拍摄始末》，2020年中国金鸡百花电影节郑州市执委会主编：《郑州与中国电影》，北京：中国电影出版社，2020年，第348页。

在全国各地进行取景。杭州的"岳王庙""灵隐寺""花港观鱼""石梁飞瀑"等风光都在影片有所呈现，更在柳园口记录下了黄河奔流的磅礴景象，进一步提升影片的美学价值。此后，中国武侠电影始终重视呈现祖国的壮丽河山，激发华夏儿女的民族认同。无论是《东邪西毒》中陕西榆林沙漠的大漠风光，还是《新龙门客栈》中雄壮巍峨的嘉峪关，抑或《英雄》中如诗如画的内蒙古胡杨林与空灵细腻的四川九寨沟，都将中国地域空间的美好风光呈现得淋漓尽致，打造也一幅美丽的民族共同体景观。

最后，武打景观是武侠电影的重要特质，武术技艺的跨媒介展示，充分彰显中华武学文化的独特魅力。少林功夫作为中国非物质文化遗产，以武术技击套路为外在表现形式，承载着深厚的历史文化内涵，表达着"禅武合一"的精神境界。影片的主要角色都创造性地由武术运动员扮演，共有24名武术专业人员参与拍摄。饰演觉远的李连杰是全运会武术套路比赛冠军，饰演昙宗大师的于海是集螳螂拳各流派之大成的一代宗师，饰演王仁则的于承惠则在武术大会上以一套行云流水的"醉剑"夺得桂冠。在影片中，为全面展示少林功夫的动作细节，张鑫炎导演大量运用移动镜头以及长镜头，在完整的时空结构中展现武打动作的具体过程，做到流畅明快的武术影像呈现。其中的"少林子弟练功"一节，展示了"北宗枪法""长刀术""绳椎术""螳螂拳""地躺拳"，将中华武术的精粹展现得淋漓尽致。觉远"春夏秋冬练功"一节中，觉远在石瀑、红叶、雪地、桃林之间展现了"少林拳""三节棍""柳枪术""长刀术"等武术技巧，体了武术与舞蹈的有机结合，深化了中华武术的美学意境。

20世纪90年代以来，武术技艺的展现更加依赖电影科技，跨媒介特性日益突显。徐克导演或监制的电影《笑傲江湖》系列、《青蛇》等武侠片独具特色，用电脑特效塑造了极具视觉冲击力的武侠奇观。但影视科技亦是一把"双刃剑"，导致当下的大众视野中，传统武术逐渐式微。部分武侠影片一味使用"慢动作""光影特效"来展现武戏，运用大量升格镜头拍摄打戏，反而失去了中华武术的本真，令武侠叙事流于形式。新时代背景下，"我们要从培育中华民族精神角度，将传统武术实战运动发展放到重点扶持的国家战略地位，抓功法和技击的创新开展"①。因此，我们有必要正确认知影视科技的优势与不足，有效结合科技的同时，重拾纪实美学，展现真刀真枪的真功夫拍摄，尊重武术文化，尊重电影观众。

新时代以来，微电影、短视频、动画短片等媒介初露峥嵘，武侠文化在多样化媒介的助力下成为独特的风景线。我国更加重视中华优秀传承文化的跨媒介传播，《秦时明月》《画江湖之不良人》等动画深受欢迎。习近平总书记在文化传承发展座谈会中强调："在新的起点上继续推动文化繁荣、建设文化强国、建设中华民族现代文明，是我们在新时代

---

① 陈永辉、雷军蓉：《新时代传统武术助力我国国家精神形象的构筑研究》，《沈阳体育学院学报》2021年第2期。

新的文化使命。"①新时代的武侠影像善用媒介进行多元化呈现，突破受众圈层，增添优秀传统文化的生机与活力，并展现推进中国式现代化的斐然成果，突出优秀武侠文化的道德教化功用，提升中华儿女的文化认同感与归属感。

二、侠义精神的共同建构与内涵延伸

侠义精神是武侠电影的核心。中国自古以来就十分重视"侠"文化，侠义精神已成为中华优秀传统文化的重要体现。司马迁在《史记·游侠列传》中赞颂游侠"其言必信，其行必果，已诺必诚，不爱其躯，赴士之厄困"②。唐代李德裕在《豪侠论》中用"义非侠不立，侠非义不成"阐释侠士义薄云天的精神品质。人民群众对于侠义精神的崇尚，表达着其对高尚民风与理想社会的期许。尤其是在社会动荡、朝代更迭的乱世，大家期待着武艺高强的仁人志士，能够在危难之际拔刀相助，促进社会公平正义。电影艺术诞生以来，我国影视创作者皆十分重视"侠文化"的跨媒介传播，在影像作品中完成对侠义精神的共同建构，展现故事主角行侠仗义、扶危济困的人格魅力。

《少林寺》深化了惩恶扬善、匡扶正义的侠义精神的影像呈现。在故事主线中，它凸显了"替父报仇"与"为民除害"两大叙事母题。影片先描写反面人物的挑衅与侵害行为，为主角的出手提供伦理依据。影片开头出现王仁则抓壮丁修筑工事、滥杀无辜的情节，他残忍地杀害了男主角小虎的父亲"神腿张"。小虎始终牢记家恨国仇，为了父亲以及遭受暴力压迫的百姓苦练武艺。在他与王仁则的决战中，他用利刃击中王仁则胸膛完成复仇，与此前王仁则杀害"神腿张"的场面如出一辙，体现出影片的首尾呼应，凸显了善恶有报的价值取向。主角形象是孝亲敬长与除暴安良两种高尚品质的融合，其行为是"出自对亲情和人格尊严的捍卫、对社会正常秩序的维护"③，深刻反映了百姓眼中侠士的理想形象。

中国武侠电影注重体现具有民族文化自觉与自信的侠义精神，反映民族历史文化的心理根源。在《少林寺》中，面对实力强劲的对手，男主角觉远并不寻求外在力量实现武功速成，而是勤学苦练，自强不息，反映中华民族艰苦奋斗的优良传统。正如觉远在结尾的台词所言，"杀心可息，匡扶正义之心不可息"，影片主角以行侠仗义、替天行道为己任，并用实际行动去践行这一信念。故事结尾，为保护少林寺免受恶徒涂炭，少林寺方丈甘愿遭受火烧之厄，践行着"我不入地狱，谁入地狱"的禅理。昙宗大师在临终之时，仍然喊出"保卫少林，匡扶正义"的坚定话语。少林寺众僧甘愿奉献生命，也要秉持扶危济困、正气凛然的初心，为正义抗争到底。《少林寺》导演张鑫炎生长于抗日战争年代，童年的经历培育了他的强烈的爱国主义精神。他深受儒家思想影响，崇尚文以

① 习近平：《在文化传承发展座谈会上的讲话》，《求是》2023年第17期。
② 司马迁：《史记》，北京：北京燕山出版社，2007年，第1530页。
③ 贾磊磊：《中国武侠电影史》，北京：文化艺术出版社，2005年，第6页。

载道，始终坚持"侠道"理念，他所拍摄的《五虎将》《双枪黄英姑》《黄河大侠》《百变神偷》《少林豪侠传》等，皆塑造了侠肝义胆的英雄形象，坚定不移地传播弘扬侠义精神。在《少林寺》中，佛家的"慈悲为怀""普度众生"与儒家"兼济天下"形成互文，保卫少林的意义进一步延伸至拯救明主、匡扶天下，还百姓一个朗朗乾坤。

中国武侠影片深化着创作者对侠义精神的理解与深思。例如张彻导演重视民族的"阳刚"秉性，无论是《大刺客》中的聂政，还是《独臂刀》中的方刚，抑或是《金燕子》中的醉侠，无不在言行举止中尽显豪气干云。在李灵明导演眼中，侠义精神在于"儒"的精神与"侠"的行为有机融合，他在《辛弃疾——铁血传奇》中，深情展现了辛弃疾刚柔并济、可歌可泣的儒侠形象。在胡金铨导演眼中，侠义精神更在于心系天下、匡扶正义的责任感，在《侠女》《忠烈图》《龙门客栈》《迎春阁之风波》等影片中都充分体现着对民族大义的书写。当下，东西方文化的碰撞与交融愈演愈烈。西方好莱坞主导拍摄的武侠电影热衷于以"他者"视角观照中国侠士，以"拯救者"的姿态对中华武侠文化进行戏仿。甚至，部分国内导演的武侠电影，为了迎合西方的话语体系，不惜自降身份，对中国传统武侠故事进行解构，丧失故事原本的深邃意蕴。回顾经典武侠电影的叙事模式，为中国武侠影片正本清源，仍然十分必要。

武侠电影的精神内核也在发展的过程中不断流变延伸。从早期商业化、奇观化导向，嬗变为贴近人民生活、反映人民需求、凸显济世精神的崭新内涵。武侠电影的制作水平随着时代发展不断提升，而武侠电影的内容生产同样反映着时代的风貌。我国已开启全面建设社会主义现代化国家的新征程，侠义精神的内涵与时俱进，生发出符合时代潮流的新特征，体现在为社会安定挺身而出、为社会进步贡献力量的责任意识。"侠客"亦由身负异术的隐逸武者转向街头巷尾的平凡人士，让侠义情怀在现代社会蔚然成风。当下电影的叙事表达方面，《叶问》《一代宗师》《刺客聂隐娘》等武侠电影守正创新，持续传承中华武学的深邃哲思，弘扬侠义精神。《战狼Ⅱ》《红海行动》《长津湖》等新主流影片，继承发展了传统武侠影片的精神内核，并扩展为军事动作片的类型化修辞，强调"狭路相逢勇者胜"的中国军魂。《我不是药神》《保你平安》《穿过寒冬拥抱你》则在现代性语境中发扬扶危济困、匡扶正义的优良品质，用现实主义创作讴歌平凡人物的侠义精神。

另一方面，如今大众娱乐文化深度影响着民众的日常生活，"一切公众话语日渐以娱乐的方式出现，并成为一种文化精神……心甘情愿地成为娱乐的附庸"①。部分粗制滥造的武侠片，试图用高科技幻象消解民族的精神文化内核。近年来的武侠乃至仙侠作品中动辄出现主角将众生命运视若草芥的桥段。武侠作品的伦理问题值得深思，倘若武者施展暴力只为一己私欲，缺乏宏大格局的伦理依据，就会助长滥用暴力的不正之风，取得适得其反的传播效果。视听作品的生动性与直观性注定其能够产生广泛的社会影响，创作

---

① 尼尔·波兹曼：《娱乐至死》，北京：中信出版集团，2015年，第4页。

者应当肩负起社会责任，有所为有所不为。所以，电影工作者应当在经典武侠电影作品中呈现悲天悯人、止戈为武的道德观念，并以更加宏阔的视野和格局反映时代图景，观照民生需求，弘扬侠义情怀。

三、中华民族共同体意识的培育与铸牢

《少林寺》所引领的武侠文化效应恒久绵长。历经四十年传播的新武侠电影，正充分发挥其在意识形态领域的话语表达作用，培育并铸牢中华民族共同体意识。习近平总书记强调："实现中华民族伟大复兴的中国梦，就要以铸牢中华民族共同体意识为主线，把民族团结进步事业作为基础性事业抓紧抓好。"[1]《少林寺》通过"家国同构"的叙事模式，充分凸显炎黄子孙的使命与担当。新时代以来，我国影片更加注重共同体叙事，更需要以经典作品为鉴，始终坚持团结人民群众，展现美好中国形象。

首先，《少林寺》的广受欢迎，体现出炎黄子孙对于中国武侠精神的集体认同，形成对中华民族精神世界的共同建构。中华民族精神具有丰富的价值意蕴，并激励着中华民族在复兴之路不懈奋斗。"'民族'本质上是一种现代的想象形式——它源于人类意识在步入现代性过程当中的一次深刻变化。"[2]20世纪80年代的合拍武侠片浪潮，既彰显了内地拍摄取景、人才交流的优势，又依托于香港系统化的电影工业生产体系，做到了两地区位因素的优势互补。如今，我国合拍机制愈发成熟。《中外合作摄制电影片管理规定》《电影产业促进法》等法律法规从法制层面维护着合拍事业的原则与秩序。《关于加强内地与香港电影业合作、管理的实施细则》《关于加强海峡两岸电影合作管理的现行办法》都为电影交流合作提供助力。在"一带一路"的倡议下，中国以负责任的大国形象与世界其他国家展开友好合作，目前已经与超过20个国家签署了电影合拍协议，实现华语电影的"走出去"。合拍事业的升级将成为中国电影高质量发展进程中的重要组成部分。

其次，武侠电影塑造了引起民族共情的地域空间。一方水土养一方人，在农耕文明与儒家思想的熏陶之下，中国人的乡土情结已然成了民族精神的一部分。《少林寺》的传播广度空前，因此链接了在全球各地居住生活的炎黄子孙，他们有机会在影片中一睹魂牵梦萦的华夏山河。影片用清新自然的格调还原呈现出淳朴的乡土空间，激发起了一代代国人的共同回忆。在听觉表现上，柔情似水的《牧羊曲》与铿锵有力的《少林少林》皆能烘托起中国人民的乡土情怀。身在海外的华夏儿女，也在武侠景观中领略到了改革开放以来中国社会焕然一新的面貌，并被开放包容的时代曙光所感动，很多人都毅然决然地归国投身社会主义建设当中。

再次，在共同体视域下，武侠故事片从大众娱乐方式延伸至民族自立自强的话语表

---

① 习近平：《在全国民族团结进步表彰大会上的讲话》，《人民日报》2019年9月28日，第002版。

② 本尼迪克特·安德森：《想象的共同体：民族主义的起源与散布（增订版）》，上海：上海人民出版社，2011年，第8页。

达，受众能够在刀光侠影的武林故事中感受其丰富的所指。武侠片中的主角，是中华民族不屈不挠奋斗历程的生动写照，完成了个人想象到民族想象的拓展与外延。《少林寺》中的主角觉远勤学苦练、武艺高强的秉性，映射着中华民族自古以来传承发展的尚武精神以及艰苦奋斗精神，凸显一代代有志之士强身健体、保家卫国的使命与担当。觉远波澜起伏的曲折经历，是对近代以来百折不挠的中华民族的镜像呈现，彰显中国人民自强不息的坚定信念。影片结尾，觉远与少林棍僧携手抗敌，进一步赞颂了中华民族团结协作、众志成城的优良品质。觉远匡扶正义、心系天下的信念，是对中华民族爱好和平、止戈为武精神的生动阐释，彰显了负责任大国民众的美好形象。《少林寺》运用宏大的创作视野、意味深长的情节编排完成国族叙事，人民群众在观影的过程中将影片的价值理念内化于心，坚定家国信念，熔铸民族精神之魂。

更为重要的是，《少林寺》的"家国同构"的价值观为共同体叙事提供了鲜明佐证。家庭是构成社会与国家的基本支点，在中华文化语境中，"家国一体"的哲学话语凸显了对家国共同体的重视。在中国古代社会宗法制和礼乐制的影响下，"家文化"内嵌于中华民族的文化肌理。并且，中国家庭成员之间联系紧密，成长于乡土社会的社会大众更加重视家庭中的亲缘关系，彼此之间关心爱护，互帮互助，血浓于水的亲情营造出温暖和谐的家风。在中国历史的文化长河中，人们逐步从"小我"走向"大我"，从对家庭的爱护，到对社会的责任，再到对国家繁荣的使命担当，家国天下的价值取向与道德实践深入人心。新中国成立以来，传统文化中的家国一体理念延伸至民族复兴的家国情怀，凝聚了将爱国与爱家相统一的共识。

《少林寺》将为父报仇与为民除恶设置为共同的行动目标，成为联系"家"与"国"之间的桥梁。《少林寺》中所保护与拯救的对象，是历史上缔造贞观之治的明君李世民，并且在内容文本中着重刻画了反派王世充集团残害百姓的一面。因此，在兼济天下的武侠观念的引领下，电影中建立了将"保护李世民"等同于"保护黎民百姓"的逻辑关系。十三棍僧保卫少林寺的情节中，僧人们护寺的意义同样延伸至护国安邦。《少林寺》通过对"十三棍僧"等平凡个体的聚焦，书写他们的背后故事与奋斗历程，反映整个大时代的天下兴亡，彰显影片以小见大的特质。在改革开放的时代场域中，《少林寺》作为传播奇观的示范作用更加明显，继承发展"人民性"文艺思想。

新时代以来，国家高度重视中华民族共同体意识的培育与铸牢，电影艺术在意识形态领域的作用更加凸显。在武侠电影之外，新主流电影也更加注重建构"家国同构"的叙述方式，持续强化以小见大的书写模式，通过个体的抉择映射国家与人民的共同责任。《我和我的父辈》将家庭单位中的父辈与子辈相联结，共同书写生生不息的奋斗史诗。《长津湖》中的伍家兄弟手足情深，为了守护国家安全，他们义无反顾地冲锋向前。而在科幻电影《流浪地球》中，共同体意识进一步升华，影片花大量笔墨叙述刘培强与刘启父子之间从隔阂到彼此理解的过程。但是，在人类命运遭受威胁时，父与子皆毫不犹豫地甘愿牺牲自己而拯救地球。由此可见，在武侠电影《少林寺》中所体现的共同体叙事，其内涵在四十年来逐步扩展，从家国情怀上升至对全人类命运的负责，在铸牢中华民族共同体意识的基础上，表达人类命运共同体的价值取向，实现中国价值观的国际传播。

四、结语

作为一代人回忆的经典电影《少林寺》，其镜鉴价值恒久绵长。《少林寺》充分体现了中华文化的跨媒介传播，形成了中华民族的文化认同，彰显了中华文化的深刻内涵。作为文本原点的武侠叙事，传播弘扬中华侠士文化与济世精神，向全世界展示中华民族崭新的精神面貌，让民族精神流淌于民族的血脉之中。总而言之，武侠电影的共同体叙事，表达了"家国同构"意识，时至今日依然熠熠生辉，并扩展出新的内涵。在全面建设社会主义现代化国家新征程上，不断升级的视听媒介对文化传承、社会发展的推动作用更加明显。中国电影始终坚持满足人民日益增长的精神文化需求，赋予中华民族强大的精神力量。新时代的电影工作者需要更加担当起培根铸魂的文化使命，重视经典电影作品的价值意义，化古融今，推陈出新，在当下的生产制作语境中总结经验，努力打造出更多人民喜闻乐见的精品佳作。

国学新知

主持人语

中国传统文化中蕴涵着丰富的和同思想，研究、应用和同思想对于当今社会的和平发展具有重要的理论与现实意义。

去年，钱耕森教授在《江苏师范大学学报》发表了《"大道和同学"新论》。钱耕森教授的"大道和同学"是继其"大道和生学"研究，进一步探究"和"与"同"辩证关系及其在事物发展中的价值与意义新的理论成果。基于对从史伯、晏婴到儒家、道家的和同思想的系统深入研究，钱耕森阐明了"大道和同学"理论："和同"的辩证哲学观、和谐政治观与和谐社会观。

"大道和生学"认为，多元的他，"以他平他谓之和"，"和"即"平""平衡"。多元的他相互作用达到高度的"平衡""和"，就产生新事物。"大道和同学"认为，多元的他实现"平""平衡"，实现"和"的过程即是"求同存异"的过程，这个"同"是"多元"在"平衡""和谐"基础上的"同"，即"和同"。"和同"具有"和生"的属性，"和同"与"和生"具有本质上的一致性。"和同"与"专同"（单一的同）是根本区别的，"专同"使事物不能持续发展，"和同"则使事物在"求同存异"过程中"济其不及，以泄其过"，不断发展。

"和同"哲学思想用于治国理政，则有利于防止"去和而取同"的专权独断，有益于坚持集思广益的民主决策，建设民主政治，有益于国家长治久安。"和同"哲学思想用于社会建设，则有利于正确认识"差异性"与"统一性"的辩证关系，促进"多元"的和谐共生，合作共赢，生生不息，持续发展，走向真善美的大同社会。

"大道和同学"思想对于我们当今构建人类命运共同体、化解社会矛盾、建设和谐美好社会具有重要意义。

本栏目姚春鹏教授的《大道和同学——大道和生学的升华与归宿》深入阐析了钱耕森的大道和同学理论。姚春鹏认为，研究"和"与"同"的辩证关系，大道和生学突出了"和"在"生物"中的价值与意义，大道和同学则是进一步探究"同""和同"社会发展中的价值与意义，可以说，前者是本体论哲学，后者是价值论哲学。哲学理论体系完整性的客观要求，必然推动大道和生学从本体论向认识论和价值论的发展，大道和同学是大道和生学的升华与归宿。姚春鹏指出，大道和同学阐释了"和""同""异"辩证关系，"和"是生成的机制，各异的"他"经过"和"而凝结为一个新统一体，这个"生物"过程也是"求同存异"的过程。如此，矛盾统一体才能形成合力，才能和谐共生。"和同"在认识论上就是指不同的认识由"和"（以他平他，求同存异）而达成共识，达到接近真理性的认识。"和同"在价值论上，要求在"同"的共性价值突显时，也不能完全取消个性，没有了个性的统一体也是不能长久存在的。姚春鹏认为，儒家、道家经典蕴涵了丰富的和同思想，只有能够找到在保持而不是消灭各"异"的前提下的"同"，社会系统才能不断进步发展，实现人与万物的共存共荣，即古人眼中的大同世界。

张兢教授的《〈易经〉的和同实践及共同性进路——以同人、大有为参照》深入阐析了《易经》的和同思想，张兢指出《易经》的同人、大有二卦揭示了"和同"是旨在确定和扩大"共同性"的社会实践。和同的实质是在社会人群中确立"共同性"的社会实践。和同实践分为"小和同"和"大和同"，"小和同"在局部地域和有限群体中确立"共同性"，"大和同"则是在更宏阔的空间更广大的人群中确立"共同性"。张兢指出"变通"是《易经》的核心思想。《易经》指出了三种社会形态的"变通"，和同实践始于否闭之世的不通，转向同人之世的变通，成就于大有之世的大通，经历"非和同""小和同"到"大和同"的实践过程。同人之世的"变通"是有限度的变通，大有之世则摆脱了狭隘共同性的桎梏，跳脱了群体私利的泥淖，使"大和同"的宏愿得以实现。张兢阐释了《易经》关于和同实践的路径与方法。同人之世受物质基础、思想基础的限制，和同实践"遵循""类族辨物"路径。当社会演进至大有社会，则采取"顺天休命"的路径实现"大和同"。当今之时，深入研究和吸取《易经》和同思想智慧，能拓展共同性问题的理论创新视野，给人们的和同实践提供"精神动力"和方法论启示。

王国良的《简评钱耕森先生"大道和生学"》指出，钱耕森独创"大道和生学"，为往圣继绝学，为中华哲学文化之开展绍述创新开辟新的途径。王国良认为，史伯"和实生物"说，是中华先民长期社会生产和政治实践积累丰富的人生经验和社会实践经验的概括与总结。"和"的概念在西周末期已广泛应用。如"和谐辑睦""民用和同""和于民"，还有先前黄帝的"万国和"，尧的"协和万邦"，然而都没有"和"的定义界说。钱耕森阐明了史伯的"以他平他谓之和"乃是对"和"的第一个定义，至少含两个要点："和"是由不同的"他"组成；多元的"他"与"他"的"平衡"能产生新生事物。西周周幽王的太史史伯与郑桓公讨论西周命运和郑桓公出路时提出"和实生物"说，钱耕森概括为"和生"学。史伯的"和生学"以"和"为万物的始基，较"以水为万物始基"一般认为是西方哲学史上第一位哲学家的泰勒斯早近200年，据此也确证了钱耕森"史伯是第一个哲学家"的观点。

王国良阐析了钱耕森关于老子"道生"说与史伯的"和生"说的一致性、连续性和创新性，指出钱耕森关于老子"万物负阴而抱阳，冲气以为和"的精神内涵有三：老子引进了"阴阳"二气说明"道"之所以生物，引进了"冲气"说明阴阳如何生万物，引进了"和"说明道如何通过"冲气"相互交冲与激荡而生万物。总之，史伯开创了"和生学"，老子完成了"和生学"，钱耕森将史伯与老子共同创立的这一博大精深的哲学体系概括为"大道和生学"，无疑是我们建设生态和谐、世态和谐、心态和谐，促进世界和平与发展的重要思想资源，实有进一步深入探讨拓展之必要。

刘金鹏、丁常春《"大道和生"视域下的内丹修炼之"和"——以〈钟吕传道集〉为中心》探讨了道教内丹学著作《钟吕传道集》的和生思想，指出中国古代伦理之"和谐"与内丹修炼之"和谐"具有一致性，不同的是，前者研究人与人的外在"和谐"，后者探究人自身内在"和谐"，就五脏而言，是人体"器官"之间的"和谐"，即"器官"之间保持一种良好、稳定、正向发展的状态。文章阐析了"五行相和""水火相和"和"龙虎相和"。

其"五行相和"阐述了内丹学继承了史伯"和生"和老子"道生"思想，人体五脏之气各具对应的五行属性，五脏之间具有五行相生相克关系，若五脏之气不"和"，便会"自相损克"。须以元阳"一气接引"，五脏之气"以他平他"在身中高度"和谐"，达到修炼目的。

其"水火相和"阐述内丹学继承《周易》"水火既济"和生思想，提出"取坎填离"方法修炼，使自己从后天、不和谐状态转为先天、和谐状态。人体的"水火相和"是其"五行相和"的基础。

其"龙虎相和"阐述了"真水"与"真火"作用的实质是"真龙"与"真虎"的相互结合，亦即"取坎填离"，故"龙虎相和"是"水火相和"的基础。龙虎交媾须在"黄庭"有时有数有序进行，使"真龙""真虎"达到平衡的和谐状态，形成"黄芽"，再以"防危虑险"功夫维护之。

文章在"大道和生"视域下探究内丹修炼精细化过程中的"和生"思想，内丹修炼对"和生"思想既有继承又有新的发展。

（南京大学中国思想史博士　陆元祥）

大道和同学

——大道和生学的升华与归宿

姚春鹏[*]

（曲阜师范大学政治与公共管理学院，山东日照，276826）

摘　要： 钱耕森教授以史伯为突破口，综合儒道各家思想资源，掘发出中国哲学中蕴含的和生学思想传统，并在此基础上演绎出大道和生学及大道和同学。大道和生学主要是自然哲学，大道和同学主要是价值哲学。前者偏于本体论，后者偏于价值论。但这种区分是相对的，和生学也具有价值论意涵，和同学更具有本体论根据。和同学是和生学的升华与归宿。

关键词： 钱耕森；大道和生学；大道和同学

一、从大道和生学到大道和同学是客观逻辑的必然要求

钱耕森教授深研中国传统哲学数十年，以史伯"和实生物"为基点，以儒道二家"和同"之论为主要支脉，掘发出大道和生学这一新哲学。大道和生学具体形成过程，据钱耕森教授讲缘起于 1994 年全国政协主席李瑞环在"孔子诞辰 2545 周年纪念与国际学术讨论会"的开幕式致辞中谈到的"和为贵"。钱老完全认同《论语》的"和为贵"，但更认同史伯所说的"和生学"（《国语·郑语》）。他认为"和为贵"说是对古已有之的"和实生物"说的修正，而钱老则"要进行修正之修正，以恢复古义"，在《"和为贵"新论——儒家与现代化》一文提出了"和生学"的理念。2015 年钱老发表了《大道和生学》，深入研究了儒家和道家的和生思想，钱老说："孔子传承了史伯的'和同之辩'，并将其发展为区分君子与小人的标准。""老子则完成了史伯的'和实生物'说，并创造出中国哲学史上第一个博大精深的形而上学的体系——'道生万物'说或者'大道和生万物'说，简而言之'大道和生'说。"[①] 钱老的《大道和生学》推动了对儒家和道家"和生思想"的

---

*　作者简介：姚春鹏，北京大学哲学博士，曲阜师范大学政治与公共管理学院哲学系教授、博士生导师。

①　钱耕森：《大道和生学》，《光明日报》2015 年 3 月 2 日，第 16 版。

研究，拙作《大道和生学视域中的荀子养生思想》就是研究儒家和生思想指导下的儒家养生学。[①] 钱老在《"大道和生学"新的生命哲学——我对"大道和生学"的探索与构建》中论证了儒家的"仁者寿"和道家的"长生久视之道"养生学，提出"孔子的哲学是'生命哲学'"，"中国道家哲学，也是'生命哲学'"[②]。

依钱老，"大道和生学"这一哲学体系理论渊源于史伯的"和生"说、老子的"道生"说、庄子的"气生"说和《周易》的"太和"说与"生生"说。这一哲学体系研究特点是即哲学史讲哲学，将传统哲学中4个重要的核心理念——"道""和""气""生"相结合，作为理论命题，并以大道立论，将"和生学"提升到"大道"的本原与规律的高度，形成"大道和生学"。"道"是中国思想中最崇高的概念、最基本的原动力。"和"是中华民族的基因与灵魂，是中国传统文化的核心与精髓。"生"是中国传统文化最显著、最根本的特点。中国传统哲学是"生命哲学"，研究生命体如何使其生生不息，永恒发展。"和"与"生"的关系紧密相连："和"是"生"的手段、方法、大道；"生"是"和"的目的、归宿点、最大价值、最高道德境界和精神境界及最高理想。"和"的本质与最大价值在于"生"。"和乃生，不和不生"（《管子·内业》）。"和"离开"生"就失去目的、归宿与价值。"气"是中国传统文化的重要元素与核心概念，中国传统文化也就是"气"文化。"大道和生学"将以上"道""和""气""生"这四个传统哲学中的核心理念相结合，作为理论命题，即哲学史讲哲学，构成了这一体系的显著特征。

钱老大道和生学生成论的内容主要是通过解释老子道论哲学展开的。钱老认为老子的"道生万物"即也就是"和气生万物"，与史伯的"和实生物"说，在本质上是一致的。"道生万物"的过程为"道生一，一生二，二生三，三生万物"。万物之所以能为道所生在于"万物负阴而抱阳，冲气以为和"。钱老认为"万物负阴而抱阳，冲气以为和"这句话的精深的内涵，主要有三：首先，老子引进了"阴"与"阳"二气这两种哲学上的基本范畴来说明"道"之所以生万物，乃是经由阴阳二气而生的。其次，老子进一步引进了"冲气"来说明"道"为何通过阴阳二气来生万物的。"冲气"与阴阳二气关系密不可分，它内含有阴阳二气，它就是由阴阳二气共同构成的。但它又是一种特殊状态下的阴阳二气，即阴阳二气处于相互交冲与激荡的状态。仅就这个意义而言，它又是不同于一般的阴阳二气的一种气体，这种极具个性特色的阴阳二气，就可以称之为"冲气"。最后，老子更进一步引进了"和"来说明道是如何通过阴阳二气相互交冲与激荡而生万物。简言之，即如何通过"冲气"来生万物。阴阳二气，不相互交冲与激荡，是生不出万物的。单阴独阳，是无法生出万物的，正如单身男女，是不可能生人一样的。只有当阴阳二气经过相互交冲与激荡，并且还必须达到了"和"，即"和谐""平""平衡"的状态时，才

---

① 姚春鹏：《大道和生学视域中的荀子养生思想》，《中华文化与传播研究》2019年第1期。
② 钱耕森：《"大道和生学"新的生命哲学——我对"大道和生学"的探索与构建》，《中华文化与传播研究》2019年第1期。

能产生出新生事物，生生不息，日新又日新，就能产生出万物。这"和"的状态，万变不离其宗，还是阴阳二气的"和"，因此，它又可以称之为"和气"。所以，老子所说的"万物负阴而抱阳，冲气以为和"的全句的完整的意思是说，万物之所以产生，就是由于构成万物的阴和阳的二气，彼此互动，相互交冲与激荡达到了"和"的状态时，就形成新的和谐的统一体，即形成了新事物，天长地久地生生不息，就会源源不断地无穷无尽地产生出万物。

钱老自述其"大道和生学"的理论创新有6点（第6点为率先肯定史伯是中西哲学史上第一人，此与具体的理论内涵关系不大，在此略去，仅引述前5点）。（1）继承了史伯的绝学，将"和实生物"说新诠释为"和生"学，将"以他平他谓之和"说新诠释为我国和文化史上第一个经典性的定义；（2）将老子的"道生"说，新诠释为"和生"说；（3）打通了史伯的"和生"说与老子的"道生"说；（4）将"和生"思想提到"大道"的高度，创立了"大道和生学"新的哲学体系；（5）将有子的"礼之用，和为贵"新解为"生物之用，和为贵"，揭示了"和"的本质与最大价值在于"生"。

在大道和生学理论体系建构基本告成之后，钱老又积极探索大道和同学的理论内涵。钱老探讨大道和同，大概始于2012年，在《大道和生学简论》一文的第三部分对"大道和同学"做了初步探索。在2016年撰写的《史伯论"和合""和生""和同"》一文，又对史伯的"和""和生""和同"的"三和"进行了阐述。钱老之所以不满足于大道和生学进而提出大道和同学，从具体的思想轨迹看，是由于他认为"同"与"和""异"之间，既有区别，又有联系。而史伯看出了"同"的"不继"的消极的一面，遂强调"同"与"和""异"的区别，这是他独特的贡献。但美中不足，他却未能看出"同"也有"生物"的积极的一面，遂忽略了"同"与"和""异"的联系。他并不知道"和""异"之中还有"同"，"同"之中还有"和""异"的辩证关系。史伯所说的相异的"他"与"他"，经过"平""平衡"，达到"和""和谐"，就能"生物"的本身，其实也就是"求同存异"。多元的"他"，只有经过"求同存异"，才能达到"平""平衡"，才能达到"和""和谐"，才能"生物"。

钱老认为"同"，除了史伯所揭示的负能量的"同"，即排斥"和"的多元性、相异性、平衡性、和谐性、新生性等基本特性及其所派生的开放性、包容性、持续性等单一的同、自我的同、重复的同之类的同以外，还有许多正能量的同。钱老在例举了中国哲学史上诸多论正面价值的"同"的论述之后，说："儒家倡导的理想社会即'大同社会'实现了'大道之行也，天下为公'的原则，就可变'私'为'公'，甚至为'大公'；变'异'为'同'，甚至为'大同'。所谓'大道之行也'的'大道'，不仅包含了'天下为公'的'大道'，而且包含了'天下大同'的'大道'，还包含了'天下大和'的'大道'，当然也包含了'天地之大德曰生'（《周易·系辞下》）的'天下大生、广生'的'大道'。'和'与'同'在全新的高度上互动互补，有机地统一起来，持续不断地共生出万事万物。

我乐于用一句话称之为'大同和社会'或者'大和同社会'。这就是我之所以要探索'新和生同生学'或者'大道和生同生学'或者简称之为'大道和同学'或者'大道同和学'的动力与使命。"①

可见，与"大道和生学"侧重回答世界万物如何生存发展，突出了"和"在"生物"中的价值与意义不同的是，"大道和同学"在进一步探讨"和"与"同"辩证关系的基础上，深入研究"同""和同"在社会发展中的价值与意义。可以说大道和生学是本体论哲学，而大道和同学则是价值论哲学。大道和同学的提出与推进，虽然是从不满意史伯和同之辩中对正能量的"同"的忽视开始，实则又是哲学理论发展的客观逻辑所使然。从以上对钱老大道和生学理论主要内容的略述中可知，大道和生学主要是一种本体论哲学，是对世界万物如何生存发展问题的理论说明。作为一个完整的哲学理论体系，一般都要包括本体论、认识论和价值论三个不可或缺的组成部分。哲学理论体系完整性的客观要求，必然推动大道和生学从本体论向认识论和价值论发展，而完成自身系统的理论建构。哲学本体论是价值论的基础，认识论是沟通本体论与价值论的桥梁。如马克思主义哲学的辩证唯物主义就是历史唯物主义的本体论基础，而唯物辩证法的认识论则是沟通辩证唯物主义和历史唯物主义的桥梁。下面对大道和同学的辩证法内涵略做分析。

二、大道和同学对和、同、异的辩证法阐释

大道和同学对和、同、异的辩证法阐释显然是直接渊源于史伯的和同之辩。正如钱老所说："'大道和同学'传承与发展了史伯的'和同'思想，并将其上升到'道'的高度。"②和同作为一对内涵相反的哲学范畴始于史伯。史伯说周幽王"去和而取同"。这里的"和"是"以他平他"的多元素的调和，而"同"则是"以同裨同"的完全同一。这样，这里的"和"与"同"内涵显然是完全相反的。从这里钱老开始分析"和""同""异"三个哲学范畴，认为："'和同'是'由和而同'，内含着'和''异''同'三个理念。它们之间既有区别，又有联系。"③显然，在史伯的论说中并没有出现"异"这个概念，但从"同"这个概念可以推出"异"这个概念。因为同异为矛盾的反对概念，同的反面是异，异的反面是同。史伯论和同是就周幽王的错误行为有感而发的，并不是讨论纯粹的哲学问题，故未及同的反对概念——异，而钱老要详细阐发和同之辩则不能不引入"异"这个概念。以此，使讨论的哲学概念全部出场，建立了完整的论域。

在论"同"与"和""异"的区别时，钱老认为："'和'与'同'内涵不同。'同'是'单一'的。'和'是'多元'的，包含着'异'。"④钱老明确了"和"与"同"的内

---

① 钱耕森：《"大道和生学"运思轨迹略述》，《衡水学院学报》2014年第2期。
② 钱耕森、沈素珍：《"大道和同学"新论》，《江苏师范大学学报（哲学社会科学版）》2022年第5期。
③ 钱耕森、沈素珍：《"大道和同学"新论》，《江苏师范大学学报（哲学社会科学版）》2022年第5期。
④ 钱耕森、沈素珍：《"大道和同学"新论》，《江苏师范大学学报（哲学社会科学版）》2022年第5期。

涵分别是"单一"和"多元",这是用现代哲学概念对和同内涵的阐释,明确了和同概念各自的意指。由于"和"是"多元",自然就推出了"和"中包含着"异"。"异"是"多元"的另一种表达。而"异"作为语词则是"同"的反义词,这样,就明确了"同"与"和""异"的内涵及区别,为之后的论说确立了概念基础。在讲清楚了"同"与"和""异"的区别之后,钱老又肯定"同"与"和""异"之间的联系。认为"和""异"之中有"同"。从概念的内涵上前文已经明确了"同"与"和""异"的反对性质,这里又认为"和""异"之中有"同",看似违反了形式逻辑的同一律。但这一问题不能仅从形式逻辑的角度理解而应从辩证逻辑的角度理解。客观世界永恒发展的本性决定了形式逻辑的概念思维所把握的世界是相对孤立和静止的,而真实的世界则是普遍联系和永恒发展的,因而形式逻辑概念把握的事物在本质上是相互过渡和相互联系的。因而"和""异"之中是包含着"同"的。

钱老又以现代哲学的"个性"与"共性"概念来理解"异"与"同",认为"'异'突出了'个性','同'突出了'共性',有了'共性',我们才能形成'统(同)一体',才能和谐共生。反之,没有'共性',也就无法形成统一体的共生。"[①]这里,钱老突出了"共性"即"同"的价值,只有"共性"才能形成"统一体",没有"共性"就没有统一体。这就突破了史伯"和实生物,同则不继"对"同"的理解。把史伯的单一之同发展为包含差异的多元之同。钱老云:"'同'之中还有'和''异'。'同'的'共性',不能消灭'异'的'个性'。因而,只有'求同存异'的平衡,才能解决统一体的矛盾,从而和谐共生。"[②]

基于从对同与异的形式逻辑的孤立与局限的静止理解到对同与异的联系与发展的动态理解,就出现了如何解决同与异的矛盾关系问题,钱老给出的答案是"求同存异",也即是在保留差异前提下寻求同一。这里的同一可能包括从最基本、最容易的空间的外在同一到自觉的行为方式的内在同一。那么如何才能"求同存异"呢?钱老认为平衡是"求同存异"的关键。平衡就是"和","和"既是动词也是名词。作为动词的"和"是调和,是把构成统一体的各个要素做出调整,而使其能够成为统一体的有机组成部分,完成统一体的整体机能。而"和"作为名词则是对调和后的整体和谐状态的描述。从"和"的造字本义来看,正反映了"和"的哲学内涵。"和"字是会意字,由"禾"与"口"组成。《说文解字》说:"和,相应也。从口,禾声。"[③]据许慎的"和,相应也"的解释,和是唱和之和,即唱歌时一人主唱,他人附和。他人的附和之唱其音调自然不能自己想怎么唱就怎么唱,必须与主唱的音调相呼应,即把自己调整为与整体节律一致的状态为"和"。因此,"和"是经过努力而达到的结果。在这里,唱和者就是一个个的"他","他"与

---

① 钱耕森、沈素珍:《"大道和同学"新论》,《江苏师范大学学报(哲学社会科学版)》2022年第5期。
② 钱耕森、沈素珍:《"大道和同学"新论》,《江苏师范大学学报(哲学社会科学版)》2022年第5期。
③ 许慎:《说文解字》,北京:中华书局,1963年,第32页。

"他"之间的调整结果即"和"。钱老说:"'以他平他谓之和','和'即'平''平衡',即'求同存异'。'和'是多元的相异事物的统一体,因而'和'既有多元的一面,又有'求同存异'统一的一面。"① 以歌唱为例,"和"就是多元的歌唱者组成的统一体,就是多元的歌唱者在保留各自之异的前提下而趋同的统一体。钱老认为,相异事物的"他"与"他"组合成的矛盾统一体,经过"平""平衡",达到"和""和谐",就能"生物""生万物",其实这也就是"求同存异"的过程。"求同存异"解决了统一体内相异事物如何"平衡"的问题。没有这种"求同存异",对立的各方只讲独立性,不讲统一(同一)性,这样的矛盾统一体内就无法形成合力,也就无法"和谐共生",不能得到生生不息的可持续发展。由此可知,"和"是生成的机制,各异的"他"经过"和"而凝结为一个新统一体,这就是"生物",这个过程也是"求同存异"的过程。求同不是把各异的"他"的"异"完全消除掉,而是在保留其"异"的基础上进行调整,使统一体能够形成统一功能,形成新的生命。这样,"求同存异"也就是"和",也是生物的机制。只有这样矛盾统一体才能形成合力,才能和谐共生,整个世界才能生生不息可持续发展。如此,和同就在更高层次上达到了统一。钱老说:"事物发展由'和而不同'的多元到'由和而同'的和谐共生,即达到了'和同','和'与'同'在更高层次达到了统一。"② 钱老以上所论实际上就是大道和同学的现代本体论的主要内容,此外,钱老还认为,"求同存异"是一个过程,这就构成了大道和同学本体论的全部内容。钱老云:"多元事物通过'求同存异'的平衡,达到'统一',旧的矛盾解决了。但'同'并不能消除'异'的个性,内部的各异力量此消彼长,新的矛盾又出现了,于是要再进行'求同存异'的平衡,也就是晏婴强调的'济其不及,以泄其过',儒家强调的'中和'。社会发展就是在异—和—和同—异—和—和同……在否定之否定中不断循环往复地发展。这就是辩证法的对立统一、质量互变、否定之否定三大基本规律的体现。"③ 钱老通过从对和、同、异三个概念的区别与联系开始完成了大道和同学的本体论建构,这一建构是以马克思主义唯物辩证法为理论旨归的,使大道和同学建基于科学的辩证唯物论之上。

钱老不仅阐释了大道和同学本体论的辩证法内涵,而且对其认识论和价值论内涵做了初步分析,这样就使大道和同学具备了比较完整的理论结构。钱老认为:"'和同'表现在认识论上,就是指不同的认识由'和'('以他平他''求同存异')而达成共识。这种共识不排斥异,而是在多元互补、集思广益后达到'和同'的新认识。这就要求我们充分认识'和'与'同'的辩证关系,以及如何通过'和同'的共识,达到接近真理性认识,掌握规律。"④ 朱贻庭教授认同钱老的"和生"概念,并撰文从本体论、伦理学、认识

① 钱耕森、沈素珍:《"大道和同学"新论》,《江苏师范大学学报(哲学社会科学版)》2022年第5期。
② 钱耕森、沈素珍:《"大道和同学"新论》,《江苏师范大学学报(哲学社会科学版)》2022年第5期。
③ 钱耕森、沈素珍:《"大道和同学"新论》,《江苏师范大学学报(哲学社会科学版)》2022年第5期。
④ 钱耕森、沈素珍:《"大道和同学"新论》,《江苏师范大学学报(哲学社会科学版)》2022年第5期。

论等三个理论层面发挥其哲学精义。朱教授认为："'和同'体现在认识论上，就是指不同的认识由'和'（'以他平他'）而取得共识。"①此论与钱老一致。这就是说在认识论要反对取消不同观点的独断论。如同在本体论上排除差异的单一的"同"不能生物一样，在认识论上独断论也不能产生新的建设性的思想，从而推进事业的发展。只有使不同意见充分表达，经过"和"这一机制，从而形成更接近真理性的认识。大道和同学的认识论价值不容忽视。

价值是事物（包括物质的和精神的现象）对人的需要而言的某种有用性。人对同一事物的需要会随着时空条件的变化而发生变化。也就是说在某种情况下事物的某种属性或方面是人所需要的，而在另外情况下则是其另一种属性或方面为人所需要，构成对人的价值。钱老主张对于事物的不同价值要采取辩证的态度，即在事物某种属性或方面能够满足人的需要时不能仅仅专注或专取这一价值，而应该兼顾其他价值。钱老说："'和同'体现在价值观上，就是在对待'和'与'同'问题上的价值取向。'和'与'同'是辩证的关系，因此在价值取向上既要分清主次，也要辩证对待。在'和'（突出个性的差异）时，要看到"同"的价值，不能一味地强调个性而否定共性，破坏共性。在'同'（突出统一性）时，要看到'和'（多元性）的价值。在社会组织或家庭中，既不能丧失个性，又要维护'同'的共性。"②根据和同的辩证关系，在"和"的个性（差异）价值突显时，不能完全排除和放弃"同"，从而破坏统一体；在"同"的共性价值突显时，也不能完全取消个性，没有了个性的统一体也是不能长久存在的。钱老关于"和""同"在价值论上的观点颇为全面和辩证，具有重要的理论和实践意义。

三、价值论哲学与本体论哲学

"大道和生学"所要回答的是世界万物如何生存发展的问题，突出了"和"在"生物"中的价值与意义；"大道和同学"在进一步探讨"和"与"同"辩证关系的基础上，深入研究了"同""和同"在社会发展中的价值与意义。从钱老的这一表述看，大道和生学主要探讨的是本体问题，属于本体论哲学；而大道和同学主要探讨的是价值论问题，属于价值论哲学。在《"大道和同学"新论》中，"大道和同学"的理论内容包括：（一）"和同"的辩证哲学观；（二）"和同"的和谐政治观；（三）"和同"的和谐社会观。第一个问题为大道和同学的理论基础，而第二、三问题则是其理论的运用发展。可见，大道和同学的理论重心侧重于政治与社会的价值与意义，属于价值论哲学。特别是《新论》的第五个问题为中华民族从"和同"到"大同"的追求，第六个问题"大道和同学"以"天下大同"为最高追求都是讨论大道和同学的价值旨归问题。总之，《新论》中，钱老是把大道和同学定位于价值哲学的，其实，钱氏的大道和同学不仅是价值论哲学，而且也是

---

① 朱贻庭：《"和"的本质在于"生"——"大道和生学"之我见》，《江汉论坛》2016年第11期。

② 钱耕森、沈素珍：《"大道和同学"新论》，《江苏师范大学学报（哲学社会科学版）》2022年第5期。

本体论哲学。在中国古代历代文献中不乏有关论述，钱老本人也对和同学的辩证哲学做了提纲挈领的说明。本文结合古代文献对此略做补充。

在万物生成问题上，中国古代哲学不仅主张"和生"而且主张"和同"，在"和"的机制指引下，万物不仅"生"而且是"同生"。其同生表现在万物同出一源，万物同生于一理，万物协同共生。老子建立了中国哲学史上第一个宇宙生成论体系，以为万物同出于道。老子云："道可道，非常道。名可名，非常名。无名天地之始。有名万物之母。故常无欲以观其妙。常有欲以观其徼。此两者同出而异名，同谓之玄。玄之又玄，众妙之门。"①（《道德经第一章》）这里的"两者"指前文的"常无"与"常有"，也就是"无"与"有"。"无"与"有"同出于"道"，"道"生出"天地之始"的"无"和"万物之母"的"有"。天地之始无名无形，故称"无"，"万物之母"虽无具体之物的形象名号，但已经有了生物之始基，故称"有"。也就是"天下万物生于有，有生于无"。有无是道生万物之前的阶段，是道与物的中介。此同出的有无又"同谓之玄"，《道德经》第五十六章有"玄同"之说，"挫其锐，解其纷，和其光，同其尘，是谓玄同"②。此"玄同"有两层含义。从本源论说，万物同出玄妙之道，所谓"玄之又玄，众妙之门"。又第六章云："玄牝之门，是谓天地根，绵绵若存，用之不勤。"③有无同出于道，万物也同出于道。从境界论说是天人万物达到玄同彼我的大同之境。所谓"不可得而亲。不可得而疏。不可得而利。不可得而害。不可得而贵。不可得而贱。故为天下贵"④（《道德经第五十六章》）。无论是人与人之间还是人与万物之间，没有了亲疏利害贵贱的差异，而皆玄同于大道，这是道生万物的极致。正如《庄子·在宥》所云："世俗之人，皆喜人之同乎己，而恶人之异于己也。同于己而欲之，异于己而不欲者，以出乎众为心也。夫以出乎众为心者，曷常出乎众哉？……处乎无响，行乎无方。挈汝适复之挠挠，以游无端；出入无旁，与日无始；颂论形躯，合乎大同，大同而无己。无己，恶乎得有有？睹有者，昔之君子；睹无者，天地之友。"⑤这是说一般人总是喜欢别人与自己相同而厌恶不同于自己，以期超越他人，但这样并不能超越他人。得道之人合乎大同而无己，做到无己才是天地之友，即玄同天人的人。

这种万物同生的思想并非道家所独有，儒家也持同样的看法。《礼记·月令》称孟春之月："是月也，天气下降，地气上腾，天地和同，草木萌动。"⑥孟春之月是每年开始的第一月，是天地始生之时。古人认为冬天天地之气分离，是闭藏的季节，到了春天天气下降，地气上升，天地之气交通结合而万物萌生。这里出现了"和同"，认为和同是草木萌

① 陈鼓应：《老子注译及评介》（修订增补本），北京：中华书局，2009年，第53页。
② 陈鼓应：《老子注译及评介》（修订增补本），北京：中华书局，2009年，第272页。
③ 陈鼓应：《老子注译及评介》（修订增补本），北京：中华书局，2009年，第80页。
④ 陈鼓应：《老子注译及评介》（修订增补本），北京：中华书局，2009年，第272页。
⑤ 傅佩荣：《解读庄子》，上海：上海三联书店，第126—127页。
⑥ （清）孙希旦：《礼记集解》（上册），沈啸寰、王星贤点校，北京：中华书局，2022年，第395页。

生即生物的前提。和是天地之气的调和，同是天地之气的协同。调和才能协同，和是同的条件。只有调和达到了协同的程度才具备生物的能力。和同既指天地之气的和同，也指万物之间的和同。天地与其所生之万物构成一个大同的世界，在和的机制调控下，天地万物才能协同共生，共存共荣。在《礼记·乐记》看来，乐虽然由圣人创制，但实质是天地和同之气的反映。《乐记》云："天高地下，万物散殊，而礼制行矣。流而不息，合同而化，而乐兴焉。"[①] 这是说天地万物的高下散殊之异是礼产生的根据，而天地万物的流行和同生化之功是乐产生的根据。这里虽然具体论述的是礼乐发生的根据，而从更深层看则揭示了古人和同生化的自然观，其中蕴含着大道和同学的本体论思想。

关于和同共生的思想在儒家经典中是一种普遍性的思想。《周易》经传多有论"同"的价值的内容。《乾·九五文言》："同声相应，同气相求；水流湿，火就燥，云从龙，风从虎。圣人作而万物睹。本乎天者亲上，本乎地者亲下，则各从其类也。"[②] 这里把"同"与"气"结合起来提出了"同气相求"的命题，揭示了宇宙之间的一个普遍规律。气论哲学认为天地万物皆由气化而来。原初的混沌元气，首先生成天地，天地之气再交通合和而生成万物。在中国哲学占主导地位的天地万物生成模式为阴阳五行论。其概要为元气分化为阴阳二气，阴阳二气，再生成五行之气，由五行之气生成万物。这其中气有了二五的分别。属于同一类的气具有相互追求的特点，具有同气的事物就是同类事物，同类事物之间组成共同体，相互扶持，形成共同体的更大功能。同一层次的不同群体之间虽有差异性和排斥性（也不完全是如此，也可能有互通性和互利性），但从万物皆源出于同一之气而言，万物又皆同，整个宇宙万物又是一大同和谐体。如惠施所云："大同而与小同异，此之谓小同异；万物毕同毕异，此之谓大同异。"[③] 这是说万物从同的角度看是毕同，完全相同，具有最大的同一性。在《周易》看来，自然万物的"同声相应，同气相求"成就了天地之间万物富有的盛德大业。这是气化论哲学揭示的自然生化的协同之功，人作为气化生成的灵性存在更应该自觉地效法天地的求同之道，以此而建成高于自然的、自觉的和同人生、和同社会、和同世界。《易传》云：

《泰·彖》曰："泰，小往大来，吉，亨。则是天地交而万物通也，上下交而其志同也。"[④]

《同人·彖》曰："同人，柔得位得中，而应乎乾，曰同人。……乾行也。文明以健，中正而应，君子正也。唯君子为能通天下之志。"[⑤]

---

① （清）孙希旦：《礼记集解》（上册），沈啸寰、王星贤点校，北京：中华书局，2022年，第941页。
② 黄寿祺、张善文：《周易译注》，上海：上海古籍出版社，2012年，第8页。
③ 傅佩荣：《解读庄子》，上海：上海三联书店，第397页。
④ 黄寿祺、张善文：《周易译注》，上海：上海古籍出版社，2012年，第63页。
⑤ 黄寿祺、张善文：《周易译注》，上海：上海古籍出版社，2012年，第74页。

《睽·彖》曰："睽，火动而上，泽动而下……天地睽而其事同也，男女睽而其志通也，万物睽而其事类也。睽之时用大矣哉！"①

沟通人群之志是《易传》的核心追求，其根本原因在于只有人类社会各个层次的成员、组织之间保持畅通而非闭阻的关系，社会统一体才能正常运转；否则上下否隔，则社会系统崩溃，人类无以生存发展。"通"才能"同"，才能保持共同体的统一运作。故《周易·系辞下》云："《易》，穷则变，变则通，通则久。"只有畅通才能恒久。《周易》更道出了"同"之巨大力量与美好境界。"二人同心，其利断金；同心之言，其臭如兰。"②二人同心之力就可以切断坚硬的金属，那众人同心，其力量该有多大呢？同心的言辞，如兰花一般馨香，其境界是多么美妙呢？可见，孔子给予了"同"高度的期许与赞美！

在中国哲学史上，关于和同的论述非常多，很多资料都蕴含有和同哲学的本体论思想，篇幅原因，这里就不再赘述了。钱耕森的大道和生学可以理解为自然哲学，而大道和同学主要是价值哲学。但和生学也具有价值意涵，而和同学也具有本体内容。和生学阐释的主要是个体生成，而和同学论述的主要是群体之共生。因此，和生学必须发展为和同学。和生学阐发的主要还是万物的自然发生过程，而和同学则更重在人为努力的价值创造过程。万物之同生依然以和生为基本机制，和同是和生的高级形态，是和生的完成状态。大道或元气为原初之同，经过一、二、三之生物过程而形成毕异之万物，而万物又玄同于大道，即虽然大道不再以原初混沌的"感性"共性形式存在，但万物又以某种统一的机制在大道之中共振共生、共存共荣。否则，万物将分裂为无序的绝对封闭的个体，统一的有规律发展的世界将不可能存在。

和同学所揭示的"求同存异"是作为自觉存在的人类生存发展的最高真理。因为，在人类产生之前的自然界，万物是依据自然规律而自发地和生和成的，并无背弃和同规则的可能。而人类因为有了自我存在的意识，其求同意欲就可能极度发展而成为自身和社会的破坏性力量。即使用极端的方式迫使他人或社会整体顺从最高权力者的意欲，这在形式上或在最高统治者看来是完全的"同"，而实则是对和同的极大破坏，可能导致社会动乱甚至国家灭亡。周幽王的"专同"就是最早的最好的例证。因此，古今中外所有人类社会的存在的要件都是寻求整体和同的最大公约数，只有能够找到在保持各"异"而不是消灭"异"的前提下的"同"，社会系统才能不断进步发展，实现人与万物的共存共荣，即古人眼中的大同世界。这是需要所有人类成员为之共同奋斗的最高价值，大道和同学既有本体论基础，又有价值论意涵，是本体论与价值论的统一。

---

① 黄寿祺、张善文：《周易译注》，上海：上海古籍出版社，2012年，第197页。
② 黄寿祺、张善文：《周易译注》，上海：上海古籍出版社，2012年，第336—337页。

《易经》的和同实践及共同性进路

——以同人、大有为参照

张　兢*

（西北民族大学新闻传播学院，甘肃兰州，730030）

　　摘　要："和同"是旨在确立和扩大"共同性"的社会实践，《易经》通过同人、大有二卦对此进行了揭示。根据意象不同，和同实践有"小和同"和"大和同"之分。和同实践所能达致的规模和层次，与社会现实情势紧密相关，应遵循与之匹配的实践路径，适时行动，顺势而为。按照《易经》的指示，"小和同"应遵循"类族辨物"的实践路径，"大和同"应遵循"遏恶扬善，顺天休命"的实践路径。在和同实践中，贞正、诚信、尚贤、包容等价值观念得以弘扬，一个物质大丰裕、人事大和顺、文明烛照的社会美好可期。重新"回顾"《易经》，认真垂听它对和同实践普遍性规律的深刻洞察以及对共同性进取路径的智慧揭橥，无疑会深化和拓展共同性问题的理论创新视野，也一定会对当代的和同实践提供"精神动力"和方法论启示。

　　关键词：《易经》；和同实践；共同性；同人；大有

　　基金项目：本文系国家社科基金一般项目"河西走廊民族互嵌型社区铸牢中华民族共同体意识的传播符码体系重构研究"（项目编号：20BXW090）阶段性成果。

　　和同问题是先贤哲人思考的重要问题，其智慧结晶形诸文字，散布在典籍文本之中。近年来，铸牢中华民族共同体意识、构建人类命运共同体成为国家重大战略，和同问题再次激起时代回响，成为理论创新和价值建构的活水源头。围绕和同问题，不少学者探赜钩沉，把梳诠释，形成了由和、同、和同、和合、大同、玄同等构成的复杂语义群，多角度深化和拓展了和同的内涵。不少学者注意到，"和""同"对举以及褒"和"贬"同"是先秦典籍中较为普遍的观念，《国语》中史伯所说的"和实生物，同则不继"最具代表性。也就是说，只有包容并调和差异性，事物才能生生不息；一味强调"共同性"，

　　* 作者简介：张兢，西北民族大学新闻传播学院校聘教授、硕导，研究方向：传播符号学、传播思想史。

事物会走向枯竭衰亡。周太史史伯、晏子、孔子等人似乎都遵循着此种理路。[①] 钱耕森教授在长期研究史伯"和实生物，同则不继""和生"思想，研究儒家和道家"和生"思想基础上提出"大道和生学"。钱先生说："我的'大道和生'说主张世界万物由'和''和气''大道之和气'产生的。"[②] 人们还将"贵和"的思想应用于管理，如现代化企业中盐金坛公司结合企业实际提出贯穿着'贵和'主题的企业文化——贤文化，这是对传统文化'贵和'思想的继承与实践，与大道和生学同声相应。"[③] 当然，在"和""同"关系上，"和"的意义重大，另一方面，"'同'，除了史伯所揭示的负能量的'同'……还有许多正能量的'同'。"[④]

如果仅仅看到"和""同"对立，则未能把握先哲和同思想的全体。在先哲的视野里，和同的实质是如何处理"共同性"与"差异性"的关系问题。这种关系包含着相辅相成的两个方面。一方面，"和""同"意义指向不同。"和"强调对事物差异性的调和与包容，"同"侧重事物类族意义上的共同性。就此而言，"和""同"对立就是"共同性"与"差异性"的对立。另一方面，"同"乃是更高层次上的"和"，只有以同而异，和合万类，超越类族意义上的共同性，才能实现"大和同"，这才是"和同"的精义所在。这一意向在同人、大有二卦中得到了集中而完整的再现与表达。

本文遵循"回到文本"的现代语境论诠释理路，[⑤] 将"和同"视为一种旨在确立和扩展"共同性"的社会实践，对其内涵及实践路径进行分析和阐释。

一、有限共同性及其表征

同人卦辞说："同人于野，亨，利涉大川，利君子贞。"[⑥] 历代学者都将"同人"的"同"

① 关于"和""同"思想的研究，可参阅：柯昊：《经学诠释中的"和""同"思想探论》，《国际儒学论丛》2019 年第 2 期，第 100—116 页；朱琳：《"人类命运共同体"：先秦诸子"同"观念的现代转化》，《广西民族研究》2021 年第 2 期，第 24—30 页；何繁：《异而之一：早期中国哲学的"同"观念》，《四川大学学报》（哲学社会科学版）2022 年第 4 期，第 100—107 页；程有为：《试论春秋战国时期的和同思想》，《中原文化研究》2020 年第 2 期，第 15—23 页；詹石窗、胡瀚霆：《道家"玄同"思想解析》，《中国高校社会科学》2018 年第 4 期，第 64—73 页；谢清果：《老子"玄同"思想体系与人类命运共同体的建构方略》，《中原文化研究》2018 年第 1 期，第 32—41 页。

② 钱耕森：《"大道和生学"新的生命哲学——我对"大道和生学"的探索与构建》，《中华文化与传播研究》2019 年第 1 期。

③ 孙鹏、钟海连：《同声相应，大道和生——现代企业对传统"贵和"思想的传承与实践》，《中华文化与传播研究》2019 年第 1 期。

④ 钱耕森：《大道和生学》，《光明日报》2015 年 3 月 2 日，第 16 版。

⑤ 现代语境论创立者马林诺夫斯基提出，语境是文本意义产出的环境，对文本意义的理解不能脱离产出文本的语境。上下文语境、情景语境和文化语境构成了文本意义产出的主要因素，也为解释者确立了释义规则，框定了诠释的边界。因此，"回到文本"、回到文本产出的语境成为符号意义阐释的主要路径。参阅：Malinowski B. "The Problem of Meaning in Printive Languages", Supplement I.in C. K. Ogden & I. A. Richards. *The Meaning of Meaning*.San Diego New York and London Harcourt Brace Jovanovich,Inc,1923，p305.

⑥ （魏）王弼注，（唐）孔颖达疏：《周易正义》，北京：北京大学出版社，1999 年，第 72 页。

解释为"和同",于是便有了郑玄的"使天下和同事之"①、孔颖达的"和同于人"②、朱熹的"与人同"③等释义。可见，和同的实质是在社会人群中确立"共同性"的社会实践。"共同性"与空间范围和人群规模紧密相关，具有相对性。随着空间人群的扩展，族类圈层或者边界被打破，"共同性"会扩展到更大的范围，具有无限扩大的潜势。因此，和同实践有"小和同"和"大和同"之分。

"小和同"是在局部地域和有限群体（包括宗族、社团以及各种政治的、经济的、宗教的利益集团等）中确立某种"共同性"的社会实践，其目的在于维护群体利益。这种共同性建立在对"差异性"的刻意强调上，通过强调与"他者"的差异性而确立自身的共同性。在实践层面，就是聚合同类而排斥、隔离异类，其后果是类族间因为利益争夺而疏离甚至对抗。孔子反对的"同而不和"指向的就是"小和同"，"同"就是固守同类共同性，"不和"就是拒绝与他者交流对话，这显然是一种有限的共同性。"大和同"就是超越有限的共同性，在更宏阔的空间和更广大的人群中确立"共同性"，融通他者、包容差异性，实现天下和同。孔子倡言的"和而不同"指向的就是"大和同"。"小和同"是通往"大和同"的必经阶段，"大和同"是和同的最终实现。这是一个不断扩展的历史过程。"和同"既是社会实践过程，也是这一过程的结果。

同人所指向的便是有限共同性的和同实践，集中表现在六二、九三、九四三爻之中。六二曰："同人于宗，吝。""同人于宗"就是在宗族内部确立某种共同性，意在维护褊狭的宗族利益，因而呈现出"鄙吝之象"。九三曰："伏戎于莽，升其高陵，三岁不兴。"九四曰："乘其墉，弗克攻，吉。"九三、九四的和同范围已经从宗族扩展到较大的人群中，形成了具有军事实力的政治集团。二者都想以武力夺取九五的至尊地位，谋求更大的集团利益。由于二者均固守本集团共同性，强力维护本集团利益，以差异性和敌对性相互对抗，"各私其党而求利"④，其结局只能是"三岁不兴""弗克攻"。六二、九三、九四的"和同"实现的只是族类范围的和同，即"小和同"。对此，同人卦以"鄙吝""不兴""弗克攻"此类负面断语提出警告。可见，《易经》虽然承认"小和同"的现实存在，但对这种有限共同性的和同实践持保留态度。

同人卦预设了"大和同"的可能性，但有严格的条件限制，这就是同人卦辞所说的"利君子贞"。何谓"贞"？《乾·文言》说："贞者事之干也""贞固足以干事"，《周易正义》解释说："君子坚固贞正，令物得成，使事皆干济，此法天之'贞'也。施于王事言之，元则仁也，亨则礼也，利则义也，贞则信也。"⑤合而言之，"贞"至少含有贞正、贞

① （清）李道平：《周易集解纂疏》，北京：中华书局，1994年，第179页。
② （魏）王弼注，（唐）孔颖达疏：《周易正义》，北京：北京大学出版社，1999年，第72页。
③ （宋）朱熹：《周易本义》，北京：中华书局，2009年，第79页。
④ （魏）王弼注，楼宇烈校释：《周易注校释》，北京：中华书局，2012年，第55页。
⑤ （魏）王弼注，（唐）孔颖达疏：《周易正义》，北京：北京大学出版社，1999年，第13页。

信、坚贞三种意涵。就贞正而言，同人卦六二、九五皆居中得正，且二者相互呼应，志同道合。就贞信而言，九五处于至尊之位，用心无私，一视同仁，取信于民，与人同心同志。《系辞·上》引孔子的话说："二人同心，其利断金。同心之言，其臭如兰"，① 即就此而言。就坚贞而言，同人上卦为乾，是和同实践的主导者。乾的显著特征是刚健有为，在和同实践中，能坚贞其志，不因个人得失利害而动摇其心志。

然而，同人卦最终未能实现"同人于野"（"大和同"）的志向，故其上九"象"说："'同人于郊'，志未得也。"对此，王弼认为："凡处同人而不泰焉，则必用师也。不能大通，则各私其党而求利焉。"② 王弼此论并非仅仅解释上九一爻，而是总论同人全卦之义。纵观同人之世，文明与忧患并存。其时，内文明而外刚健，上下相通，同声相应，同气相求，显现出文德粲然的景象。但也交替上演着同宗之吝、"伏戎"之祸、不克之困、"大师"之患。以九三、九四为代表的各种利益集团怀抱狭隘的"共同性"，以"同心""同志"之名，行私欲排他之实，通过武力打压异己，意欲获得宰世之权。位于至尊之位的九五虽然有"健行"之德，有实现"大和同"之志，且有志同道合者（六二）的呼应追随，但是由于九三、九四的干扰和阻隔，难以与志同道合者形成有效聚合，故而陷于不通（"不泰"）之境。为了冲破困境，只能采取武力攻克九三、九四（"大师克"），强行与志同道合者"和同"。但与此同时，"同人"也走向了"极点"。所以，"同人"之世虽然显露出"大和同"的曙光，但是由于"不能大通"而憾然收场。

二、三世移转：通往大和同

"变通"是《易经》的核心思想。所谓"变通"，就是在变化中求通达。③ 宇宙自然及人类社会中一切物事，其产生、发展、衰亡都遵循着阴阳往来变化之理。当事物发展至穷困之境，就须顺应时势，另转一方向，使物各得其宜，使人各安其命，如此才能生生不息、和谐繁荣。就和同实践而言，它可能达到的层次和规模，与社会现实情势紧密相关。《易经》提出了三种社会形态，即否闭之世、同人之世和大有之世。和同实践始于否闭之世的不通，转向同人之世的亨通，成就于大有之世的大通；经历着由"非和同""小和同"到"大和同"的实践过程。

序卦说："物不可以终否，故受之以同人。"④《周易程氏传》说："夫天地不交则为否，

① （魏）王弼注，（唐）孔颖达疏：《周易正义》，北京：北京大学出版社，1999年，第276页。
② （魏）王弼：《周易注校释》，楼宇烈校释，北京：中华书局，2012年，第55页。
③《易经》多处对此有详尽表述。《系辞·上》说："一阖一辟谓之变，往来不穷谓之通。"又说："化而裁之谓之变，推而行之谓之通。"《系辞·下》说："变通者，趣时者也。"又说："神农氏没，黄帝、尧、舜作，通其变，使民不倦，神而化之，使民宜之，易穷则变，变则通，通则久，是以自天祐之，吉无不利。"参阅：（魏）王弼注，（唐）孔颖达疏：《周易正义》，北京：北京大学出版社，1999年，第288—300页。
④ （魏）王弼注，（唐）孔颖达疏：《周易正义》，北京：北京大学出版社，1999年，第335页。

上下相通则为同人，与否义相反，故相次。"① 同人卦随否卦而来。否卦是"否闭""匪人"之象，亦是邦国覆灭之兆。其《象》说："'否之匪人，不利君子贞，大往小来'，则是天地不交，而万物不通也；上下不交，而天下无邦也。内阴而外阳，内柔而外刚，内小人而外君子，小人道长，君子道消。"② 否卦指向了一个天地万物不相交通的否闭之世。就物事而言，天地不交，万物荒芜，百业凋敝，物产贫瘠，运输不畅，民众陷于苦难之中。就人事而言，小人道长，君子道消，宵小横行，奸佞当道；是非不明，公义不张，社会进入阴阳颠倒的阴暗时代。就国家而言，内政软弱，外强环伺，内外交困，国家面临覆灭之危。否闭之世，宇宙人事演进至不通之极，是"非和同"的世代，故而其《象》以"俭德辟难，不可荣以禄"加以劝诫。当否闭之世发展到极点，否道倾毁之际，人人都想求新求变求通，心无私欲，皆为大义公理而战，由此拉开了和同实践的大幕。正如韩康伯所说："否则思通，人人同志，故可出门同人，不谋而合。"③ 同人卦初九所说的"同人于门"便是否闭之世转向同人之世的开端。

同人之世，内文明而外刚健，上下同心同志，极大地改变了否闭之世的危局，故而其卦辞以"亨"加以评断。但是，正如前文所述，同人之世并未实现"同人于野"的宏愿，它所能达到的"变通"是有限度的变通，所实现的"和同"是"小和同"。同人之世是不通到大通、"非和同"到"大和同"的过渡阶段。说卦说，圣人创制《易》的目的在于"顺性命之理""穷理尽性，以至于命"。④ 所谓"穷理"就是穷尽事物之理。宇宙间一切物事，纷纭繁杂，各有其先天之本性，各有其发展之命运，彼此不同，相互迥异，因此要穷尽万物生灵所禀受的自然本性，穷尽万事万物的差异性。宇宙人事虽然具有差异性，同时也深藏着共性之理。因此，"穷理"就是既要穷尽事物个性之理，又要穷尽事物共性之理。"穷理"的目的在于"尽性"，就是顺合宇宙万物的共性之理，充分发挥物之所用、人之所能，使人和物各得其宜、各安其命。唯有如此，才能真正跳脱有限的共同性，协和万物，和同天下。反观同人之世的和同实践，因固守族类间的差异性而陷入狭隘共同性的泥淖，既没有看到族类间的共同性，又不能包容族类差异性，因此不能打通族类边界，消融族类隔阂，最终达到的只是有限度的变通，所实现的只是"小和同"。

大有之世是和同实践的进一步发展。序卦说："与人同者，物必归焉，故受之以大有。"⑤ 善与人同，和合万物，人与物必然归附，所以成"大有"之世。大有卦辞说："大有，元亨。"⑥ "元亨"就是大通顺，万物大通，人事和顺，国家和谐繁荣。就物事而言，"大有"之世，阳光普照大地，泽水流润不竭，万物各得其宜，生生不息，往来不滞，物

① （宋）程颢、程颐：《二程集》，北京：中华书局，1981 年，第 763 页。
② （魏）王弼注，（唐）孔颖达疏：《周易正义》，北京：北京大学出版社，1999 年，第 70 页。
③ （魏）王弼：《周易注校释》，楼宇烈校释，北京：中华书局，2012 年，第 262 页。
④ （魏）王弼注，（唐）孔颖达疏：《周易正义》，北京：北京大学出版社，1999 年，第 325 页。
⑤ （魏）王弼注，（唐）孔颖达疏：《周易正义》，北京：北京大学出版社，1999 年，第 335 页。
⑥ （魏）王弼注，（唐）孔颖达疏：《周易正义》，北京：北京大学出版社，1999 年，第 76 页。

质财富大积聚，呈现出大丰裕、大富有的景象。就人事而言，大有卦一阴五阳，一阴（六五）以柔德处于尊显之中位，故曰"大中"。一阴拥有五阳，五阳同宗一阴，上下追随响应，所以其《彖》说："柔得尊位大中，而上下应之。"① 较之同人卦的龃龉争斗，大有卦显现出众星拱月之象。在大有卦中，九二深受六五赏识，背负重任，执着追随六五；九三虽然大权在握，威望鼎盛，但"公用享于天子"，心无二志，一心为公；九四无结党之私、僭越之意，心无旁骛，追随六五；上九则清净高洁，自然无为，甘愿顺从于六五。通观大有卦，其于人事上呈现出大和顺之象。

物质大丰裕，人事大和顺，天下因此呈现出文明烛照、包容万有的景象。王弼解释大有卦六五爻辞时说："居尊以柔，处大以中，无私于物，上下应之。信以发志，故其孚交如也。夫不私于物，物亦公焉；不疑于物，物亦诚焉。既公且信，何难何备？不言而教行，何为而不威如？为大有之主而不以此道，吉可得乎？"② 作为大有之世的倡导者和践行者，六五以柔顺之德居于至尊之位，柔顺之德就是坤德，"坤厚载物，德合无疆；含弘光大，品物咸亨"，③ 故而可以无差别地聚集、容纳万物，无远弗届地施惠于万物，无遗漏地成就万物之本性，因此，大有之世具有海纳百川、包容万有的气度和胸怀。大有之世也是诚信周行的世代。诚就是真诚不欺，信就是信任不疑。诚信表现在对九二的重用不疑、对九三的包容、对九四的赏赞和对上九的尊仰之中。诚信与人交往沟通，才能"上下应之""信以发志"，感召他人实现宏大志向。大有之世还是"天下为公"的世代。不私于物，物皆为公有；不为私利，人人皆为公义而行。大有之世彻底摆脱了狭隘共同性的桎梏，跳脱了群体私利的泥淖。由此，普天之下呈现出大通顺、大和谐、大繁荣的盛世景象，"大和同"的宏愿最终得以实现。

三、"类族辨物"与"顺天休命"

和同实践的层次和规模不同，路径和方法也不同。按照《易经》的指示，"小和同"应遵循"类族辨物"的实践路径，"大和同"应遵循"顺天休命"的实践路径。正如"小和同"是通往"大和同"的必经之路，"类族辨物"是"顺天休命"的必要条件。

《同人·象》说："天与火，同人。君子以类族辨物。"《周易正义》解释说："君子法此同人。"④ 这就是说，"小和同"应遵循"类族辨物"的实践路径。

何谓"类族辨物"？何以"类族辨物"？从语义而言，"类"与"辨"互文足义，都是区分、归类之意。"族"泛指族群、人类，偏于人事；"物"泛指人类以外的动植物以及客观存在的事项，偏于物事。"类族辨物"就是对各色人等、各种事物进行区分和归类。

---

① （魏）王弼注，（唐）孔颖达疏：《周易正义》，北京：北京大学出版社，1999年，第76页。
② （魏）王弼：《周易注校释》，楼宇烈校释，北京：中华书局，2012年，第59页。
③ 坤卦彖辞。（魏）王弼注，（唐）孔颖达疏：《周易正义》，北京：北京大学出版社，1999年，第25页。
④ （魏）王弼注，（唐）孔颖达疏：《周易正义》，北京：北京大学出版社，1999年，第73页。

其过程是"审异而致同"，^①即明辨差异性，确立共同性，使事物"各同其党，使其相同，不间杂也"^②。藉借由"类族辨物"所确立的"共同性"（"同"）是族群和种类意义上的"共同性"，这也就是二程所说的"各以其类族辨物之同异也"^③。"类族辨物"之所以是"小和同"应遵循的实践路径，乃是同人之世的客观现实使然。

同人之初，百废待兴，人民贫苦，国家亦有倾覆之虞，国强民富成为强烈的时代呼声，也是人们的共同愿望和共同志向，因此"出门逢人皆同"。这种"共同性"是一种超群体超地域的普遍共同性，具有凝集最广大人群的潜在可能性。然而，这种普遍共同性实际上降格具化为群体共同性或者党派共同性。因为在实现国富民强这一共同目标上，存在着不同的思想主张和解决方案。这些主张和方案本质上是不同群体或者党派利益的反映，是群体共同性或者党派共同性的集中体现。假如各群体或者党派间能够无阻隔地交流沟通，对话协商，求同存异，则和同实践或许可以走向"大和同"。但是同人之世并未备具大和同的物质基础和思想基础。一方面，同人之世的物质生产力较为落后，财富积累比较有限，物质占有尚不均衡，资源分配尚不公平，不同群体的生存状况存在明显差异，"货力为己"是普遍的社会心理。为了维护自身利益并实现自身利益最大化，群体间和党派间发起了激烈而残酷的资源争夺，寸土必争，寸步不让，难以调和。另一方面，各群体（党派）都认为自己的解决方案是正确的道路选择，都声称自己是真理的拥有者，都试图将自身的"共同性"作为绳墨天下的标准，肯定对方所否定的而非议对方所肯定的，社会共识蜕变为权力宰控的幻想，"天下非有公是也"^④。在此情况下，群体（党派）共同性成为身份识别的唯一依据，将认同和追随群体共同性的归为同类、引为志同道合者，而将反对者视为异类仇敌，和同实践陷入狭隘共同性的困局，最终只能采取暴力手段强行解决，"谋用是作，而兵由此起"^⑤。

《周易程氏传》说："见同之为同者，世俗之知也。圣人则明物理之本同，所以能同天下而和合万类也。以天地男女万物明之：天高地下，其体睽也，然阳降阴升，相合而成化育之事则同也；男女异质，睽也，而相求之志则通也；生物万殊，然而得天地之和，禀阴阳之气，则相类也。物虽异而理本同。"^⑥从事物本质以及和同实践的总趋势而言，此言不虚。但就和同实践的具体过程而言，诸多外部条件和客观因素决定了和同实践进程的曲折性和漫长性。在和同实践的不同阶段，必然要根据具体情势采取不同的实践路径。同人之世的客观情势决定了其和同实践必然遵循"类族辨物"的路径。换言之，"类族辨物"这一实践路径与同人之世的客观现实是高度适应的。正是如此，同人之世所达成的

① （宋）朱熹：《周易本义》，北京：中华书局，2009 年，第 80 页。
② （魏）王弼注，（唐）孔颖达疏：《周易正义》，北京：北京大学出版社，1999 年，第 73 页。
③ （宋）程颢，程颐：《二程集》，北京：中华书局，1981 年，第 765 页。
④ （清）郭庆藩：《庄子集释》，北京：中华书局，2012 年，第 831 页。
⑤ 王文锦：《礼记译解·礼运第九》，北京：中华书局，2001 年，第 287 页。
⑥ （宋）程颢、程颐：《二程集》，北京：中华书局，1981 年，第 889—890 页。

只能是"小和同"。当社会演进至大有之世，"类族辨物"的有效性便大为降低，而应采取"顺天休命"的实践路径，故而其《象》曰："火在天上，'大有'。君子以遏恶扬善，顺天休命。"

何谓"顺天休命"？何以"顺天休命"？"顺"就是顺应、遵从，"天"就是天时、时势，"休"就是完美、合理，"命"就是事物的本性和发展命运。"顺天休命"就是顺应天时，完美成就事物的本性和发展命运。大有之世是物质大丰裕、人事大和顺、文明烛照的世代，实现大和同的客观条件"自天祐之"，已经全然具备。但是大和同不能自动生成，而是要靠人顺势而为，积极践行，否则便会萌生嫌隙和争端。朱熹对此说得透："所有既大，无以治之，则矍蘖萌于其间矣。天命有善无恶，故遏恶扬善，所以顺天。"[1]因此，唯有"遏恶扬善"才能"顺天休命"。

"遏恶"就是遏止恶念恶行。荀子认为，人类的恶念恶行及其引发的所有灾祸均源于邪恶的先天本性，这种邪恶的本性表现为"好利""疾恶""耳目之欲""好声色"。如果放纵邪恶的本性，便会引发争抢掠夺、杀戮陷害、淫荡混乱等种种恶行，人类也将陷入无尽的灾难之中。因此必须将恶念恶行遏止在其萌发之际。"遏恶"的同时，还要"扬善"，即通过"师法之化，礼义之导"，"化性而起伪"，[2]以美好的德性和正向的价值观引导、涵养民众。王弼认为，《大有》上九爻有"三德"："五为信德，而己履焉，履信之谓也。虽不能体柔，而以刚乘柔，思顺之义也。居丰有之世，而不以物累其心，高尚其志，尚贤者也。"[3]即诚信、顺从、尚贤。除此之外，初九表现出的坚韧之志、九二表现出的卓越才能、九三表现出的大公无私、九四表现出的明辨哲智，以及大有全卦表现出的海纳百川、包容万有的胸怀，都是大有之世所珍重的美好德性和正向价值观。由此可以设想，在一个物质大丰裕、人事大和顺的世代，恶念恶行被遏止于萌发之际，美好德性和正向价值观周流于世，物皆尽其用，人皆尽其才，万事万物各得其宜、各安其命，大和同的愿景必定实现。

四、结语

王弼在《周易略例·明卦适变通爻》中指出："夫时有否泰，故用有行藏。……一时之制，可反而用也；一时之吉，可反而凶也。"[4]《易经》以时为贵，教人审时度势，适应时势以求变通。和同实践也是如此。和同实践所能达到的共同性的层次和规模，受制于自然和社会发展的总体情势。虽然《易经》对"小和同"及其达到的有限共同性颇有保留，但是它冷峻地指出，"小和同"是受同人之世客观情势决定的必然存在，而且是通往

---

① （宋）朱熹：《周易本义》，北京：中华书局，2009年，第82页。
② （清）王先谦：《荀子集解》，北京：中华书局，1988年，第434—438页。
③ （魏）王弼：《周易注校释》，楼宇烈校释，北京：中华书局，2012年，第59页。
④ （魏）王弼：《周易注校释》，楼宇烈校释，北京：中华书局，2012年，第280页。

"大和同"的必经阶段。没有"小和同"就没有"大和同"。"大和同"的实现，必待一个物质大丰裕、人事大和顺、文明烛照、包容万有的大有之世的到来。然而，即使诸种条件已经具备，但是如不顺势而为，则"小和同"也无法实现，遑论"大和同"。因此，《易经》主张刚健有为的进取精神。与此同时，与特定社会现实情势相适应的实践路径也断不可废，否则会导致"一时之吉，可反而凶也"的后果。

雅斯贝尔斯（Karl Jaspers）说："直至今日，人类一直靠轴心期所产生、思考和创造的一切而生存。每一次新的飞跃都回顾这一时期，并被它重燃火焰。……轴心期潜力的苏醒和对轴心期潜力的回忆，或曰复兴，总是提供了精神动力。"① 如今，铸牢中华民族共同体意识为实现民族"大和同"指明了方向，构建人类命运共同体的宏愿也将人类"大和同"的目标摆在世人面前。当此之世，重新"回顾"《易经》，认真垂听它对和同实践普遍性规律的深刻洞察以及对共同性进取路径的智慧揭橥，无疑会深化和拓展共同性问题的理论创新视野，也一定会对当代的和同实践提供"精神动力"和方法论启示。

---

① ［德］卡尔·雅斯贝斯：《历史的起源与目标》，魏楚雄、俞新天译，北京：华夏出版社，1989年，第14页。

简评钱耕森先生"大道和生学"

王国良[*]

（安徽大学哲学学院，安徽合肥，230039）

摘　要：钱耕森先生长期从事中国哲学文化史研究，晚年独创"大道和生学"，把史伯的"夫和实生物，同则不继。以他平他谓之和"概括为"和生"，继之以老子的"道生一、一生二、二生三，三生万物"与"万物负阴而抱阳，冲气以为和"为"道生"，以"和生"与"道生"构成"大道和生学"哲学体系，显微阐幽，独出新解，为往圣继绝学。钱先生接着提出，"和实生物"解释世界万物的起源，"以他平他谓之和"，是对"和"下定义，就是哲学思维，就是中国哲学的诞生，由此确定史伯是中国哲学史乃至世界哲学史上第一个哲学家。"大道和生学"的创立，为我们构建和谐生态、和谐社会与和谐世界，促进世界和平与发展、构建人类命运共同体提供理论与文化支撑，具有重大的理论意义与实践意义。

关键词：和实生物；和生；道生；哲学起源

钱耕森先生长期从事中国哲学文化史研究，教学科研孜孜不倦，积厚功深，视野开阔，晚年独创"大道和生学"，为往圣继绝学，为中华哲学文化之开展绍述创新开辟了新的途径，业已在海内外学术界产生较为深广的反响。实有进一步深入探讨拓展之必要。

一、和生学的提出

西周末代天子周幽王的太史史伯在与郑桓公讨论西周的命运以及郑桓公个人的前程出路时，提出了著名的"和实生物"说。钱耕森先生把它概括地称之为"和生学"[①]，认为"和实生物"代表中国哲学的起源，史伯是中国历史上第一位哲学家。

一般认为，成体系的哲学，是关于世界观的学问，哲学是人们对世界总体的认识，

---

[*] 作者简介：王国良，安徽大学哲学学院教授，中国孔子基金会学术委员会委员，中国哲学史学会理事，安徽省孟子思想研究会副会长，主要从事中国哲学、中西哲学比较与新儒学研究方面的教学科研工作。

[①] 钱耕森：《大道和生学研究·前言》，合肥：安徽大学出版社，2019年，第1页。

即对自然世界、人类社会与思维方式及其规律的认识、概括和总结。古希腊的亚里士多德认为哲学起源于"惊异"："古今来人们开始哲理探索，都应起于对自然万物的惊异；他们先是惊异于种种迷惑的现象，逐渐积累一点一滴的解释，对一些较重大的问题，例如日月与星的运行以及宇宙之创生，作成说明。"①哲学起源于惊异，但惊异并不是哲学，惊异只是激发人们去认识奇怪有趣的万事万物产生发展的现象。人们一开始总是对事物的表层现象进行认识观察，积累一点一滴的知识经验，逐渐从具体到抽象，从形而下到形而上，从个别、特殊、片面地上升到普遍性、规律性的认识，这才是哲学思维，才是哲学智慧。诚然，人们也许不需要获取更多的对事物的经验认识，也能对事物的普遍性规律性下断语，做结论，但这通常只是才子式聪明人的有智慧的猜测，并不能解决"是什么""为什么""如何""怎样"的问题，不能形成逐渐有系统的哲学知识。只有通过人们对自然世界发生发展的长期观察、通过人类生产生活的长期实践，通过对事物发生发展的周而复始的秩序性、节奏性、规律性的发现，才可能出现对事物普遍性的概括与总结，这才是哲学思维、哲学智慧。据说公元前 800 年至前 200 年，是人类世界的"轴心时代"，在这一时代，古代中国、古埃及、古巴比伦、古希腊四大文明同时兴盛爆发，产生许多哲人、智者、圣人，充分说明人类社会发展到一定阶段，积累了大量的生产生活经验知识，就必然要有更高的追求，要求对事物的规律性普遍性做出解释与说明，这就是更高的思维、哲学思维的出现与发展。

史伯"和实生物"②说的提出，并非一时一地偶然的突发奇想，而是中华文明长期发展到一定阶段的智慧成果，是中华先民长期从事自然生产社会生活政治实践积累了丰富的人生经验和社会实践经验并，对这些经验加以概括总结的产物。也就是说，社会文明发展到一定相对成熟阶段，就要上升到对普遍性规律的认识和总结，对事物发展来龙去脉的追索与探讨。这就需要对具体事物进行抽象，上升到抽象思维，理性认识。

中华文明的特点是，从起源时，文明的规模和能量就十分巨大。考古发现证明，在黄河流域的中原地区和长江流域的平原地区，几大文化区几乎同时出现并相对独立发展壮大。新石器晚期中国以仰韶文化即华夏文化（约公元前 7000 至前 5000）为中心的几大文明区都表现为定居的农耕文明。农业生活不仅培育了家园感、故乡情，而且最易引发对自然环境的亲和感，人们对不变的土地、树木、山川河流与周而复始变化的四时寒暑、日月运行由逐渐认识了解而感到熟悉亲切。西周末期，人们对自然变化的认识、对社会生产生活的认识已经积累了丰富的经验。《国语·周语》记载，西周的虢文公认为农业是头等大事，务农必须在立春开始耕种，经过春夏秋冬四季辛勤劳动，最后才能有收获，保证民众生活与国家政治秩序稳定："夫民之大事在农，上帝之粢盛于是乎出，民之蕃庶

---

① 亚里士多德：《形而上学》，北京：商务印书馆，1982 年，第 5 页。
② 陈桐生译注：《国语》，北京：中华书局，2013 年，第 573 页。

于是乎生，事之供给于是乎在，和协辑睦于是乎兴，财用蕃殖于是乎始，敦庞纯固于是乎成，是故稷为大官。"① 人民的头等大事在于务农，祭祀上帝的祭品贡物出于农耕，民众生存生活养老送终繁育后代生于农耕，国家财政供给在于农耕，民众的和谐、协调、凝聚、亲睦产生于农业生产的过程，敦厚、光大、团结巩固的民风习俗由此形成，因此负责农耕的后稷历来为天官。虢文公还根据以往的经验对农耕生活的全过程做了概括与总结："古者，太史顺时脉土，阳瘅愤盈，土气震发，农祥晨正，日月底于天庙，土乃脉发。"

"是日也，瞽帅、音官以风土。廪于籍东南，钟而藏之，而时布之于农。稷则遍诚百姓，纪农协功，曰：'阴阳分布，震雷出滞。'土不备垦，辟在司寇。……民用莫不震动，恪恭于农，修其疆畔，日服其镈，不解于时，财用不乏，民用和同。""是时也，王事唯农是务，无有求利于其官，以干农功，三时务农而一时讲武，故征则有威，守则有财。若是，乃能媚于神而和于民，则享祀时至而布施优裕也。"②

虢文公看到，从立春日开始，"阳瘅愤盈，土气震发，农祥晨正，日月底于天庙，土乃脉发"③。阳气俱蒸，土膏其动，阴阳分布，震雷出滞，要立刻开始广泛动员民众及时开展春耕务农，对不积极开展春耕生产的要加以惩罚，于是民用莫不震动，恪恭于农，修其疆畔，日服其镈，不解于时，这样才能做到"财用不乏，民用和同，"春夏秋冬四季三季务农，一季（冬季）讲武，"乃能媚于神而和于民，则享祀时至而布施优裕也"。

在此之前，尧帝已提出了"协和万邦"（《尚书·尧典》）④，更早的黄帝则已提出了"万国和"（《史记·五帝本纪》）⑤ 的名言。虢文公在上面的一段话里也多次运用"和"这一概念，如"和协辑睦""民用和同""和于民"等，说明"和"概念在西周末期已经广泛应用，但是，他们都没有对"和"的确切含义做过界说。

上面提到，定居的农耕文明有利于人们观察四时寒暑、日月运行的秩序性、规律性，有利于人们通过观察亲历实践周而复始的农耕生活积累大量关于万物生长生成的经验。虢文公已经提出"阴阳分布"，指出"阳气""土气"在农作物生长过程中的作用。

稍后于虢文公的伯阳父则明确以阴阳二气失调来解释地震发生的原因："幽王二年，西周三川皆震。伯阳父曰：'周将亡矣！夫天地之气，不失其序，若过其序，民乱之也，阳伏而不能出，阴迫而不能烝，于是有地震，今三川实震，是阳失其所而镇阴也。阳失而在阴，川源必塞；源塞，国必亡。夫水土演而民用也。水土无所演，民乏财用，不亡何待？昔伊、洛竭而夏亡，河竭而商亡。今周德若二代之季矣，其川源又塞，塞必竭。夫国必依山川，山崩川竭，亡之征也。川竭，山必崩。若国亡不过十年，数之纪也。夫

---

① 陈桐生译注：《国语》，北京：中华书局，2013年，第16页。
② 陈桐生译注：《国语》，北京：中华书局，2013年，第16—22页。
③ 陈桐生译注：《国语》，北京：中华书局，2013年，第16页。
④ 屈万里著：《尚书注释》，上海：中西书局，2014年，第4页。
⑤ （汉）司马迁：《史记·五帝本纪第一》，北京：中华书局，第7页。

天之所弃，不过其纪.'是岁也，三川竭，岐山崩。十一年，幽王乃灭，周乃东迁。"①伯阳父提出地震发生的原因是阴阳二气失序，提出天地之气有"序"的观念及其重要性，已经认识到气与自然事物皆有秩序即规律性，并运用有序与失序来解释国家兴亡。有序，不失序，就是天地阴阳二气的平衡与协调，也就是"和"。阴阳"失序"，地震为什么会导致国家灭亡呢？伯阳父提出"水土演而民用"，即水土相互润泽恰到好处才能使农作物粮食得到生长，人民赖以生存生活，如果水土无演，或旱灾或水灾，则民乏财用，国族将亡。"山崩川竭，亡之征也。"

在以上思想资料基础上，史伯提出"和实生物"。司徒郑桓公关于个人命运的垂询给史伯提供了一个总结经验、达到规律性认识的机会。史伯断言西周"殆于必弊"，是在总结大量历代兴亡的经验基础上提出的。《国语·郑语》记载，郑桓公问史伯曰："周其弊乎？"（史伯）对曰："殆于必弊者也。《泰誓》曰：'民之所欲，天必从之。'今王弃高明昭显（即光明正大而有德性），而好谗慝暗昧（即挑拨是非，奸邪阴险）；恶角犀丰盈（即额角有犀文，面颊丰满），而近顽童穷固（顽固幼稚蠢愚难教）。去和而取同。夫和实生物，同则不继。以他平他谓之和，故能丰长而物归之；若以同裨同，尽乃弃矣。故先王以土与金木水火杂，以成百物。是以和五味以调口，刚四支以卫体，和六律以聪耳，正七体以役心，平八索以成人，建九纪以立纯德，合十数以训百体。出千品，具万方，计亿事，材兆物，收经儿，行姟极。故王者居九畡之田，收经入以食兆民，周训而能用之，和乐如一。夫如是，和之至也。于是乎先王聘后于异姓，求财于有方，择臣取谏工而讲以多物，务和同也。声一无听，物一无文，味一无果，物一不讲。王将弃是类也而与剸同。天夺之明，欲无弊，得乎？"②

史伯认为西周必弊，根本原因在于周幽王在治国用人方面采取了"去和而取同"的错误原则和路线。一方面，他抛弃"高明昭显"（即光明正大而有德性），厌恶"角犀丰盈"（即额角有犀文，面颊丰满）的君子与忠臣；另一方面，他喜好"谗慝暗昧"（即挑拨是非，奸邪阴险），亲近"顽童穷固"（顽固幼稚蠢愚难教）的小人和奸臣。

史伯是一位明智的政治家，能够看清政治形势，深知社会危机的根源之所在，预见历史发展的必然趋势，他把现实中具体的政治与社会问题，提到了"和同之辨"的理论高度。他明确反对周幽王的"去和取同"的谬误，提出了"去同取和"的正确主张。

史伯明确提出："夫和实生物，同则不继。"这就是说，"和"确实能够产生新事物，而"同"则无法产生新事物，也不能推动事物的前进发展。

史伯论证道："夫和实生物，同则不继。以他平他谓之和，故能丰长而物归之。以同裨同，尽乃弃矣。"多样性的统一可以生成万物，单一的雷同就不能发展。

---

①　陈桐生译注:《国语》，北京：中华书局，2013 年，第 28 页。
②　陈桐生译注:《国语》，北京：中华书局，2013 年，第 573 页。

史伯在论证过程中，对"和"的确切含义做了界定。他通过"和"的定义极其深刻地揭示出"和"之所以能产生新事物的本质的规定和必然的原因。这是中国历史上对"和"所下的第一个经典性的定义，即"以他平他谓之和"。也可以说"和"是多样性的统一。同时，他进一步强调指出"同"不可以产生新事物。"他"指各种不同的事物，"平"，基本的含义是平衡，包括相互依存、相互作用、相互制约、相互促进、相互转化等。比如阴阳平衡、相互作用，水土相互平衡、相互作用等。"谓之"相当于"是"，即"以他平他是和"。所谓"同"，是与"异"相对而言，是对"异"的排斥，是同种事物或同类事物的并存叠加。史伯的意思是说，如果总是用一种东西和同一种东西相加，就无法产生新事物。比如盐加盐还是盐，水加水还是水等。

史伯列举了许多生活经验来加以证明："声一无听，物一无文，味一无果，物一不讲。"这意思是说，只是一种音调，没有和声，未免太单调了，也就没有再听头了；只是一种颜色，没有文采，未免太单调了，也就没有再看头了；只是一种味道，不能成为美味，未免太单调，久之而乏味；只看到一种事物，不与别的多种事物相比较，就只能做出片面而欠公允的评价，而无法做出全面而公允的评价。

史伯进一步以人类的大量生活实践来说明，首先，他概括地以"先王"名义提出："以土与金、木、水、火杂以成百物。""金""木""水""火""土"是五种不同的物质。我国古代的思想家（含史伯在内）把这五种物质作为构成万物的元素，以此说明客观物质世界的起源和多样性的统一。并给它们起了个总名称，叫做"五行"。这就是说，史伯认为"百物""万物"归根结底都是由"土"与"金""木""水""火"这五种基本元素中的"他"与"他"经过相互"平衡"相互作用而产生。这里的"杂"，从传统到现代往往都诠释为"合"，其实就是"平"，也包含伯阳父"水土演"的"演"的含义，即相互作用相互演化相互融合的含义，"杂"是史伯关于"平"的另一种说法和同位语。

接着，史伯又从四个、五个、六个、七个、八个、九个、十个、百个、千个、万个、亿个、兆个、京个、姟个的"他"与"他"，说明经过"平衡"化而形成不同的新事物，出现多种多样的"和谐"。他说："是以和五味以调口，刚四支以卫体，和六律以聪耳，正七体以役心，平八索以成人，建九纪以立纯德，合十数以训百体，出千品，具万方，计亿事，材兆物，收经入，行姟极。"这意思是说，用五种滋味交互调配，以适合人的口味，强健四肢，来使身体健康。用几种不同的声调互相配合，和谐悦耳，端正七窍为心所役使，协调身体的八个部分，使人完整，充实九脏，以建立纯德，设立十种等级，以训导百官，产生千种品位，提出上万的方案，计划亿件事情，经营兆数的财物，常有成"京"的收入，作好各种各样的准备。史伯这段话意在表明，四个他、五个他、六个他、七个他、八个他、九个他、十个他、百个他、千个他、万个他、亿个他、十亿个即一兆个他、十兆个即一京个他，直至最大数十京即一姟的他，彼此都可以通过互动、相互结合，达到"和"的、"平衡"的状态，即可形成万事万物。史伯就是如此不厌其详地遍举不同事例来证明"和实生物"的真实性、客观性、普遍性和有效性。

史伯进一步指出做王的已经具有许许多多的"他"的条件,"居九畡之田,收经入",拥有天下极广的土地,常有京兆的收入,只要又能充分运用这些"他"的条件"以食兆民",供养百官万民,并"周训而能用之",普遍教导而又善于使用他们,那王就可以实现"和谐",和全国人民亲如一家人,"和乐如一"。史伯高度评价这种和谐是最高的和谐:"夫如是,和之至也。"

史伯又进一步说道,先王就追求这样的和,努力做到这样的和:"于是乎先王聘后于异姓,求财于有方,择臣取谏工,而讲以多物,务和同也。"于是,先王与异姓的家族通婚,各地的财货相应而来,选择那些敢于直谏的人来做官吏,处理事情要和其他众多的事务加以比较、衡量,这都是按照"和"的法则而不是追求"同"。

史伯对"和"的定义具有划时代的世界思想史意义。他说:"夫和实生物,同则不继。以他平他谓之和,故能丰长而物归之;若以同裨同,尽乃弃矣。"(《国语·郑语》)"谓之",即是"是",所谓"和",就是"以他平他",这是中国历史上对"和"所下的第一个定义。

钱耕森先生认为,在史伯关于"和"的这个定义里,至少包括了两个要点。

第一,"和"的组成,不像"同",只是单一的"自我"而已,而是包括了多元的"他"。

第二,多元的"他",即"他"与"他"之间的关系,必须是"平"的关系,也就是"平衡"的关系。同时还应引申为"平等"与"公平"的两种关系。即当他与他共同创造新事物时,首先是他与他必须以"平等"的原则参与其事;其次是他与他又必须以"公平"的原则充分发挥出各自的作用;之后则是他与他在互动中必须并且能够达到高度的"平衡"。所以,我把史伯的一个"平"字,诠释为三个"平"字,即"平等、公平、平衡",三者之中,当以"平衡"为主。

当"他"与"他"达到高度"平衡"之时,即"和谐"之时,则新生事物也就会油然而生了。所以,史伯断言"夫和实生物",并以"以他平他谓之和"予以有力的证明。

笔者完全同意钱耕森先生的解释并深表钦佩。

二、和生与道生

钱耕森先生认为老子提出的"道生"与史伯的"和生"具有前后一致性、连续性和创新性,我也完全同意钱耕森先生的精睿见解。

老子主张万物是由"道"生成的。"道"生万物,在老子的哲学里有明确无疑的表述。老子《道德经·四十二》:"道生一,一生二,二生三,三生万物。万物负阴而抱阳,冲气以为和。"[①] 按照老子的说法,"道"生万物,是一个由一而二,二而三,三而万物的逐

---

① 任继愈:《老子新译》,上海:上海古籍出版社,1985年,第152页。

渐增多的长过程，是由无到有，由少到多，由有限到无限的不断发展的过程。并且，这个过程是永远的，没有尽头的。因为，我们中国的先哲对万物生成过程的观察以及所形成的思维定式是"生生不息""生生不已""日新又日新"。所以，这万物的"万"字，并非是确指，它实是无穷多的代名词而已。

老子用"一、二、三、万"的自然实数的加法来描述"道生万物"，是他用深入浅出的话语来表达"道生万物"的玄妙的哲理。如果人们对于这句哲理的认知，仅仅停留在字面上，那是远远不够的。还需要再进一步追问和探索以及深思。老子对于"道生万物"这个玄奥的哲学上的基本问题，其实有更深刻更精彩的解答。这就是他紧接着"道生一，一生二，二生三，三生万物"这句话之后，又极其精辟地说："万物负阴而抱阳，冲气以为和。"（《老子·四十二章》）① 这两句话，有着内在不可分离的有机联系。

钱耕森先生认为，"万物负阴而抱阳，冲气以为和"这句话的精深的内涵，主要有三。

首先，老子引进了"阴阳"二气这两种哲学上的基本范畴来说明"道"之所以生万物，乃是经由阴阳二气而生的。阴阳生物的观念，来自对西周虢文公"阴阳分布"与伯阳父阴阳二气"不失其序"的继承："天地之气，不失其序；若过其序，民乱之也。阳伏而不能出，阴迫而不能烝，于是有地震。"（《国语·周语上》）② 老子把阴阳观念极大地推广到万事万物的生成发展。他认为万物之所以产生的内在结构与动因，并非是由于别的什么东西，而就是由于万物无一例外的都是"阴"与"阳"这两种既互有区别又互有联系，并且不断互动的结果。老子这就使阴阳生物具有了无限的普适性。

其次，老子进一步引进了"冲气"来说明"道"为何通过阴阳二气来生万物的。什么是"冲气"？"冲气"和阴阳二气有什么关系？"冲"，本作"沖"，二者相同。《说文》说："沖，涌摇也。""沖"义，为水动摇的样子。"冲气"，有较多的论者将它解释成"虚气"。例如，任继愈说："冲气，冲虚的气，肉眼看不见的气。"③ 但是，蒋锡昌认为不妥。他说："四章'道冲而用之或不盈'之'冲'当作'盅'，此'沖'当从本字。《说文》：'盅'，器虚也；'沖，涌摇也。'二谊不同。道之盈虚，譬之以器，故用'盅'；阴阳精气，涌摇为和，故用'沖'；此其别也。"④ 可见，"冲气"与阴阳二气关系密不可分，它内含有阴阳二气，它就是由阴阳二气共同构成的。但它又是一种特殊状态下的阴阳二气，即阴阳二气处于相互交冲与激荡的状态。仅就这个意义而言，它又是不同于一般的阴阳二气的一种气体，这种极具个性特色的阴阳二气，就可以称之为"冲气"，"负阴而抱阳"，也就是"冲"。

最后，老子更进一步引进了"和"来说明道是如何通过阴阳二气相互交冲与激荡而

---

①　任继愈：《老子新译》，上海：上海古籍出版社，1985 年，第 152 页。
②　陈桐生译注：《国语》，北京：中华书局，2013 年，第 28 页。
③　任继愈：《老子新译》，上海：上海古籍出版社，1985 年，第 152 页。
④　陈鼓应：《老子注释及评介》（修订增补本），北京：中华书局，1984 年，第 229 页。

生万物。简言之，即如何通过"冲气"来生万物。阴阳二气，不相互交冲与激荡，是生不出万物的。单阴独阳，是无法生出万物的，正如单身男女，是不可能生人一样的。只有当阴阳二气经过相互交冲与激荡，并且还必须达到了"和"，即"和谐""平""平衡"的状态时，才能产生出新生事物，生生不息，日新又日新，就能产生出万物。这"和"的状态，万变不离其宗，还是阴阳二气的"和"，因此，它又可以称为"和气"。

所以，老子所说的"万物负阴而抱阳，冲气以为和"的全句的完整意思是说，万物之所以产生，就是由于构成万物的阴和阳的二气，彼此互动，相互交冲与激荡达到了"和"的状态时，就形成新的和谐的统一体，即形成了新事物，天长地久地生生不息，就会源源不断地无穷无尽地产生出万物。

由上述可见，老子的"道生万物"说，其实也就是"和气生万物"说。这样一来，老子的"和气生万物"说也就与史伯的"和实生物"说，在本质上则是一致的了。钱耕森先生说："我的'大道和生'说主张世界万物由'和''和气''大道之和气'产生的。"[1]

老子的"道生万物"说，是对史伯的"和生学"做出了巨大的发展。

史伯开创了"和生学"，老子则建立了"和生学"。并且，老子后来居上，超越性地创新出中国哲学史上第一个博大精深的并在全世界产生极其深远影响的形而上的体系——"道生万物"说，实即"大道和生学"。

史伯和老子共同创立的"和生学""大道和生学"，具有重大的理论意义与实践意义，在历史上产生过广泛而深刻的影响。无疑也是我们构建生态和谐、世态和谐、心态和谐，以及和平崛起、构建和谐社会与和谐世界，促进世界和平与发展的重要资源。

三、和生与哲学的起源

钱耕森先生提出，史伯实际上是中国第一个哲学家，并且是世界上第一个哲学家，这需要进一步探讨。本文试图在钱耕森先生论说的基础上再做些玄学思考，支持钱耕森先生的观点。

钱耕森先生批评了胡适和冯友兰先生的观点，澄清了历史上关于哲学起源的一团迷雾，认为史伯是第一个哲学家，他所构建的"和生"哲学，有背景，有理论，有论题，有论据，有论证，有践行，有影响。其体系最核心的内容是三个命题：其一，"夫和实生物"；其二，"以他平他谓之和"；其三，和同之辨，"和而不同"，"同而不和"。其中"以他平他谓之和"，也可说是史伯对"和"下了一个定义。这个定义是我国历史悠久的和文化史上的第一个定义，又是历久弥新的一个经典性的定义。所以，史伯的"和生"哲学，不仅在历史上影响深远，而且又具有重大的现实意义，是当代和平发展的不可或缺的重要资源。

---

[1] 钱耕森：《"大道和生学"：新的生命哲学》，《中华文化与传播研究》第5辑，2019年6月。

哲学，据说起源于古希腊，原文 Philosophy，据说意思是爱智慧，实际上就是爱思考，只有思考才能使人聪明有智慧。中文"哲"的意思就是聪明，有智慧。哲人就是智慧卓越或有卓越智慧的人。而哲的最原始意义却是求平衡（我们已经知道理想的平衡状态即是和），哲，从折从口，两相对立，相互验证而相衡。哲，在双方具备实力中找到平衡。哲是一个动态的过程。

近代日本的西周把西方的源于 Philosophy 的学问翻译成"哲学"并且把中国与西方近似对应的儒道墨法等学问称为哲学。现在许多人看到中国哲学与西方哲学的差异，老是纠缠西周的翻译是否合适，甚至怀疑中国没有哲学。至少是没有西方那样的哲学。实际上，西方十五十六世纪的传教士早就把中国的孔孟老庄等人称为伟大的哲学家。他们的学说自然是哲学学说。也就是说，恰恰是西方人自己早就承认中国的哲学是哲学。哲学起源于思考，但一般认为脱离了具体事物形象的思考才是哲学思考，即"形而上"的思考或抽象思维才是哲学思维，特别是脱离具体事物的关于普遍性的思考、关于万物本源的思考才是哲学的起源。黑格尔认为只有达到对世界本源的认识才是哲学的诞生，古希腊的泰勒斯提出"水是万物的始基"，或者说"万物起源于水"，"一般都认为泰勒斯（Thales）是西方哲学史上第一位哲学家"。泰勒斯（Thales）生卒年不详，其"鼎盛年约在公元前 585/584 年"[①]。所谓"鼎盛年"，一般指创作高峰的 40 岁左右。黑格尔认为"水"还没有脱离具象，只有到了巴门尼德提出"存在"才是哲学的奠基。于是，由于中国古代没有提出"存在"概念，许多人又开始重复黑格尔的肤浅之见，说中国哲学不是哲学。实际上，泰勒斯提出"水是万物的始基"，只是富有天才的猜测，并没有说明水为何能成为万物的始基，也没有说明水是什么，即没有给水下定义，更没有大量运用自然世界人类生产生活的经验佐以证明。巴门尼德提出"存在"，也没有说明"存在"是什么。古希腊的"存在"，是"Being"，即生成，是指现存一切处于生生不息过程，也就是即存有即活动，与中国哲学概念"生""生生不息"并无二致。海德格尔说，当希腊的"Being"翻译成拉丁文的时候，活生生的存在变成了僵化不动的"存在"，变成了死物。"罗马思想接受了希腊的词语，却没有继承相应的同样原始的由这些词语所道说出来的经验，即没有继承希腊人的话。"[②] 海德格尔要让"存在活起来"，所以他的哲学要从"此在"出发。史伯提出"和生"，并对"和"下定义，就是哲学思维，就是中国哲学的诞生，至少比希腊的泰勒斯说"水是万物的始基"早 200 年。"和实生物"，解决了万物如何发生发展的问题，"和"是万物的本源，解决了"为什么"的问题；"以他平他谓之和"，是下定义，哲学的基本要求就是下定义，说明"和"是什么，"谓之"即"是"，解决了"是什么"的问题。"和生"经过老子"道生"的充实，完成"和、生、道、气"哲学体系的初步建

---

① 赵敦华：《西方哲学简史》，北京：北京大学出版社 2001 年版，第 9 页。
② 海德格尔：《艺术作品的本源》，《海德格尔选集》上，上海：上海三联书店，第 243 页。

构，即"大道和生学"。钱耕森先生说："我……将中国传统哲学中'道''和''气''生'4个重要的核心理念以及'和平发展'的时代精神，传承并发展为'大道和生学'的新的哲学体系。"①

总之，我同意钱耕森先生"史伯是第一个哲学家"的观点。

---

① 钱耕森：《"大道和生学"新的生命哲学》，《中华文化与传播研究》第5辑，2019年6月。

"大道和生"视域下的内丹修炼之"和"

——以《钟吕传道集》为中心

刘金鹏 丁常春*

（安徽大学哲学学院 安徽合肥 230039）

摘 要: 道教内丹学著作《钟吕传道集》有丰富的和生思想，表现为"五行相和""水火相和"以及"龙虎相和"。"五行相和"方面，钟离权引入"一气"概念，运用"和实生物，同则不继"的原则，使五藏（脏）之气相和。"水火相和"方面，"真火"与"真水"的和谐不能仅仅依靠心肾，还需要肝肺的参与，此即史伯所谓的"以他平他"。"龙虎相和"方面，"真龙"与"真虎"互相交媾要在"黄庭"之中进行，以"采补之法"达到"相和"的状态，之后还需用"防危虑险"的功夫加以维护，这表明"龙虎相和"不是自发的，需要多种因素相互协调。从"五行相和"到"水火相和"再到"龙虎相和"的内丹修炼，其"和生"是随着修炼而精细化的，表明道教内丹学的"和生"思想对史伯的"和生学"既有继承又有发展。

关键词： 内丹；大道和生学；五行；水火；龙虎

钱耕森先生构建的"大道和生学"理论体系，揭示出中国哲学的"和"之特质，指出"多元的'异'，在彼此配合的互动中，既必须要避免一方吃掉另一方，又必须达到'平''平衡'的状态，方才可以形成'和''和谐'的结果。"[①]"和生学"的修养论即"和气养生"，主要来源于中华民族千百年来行之有效的养生经验和智慧："心平气和"。[②]也有学者以此为视角探究中国传统道家与道教的养生修炼理论，如苏珣认为"大道和生学"视域下的"养生"就是养成"情志和""饮食和""动静和""气息和""情爱和""季节

---

* 刘金鹏（1997— ），男，安徽蚌埠人，硕士研究生在读。丁长春（1971— ），男，安徽合肥人，安徽大学哲学学院教授、中国哲学与安徽大学思想家研究中心副主任、博士生导师。

① 钱耕森：《史伯"和实生物"说新解——"和生学"刍议》，《大道和生学研究》，合肥：安徽大学出版社，2018年，第9页。

② 钱耕森：《和者气寿——道家道教论"和气与养生"》，《中华文化与传播研究》第3辑，2018年6月。

和"。① 道教内丹学中有丰富的"和生"思想，通过"五行""水火""龙虎"等概念表现出来，修炼中要把握好这些相对待的方面，通过一定的方式使其相"和"，才能达到"炼神还虚"目的。这表明，以钱耕森先生的"大道和生学"为视角，可以把握内丹学的修炼精神。笔者拟以内丹学著作《钟吕传道集》为中心，探讨其"五行相和""水火相和"以及"龙虎相和"的方式与状态，以期丰富"大道和生学"的内容，并促进内丹学的现代性认知。

一、五行相和

《钟吕传道集》以钟吕对话的形式，专门探讨人体的"五藏（脏）"与"五行"关系，并说明了在内丹修炼之中"五藏（脏）之气"的运行方式，指出只有以"五行相和"为基础行气，才能达到"五气朝元"的境界，继而得道成仙。

在内丹学中，人体的五藏（脏）之气有各自对应的五行属性。钟离权指出："肾为水，心为火，肝为木，肺为金，脾为土。"② 又说："若以五行相生，则水生木，木生火，火生土，土生金，金生水。生者为母，受生者为子。若以五行相克，则水克火，火克金，金克木，木克土，土克水。克者为夫，受克者为妻。"③ 钟离权将五行的生克关系用"母子"与"夫妻"伦理关系表达出来，表示五行相生相克的关系。这也从根本上说明，中国古代伦理中的"和谐"与道教内丹修炼的"和谐"具有一致性，均表示状态，但中国古代伦理中的"和谐"是外在的，是人与人的"和谐"，而道教内丹修炼的"和谐"是内在的，是人自身的"和谐"。就人体中的"五藏（脏）"来说，这样的"和谐"就是"器官"与"器官"之间保持一种良好、稳定、正向发展的状态。

钟离权将人体五藏（脏）之气与五行相对应，表明人体五藏（脏）之气的联系也是同五行的生克之理是一致的，所以他说："以子母言之，肾气生肝气，肝气生心气，心气生脾气，脾气生肺气，肺气生肾气。以夫妻言之，肾气克心气，心气克肺气，肺气克肝气，肝气克脾气，脾气克肾气。"④ 在此基础上，钟离权继而确定五藏（脏）中的一个器官与其他四个器官的关系："肾者，心之夫，肝之母，脾之妻，肺之子。肝者，脾之夫，心之母，肺之妻，肾之子。心者，肺之夫，脾之母，肾之妻，肝之子。肺者，肝之夫，肾之母，心之妻，脾之子。脾者，肾之夫，肺之母，肝之妻，心之子。"⑤ 最后，钟离权说明

---

① 苏珣:《"大道和生"视角下的"六合养生"》,《中华文化与传播研究》第5辑，2019年6月。

② （汉）钟离权述，（唐）吕洞宾集，（唐）施肩吾传:《钟吕传道集》，高丽杨点校:《钟吕传道集 西山群仙会真记》，北京：中华书局，2015年，第64页。

③ （汉）钟离权述，（唐）吕洞宾集，（唐）施肩吾传:《钟吕传道集》，高丽杨点校:《钟吕传道集 西山群仙会真记》，第64页。

④ （汉）钟离权述，（唐）吕洞宾集，（唐）施肩吾传:《钟吕传道集》，高丽杨点校:《钟吕传道集 西山群仙会真记》，第64页。

⑤ （汉）钟离权述，（唐）吕洞宾集，（唐）施肩吾传，《钟吕传道集》，高丽杨点校:《钟吕传道集 西山群仙会真记》，第64页。

五藏（脏）中的每个器官受到了其他四个器官的影响，五藏（脏）之间存在一种互动的关系，故他指明："心……受肾之制伏，而驱用于肺，盖以夫妇之理如此；得肝则盛，见脾则减，盖以子母之理如此。肾……受脾之制伏，而驱用于心，盖以夫妇之理如此；得肺则盛，见肝则减，盖以子母之理如此。肝……受肺之制伏而驱用于脾，盖以夫妇之理如此；见肾则盛，见心则减，以子母之理如此。肺……受心之制优，而驱用于肝，盖以夫妇之理如此；得脾则盛，见肾则减，盖以子母之理如此。脾之见于内者为脏，均养心肾肝肺……呼吸定往来，受肝之制伏，而驱用于肾，盖以夫妇之理如此；得心则盛，见肺则减，盖以子母之理如此。此是人之五行，相生相克，而为夫妇子母传气，衰旺见于此矣。"① "五藏（脏）"之间关系有"和谐"与"冲突"两类，若要顺利修炼成仙，那么"五藏（脏）"之间就需一直处于"和谐"状态。

进行内丹修炼，首先要了解五藏（脏）之气之间是如何相互影响的，基于此才能使之相"和"。吕洞宾察觉到了这一点，并根据五行生克提出问题："相生者递相间隔，相克者亲近难移。是此五行自相损克，为之奈何？"② 如果五藏（脏）之气不能相"和"，那就会"自相损克"，无法达到修炼的目的。对此，钟离权做了回答："五行归原，一气接引。"③ 在这里钟离权引了"一气"的概念，说明钟离权了解"和实生物，同则不继"的原则，知道光靠五藏（脏）之气是无法使之相"和"的，还需"他"，即"一气"的介入。

内丹学中的"一气"具有很高的地位，《悟真篇》指出："道自虚无生一气，便从一气产阴阳。阴阳再和成三体，三体重生万物昌。"④ "一气"的思想来源于《老子》的"道生一，一生二，二生三，三生万物。万物负阴而抱阳，冲气以为和"⑤。钱耕森先生指出："老子的'道生万物'说，虽然明显地受到史伯的'和生学'的影响，但是如上所述他对史伯的'和生学'却做出了巨大的超越与发展。"⑥ 内丹学中的"一气"同样是对老子"道生说"与史伯"和生说"的继承与发展，更是"大道和生学"在内丹学中的重要体现。那么，"一气"如何使"五藏（脏）之气"相"和"？即如何"以他平他"的呢？

所谓"一气"指的就是元阳，由父母精血形成，是人的身体器官产生的本源。钟离

---

① （汉）钟离权述，（唐）吕洞宾集，（唐）施肩吾传：《钟吕传道集》，高丽杨点校：《钟吕传道集·西山群仙会真记》，第64—65页。
② （汉）钟离权述，（唐）吕洞宾集，（唐）施肩吾传：《钟吕传道集》，高丽杨点校：《钟吕传道集·西山群仙会真记》，第65页。
③ （汉）钟离权述，（唐）吕洞宾集，（唐）施肩吾传：《钟吕传道集》，高丽杨点校：《钟吕传道集·西山群仙会真记》，第65页。
④ （宋）薛道光、（宋）陆子野、（元）陈致虚注：《紫阳真人悟真篇三注》，《道藏》第2册，北京：文物出版社；上海：上海书店；天津：天津古籍出版社，第993页上。
⑤ （春秋）老子著，（魏）王弼注，楼宇烈校释：《老子道德经校释》，北京：中华书局，2008年，第117页。
⑥ 钱耕森：《老子"道生说"对史伯"和生说"的发展与贡献——"和生学"创于史伯，建于老子》，《大道和生学研究》，第163页。引文中的"上述"指的是：第一，老子"道生"说把"道"引进来了；第二，老子"道生"说把"阴阳二气"引进来了；第三，老子"道生"说把"冲气"引进来了；第四，老子"道生"说把"和"引进来了；第五，老子"道生"说能构建万物的"和谐"。

权说:"一气者,昔父与母交,即以精血造化成形。……是此阴以精血造化成形,其阳止在起首始生之处,一点元阳而在二肾。"①元阳的位置就在两肾之间,所以修炼是从肾开始。钟离权又说:"且肾,水也,水中有火,升之为气,因气上升以朝于心。心,阳也,以阳合阳,太极生阴,乃积气生液,液自心降,因液下降以还于肾。"②肾中之火指的就是"元阳",要使其以"气"的形式从肾上升,即"真气",到心位置。心属火,"真气"到达之后就会"阳极生阴",生成"真液"。"真液"向下运行,回到肾的位置。

在"真气"与"真液"运行过程中,不仅仅是心和肾两个器官发挥着作用,肝和肺在运行的过程中起着传导作用。钟离权说:"肝本心之母、肾之子,传导其肾气以至于心矣。肺本心之妻,肾之母,传导其心液以至于肾矣,气液升降如天地之阴阳。肝肺传导若日月之往复。"③其中"肝"是将"肾"中"真气"传导到"心","肺"是将"心"中"真液"传导到"肾"。"真气"与"真液"运行的过程就如同天地阴阳升降的过程。

"真气"与"真液"不断运行,就会产生"真水"与"真火"。再从"真水"之中取"真虎","真火"之中取"真龙",龙虎相交,变为"黄芽",再成就金丹,成为神仙,也就是所谓的"五气朝元"。所以钟离权说:"灵根坚固,恍恍惚惚,气中自生真水。心源清净,杳杳冥冥,液中自有真火。火中识取真龙,水中认取真虎。龙虎相交而变黄芽,合就黄芽而结成大药,乃曰金丹。金丹既就,乃曰神仙。"④成就"金丹大道"的具体表现就是"大药成而阳神出,身外有身,似蝉脱蜕"⑤,就是常说的"出阳神",即身体达到一种高度的"和谐",在这样的"和谐"状态下,修炼者的存在形式向着更加高级的状态演变,不会被肉体所束缚。

综上所述,钟离权引入"一气"概念,论证了"五行之和"。他指出,内丹修炼者在"和实生物,同则不继"的原则下,按照"元阳升举而升真水,真水造化而生真气,真气造化而生阳神"⑥的顺序进行内丹修炼,通过"以他平他"的方式,凭借"一气"使得"五藏(脏)之气"在身中达到高度"和谐"。

---

① (汉)钟离权述,(唐)吕洞宾集,(唐)施肩吾传:《钟吕传道集》,高丽杨点校:《钟吕传道集·西山群仙会真记》,第66页。

② (汉)钟离权述,(唐)吕洞宾集,(唐)施肩吾传:《钟吕传道集》,高丽杨点校:《钟吕传道集·西山群仙会真记》,第66页。

③ (汉)钟离权述,(唐)吕洞宾集,(唐)施肩吾传:《钟吕传道集》,高丽杨点校:《钟吕传道集·西山群仙会真记》,第66页。

④ (汉)钟离权述,(唐)吕洞宾集,(唐)施肩吾传:《钟吕传道集》,高丽杨点校:《钟吕传道集·西山群仙会真记》,第66—67页。

⑤ (汉)钟离权述,(唐)吕洞宾集,(唐)施肩吾传:《钟吕传道集》,高丽杨点校:《钟吕传道集·西山群仙会真记》,第77页。

⑥ (汉)钟离权述,(唐)吕洞宾集,(唐)施肩吾传:《钟吕传道集》,高丽杨点校:《钟吕传道集·西山群仙会真记》,第65页。

二、水火相和

钟离权与吕洞宾在"五行相和"的基础上进一步探讨"水"与"火"的关系，认为"水"与"火"也要保持"和谐"的状态，并将之运用于内丹修炼。"水"与"火"是"五行"的中两个元素，所以"五行相和"要以"水火相和"为基础，"水火相和"是"五行相和"的前提。

内丹学"水火相和"思想来自《周易》中的"水火既济"。关于"水火既济"，朱熹说："既济，事之既成也。为卦水火相交，各得其用，六爻之位，各得其正，故为既济。"① "水"与"火"的关系是"相交"，在这种关系下，二者就能相互发生作用，并且六爻中每一爻都能各得其位，这就是和谐的表现，最终就能实现"事之既成"。与"既济"相反的一卦是"未济"，朱熹对此也有解释，他说："未济，事未成之时也，水火不交，不相为用，卦之六爻皆失其位，故为未济。"② "未济"表示的就是"水火不交"，是与"水火相交"相对的关系，在这种关系中，二者就无法相互发挥作用，且六爻中并不是每一爻都能各得其位，这就是不和谐的表现，表示"事未成之时"。

内丹学继承了这种思想，并且加以发挥，提出了"取坎填离"的修炼方式。内丹学认为后天的坎（☵）、离（☲）二卦是由先天的乾（☰）、坤（☷）二卦中间的阴、阳二爻互换位置造成的。③ 内丹修炼者要使自己从后天的、不和谐的状态转变为先天的、和谐的状态就要使坎（☵）离（☲）二卦中的阴、阳二爻回到原来的位置，使之还原为乾（☰）坤（☷）二卦。正如《悟真篇》所说："取将坎位中心实，点化离宫腹里阴。从此变成乾健体，潜藏飞跃尽由心。"④

吕洞宾表达了对"水火不和"的担忧，如无法使"水火相和"，不仅无法长生，更会迅速衰老死亡："人身之中，以一点元阳而兴举三火。三火起于群水众阴之中，易为耗散而难炎炽。若此阳弱阴盛，火少水多，令人速于衰败而不得长生，为之奈何也？"⑤ 这样的担忧一方面表明吕洞宾认识到"水火相和"在内丹修炼中具有十分重要的意义，另一方面也促使吕洞宾继续向钟离权询问"水火相和"的方法，表其希望得道成仙的美好愿望。对于此，钟离权也做出了详细的回答。

关于身中之"水"，钟离权以仙境湖泊的名称为人身之中的"水"命名，再将其与身体中的器官相对应。钟离权说："凡身中以水言者，四海、五湖、九江、三岛、华池、瑶池、凤池、天池、王池、昆池、元潭、阆苑、神水、金波、琼液、玉泉、阳酥、白雪。

① 朱熹本义：《周易本义》，朱杰人、严佐之、刘永翔主编：《朱子全书》第1册，上海：上海古籍出版社；合肥：安徽教育出版社，2002年，第86页。
② 朱熹本义：《周易本义》，朱杰人、严佐之、刘永翔主编：《朱子全书》第1册，第87页。
③ 胡孚琛主编：《中华道教大辞典》，北京：中国科学技术出版社，1995年，第1225页。
④ （宋）薛道光、（宋）陆子野、（元）陈致虚注：《紫阳真人悟真篇三注》，《道藏》第2册，第943页上。
⑤ （汉）钟离权述，（唐）吕洞宾集，（唐）施肩吾传：《钟吕传道集》，高丽杨点校：《钟吕传道集·西山群仙会真记》，第68页。

若此名号，不可备陈。"① 又说："心为血海，肾为气海，脑为髓海，脾胃为水谷之海，是此四海者如此。五脏各有液，所主之位东西南北中，是此五湖者如此。小肠二丈四尺而上下九曲，乃曰九江，小肠之下元潭之说如此。顶曰上岛，心田中岛，肾曰下岛，三岛之内，根源阆苑之说如此。华池在黄庭之下，瑶池出丹阙之前，昆池上接玉京，天池正冲内院，凤池乃心肺之间，玉池在唇齿之内。神水生于气中，金波降于天上。赤龙住处，自有琼液玉泉。凡胎换后，方见白雪阳酥。"②

身中之"水"在内丹修炼中发挥着重要的作用，钟离权指出："浇灌有时，以沃炎盛，先曰玉液，次曰金液，皆可以还丹。油添有度，以应沐浴，先曰中田，次曰下田，皆可以炼形。玉药金花变就黄白之体，醍醐甘露炼成奇异之香。若此水之功效。"③ 身中之"水"有着调和身中之"火"的责任，否则"水火失衡"，无法练成还丹。以身中之"水"有着调和身中之"火"不是随意调和的，是根据具体的情况，按照对应的顺序，即"油添有度，以应沐浴，先曰中田，次曰下田"。这样就不会使得自身处于"水火失衡"这样一种不和谐的状态。

关于身中之"火"，钟离权指出人身中有三种火，分别是君火、臣火与民火。钟离权说："凡身中以火言者，君火、臣火、民火而已。"④ 这三种火都是源自"元阳"，在形成"真气"中有着重要作用，并且与人的生命息息相关，所以又说："三火以元阳为本，而生真气，真气聚而得安，真气弱而成病。若以耗散真气而走失元阳，元阳尽，纯阳成，元神离体，乃曰死矣。"⑤ 这里就告诫修炼者要守住元阳，防止走失。这三火在内丹学中又称之为"三昧真火"。《道枢·指玄篇》云："吾有真火三焉：心者，君火也，其名曰上昧；肾者，臣火也，其名曰中昧；膀胱者，民火也，其名曰下昧。聚焉而为火，散焉而为气，升降循环而有周天之道。"⑥

身中之"火"在内丹修炼中发挥着与身中之"水"同样的作用。钟离权指出："及夫民火上升，助肾气以生真水；肾水上升，交心液而生真气。小则降魔除病，大则炼质烧丹。用周天则火起焚身，勒阳关则还元丹药。别九州之势以养阳神，烧三尸之累以除阴鬼。上行则一撞三关，下运则消磨七魄。炼形成气而轻举如飞，炼气成神而脱胎如蜕。

① （汉）钟离权述，（唐）吕洞宾集，（唐）施肩吾传：《钟吕传道集》，高丽杨点校：《钟吕传道集·西山群仙会真记》，第68页。

② （汉）钟离权述，（唐）吕洞宾集，（唐）施肩吾传：《钟吕传道集》，高丽杨点校：《钟吕传道集·西山群仙会真记》，第68—69页。

③ （汉）钟离权述，（唐）吕洞宾集，（唐）施肩吾传：《钟吕传道集》，高丽杨点校：《钟吕传道集·西山群仙会真记》，第69页。

④ （汉）钟离权述，（唐）吕洞宾集，（唐）施肩吾传：《钟吕传道集》，高丽杨点校：《钟吕传道集·西山群仙会真记》，第68页。

⑤ （汉）钟离权述，（唐）吕洞宾集，（唐）施肩吾传：《钟吕传道集》，高丽杨点校：《钟吕传道集·西山群仙会真记》，第68页。

⑥ （宋）曾慥集：《道枢·指玄篇》，《道藏》第20册，北京：文物出版社；上海：上海书店；天津：天津古籍出版社，1988年，第673页下。

若此皆火之功效也。"①一方面膀胱中的"民火"要帮助身中之"水"运行,产生"真水",另一方面心中的"君火"要与上升"真水"形成"真液"。另外,钟离权表明"炼形成气"与"炼气成神"均需身中之"火"的参与,表现一种"崇阳论"的基调。

身中之"水"与身中之"火"并不是"真水"与"真火"。钟离权指出:"心生液,非自生也,因肺液降而心液行;液行夫妇,自上而下,以还下田,乃曰妇还夫宫……心,火也。二气相交熏蒸于肺,肺液下降,自心而来,皆曰心生液;以液生于心而不耗散,故曰真水也。"②所谓"真水",即"真液",就是由"肺液"下降至心,从而生出不易耗散的"心液"。肾为夫、心为妻,生出"心液"之后,再由"肺"将其送至"肾"处,即"肺液传送心液,自上而下以至于肾"③。

关于何为"真火",钟离权说:"肾生气,非自生也,因膀胱气升而肾气行;气行子母,自下而上以朝中元,乃曰夫还妇室……肾,水也。二水相交,浸润膀胱,膀胱气上升,自肾而起,皆曰肾生气;以气生于肾而不消磨,故曰真火也。"④所谓"真火",即"真气"就是由"膀胱气"上升至肾,从而生出的不易消磨的"肾气"。肾为夫、心为妻,产生的"肾气",由"肝"将其送至"心"处,即"肝气导引肾气,自下而上以至于心"⑤。

综上所述,"真火"与"真水",即"真气"与"真液",从卦象上来说,他们代表的就是"离"(☲)与"坎"(☵),他们互相传导的过程就是"取坎填离"的过程。这一过程就是由低层次的"和谐"向高层次的"和谐"转变的过程,并且这一过程不能仅仅依靠"心肾",还需要"肝肺"等其他器官的参与。所以说"肝肺"就是"以他平他"中的第一个"他";"心肾"就是"以他平他"中的第二个"他",最终通过"以他平他"的方式达到"水火相和"的状态。这就如同钱耕森先生指出的:"要产生新事物,决不能只有'一个他',至少必须有'两个他'。"⑥

三、龙虎相和

在钟离权看来,所谓的"真龙"指的是"正阳之气","真虎"指的是"真一之水"。他说:"肾水生气,气中有真一之水,名曰阴虎,虎见液相会也。心火生液,液中有正阳

① (汉)钟离权述,(唐)吕洞宾集,(唐)施肩吾传:《钟吕传道集》,高丽杨点校:《钟吕传道集·西山群仙会真记》,第69页。

② (汉)钟离权述,(唐)吕洞宾集,(唐)施肩吾传:《钟吕传道集》,高丽杨点校:《钟吕传道集·西山群仙会真记》,第70页。

③ (汉)钟离权述,(唐)吕洞宾集,(唐)施肩吾传:《钟吕传道集》,高丽杨点校:《钟吕传道集·西山群仙会真记》,第70页。

④ (汉)钟离权述,(唐)吕洞宾集,(唐)施肩吾传:《钟吕传道集》,高丽杨点校:《钟吕传道集·西山群仙会真记》,第70页。

⑤ (汉)钟离权述,(唐)吕洞宾集,(唐)施肩吾传:《钟吕传道集》,高丽杨点校:《钟吕传道集·西山群仙会真记》,第70页。

⑥ 钱耕森著:《史伯"和实生物"说本义浅释——兼答河北省和谐文化研究会王殿明会长》,《大道和生学研究》,第20页。

之气，名曰阳龙，龙见气相合也。"① "真龙"即"阳龙"，指的是"心液"中的"正阳之气"；"真虎"即"阴虎"，指的是"肾气"中的"真一之水"。

从卦象的角度看"真龙"与"真虎"，"真龙"就是"坎中阳"，"真虎"就是"离中阴"。吕洞宾由此提出问题："是此心火之中而生液，液为真水，水之中杳杳冥冥而隐真龙；龙不在肝，而出自离宫者，何也？是此肾水之中而生气，气为真火，火之中恍恍惚惚而藏真虎；虎不在肺而出自坎位者，何也？"② 从这个问题可以看出，"真龙"与"真虎"表示的不是身体器官，而是"真水"与"真火"之中的物质，并且用"离卦"与"坎卦"代指"真水"与"真火"。由此可以推测出"真龙"与"真虎"就是"坎中阳"与"离中阴"。"真水"与"真火"相互作用的实质就是"真龙"与"真虎"的相互结合，也就是内丹学常说的"取坎填离"。由此看出"龙虎相和"是"水火相和"更深层次的表达。

钟离权也使用外丹名词来指代"真龙"与"真虎"。他指出："真气隐于人之内肾，所谓铅者，此也。肾中正气，气中真一之水名曰真虎，所谓铅中银者，此也……所谓朱砂者，心液也。所谓汞者，心液中正阳之气是也。"③ "铅"指的是"真气"，"铅中银"指的是"真一之水"，即"真虎"；"砂"指的是"真液"，"汞"指的是"正阳之气"，即"真龙"。又说："以气中真一之水，顾恋和合于液中正阳之气，积气液为胎胞，传送在黄庭之内，进火无差，胎仙自化，乃此铅银合汞，锻炼成宝者也。"④ "真龙"与"真虎"在"黄庭"之中和合，也就是所谓的"龙虎交媾"。

关于"真龙"与"真虎"在"水火相和"中的作用，钟离权指出："气升液降，本不能相交。奈何气中真一之水，见液相合；液中正阳之气，见气自聚。若也传行之时，以法制之，使肾气不走失，气中收取真一之水；心液不耗散，液中采取正阳之气。"⑤ "真龙"与"真虎"发挥"黏合剂"的作用，使"真火"与"真水"可以相合。"真龙"与"真虎"促使"真火"与"真水"相结合的过程称为"龙虎交媾"，正如钟离权所说："液中有正阳之气，配合真一之水，名曰龙虎交媾。"⑥ 又说："若以此真一之水，合子心之正阳之气，乃

① （汉）钟离权述，（唐）吕洞宾集，（唐）施肩吾传：《钟吕传道集》，高丽杨点校：《钟吕传道集·西山群仙会真记》，第72页。

② （汉）钟离权述，（唐）吕洞宾集，（唐）施肩吾传：《钟吕传道集》，高丽杨点校：《钟吕传道集·西山群仙会真记》，第71页。

③ （汉）钟离权述，（唐）吕洞宾集，（唐）施肩吾传：《钟吕传道集》，高丽杨点校：《钟吕传道集·西山群仙会真记》，第79页。

④ （汉）钟离权述，（唐）吕洞宾集，（唐）施肩吾传：《钟吕传道集》，高丽杨点校：《钟吕传道集·西山群仙会真记》，第79页。

⑤ （汉）钟离权述，（唐）吕洞宾集，（唐）施肩吾传：《钟吕传道集》，高丽杨点校：《钟吕传道集·西山群仙会真记》，第72页。

⑥ （汉）钟离权述，（唐）吕洞宾集，（唐）施肩吾传：《钟吕传道集》，高丽杨点校：《钟吕传道集·西山群仙会真记》，第81页。

曰龙虎交媾而变黄芽，以黄芽而为大药。"[①]"龙虎交媾"的产物，即"水火相和"的产物就是"黄芽"。

"黄庭"作为"龙虎交媾"的场所，"每日得之黍米之大，名曰金丹大药，保送黄庭之中。且黄庭者，脾胃之下，膀胱之上，心之北而肾之南，肝之西而肺之东，上清下浊，外应四色，量容二升，路通八水。所得之药，昼夜在其中。"[②]据钟离权描述，"黄庭"的位置位于身体的中心位置，表明"龙虎交媾"不能有所偏颇，要做到"中和"，也就是该采药时采药，该进火时进火，该抽铅时抽铅，该添汞时添汞，否则就无法"龙虎交媾"使得"龙虎相和"，进而无法使"水火相和"，炼丹就会失败，无法成仙。

在采药进火方面，需要"采药有时，进火有数"。对此，钟离权说："若以采药不进火，药必耗散而不能住。若以进火不采药，阴中阳不能住，止于发举肾气而壮暖下元而已。若以采药有时，而进火有数，必先于铅中作用，借气进火，使大药坚固，永镇下田，名曰采补之法。"[③]在"真龙"与"真虎"互相平衡的过程中，需要通过"采补之法"达到目的，否则就会失败，无法产生最好的效果。"采补之法"就是通过调整"真龙"与"真虎"的量，使之达到互相平衡的和谐状态，再用"火"[④]加以锻炼，以此来形成"黄芽"的修炼步骤。

"抽铅添汞"对于"真龙"与"真虎"的互相平衡也必不可少。钟离权说："始以龙虎交媾而变黄芽，是五行颠倒；继以抽铅添汞而养胎仙，是三田返复。五行不颠倒，龙虎不交媾，三田不返复，胎仙不气足。抽铅添汞，一百日药力全，二百日圣胎坚，三百日胎仙完而真气生。真气既生，炼气成神。功满忘形而胎仙自化，乃曰神仙。"[⑤]"抽铅添汞"是"采补之法"之后的步骤，说明"真龙"与"真虎"之间达到"龙虎相和"的状态之后，形成"黄芽"，即"黄芽"的形成就是"龙虎相和"达到的标志，之后要使"黄芽"

---

① （汉）钟离权述，（唐）吕洞宾集，（唐）施肩吾传：《钟吕传道集》，高丽杨点校：《钟吕传道集·西山群仙会真记》，第80页。

② （汉）钟离权述，（唐）吕洞宾集，（唐）施肩吾传：《钟吕传道集》，高丽杨点校：《钟吕传道集·西山群仙会真记》，第79页。

③ （汉）钟离权述，（唐）吕洞宾集，（唐）施肩吾传：《钟吕传道集》，高丽杨点校：《钟吕传道集·西山群仙会真记》，第81—82页。

④ 此处的"火"指的是"火候"之"火"。在内丹学中，"火候"指通过意念对炼丹过程中各阶层的调节与控制。存神用息为火，运转小周天阶段为候。又有说，火候通常又称"周天火候"。内丹家根据"天人同构"原理，认为身中造化法象天地，炼丹时的火符进退与天地间的阴阳消长暗合，所以称为"周天火候"；炼精化炁时称之为"小周天"；炼炁化神时称之为"大周天"。活子时之火候是采取药物火候之关键。活子时指丹道于一日十二时皆可有阳生、火生之子时，不要拘夜半之死子时，故称活子时。参见中国道教协会、苏州道教协会：《道教大辞典》，北京：华夏出版社，1994年，第320—321页；丁常春《道教性命学概论》，北京：社会科学文献出版社，2013年，第156，162页。

⑤ （汉）钟离权述，（唐）吕洞宾集，（唐）施肩吾传：《钟吕传道集》，高丽杨点校：《钟吕传道集·西山群仙会真记》，第87页。

转变成"仙胎"就需要进行"防危虑险"①的功夫,即持续维护"龙虎相和"的和谐局面,不被破坏。按照相应的方法防危虑险,随着时间的推移,"仙胎"会表现得越来越稳固,进入更高级的和谐状态,为后续的"炼气化神"与"炼神还虚"②做准备。

综上所述,"龙虎相和"是"水火相和"更深层次的表达,使用"采补之法",通过"正阳之气"与"真一之水",使"真气"与"真液"形成"黄芽",之后再以"防危虑险"的功夫维护"黄芽",这一过程要在"黄庭"之中进行。这表明说明"龙虎相和"不能是自发的,是需要多种因素相互协调。这是对史伯"和实生物"之"和"的进一步发展。

四、结语

综上所述,在"五行相和"方面,钟离权引入"一气"的概念,以"和实生物,同则不继"的原则,凭借"一气"使五藏(脏)之气相和。在"水火相和"方面,"真火"与"真水"的和谐不能仅仅依靠心肾,还需要肝肺的参与,这是对史伯"以他平他"的继承。"真龙"与"真虎"的结合要在"黄庭"之中进行,以"采补之法"达到"龙虎相和",之后再用"防危虑险"的工夫加以维护,表明"龙虎相和"不能是自发的,需要多种因素相互协调。从"五行相和"到"水火相和"再到"龙虎相和"的过程表现出内丹修炼的和谐是随着修炼步骤越来越精细化的。"龙虎相和"是"水火相和"的基础,"水火相和"又是"五行相和"的基础。"五行相和""水火相和"以及"龙虎相和"的关系不仅仅是过程上的递进关系,也是"局部"与"整体"的关系。

钱耕森先生说:"史伯认为'百物''万物'归根结底都是由'土'与'金''木''水''火'这五种基本元素中的'他'与'他'经过'平衡'化,而产生的。"③史伯通过"和"来"生"万物,内丹学通过"和"求长生,使修炼者保持"生"的状态,这是对史伯"和生"的继承。内丹学之"和"是"整体"之"和",是"部分"之"和",是"过程"之"和",也是动态与静态相统一的"和",这是对史伯"和生"的发展。

---

① "防危虑险"是内丹性命双修之重要机密,也是修炼成败之关键。不防危险,则有丧生失命之事。参见丁常春:《道教性命学概论》,第167页。

② 内丹性命双修功夫的基本次第,陈抟《无极图》界定为炼精化炁、炼炁化神、炼神还虚三个步骤,为以后内丹家所宗本。南宋余洞真在《悟玄篇》中首次将这三个步骤称为"三关",即炼精化炁为初关,炼炁化神为中关,炼神还虚为上关。参见丁常春《道教性命学概论》,第42页。

③ 钱耕森:《史伯"和实生物"说新解——"和生学"刍议》,《大道和生学研究》,第10页。

盐文化传播研究

主持人语

　　对于农业社会而言，盐曾是决定国家生死和富强的关键，并且整整决定了数千年。一个标志性的起点就是管仲在齐国推行"官山海"，他将盐与国家、民众及经济社会外交等紧密联系在一起，同时也开创了理性的行政决策和"市场"导向的经济行为方式。以后历代多沿着这种方向进行局部调整。因此，在中国近代以前历史上的盐，就在国家与生产者、国家与消费者、中央与地方、地方与地方、中国与外国等层面之间形成了多维的互动关系。从这个角度而言，研究盐就成为研究古代中国问题的一把钥匙。

　　本期胡士颖博士的《梁启超论管子盐政》，从梁公《管子传》入手。梁公将管子盐政放在现代经济社会理论框架中进行分析，指出古代食盐专营所具有的国家治理、财政税收、社会安定、国际贸易等多方面的作用。在梁氏笔下，管子的盐政不仅在其时代具有重要意义，而且对现代国家治理和经济管理提供了重要的启示。

　　《清中晚期南阳府盐政与改革》则从清代南阳县志和清中晚期几位帝王的《会典》《实录》及奏章等一系列材料出发，以南阳府盐政为着眼点，厘清了中晚期河东盐政多次改革的原因。

（《中盐人》执行主编、高级政工师　郑明阳）

梁启超论管子盐政

胡士颍[*]

（中国社会科学院大学哲学院，中国社会科学院哲学研究所，北京，100732）

摘　要：梁启超对管子盐政进行了深入剖析讨论，是《管子传》的精彩部分。他充分肯定了管子作为古代思想家和政治家在盐政方面的创新和影响，并与经济和政治理论相联系，指出古代食盐专营所具有的国家治理、财政税收、社会安定、国际贸易等多方面的作用。在梁氏笔下，管子的盐政不仅在其时代具有重要意义，而且对现代国家治理和经济管理提供了重要的启示。

关键词：官山海；食盐专营；财政政策；金融税收；对外贸易

梁启超（1873—1929）是中国近代著名思想家、政治家、教育家、史学家、文学家、戊戌变法领袖之一、中国近代维新派、新法家代表人物。梁氏对管仲与《管子》多有称述。1903 年 2 月 11 日、26 日，《新民丛报》第 25 号、26 号连载题为《管子传》的文章，署名"广东省城卫道街尚同寄庐汤学智"，该篇"是梁同投稿人汤学智的'合著作品'。这篇《管子传》较之于 1909 年的《管子传》，无论在篇幅字数，还是思想内容上，皆逊色不少。但它是梁启超将管子纳入其学术视野的肇始，也堪称他管子研究的处女作，更是之后 1909 年《管子传》一书的雏形"。研究管子，有着浓重的历史时代缘由和梁启超自身思想的变化，"那就是他已逐渐认识到，要实现变法维新、救亡图存的愿望，仅靠西方社会政治学说是不够的，还需要汲取中国传统文化的精华"，"《管子》一书内容极其丰富，涉及政治、法制、经济、教育、军事以及科技等方面，实用性强，因而引起梁氏的高度重视"，"在研究管子时，采用西方的政治、经济理论方法，企图挖掘其中的精华，实现中西文化融合"。[②]

在《管子传》中，梁启超于第十一章大书管子的经济政策，内容与第六章论管子之

---

[*] 作者简介：胡士颍（1983—　　），安徽阜阳人，哲学博士，中国社会科学院哲学研究所副研究馆员，中国社会科学院大学哲学院副教授。研究方向为中国古代哲学、易学、佛学及数字人文等。

[①] 王学斌：《梁启超管子研究之肇端——1903 年〈管子传〉考析》，《鲁东大学学报》2008 年第 6 期。
[②] 梁家贵：《梁启超关于管子研究之述论》，《平顶山学院学报》2013 年第 3 期。

法治主义相当，这两章是该书最为重要的两个部分。梁启超称管子为"大理财家"，不过他认为管子为政不在君而在国，理财同样如此，"管子之理财，其所注全力以经营者，不在国家财政也，而在国民经济。国民经济发达，斯国家财政随之"。[①] 故而，管子首在富民，并行之以相应的财政政策。其中，关于古代盐政、盐业制度及其所体现的经济财政思想，是梁氏所论重点，除了古今评议外，还进行了中外对比。

一、管子财政政策之中坚

梁启超引用《管子·权修篇》之文，曰："地之生财有时，民之用力有倦，而人君之欲无穷。以有时与有倦养无穷之君，而度量不生于其间，则上下相疾也。故取于民有度，用之有止，国虽小必安；取于民无度，用之不止，国虽大必危。""财政与国民经济关系极密切，苟财政办理失当，则国民经济必缘此而萎悴。而国民经济既已萎悴，欲求财政之丰，决不可得。"[②] 梁氏称赞管仲乃国之干臣，非聚敛之臣般惟求国库之充实[③]。

梁启超总结管子的理财根本观念有二：其一是与法治主义之精神相应，其二与其国民经济政策之精神相应，采用"无税主义"的办法。他说："考其所以持此主义之理由，其一则以为租税妨害国民生产力也，其二则以为租税夺国民之所得也，其三则以为租税贾国民之嫌怨也。此三者皆持之有故言之成理，即今世言财政学者，亦不能具斥其非也。"[④] 这样的概括不便理解，便以《管子》中的"官山海"经济思想和政策来解释和讨论。梁氏引用《管子·海王篇》，并为之注：

桓公问于管子曰："吾欲借于台雉何如？"管子对曰："此毁成也。""吾欲借于树木？"管子对曰："此伐生也。""吾欲借于六畜？"管子对曰："此杀生也。""吾欲借于人何如？"管子对曰："此隐情也。"桓公曰："然则吾何以为国？"管子对曰："唯官山海为可耳。"桓公曰："何谓官山海？"管子对曰："海王之国，谨正盐䇲。"桓公曰："何谓正盐䇲？"管子对曰："十口之家，十人食盐；百口之家，百人食盐。终月，大男食盐五升少半，大女食盐三升少半，吾子食盐二升少半（房注云：吾子谓小男小女），此其大历也（房注云：历数也）。盐百升而釜（〔按〕谓以百升为一釜），令盐之重并加强，釜五十也（房注云：分半也。今使盐官税，其盐之重，每一升加半合，而取之则一釜得五十合。）升加一强，釜百也；升加二强，釜二百也；钟二千（十釜为钟），十钟二万，百钟二十万，千钟二百万。万乘之国，人数开口千万也。禺䇲之商，日二百万（房注云：禺读为偶，偶，

---

① 梁启超：《管子传》，载《梁启超全集》第六卷，北京：北京出版社，1999 年，第 1882 页。以下引用《管子传》省略出版信息。

② 梁启超：《管子传》，第 1892 页。

③ 梁启超：《管子传》，第 1892 页。

④ 梁启超：《管子传》，第 1893 页。

对也)，商，计也。(〔按〕此谓一国有千万人者，其盐税平均计之，每日可得二百万钱。)
十日二千万，一月六千万。万乘之国，月人三十钱之借(〔按〕十字疑衍。为钱三千万)。
今吾非借之诸君吾子(房注云：诸君，谓大男大女也)，而有二国之借者六千万。(〔按〕
谓若抽丁税每月仅得三千万，今不抽丁税而所得能倍之也。房注所解非是，今不采之。)
使君施令曰：吾将号于诸君吾子，则必嚣号。今夫给之盐䇲，则百倍归于上，人无以避
此者数也。(〔按〕谓若君施今日将抽丁税，则民必鼓噪。令专卖盐而收其赢，民虽欲脱
税而不可得也。)今铁官之数曰：一女必有一针一刀，若其事立(房注云：若犹然后)；
耕者必有一耒一耜一铫，若其事立；行服连(房注云：当作辈)轺䡓者，必有一斤一锯
一锥一凿，若其事立。不尔而成事者，天下无有。令针之重加一也，三十针一人之借
也(房注云：针之重每十分加一分为强，而取之则一女之借得三十针也矣)。刀之重六，
五六三十，五刀一人之借。耜铁之重加七，三耜铁，一人之借也。其余轻重皆准此而行。
然则举臂胜事，无不服借者(〔按〕谓凡成丁者，无不纳税也)。桓公曰："然则国无山海
不王乎？"管子曰："因人之山海，假之名有海之国，仇盐于吾国(〔按〕仇即售字，言彼
国有盐而售诸吾国也)，釜十五，吾受而官出以百(〔按〕谓彼国盐价每釜值十五钱，官
悉买之而转售于吾民，则每釜取百钱)，我未与其本事也。受人之事，以重相推，此人用
之数也。"①

　　该篇是以管仲和齐桓公对答的形式，阐述"官山海"的经济思想。这里的"山海"
指的是开矿铸铁和煮盐，而"官山海"就是由国家统一管理盐铁之业，目的是通过对这
两种生活和生产必需品掌控并收税，来提高国家的财政收入。一般认为，管子在齐国实
行的"官山海"，创行了中国历史上最早的盐铁专卖制度。管子指出盐铁税比征收房屋、
林业、牲畜、人头税和户税等更方便且避免直接税而引起的人民的不满情绪。通过对话，
可以看到管仲就当时盐、铁的使用状况有充分的了解，对多种所实施政策有仔细思考和
比较，并且二人对话内容还涉及国与国之间的盐铁贸易及解决办法，即利用他人条件增
加赋税和国家收入。管子认为，没有盐铁资源的国家可以依靠别国的山海资源，让有海
的国家把盐卖给本国，以每釜十五钱的价格买进，而官府专卖的价格为一百。本国虽不
参与制盐，但可以接受别人的生产，用加价推算盈利。

　　梁启超认为"此管子财政策之中坚"，指出官山海本质就是盐与铁皆归政府专卖。他
认为"铁官之置，使人民生事之具暗，其法非良，故后世行之，不胜其敝"②，由于官卖专
营，对人民生产生活增加重负，产生很多弊端，"后世盐法屡变，至今日而政府专卖之下，
复有专卖商之一阶级，故正供益细而民病益甚"③。官山海之策与后世的盐铁专卖即是国家

---

① 梁启超：《管子传》，第 1893—1894 页。
② 梁启超：《管子传》，第 1894 页。
③ 梁启超：《管子传》，第 1894 页。

垄断，极易滋生腐败，而且专营之下的流通环节、区域分割较多，不仅效率低下，更容易层层盘剥、加重百姓负担、与民争利，这一点在西汉盐铁会议即有人提出，体现于《盐铁论》一书之中，也表现于后世的诸多历史事件中。梁公诚为文化思想之巨子，首先便从客观历史与人民疾苦陈述病害，非徒官吏政客之可比也。

其次，盐税一直是国家的重要赋税收入、财政收入的重要来源，虽然有所争议，也被中国和世界大多数国家采用，"若盐，则自秦汉以迄今日，皆以为国家最大之税源。虽屡更其法，卒莫能废。即今世所谓文明国，其学者虽以盐税为恶税，倡议废止，然废者不过二三国"[①]。对于古代食盐专卖制度，研究者众，且抨击者不少，但大多承认专卖制度有效增加国家财政收入，为国家提供了重要财源。对此，已有很多相关盐业历史与政策研究之论著，梁公重视此举，亦有社会、国情与其施政思想之根由。

最后，食盐专卖能够减轻人民负担、缓和矛盾。他指出，盐税存在的原因正如管子所言，"每人所课者极微，而政府所得者极丰"[②]，不至于过度增加人民的负担，他用西方国家为例加以说明，"泰西各国之国税，前此皆以直接税为中坚。今则殆皆以间接税为中坚。盖负担之普及，收税费之节省，人民之不感苦痛，皆间接税之特长"[③]。因而，梁启超论曰："若盐又间接税中最良之税品也，而首发明此策者，则管子也。"有关盐铁专卖的诸多利弊，历史上已有诸多讨论，专卖既是较为隐蔽的剥削，但也具有通过合理政策让利于民、调节社会财富的一面，"由于国家可以从商人那里分割到部分财富，自然可以减轻对老百姓的剥削"[④]。

总体上，官山海之策在梁氏看来，虽然有施行之弊端和历史发展过程中出现的问题，但他从历史效果出发认为政府专卖利大于弊、弊端可除，也是世界各国大多之选，具有普遍性，并且对于非产盐国也是可用的，"管子之法，则纯粹之政府专卖法，而与今世东西各国之制，大致相合者也"[⑤]。他还进一步指出："产盐之国，固可以行盐专卖；即不产盐之国，亦能行之。今欧洲各国多此类也。管子所谓受人之事以重相推也。"[⑥]

总之，盐铁官营的目的是增加财政收入，梁启超将之与今之财政学相比较，认为比那些直接税和租税更为优长。其评曰："管子之财政策，以盐铁为主，而以矿产森林辅之，即财政学所谓官业收入者是也。前此东西各国之财政，大率以租税收入为中坚。其租税又以直接税为中坚。近今则非徒租税中之间接税代直接税而兴也，而官业收入，且骎骎乎夺租税收入之席。德国及澳洲联邦导其先路，俄罗斯日本等国步其后尘。若国有铁路、

---

① 梁启超：《管子传》，第 1894 页。
② 梁启超：《管子传》，第 1894 页。
③ 梁启超：《管子传》，第 1894 页。
④ 林文勋：《中国古代专卖制度的源起与历史作用——立足于盐专卖制的考察》，《盐业史研究》2003 年第 3 期。
⑤ 梁启超：《管子传》，第 1894 页。
⑥ 梁启超：《管子传》，第 1894 页。

国有森林、盐专卖、烟专卖、酒专卖等，其条目也此类之收入日增，则各种租税可以渐减，管子所谓无籍而国用足者，庶几见之矣。德国硕儒华克拿氏之论财政，极赞叹官业收入之善，谓胜于以租税为财源。其说虽未免偏畸，然大势所趋，固不可遏矣。而我国之管子，则于二千年前，已实行此政策，使华克拿见之，其感叹又当何如？"①

二、对外经济政策之第一著者

梁启超认为管子关于经济的轻重思想，是其治国施政最为重要和核心内容，其中也包括对外经济政策，并指出管子的经济外交首重发挥自身经济特长，而产盐正是自太公建国以来发展齐国经济的重要举措。郭沫若曾评价说："齐桓公之所以能够划时代地成为五霸之首，在诸侯中出人头地，在这儿可以找得出它的物质根据。煮海为盐积累了资金，铸铁为耕具提高了农业生产。所以齐桓公称霸并不是仅仅由于产生了一位杰出的政治家管仲，而是由于这位杰出的政治家找到了使国富民强的基本要素。"②

《管子》中记载了管子关于齐国经济特点的分析，以及如何通过经济交往达到利用他国增加本国国力、经济的做法。梁氏引用《轻重甲篇》中的重要对话，其云：

管子曰："阴王之国有三，而齐与在焉。"桓公曰："若此言可得闻乎？"管子曰："楚有汝汉之黄金，而齐有渠展之盐，燕有辽东之煮，此阴王之国也。苟有操之不工，用之不善，天下倪而是耳。使夷吾能居楚之黄金，吾能令农毋耕而食，女毋织而衣。今请君煮水为盐，正而积之。"桓公曰："诺。"十月始征，至于正月，成盐三万六千钟。召管子而问曰："安用此盐而可？"管子对曰："孟春既至，农事且起，大夫无得缮冢墓、理宫室、立台榭、起墙垣。北海之众，毋得煮盐（房注云：本意禁人煮盐，托以农事，虑有妨夺。先自大夫起欲人不知其机。斯为权术）。若此则盐必坐长而十倍。"桓公曰："善。行事奈何？"管子曰："请以令粜之于梁赵宋卫濮阳。"桓公曰："诺。"乃以令使粜之，得成金万一千余斤。桓公召管子而问曰："安用金而可？"管子曰："请以令使贺献出正（〔按〕正，征也）籍者，籍，税也。必以金，金坐长而百倍。运金之重，以衡万物，故用若挹于河海。此阴王之业。"③

这段话中，管子向齐桓公分析了当时以楚国、齐国、燕国为代表的经济特点，认为要善于管理，通过垄断盐的生产和销售来增加财富。齐桓公同意了管仲的建议，在短短几个月内，收集了大量的盐。管仲接着建议在春天限制盐的生产，以提高盐的价格。其

① 梁启超：《管子传》，第1895页。
② 郭沫若：《希望有更多的古代铁器出土》，《郭沫若全集·历史编》第三卷，北京：人民出版社，1984年，第195页。
③ 梁启超：《管子传》，第1897页。

后，他建议将盐出售给其他国家，特别是那些依赖进口盐的国家。通过这种方式，齐国赚取了大量的黄金。最后，管仲建议利用这些黄金来进一步增加国家的财富。他建议规定所有的朝贺、献礼和税收都必须使用黄金支付，这将导致黄金价值的上升。通过这种方式，管仲展示了如何利用国家资源来增加国家财富，从而实现经济繁荣。

梁启超认为"此管子对外经济政策之第一著也"，他指出：第一，在于发挥本国生产特长，"其要点在奖励本国特长之产物，以人力造成独占价格，而吸其赢于外国。夫无论何国，皆缘其气候壤质民业之异，而各有其特长之产物"。又说："而春秋时代之齐国，则以盐为其特长之产物者也，故管子首利用之。其利用之策如何？凡所谓一国特长之产物者，必其物为他国所无有。或虽有之而其质与量皆不及我，或其生产费之廉不能如我者也。夫如是故可以造成独占价格。独占价格者，其价格之高下，惟吾所欲、惟吾所命也。"第二，形成竞争优势有特定的条件："凡物之能造成独占价格者，其要件有三：一曰其物之全部或大部分为我所独有，二曰其物为人生日用所必需，三曰其物之生产总额能以人力限制之。故有竞争而生产太多，则独占价格不成立。欲造独占价格，必先杜绝竞争，限制生产。及夫独占之势既成，则全世界之欲得此物者，不得不俯伏以丐诸我。我虽十倍其值，而人莫能靳矣！"第三，该手段有不道德的一面，却也是现实之不可不为，"夫此等手段，以道德之原则律之，其为不正，固无待言；然在列国并立之世，'国际无道德'一语，已深中于人心，弱肉强食，何国蔑然？苟有可以利吾国者，遑恤其病及人国？此实现今列国商战之惨状，我国人所蓬然未尝觉者也。而岂知发明此术，实行之而灼著成效者，乃在管子"①。梁启超融汇古今，通过对国际经济和管子经济思想的会通，认识到资源管理与垄断、市场操控与价值控制、货币政策与金融工具、经济策略与国家富强、贸易与国际关系等多方面的影响，并以管子之举意图告诉国人先哲智慧，欲唤醒政府和官员总结管子治国之法、现代经济管理思想和财政政策来发展生产、增强国力。

梁启超用西方各国发展经济和国际贸易的做法为例，进一步阐明管仲经济政策的意义。他说："英国之煤铁，中国之丝茶，印度之绵花鸦片，美国之菽麦等类是也。凡此等产物，不能善用之，则其利渐为人所攘夺。苟能善用之，则持此以可以称霸于天下。"②又说："此术也，泰西诸国近十余年来大行之。现在遍美国之托辣斯，其代表也。其法先兼并同业者，使之就我范围；次乃察全国，或全世界消费此物之总额约共几何，如其数以制造之，使求常过于供，而价自不得不腾，而利遂常归于己。美国产业，所以以雷霆万钧之力，震压欧洲，使欧洲诸先进国，恐慌而困于防御者，皆以此也。"③彼时，英美等国积极发展本国工业，积极开拓海外殖民地，形成诸多原料中心产地，通过国家力量、垄断商业集团进行全球性掠夺，攫取大量财富。在梁启超看来，他们的做法与千百年前的管子

① 梁启超：《管子传》，第 1897—1899 页。
② 梁启超：《管子传》，第 1897—1898 页。
③ 梁启超：《管子传》，第 1898 页。

如出一辙:"管子之治盐也,知其物为齐所独有,又知其为梁赵宋卫濮阳所必需,乃限制其生产额而昂其价,坐收十倍之利。此即今世托辣斯所用之手段,所至辟易而莫能御者也。特托辣斯之利,私人占之,管子则由国家行之耳。夫以现今欧洲各国之产业家,犹不能敌美国一私人之托辣斯;况当管子之时,各国之政府人民无一解经济上之原理者哉?以之与管子遇,直如卵之见压于泰山而已。此管子之所以奏全胜也。"[1]

三、以轻重御天下

《管子》一书中,管子经济思想之"轻重论"尤为突出。"轻重思想"是中国古代政治哲学中的一个重要概念,主要体现在经济管理和国家治理方面:主张国家利用商品货币流通规律,进入商品流通领域及部分商品生产领域,直接参与国内外市场活动,以经济手段为主,经济和行政手段兼用,对国民经济和对外贸易实行全面干预与控制;国家实行货币谷物政策和官有官营政策,商品流通领域由国营工商业垄断,从而有效抑制富商大贾,打击分裂势力,增加财政收入,加强君主专制中央经济集权,巩固对广大人民的统治,达到"以轻重御天下"的目的[2]。管子的轻重思想是一种综合经济政策和国家治理的哲学,其核心是通过调节"轻"和"重"的平衡来达到国家的经济稳定和社会繁荣。梁启超从管子论盐专卖及其实践出发,讨论其中所体现的轻重思想,并以现代经济、金融、财政乃至西方国家经济发展现状予以阐述。

他分析所谓"买卖独占",认为:"独占价格者,又非必吾所自产之物而始能行之也。即吾所本无之物亦能行之。盖有资本则能尽笼百货使归于己,令天下之欲得货者,不能舍我而他求,则价之高下,又惟我所命矣!此谓买卖独占是也。"[3]也就是说,只要形成资本优势,便可以通过价格、金融等手段,实现定价、垄断地位,这已经从讨论特殊、自然资源等层面,上升到财政、金融与国际贸易的层面,特别是如何通过控制资源(盐和黄金)来增强国家的财富和影响力。

食盐本是齐国优势,但当时燕国亦产,只是齐国能够巧妙地将矿产资源转化为资本并善加利用,形成二次优势。梁启超分析说:"管子既以独占盐利之故,一举而攫他国之金万余斤,资本之豪,既举世莫敌,于是复相时变察物情,以敛轻散重之术行诸他物,而其第二次所独占者即金也。"由于当时黄金产量有限,齐国便控制黄金价格赚取更多财富:"天下所有金本不多,其产额之增加,更不能骤。当时之金,盖天然具有能独占之性质者也。金之大部分,已在齐政府;齐政府钥之不使出,金价固已腾贵矣。而彼复令民之贺献出征籍者必用金,则齐国境内之金价愈腾,而各国民之有金者,竞输之于齐以求

———————
[1] 梁启超:《管子传》,第 1898 页。
[2] 聂志红:《中国古代的经济干预主义思想——〈管子〉"轻重论"》,《海南大学学报(人文社会科学版)》2008 年第 6 期。
[3] 梁启超:《管子传》,第 1898 页。

利。若水就下，此必然之势也。"①管仲通过控制盐和黄金的供应，实际上操纵了这些商品的市场价格，不仅提高了资源的价值，还增加了国家的财富，展示了通过资源管理和金融操控来增强国家经济的方法。

梁启超认为，时之英国银行的做法与此不谋而合。他说："此又征诸现今之实例而可知也。今英国之英伦银行，若因纸币准备金缺乏之故而欲吸收正金，则抬高其利率，使出他国之上，则德法美俄各国之金，滔滔而注入英国，若水就壑。其于金也，欲抬之来则来，欲麾之去则去，惟英伦银行所欲，无不如意也。不解经济学理者，骤闻之鲜不以为奇，不知此乃一定之原则，如一加一之必为二也。"②

"轻重思想"正是管子洞明经济规律之处，是早期对资源管理和垄断理解与实践的体现，以及地缘政治思想。梁启超说："管子惟深明此理，故能以术尽笼天下之金，使归于齐。夫至天下之金既归于齐，则各国皆以乏金之故，其金价之昂，必与齐等，或视齐更甚焉。然金价之涨落，恒与物价之涨落成反比例。各国之金价大腾，则各国之物价，大贱必矣！于是管子又得施其轻重之术。"③质言之，即人为操控市场来创造稀缺性，从而增加产品（盐、金）的价格，通过控制关键资源的供应来控制市场，强调经济策略在实现国家繁荣中的重要性，通过经济手段来增强国家的政治地位。

四、结语

梁启超在《管子传》中以古今融通的方式，详细讨论了管子的食盐专卖政策与思想，从国家治理、财政政策、税收效果、金融贸易、社会安定、对外关系等多个层面予以解读，大大拓展了关于传统官山海历史文献的认识，使管仲其人与《管子》一书的人物形象、思想内容、文本内涵得以立体化、充实化，现代人更容易理解并认识到古人的智慧，从而在现实中认清当时国际贸易、商业活动的基本规律，接受并推行有利于本国的经济政策。虽然有学者指出《管子传》更像管子学案，缺乏历史文献考证和基本史实，但梁先生以渊博学识、深刻洞察与强烈为国为民谋求出路的精神，使得该书超越一般历史或传记著作，他所讨论的问题直到今天仍然不过时，而其融会新知、古今对话、化古说今的做法更加难能可贵。

---

① 梁启超:《管子传》, 第 1898 页。
② 梁启超:《管子传》, 第 1898 页。
③ 梁启超:《管子传》, 第 1898 页。

清中晚期南阳府盐政与改革

——兼以透视河东盐政

张宸邦[*]

（中国社会科学院大学哲学院，北京，102488）

摘　要： 盐税收入是清政府财政收入的重要来源。清政府盐税收入主体是两淮盐业，而淮盐税收一直受到豫楚之间越境私盐的影响——具体而言，主要是从南阳府越境的潞盐私盐。同时，河东盐业受到自然因素和政治因素多重影响，经营状况往往不容乐观。为解决这些问题，清政府对河东潞盐盐政进行了多次改革，但收效甚微。本文从《会典》《实录》及奏章等一系列材料出发，以南阳府盐政为着眼点，厘清中晚期河东盐政沿革，并尝试分析诸次改革因素。

关键词： 河东盐政；南阳府；改革；私盐；商困

自汉朝施行盐铁官营以来，盐政运行便成了国家经济命脉，历朝历代无不设计精密的盐政制度并严格监管，对食盐的生产、运输、销售等各个环节进行控制，以保证政府税收和军民生活。清代几乎全盘继承明代盐法，又不断增添条目，盐法规定一度极其烦琐。其中引岸制成为主要措施之一，即为各产区盐的销售划定严格的范围，称为引地。但这并没有使盐业市场秩序得到更好的规范，反而，清代私盐"其种类之多，规模之大，区域之广，为害之烈，第积历代盐弊渊薮"。[①] 两淮盐业是清政府盐政的重心，因而以往的私盐研究往往把重点放在这一地区。但淮盐这一清政府盐税收入主体往往受到豫楚之间越境私盐的威胁，因而潞盐引地内外的私盐状况也颇受清廷重视。

---

* 作者简介：张宸邦（2000—　），河南南阳人，中国社会科学院大学哲学院中国哲学专业 2023 级硕士研究生。

① 鲁子健：《清代食盐专卖制度》，《盐业史研究》1991 年第 1 期，第 105—115 页。

一、南阳府及河东盐政沿革

河东盐池，又称解池（位于今山西运城），自古即是食盐的重要生产中心，所产盐称为潞盐、解盐、池盐、盐，供应山西、陕西、河南地区民需。[1]河南作为中原腹地，除零星土盐外，自古没有大宗食盐的出产，日常生活用盐均需从食盐产区长途运输而来。同时，河南距诸产区都路途遥远，因而往往多种食盐兼行，清代行销河南的主要有芦盐、淮盐、潞盐和鲁盐四种。这无疑使得河南的私盐状况复杂、泛滥。[2]处于豫西南的南阳府历来食用潞盐。

清代南阳府"隶南汝光道，南阳镇总兵驻。清初沿明制，领州二，县十一。道光中，淅川升厅。东北距省治六百十里。广五百八十里，袤三百四十里"（《清史稿·志·卷三十七》）。南阳府之于潞盐引地，有这样几个特殊之处：第一，清时，南阳府处在潞盐引地的最南端，与芦盐引地、淮盐引地相接壤，因而时有私盐越界的情况发生。第二，在潞盐引地之内，一方面由于运输距离遥远，在长途运输的过程中监管难以面面俱到；另一方面是由于南阳府多山地，运输不便，这便为私盐的发生提供了可能。第三，同样是因为距离原因，潞盐运至南阳府运费高昂，因而南阳府盐政情况是对河东盐政变动的放大反映，可资参考。

南阳地区盐政的基本状况，光绪三十年刊本的《南阳县志·卷五》有这样记载：

其盐法明制岁销河东盐三千九百引。国初民稀，包商法多亏额为累，知县项亮臣雁降黜。康熙二十八年，知县纪之健代赔七季引张，召募小贩，民始便之。乾隆五十七年，改归地丁征课。嘉庆十一年，复改为商运民销，时县岁销引四千零七张，每季征销一百零二引。道光八年巡抚杨国桢奏请设场，城中商运商销，不果行。咸丰三年，始改为就场征课，民运民销，不为额，于是商困始苏。光绪二十二年，巡抚奏盐斤加制钱二，二十七年加价亦如之。是岁秋，县盐勔需制钱八十。

根据《县志》记载，可以得知南阳县盐政继承明朝引岸制的基础上，兼行专商制（包商制），而后经历了乾隆五十七年盐课改归地丁、嘉庆十一年商运民销、咸丰三年就场征课民运民销三次重大改革。南阳府盐政亦当大体如是。

遍查清代历朝会典及实录，其中记载可与《县志》互为印证。例如，康熙朝《会典》明确规定了河东解盐的行盐地方包括南阳府（康熙朝《大清会典一·卷之三十二·盐法上》）。乾隆朝《实录》记载："南阳……自本年正月更定章程……价值减落……裨益良非一端"（《大清高宗纯皇帝实录十八·卷之一千四百·乾隆五十七年四月上》），即为说明乾

---

① 李竹林：《古代解池及其经济史略》，《盐业史研究》1994年第4期，第58—64页。
② 张小也：《清代私盐问题研究》，北京：社会科学文献出版社，2001年，第112页。

隆五十七年盐课改归地丁之效。道光朝《实录》对杨国桢之奏请也有记载："上年据杨国桢奏，潞盐改归民销以来，价值增昂，请于河南、汝州、南阳三府州各设一厂，饬商分运发售。"（《大清宣宗成皇帝实录三·卷之一百五十五·道光九年四月》）光绪朝《会典》记载咸丰年间改革："三年谕……河东盐务……所有盐课另议就场征收。"（光绪朝《钦定大清会典事例三·卷二百二十四·盐法·河东》）

二、嘉庆年间两次改革详考

清代盐政多次改革，嘉庆年间的两次较为模糊，也与之前多有差异。嘉庆朝是怎样改为商运民销的？

模糊之处即在于改革的时间。道光朝《实录》记载："河南各商营销豫盐，自嘉庆二十四年改议章程，商运民销……"（《大清宣宗成皇帝实录三·卷之一百五十五·道光九年四月》）这便与《县志》中记载的"嘉庆十一年，复改为商运民销"有所不同，出现了十一年与二十四年两种说法。

关于这一问题，光绪朝《会典》记载："嘉庆十一年奏准：河东盐务已改归地丁征课，现在潞盐浸灌邻界，仍应改还商运。"（光绪朝《钦定大清会典事例三·卷二百二十四·盐法·河东》）既然有《会典》的明确记载，那么嘉庆十一年由"摊归地丁"①的民运民销而改还"复商""改还商运"一事当无疑义，但这一记载未强调所运之盐最终归于民销。考察有关此事上谕、奏章，发现嘉庆十一年上谕中讲："课归地丁听民贩运，本非经久无弊之法……或仍改归商之处，会商妥议奏明，候旨施行。"（《谕同兴着与钦差英和等会商河东盐务》嘉庆十一年二月二十九日）次月山西巡抚同兴之奏章讲："此时若不将池盐仍归商运，终不足以杜私贩之源"（《山西巡抚同兴奏遵旨拟查核旧卷并查大朔宁各府买食口盐情形折》嘉庆十一年三月初五日）；钦差英和之奏章讲："自当仍改商运，以循旧章"（《钦差大臣英和等奏会商河东盐务应禁止口盐水运并招商承办潞引折》，嘉庆十一年三月十九日），亦未见"民销"之事。

继续考察光绪朝《会典》所记载的河东盐政沿革，至于嘉庆二十四年，才出现关于"民贩"的记载："商收民贩盐价，每斤酌定银一分七厘，每银一两合制钱一千文，该民贩发运售卖。"（光绪朝《钦定大清会典事例三·卷二百二十四·盐法·河东》）嘉庆二十四年改革的主要内容如下：第一，改变河南省内潞盐的运输路线："豫省之……三十二州县，统归会兴镇一处口岸发票稽查，仍将灵宝口岸运道，及阌乡、孟津等县水运盐斤严行禁绝，以杜侵越。"围绕这一变动，又有细节上的规定，如于会兴镇发行并回收盐票，并限制运输时间。第二，在民贩营商层面有以下举措：上文提到的议定盐价；设立公直，分配、衔接诸运商与民贩，使"均匀发售"；设砝码官秤等。虽然条目之中没有提到由商销

---

① "摊归地丁"是乾隆五十六年时对河东盐政的改革，将盐税分摊在地丁银之中征收，而不再向盐商征收。与之相应的，食盐不再由官督专商交纳盐税之后换取盐引、凭引运销，而改为由民贩自主运销。

改归民销，但由于将运输口岸由多个收窄到了一个，必将需要大量民贩来继续进行后续贩运，使运销情形极大改变。一系列针对民贩的具体措施，以及公直的设立也佐证了这一点。

但继续深入可以发现，民销一事还呈现出与上文材料、结论并不相悖的其他细节。究竟是二十四年始行民销，还是二十四年扩大民销？嘉庆十二陕西巡抚方维甸奏折中讲："（陕西）南山内……山境犬牙交错，路径纷歧，从前商办盐务时商人原不入山，本系转交小贩卖卖，并不画定挑贩路径，自盐归地丁以来，任听民运，贩夫尤为获利，山内客民除垦山背板之外，多余背盐，此时仍照旧章办理，贩盐峪口路经毋庸画定，以杜乡地讹诈之弊，但该商发给贩夫转运，亦不可漫无稽考，应请嗣后南山背夫盐斤总以官店发票为凭，但有发票即准销售，则南山肩贩贫民借资生计，不致去而为匪，而山僻小民亦无淡食之虞矣。"（《陕西巡抚方维甸奏为筹议河东盐务事宜折》嘉庆十二年二月初五日）同时，光绪朝《会典》记载，嘉庆十三年上谕："向来附近场灶孤独残疾贫民，报明注册后，始准每人每日挑负盐四十斤，售卖易食。"（光绪朝《钦定大清会典事例三·卷二百二十四·盐法·河东》）基于这两条材料，我们不难知道，在食盐销售的最终环节由民众贩运，这其实是一种惯例——无论其原因是恤民，或是实在难以运到。

综上，可以对嘉庆年间河东盐政两次改革有个大概了解，即：嘉庆十一年，由乾隆五十七年课归地丁听民贩运之新政，而复照旧章、改还商运。但是，可能仍在部分区域民众最终贩运——这一情况甚至可能早于乾隆改课归丁，是客观情况使然。直至嘉庆二十四年，又将商运的范围统一限制到会兴镇，后半程尽数由民贩发运售卖。这样一来，民销便由零星特例变成了普遍方法，其范围与影响便陡然跃升了。

三、历次改革之缘由探微

考察了基本史实，更为关键的问题便是：为什么河东盐政在乾隆五十七年（1792 年）、嘉庆十一年（1806 年）、嘉庆二十四年（1819 年）短短 28 年之间便更张三次？

（一）私盐之难禁

考察资料，发现道光帝曾讲："解盐行销晋省及河南陕西引地，乾隆五十七年改归地丁征课。嗣因潞盐侵灌邻界，嘉庆十一年复改还商运，今又议。课归地丁在晋省原属甚利，而接壤之两淮长芦引均受私盐充斥之累，亦难免顾此失彼。"（《大清宣宗成皇帝实录·卷之二十三·道光元年九月》）显然，无论是前文所引嘉庆十一年当年的上谕，还是道光帝的上谕，都极言私盐之弊。在清代，盐税收入的主要来源是两淮盐课。而自从乾隆五十七年河东课归地丁听民贩运以来，一来没有了官吏盘剥、盐商加价，盐价较低，较官运官销的淮盐、芦盐廉价许多；二来听民贩运，无从规制，导致大量私盐进入淮盐、芦盐引地，对清政府财政收入造成威胁。这是清政府难以接受的。

南阳府身处豫西南，位于潞盐引地之最南，与淮盐、芦盐引地接壤，因而是私盐之极为活跃区域。此外，南阳府境内山高谷深，道路曲折交错；水系发达，航道众多，私盐有多种途径进入湖北，这无疑又是一便利条件。对这一情况，嘉庆十一年河南巡抚马慧裕的奏折中有详细说明："南阳陆路如唐县、桐柏、新野、泌阳、内乡、浙川、邓州七州县，与楚省之襄阳、枣阳、郧县、均州、光化、随州一带，俱系犬牙相错，处处可通；水路则有唐县之唐河、南阳之白河、浙川之丹江，均可直达均襄，尤属扼要。"（《河南巡抚马慧裕奏遵旨筹议严杜池盐私贩章程折》嘉庆十一年正月十七日）因而，《会典》《实录》中有关南阳私盐情况的记载可谓汗牛充栋。嘉庆朝《会典》记载："（乾隆）六十年议准，河南南阳府属之南阳、唐县、邓州、桐柏、内乡、新野、浙川等七州县向食河东池盐，邻近楚省淮盐纲地，池私易于透漏。"（嘉庆朝《钦定大清会典事例二·卷一百八十二·盐法·禁例》）乾隆朝《实录》记载："福宁奏在襄阳地方拿豫省私盐……征瑞奏称……营销晋盐之南阳府即为荆州上游。"（《大清高宗纯皇帝实录十九·卷之一千四百七十一·乾隆六十年二月下》）嘉庆朝《实录》记载："河南南阳府属之南阳等七州县共有水陆要隘三十七处，地方文武员弁稽查私枭越楚，系属定例。"（《大清仁宗睿皇帝实录二·卷之九十三·嘉庆七年正月》）"于南阳襄阳交界地方严行巡缉。"（《大清仁宗睿皇帝实录二·卷之一百三十五·嘉庆九年十月》）可见南阳府私盐形势之严峻。

实际上，乾隆改课归丁在潞盐引地之内可谓运行良好，"盐法之善，莫过于民运民销而官收其税"（大清宣宗成皇帝实录七·卷之四百三十二·道光二十六年七月）。清廷之所以急于更张，重要原因就在于私盐的泛滥。而嘉庆十一年复商以后，至嘉庆朝末期，私盐问题仍是较为严重，"兹据御史吴杰奏称……私盐，即自潞商各店中贩来。河南私贩，即自南阳之李官桥店中贩来……私盐充斥，以致官引滞销"（《大清仁宗睿皇帝实录五·卷之三百三十九·嘉庆二十三年二月》）。"据延丰奏……私贩由汉中顺流而下，至襄阳德安等处分售，名曰潞私；河南自南阳之李官桥各铺，贩至谷城等处售卖，名曰豫私……近年楚西各口岸私枭充斥，官引滞销。国课既多虚悬，商力亦虞支绌。"（《大清仁宗睿皇帝实录五·卷之三百六十七·嘉庆二十五年二月》）

而嘉庆二十四年扩大民销之后，在引地之内盐价虽略有上涨，但总之"商民相安、运课无误"（《大清宣宗成皇帝实录三·卷之一百五十五·道光九年四月》），私盐问题却仍是无法解决。道光十二年《实录》记载："潞私由河南南阳等府充斥襄樊。"（《大清宣宗成皇帝实录四·卷之二百十·道光十二年四月下》）十七年《实录》记载："其河南唐河、白河，装载盐船，顺流而下，系属侵灌楚境私盐。"（《大清宣宗成皇帝实录五·卷之二百九十九·道光十七年七月》）可见，豫楚之间的私盐问题可谓附骨之疽。

（二）商困之难解

除了私盐问题难以解决外，潞盐引地之内还有其自身问题——这也正是乾隆五十七年、嘉庆二十四年、咸丰三年不得不屡次扩大民销范围的原因——盐商的经营困境。嘉庆朝《会典》记载："（乾隆）五十六年奏准：河东盐务积疲，商屡换则病在殷户，价屡增则困在贫民。惟有课归地丁，听民自运，既无官课杂费，又无兵役盘诘。及关津阻留，小民踊跃争先，断无贩运不前者。国无加赋之名，民无淡食之患。"（嘉庆朝《钦定大清会典事例二·卷一百七十八·盐法·河东》）嘉庆十一年复商之时也在考虑恤商："嘉庆十一年……又覆准：晋省商人赔累，实缘原议以贱价定为长额。请照乾隆十年成例，令该商等按收盐丰歉，成本重轻，自定卖价。"（光绪朝《钦定大清会典事例三卷二百二十四·盐法·河东》）但这种努力在多种因素侵扰之下，并没有取得长久成效。道光元年，即嘉庆二十四年之后两年，成格等人的奏章中讲道："当十二年复商之初，盐价未定，商人尚有余利可沾。迨至十八九年，陕豫两省，年岁歉收，脚价昂贵。更兼银价日昂，商人以钱易银完纳课项，赔累不支，纷纷以疲乏告退。而所举新商，无不视为畏途，百计求免。"（《为遵旨筹议河东盐务并查明历次更改章程恭折搜奏仰祈圣鉴事》）这几则材料呈现出盐商经营有这样几种主要压力：池盐需要自然凝结，产量不定，盐价变动大；路途遥远，脚价昂贵且变动大；银价走高。在这些因素干扰之下，盐商往往常年亏赔，经营难以为继。

实际上，还有一种较少呈现在官方文件之中的情况，也给盐商经营带来了巨大压力，即各级官吏、关卡的层层盘剥。盐商作为清政府的特许专商，在享受着特权与利益的同时，也受到清政府的严重"侵害"：清政府各级官吏、河道口岸陆路各处关卡均巧立名目，想方设法向盐商勒索；中央、地方各级事务，大至战事，小到疏浚河道等，政府均要向盐商"劝令捐输"；清政府早期为了帮助盐商经营，有向盐商借款的"帑本""帑息"制度，到后期则完全沦为勒索盐商的一种手段。[1]河东盐政深受种种盘剥的影响，"大概盐商之破产，以河东为多。官视盐商为鱼肉，亦以河东为最"[2]，对盐商的正常经营活动造成了极大损害。

商困之情虽然在咸丰年间得到了"就场征课，民运民销"的缓解，然而，随着清朝逐渐走向晚期，一方面吏治更加腐败，另一方面清廷各种支出急剧扩张，盐税增高；再一方面南阳地区匪患严重，政府对地方控制削弱。至同治年间，淮盐改行票引，盐价降低，甚至出现潞盐滞销、私盐倒灌河南潞盐引地的情况。同治朝《实录》记载："据称河东豫引滞销，因芦、红、小土各盐越境侵灌……近来南阳府唐县等处，仍复私抽厘金，遂致成本愈重，引销愈行壅滞。"（《大清穆宗毅皇帝实录六·卷之二百八十四·同治九年六月上》）可见，盐政之运行真可谓"从善如登，从恶如崩"。

综合而言，寻求专商、加强管制则伤商、伤民，扩大民贩、放松管制则私盐泛滥，妨害税收，河东盐政进入了一个恶性循环，这也正是屡次改革的原因。根本上说，这是严格管控的引岸制与盐这种商品在经济规律作用下追求流动的矛盾必然。

---

① 孙晋浩：《清代盐政专商制的危机与改革》，《晋阳学刊》1989 年第 3 期。
② 王守基：《盐法议略卷》卷一《河东》，转引自林永匡：《清代嘉庆道光时期的河东盐政》，《晋阳学刊》1982 年第 2 期。